परग्रही

परग्रही

रमेश चंद्र शर्मा

सत्साहित्य प्रकाशन, दिल्ली

प्रकाशक : सत्साहित्य प्रकाशन, 205-बी चावड़ी बाजार, दिल्ली-110006
सर्वाधिकार : सुरक्षित / संस्करण : प्रथम, 2018 / मूल्य : पाँच सौ रुपए
मुद्रक : आर-टेक ऑफसेट प्रिंटर्स, दिल्ली ISBN 978-81-7721-361-4

PARGRAHI *novel* by Ramesh Chandra Sharma ₹ 500.00
Published by Satsahitya Prakashan, 205-B Chawri Bazar, Delhi-110006

विषय प्रवेश

मैंने यह उपन्यास लिखने में लगभग चार-पाँच साल लगा दिए। इसी बीच मई 2011 में मेरी सहचरी ने दुनिया को अलविदा कह दिया। एकाकीपन का क्रूरतापूर्ण व्यवहार सताने लगा। उपन्यास पर ज्यादा ध्यान केंद्रित हो गया। कविताएँ भी लिखीं। लेख भी छपे। दु:खों का माहौल ऐसा लगा मानो कोई दु:स्वप्न है। स्वप्न देखने का समय सीमित हो गया। मेरी हालत को देखने के बावजूद, कलम झिझकती-घबराती चलने लगी। परम साहसी प्रेरणा ने मुझे दिलासा दिया। अब 2014 में उपन्यास लिखा गया। वृद्धावस्था ने भी मुझे धोखा न दिया। लिखने-पढ़ने में इतना व्यस्त हो गया हूँ कि कई बार सामने दीवार पर टँगी घड़ी को देखना ठीक नहीं समझा। सोच-विचार इस कदर हावी रहे कि घर के बाहर मोटर गाड़ियों के आने-जाने की आवाज तक नहीं आई। गाँव गया, वहाँ भी हमारे बाग-बगीचे के पेड़ों में से आती-जाती हवा की सरसराहट का पता न चला। शिमला में सावन-भादो आए। छतों पर गिरती बूँदों और बाहर बहते पानी की कल-कल वाली निनाद की ओर ध्यान न गया! ''जब तुम थी तो इनका अपना ही महत्त्व था। स्वाद था। अब बहार कैसी, वसंत कैसा, सावन-भादो का ननाद नहीं रहा वैसे का वैसा,'' कहकर कलम आगे-ही-आगे चल पड़ती। इसके सहयोग ने मुझे वियोग में भी जीना सिखाया। जीवन के अनुभव, संस्मरण और अब तक की जिंदगी के गद्य, गीत-संगीत, दु:ख-दर्द, कामयाबियाँ, लक्ष्य प्राप्ति की राहों के कंकर-पत्थर, काँटे-झाड़ियाँ—इतनी सारी बातों को सँजोकर रखने के लिए मेरे मन-मस्तिष्क ने कीर्तिमान सा स्थापित कर लिया है। इसलिए इसका धन्यवाद। आभारी हूँ अपनी दिवंगत पत्नी का, जिसने इस 'रिसर्च' जैसे उपन्यास में मुझे संदर्भ सुझाए थे। उसके जाने के बाद उसकी याद ने भी मुझे रास्ता दिखाया। कई कुछ सदाकत पर आधारित होते हुए भी यह मेरा चौथा उपन्यास, कथा है, कहानी है और केवल मात्र 'फिक्शन' (कथा-साहित्य) है।

सुसंपन्न, शिष्ट और शिक्षित वर्ग के लोग, जब भी अनौपचारिक बातचीत में पड़ जाते हैं तो उनकी बहस के दौर में चार बातें जरूर होती हैं। एक राजनीति, दूसरी विज्ञान

की तथा अंतरिक्ष की और तीसरी विनाशकारी अस्त्र-शस्त्रों की होड़! चौथी बदलते समाज की। उड़न तश्तरी देखी या सुनी गई, तो परग्रही के होने या न होने की चर्चा भी होने लगती है। इसी विषयवस्तु को लेकर, ऐसे-ऐसे प्रसंग प्रकरणों से प्रभावित होकर मैंने यह अपना चौथा उपन्यास लिखना शुरू किया। भागवत, मिथक, पौराणिक कथाओं ने भी मुझे लिखने के लिए जरूरी प्रमाण प्रदान किए। हमारे देश की दंत कथाएँ भी मेरे विचारों का स्रोत बनीं। मेरे अध्ययन के लिए साहित्य का भी बड़ा महत्त्व रहा है। अखबारों में परग्रही, परग्रहों के जिक्र को भी गौर से पढ़ा और परखा है। बावजूद इसके यह उपन्यास वास्तव में प्रेम-कथा है। यह किसी प्रकार से भी शोध निबंध का प्रदर्शन नहीं है, जो कुछ प्रमाण या साक्ष्य इस उपन्यास में दे रहा हूँ, वे भी ठोस और निर्णायक नहीं हैं। बात जो कही गई, जो भी विचार मैंने व्यक्त किए, वे मेरी अपनी समझ-बूझ हैं। किसी व्यक्ति या संप्रदाय के खिलाफ कुछ कहने की कोशिश भी नहीं है। यह उपन्यास आधुनिक विचारवाद का पूरक बनता हो तो मुझे प्रसन्नता होगी। मेरा प्रयत्न रहा है कि इस उपन्यास में लिखे गए मेरे विचार आजकल के पढ़े-लिखे और सभ्य समाज के लिए अनुकूल हों, संगठतापूर्वक हों। वैज्ञानिक खोज-खबर का कथाकरण हो, पर 'फिक्शन' हो। शैली सुसंस्कृत हो, सरल हो और दूरदर्शिता पूर्ण हो मेरी यह कोशिश रही है।

इस उपन्यास के पात्रों को मैंने निपुणता और दक्षतापूर्वक प्रस्तुत करने का प्रयत्न किया है, ताकि उपन्यास पढ़ा ही न जाए, पाठक इसे अपने जीवन का वृत्तांत समझे।

अभय चित्रकार है, परग्रही उसके चित्रों का थीम है, वह अपनी पत्नी वनमाला को ही अपने चित्रों की मॉडल बनाकर चित्र बनाता है। विजय आनंद एक सभ्य और शिक्षित सेवानिवृत्त अधिकारी है, जो अभय का मार्गदर्शक है। उसी के कारण वनमाला अभय के जीवन में आती है। दोनों ही प्यार में ठोकर खा चुके होते हैं। फिर भी मोहब्बत की शिद्दत ने उन्हें पति-पत्नी से प्रेमी-प्रेमिका बना दिया।

काफी कुछ काल्पनिक होने के बावजूद जीवन के यथार्थ को महसूस किया जा सकता है। मेरे साहित्यकार दोस्त कहते हैं कि सचमुच सरस्वती माँ की पूजा में मैंने कोई कसर छोड़ी ही नहीं है। हार्दिक इच्छा है कि अब पाठकगण भी इसे पढ़ें। इसका स्वागत करें।

अभय और वनमाला नायक-नायिका जरूर हैं, परंतु विजय आनंद, कँवर स्वराज, माँ सिमरन और इशिता पात्रों को भी मैं इनसे कम नहीं समझता। सभी इस पुनीत पृथ्वी के चलते-फिरते, सोचते-समझते, बोलते-बुलाते प्राणी लगेंगे। मेरी यह इच्छा भी पूरी हुई।

मैं 1946 से साहित्य सेवा में जुड़ा हूँ। विज्ञान का मनमोहक नाम इक्कीसवीं सदी की चर्चाओं में इतना अधिक प्रभावी हो गया है कि साहित्यकार इसके प्रभाव से अछूता नहीं रह सकता। इसका असर इस उपन्यास में नजर आएगा। सत्य और सौंदर्य की तलाश

में नायक, चित्रकार अभय अंतरिक्ष और आसमान के उस पार 'एल्यिंज'—परग्रहियों के होने के विश्वास में उनके चित्र बनाता है। उसकी सोच में इंद्र के अखाड़े की अप्सराएँ आ जाती हैं। इस सोच की गहराई में इस कदर डूब जाता है कि अपने अस्तित्व की सच्चाई का ध्यान आते हुए भी उसे चमत्कार से कम नहीं समझता। अपने अतीत, असंतोष से भी छुटकारा पा लेता है। चाँद, तारों और मंगल आदि ग्रहों पर प्राणियों के होने या न होने की अनिश्चितता, पृथ्वी के बीच पनपी दुर्दशा की समस्या का समाधान उसके दिल और दिमाग को झकझोर कर रख देता है। इस उपन्यास में कई जगह घटनाक्रम तथा समय के अनुकूल उर्दू के शायरों के शेर तथा हिंदी कविताओं के कुछ अंश कथानक की रोचकता बढ़ाते हैं। उपन्यास का नायक अंतर्विरोध के चक्रव्यूह से बाहर कैसे निकलता है, यह भी इस कथा की खूबी है।

आधुनिक समाज परिवर्तनशील है। इस तथ्य को उपन्यास की चेतना बनाना भी मेरा कर्तव्य था। सिमरन माँ, इशिता, चरणी, वनमाला ऐसी गृहणियाँ हैं, जो बदलते मूल्यों के बावजूद भारतीयता और इसकी संस्कृति को कायम रखते हुए आधुनिक समाज के, इस निहित संकीर्णता, पुराने रूढ़िवाद में, विश्वास नहीं रखतीं। शाश्वत सत्य को उजागर करती हैं।

जैसे निवेदन किया है कि इस कथा में विषय-वस्तु को साकार स्वरूप देने के लिए मुझे कई पत्र-पत्रिकाओं को पढ़ते रहना पड़ा है, जिन्होंने मेरे उपन्यास को प्राणों जैसा विश्वास बख्शा। उनकी मेहरबानियों और तथ्यों के कारण उपन्यास की रचनाशीलता ज्यादा दिलचस्प हो गई है। मगर एक बात जरूर दोहराऊँगा कि इसका कोई भी पात्र किसी खास व्यक्ति की कार्बन कॉपी नहीं है। किसी पर न कटाक्ष है और न ही किसी की खास तारीफ है। तारीफ उस अज्ञात शक्ति की है, सर्वव्यापक ईश्वर की है, जिसने मुझे इतनी समझ और शक्ति दी कि मैं इस उम्र में भी अपने लक्ष्य की प्राप्ति कर सका। और फिर भी प्रेम कहानी लिख पाया।

नमस्कार।

—रमेश चंद्र शर्मा

अनुक्रम

1

सितारों से पूछिए

वह देख रही थी। सुन रही थी। रैंप पर अपना जौहर दिखा रही थी। 'मॉडलिंग व्यवसाय में स्त्री अपने नारीत्व का त्याग नहीं करती। वह चेतना-शून्य नहीं हो सकती। कर्तव्य भावना अलग तात्पर्य रखती है। घर में वह नारी है। उसकी घरेलू जिंदगी निरर्थक नहीं हो जाती। यह सही है कि वह आज सचमुच मॉडल ही बन चुकी है।' 'वात्सल्यमयी माँ न होती तो उसके व्यक्तित्व में सम्मोहन भी न होता।' वह भाव-विभूत हो उठी। जीवन में जो है और जो कल था, जो हुआ, जो होगा, अनुभव होता है।

उसने डायमंड ज्वैलरी की चमक बिखरा दी थी। रैंप पर वह रानी-महारानी लग रही थी। पाँच तारा होटल में, चमचमाती रोशनी में, रत्नजड़ित आभूषणों को पहनकर वह रैंप पर उतरी थी। उसे देखकर लगता था मानो उन जेवरों की रौनक ने उसे खूबसूरती का वरदान दे दिया हो। मगर वह मन-ही-मन चाहती थी कि लोग उसकी सूरत और उसकी पोशाक की भी दाद दें। उसने खुद को समय के अनुरूप ढाल दिया था। उसका पति अभय वहीं कहीं कुरसी पर बैठा था, हॉल में लोगों के बीच। उसने इसका चित्र भी बनाया था।

वह 'फ्लैश बैक' की कौंध में आ गई थी। फिर भी उसे वापस सामान्य चेतना का आभास हुआ, फिर विचारों, विगत की ध्यान-धारा में लौट गई। "हाँ तो मैं कह रहा था कि प्यार एक ऐसा एहसास है, जिसकी अहमियत प्यार करनेवाला ही समझ सकता है। यह अनुभव स्वाधीन होता है। यह सभी में एक समान नहीं होता।" यह तो कहा ही। और कुछ भी कहता रहा। अतीतावलोकन का क्षण दीप रैंप की चमक-दमक में सजीव-सा हो उठा। "पहले जमाने में इतना बदलाव, इतनी आधुनिकता नहीं आई थी। तब लड़के-लड़कियों में यह प्रेमरोग नाजुक आयु में ही हो जाया करता था। प्यार धीरे-धीरे कदम बढ़ाता है। यानी जब इसका लक्ष्य सामने हो तो। मेल-जोल के अवसर

इसके पनपने में सहायक होते हैं। इस प्रकार के मिलन के बिना उन्हें उदासी का सामना करना पड़ता था। लगता था कि कुछ खो गया है। तब प्यार का अंजाम अकसर शादी होती थी। यदि शादी में देर हो जाती, तो एक-दूसरे की कमियाँ नजर आने लगती थीं। शादी तब मजबूरी ही बन जाती थी। फिर भी कर दी जाती थी।'' ''आप कहते हैं तो ठीक ही कहते होंगे।'' उसके उत्तर में चिंता पूर्णतया व्यक्त थी। देख चुकी थी कि अभय में आत्मविश्वास है। वह उदार है। वह समझा रहा था कि वह पर्याप्त समझ के बिना प्यार कर बैठी थी। लज्जित थी कि उसे वफादार प्रेमी नहीं मिला। राज अफशाँ हो जाना बदनामी का डर बना। उसे ऐसे सीधे-सादे संस्कारवान व्यक्ति की तलाश थी, जिसे उसकी बीती हुई जिंदगी की कथा सुनाने की जरूरत न रहे। और कोई होता तो उसकी त्रासदी की व्यथा को बार-बार दोहराने को कहा करता। अभय ने ही कहा था, ''वनमाला! प्यार करना बुरा नहीं। परंतु प्रेमी को पति बनाने की चाह से पहले सोच लेना चाहिए कि उसमें परंपराओं को निभाने की शक्ति भी है या नहीं। जिसमें आत्मविश्वास न हो, पति बनने के काबिल नहीं होता।''

''आप ही क्यों?'' उसके चेहरे पर न कोई शिकन थी, न घबराहट थी। मनोबल, निराशा पर हावी हो चुका था। ''गलत। मैंने तुम्हें आत्महत्या करने से बचाया। तब से लेकर आज तक अपनी दुविधाओं से अवगत नहीं करवाया। मेरी कहानी रहस्यों से भरी है।'' वह वनमाला के लिए कृतज्ञता का पात्र था। उसके चेहरे पर मौन, अकल्पनीय मुसकान थी। किंतु वनमाला ने उसे भोलेपन से देखते हुए एक प्रश्नचिह्न उछाल दिया था।'' कभी-कभी छोटी-मोटी नौकरी भी करता रहा हूँ। चित्र जरूर बनाता हूँ। मंदी के दौरान नौकरी छूट जाने का कड़वा अनुभव इन कला-साधनों से ही भुलाया है। वह चुपचाप सुनती रही।

''तुम अमीर बाप की बेटी हो, शादी के बाद भी वैभवपूर्ण जीवन जीने की लालसा जरूर होगी!''

''आपने ऐसा सोचा ही क्यों?'' वह उसे एकटक देखती रही। वह समझ चुकी थी कि अभय का रवैया नकारात्मक नहीं है। कटु सच को स्वीकार करना सभी के बस में नहीं है। गहन परिश्रम ने उसे आडंबरहीन बना दिया था!

''हर लड़की की ऐसी सोच होती है।'' उसने बड़ी सरलता से कह डाला था।

''गलत। मैं तो अपनी 'म्यूजिक अकादमी' खोलना चाहती थी। पर यह बिडंबना ही है जीवन की। सोचा था क्या, क्या हो गया। मोहब्बत के नाम को बदनाम करती रही!'' वह फिर कहीं गहराइयों में खो गई! दुःख-दर्द से दूर, वह चिंता को जीवन का अभिन्न अंग समझने लगी थी। स्कूल में मुख्याध्यापिका का मत था कि वह उभरती गायिका है। वह हिमाचल के पारंपरिक गीतों की, दुनिया भर में शोहरत चाहती है। श्रोताओं की

इनमें दिलचस्पी है। इनकी अलग पहचान है। दिल में अभी भी विश्वास है। पर जिंदगी के बदलाव को भी जानती है। उसने एकाग्रचित्त होकर इसके लिए रियाज किया था। वनमाला ने हर राज्य स्तर के संगीत समारोह में अपनी छाप छोड़ी थी। राष्ट्र स्तर के एकल गायन में उसे सम्मानित स्थान भी प्राप्त हुआ है। छोटी सी आयु में संगीत के संसार में उसकी आवाज की अलग पहचान रही है। उसे संगीत से इतना लगाव था कि किसी भी विद्या में, जो संगीत से जुड़ी हो, वह उच्च स्तर प्राप्त करना चाहती थी। कभी-कभी वह अपनी इस चाहत को पूरी करने की लालसा से घिर जाती, और कभी पढ़ाई पूरी करने की इच्छा से संकोच में पड़ जाती थी। अभी जब मुख्य लक्ष्य के बारे में सोच ही रही थी कि प्यार की पींग डाल ली, पेड़ की कच्ची डाली पर। फिर वह धड़ाम से नीचे गिर पड़ी। संगीत-साधना के मंदिर में बजने वाली घंटी टूटकर गिर पड़ी। काँसे की धातु की तरह आखिरी बार बजी। शीशे के समान चूर-चूर हो गई। वनमाला की हरी-भरी लता न रही। अज्ञात आँधी में उखड़ गई। वास्तव में वह स्थिर थी। पर उसका प्रेमी, निर्मोही, उसका दामन थामे रखने में असमर्थ था। उस, आत्महत्या के प्रयास के बाद, वह मुक्ता नानी माँ के आश्रम में चली गई थी। वहाँ भी उसे शांति न मिली। तब सारी घटना-दुर्घटना को सुनने के पश्चात् उसी ने उसे शादी के बंधन में बाँध दिया। अभय ही उसका पति बन गया। आज वह उस बुजुर्ग, सुसंपन्न विजय आनंदजी की आभारी है, जिन्होंने उसके जीवन को जीने का अर्थ दिया। उसकी गौरव-गरिमा को जाना। उनके तर्क पूर्ण कारणों की आधारशिला पर अब, परिवर्तित विचारों, भावना मुक्त जीवन मूल्यों को अपनाने में कामयाब होना चाहती थी। वह दिन याद आया, जब अभय उन्हें उनकी इच्छानुसार उनका मन पसंद चित्र देने आया था। उसी दिन वह उन्हीं के गाँव के वर्षा के पानी को इकट्ठा करने के लिए बने, आर्टिफिशियल तालाब में डूब चली थी। अभय ने उसकी जान बचा ली थी। वह पास के शिव-मंदिर में शाम की आरती के समय आया हुआ था, बाहर दूर से संध्या के अँधेरे में तालाब के किनारे एक आकृति सी देखकर खड़ा हो गया था। देखते-ही-देखते वह आकृति तालाब में छलाँग लगाती दिखी। और वनमाला को अभय ने बचा लिया था।

विजय आनंद अभय के मार्गदर्शक थे। प्रेरणा स्रोत थे। उन्होंने अभय को बताया था कि स्वर्गलोक और मृत्युलोक का चोली-दामन का साथ है। देव, दानव और मानव एक-दूसरे से अलग नहीं हैं। उनका अस्तित्व एक-दूसरे पर निर्भर है। पृथ्वी का जन्म हुआ। कैसे हुआ? महा विस्फोट को आधार माना गया। किंतु विस्फोट जब भी होता है तो कण-कण हो जाती है वह चीज, जो फटती है। यदि पृथ्वी पैदा हुई तो और भी ग्रह इसी आधार पर तब ही पैदा हुए होंगे। विजय आनंद ने अभय और वनमाला को बताया था कि 1970 के दशक में सामने आए फिजिक्स के स्टैंडर्ड मॉडल के मुताबिक ब्रह्मांड

12 मूल कणों से मिलकर बना है। वैज्ञानिकों ने 11 कण तो खोज लिये, लेकिन 12वें कण की उन्हें तलाश है। उसके बारे में पता लगाने के लिए उतनी ऊर्जा दरकार है, जो बिग बैंग यानी 14 अरब साल पहले ब्रह्मांड के जन्म के समय रही होगी। वैज्ञानिक अभी भी इसी खोज में हैं। इसके लिए जिनेवा के पास 27 कि.मी. लंबी गोलाकार सुरंग लार्ज हैड्रॉन कोलाइडर (एल.एच.सी.) बनाई गई है। इस सुरंग में प्रोटोनों को प्रकाश की रफ्तार से विपरीत दिशाओं से छोड़कर आपस में टकराया गया है। यहाँ वे सभी परिस्थितियाँ पैदा की गईं, जो अरबों साल पहले बिग बैंग के दौरान थीं। इससे वजूद में आनेवाले कण को गॉड पार्टिकल माना जा रहा है।

इस विषय में तर्क देते हुए विजय आनंद ने कहा था कि यह और भी तर्कसंगत है कि अप्सराएँ स्वर्ग से यहाँ पृथ्वी पर आईं। सूर्य देवता ने कुंती को प्यार किया। कर्ण पैदा हुए। शकुंतला जनमी। उर्वशी आई और पुत्रवती बनी। वापस स्वर्ग गई। उन्होंने चाहा कि इसे 'थीम' समझकर अभय चित्र बनाए, कला के माध्यम से भी वैज्ञानिकों के मत की पुष्टि करे। उन्हें प्रेरित करे।

आनंदजी का एक अजीब सा विश्वास था, जो उन्हीं का अपना मत भी था कि दैवी शक्ति आकारहीन होते हुए भी आकारमय है। खगोलीय खपिंड अथवा चाँद-तारों में रहनेवाली जिंदगी एक वास्तविक सत्य है, तथ्यात्मक है, जो प्रकट होती है और स्वयं ही लुप्त होने की शक्ति रखती है। हमें इस आस्था को लेकर चलना होगा। तभी इसकी खोज की जा सकेगी। सितारों की दुनिया में वहाँ प्राणी होने के आसार हैं। बर्फ की आशा में ग्लेशियर होने की बात कही जाने लगी है। यह केवल विश्वास ही नहीं है।

उन्होंने बताया था कि धरा की भाँति मंगल में स्थलीय धरातल भी हैं। 1970 के दशक में अंतरिक्ष वैज्ञानिक ने खोज कर के मंगल पर पानी और पोषक तत्त्वों के होने का दावा किया था। और वहाँ जीवन की संभावना का दावा किया गया है। अब तक के अंतरिक्ष अभियानों से चंद्रमा पर जल और बर्फ की पुष्टि हुई है, यानी वहाँ परग्रही हैं। विजय आनंद ने बताया था कि पानी, ऑक्सीजन, कार्बन डाईऑक्साइड, पृथ्वी की तरह तापमान, पोषक तत्त्व आदि की मौजूदगी जिंदगी के लिए जरूरी है। जो मृत्युलोक से बाहर भी हो सकती है। इसलिए पुराणों के सदाकत को उजागर करना अभय का चित्रकार के तौर पर कर्तव्य होगा। और वे उसकी हर प्रकार से मदद करेंगे। उसका मार्गदर्शक बनेंगे।

वे अभय को कई बार प्रेरित कर चुके हैं कि ऐसे जीवों का अपने चित्रों में प्रजनन करे। क्योंकि वह ऐसा कौतुकपूर्ण, चमत्कार करने में सक्षम है। इस थीम के आधार पर वह असाधारण प्रतिभाशाली चित्रकार बन सकता है। वनी को याद है कि यह धारणा उसकी परियोजना, परिकल्पना की विशिष्ट प्रेरणा बन चुकी है। वह धर्मशास्त्र पुराण पढ़ता है, आकारहीन शरीर का स्वरूप क्या हो सकता है, अपने आधुनिक शैली के

चित्रों में बनाने की चेष्टा में रहता है। किसी आख्यान में, किसी सोचे-समझे अज्ञात को अभिव्यक्त करने के लिए, आधुनिक चित्र बनाता है। उसे उसमें मानवी आकार देता है। जब कभी किसी अप्सरा की कोई बात होती है तो उसकी छाया को बनावट देने लगता है। इस प्रेरणा मात्र से, शरीर देने की इच्छा पैदा हो गई थी उसमें। जब श्री सत्य साईं बाबा की छवि, दर्शन, बादलों के झुरमुट में हो सकते हैं तो दैवी, झिलमिल सी, चाँद तारों की दुनिया की, प्राणी जीवधारा की, छाया का आभास कैसे नहीं हो सकता! विजय आनंदजी उसे प्रोत्साहित करते रहते हैं। वह कल्पना लोक की कुंज गलियों में खोने लगता है। अभय दिवा-स्वप्न देखने लगता है। कभी-कभी चकाचौंध सा दिख पड़ता है। चित्रों की धुँधली सी लटकी आकृति इधर-उधर, सभी तरफ लगती है। कुछ पूछता तो वनमाला कहती, सितारों से पूछिए और हँसती। वह जानता था कि सभी की सफलता का एक समय होता है। उसकी अपनी प्रेमिका उसकी अन्यमनस्कता की सी हालत देखकर उसे छोड़ गई थी। सामाजिक सम्मिलन हुए। वे मिले, किंतु मिलकर भी कुछ वायदे पूरे न कर सके। बिछुड़ने पर वह कुछ कह न सकी और वह कुछ सुन न सका। उन्होंने जीवन के लंबे पथ पर अलग-अलग चलने का इरादा बना लिया था।

संयोग की बात है कि वनमाला उसकी पत्नी बनी। यह भी दैवी निर्णय ही था। उससे शादी रचाना एक साहस पूर्ण निर्णय ही था, जिसे विजय आनंद ने ही संपन्न कराया। धीरे-धीरे अभय और वनमाला एक-दूसरे के बहुत ही करीब आ गए थे। किसी प्रकार की विवशता नहीं रही थी। समझौता ही नहीं रहा था। उनका साथ एक सहचर्य बन गया था, मैत्री थी। जो कि अनुकंपा नहीं थी। सखा हो गए थे वे दोनों। इसी लिए दोनों खुलकर बातें करते थे। उन्हें अब एक-दूसरे के अतीत से सरोकार नहीं था। इस सारे माहौल को सँवारने में अभय के पिता और वनमाला की माँ और नानी का भी हाथ था। जैसे मोमबत्ती महफिल में रोशनी जगाकर समाप्त हो जाती है, उसी प्रकार अभय के पिता भी खूब अच्छा जीवन जी कर स्वर्ग सिधार गए। वनमाला की माँ कामिनी, कभी-कभी आ जाती थी। वह अब गहन चिंतन, मनन और अध्ययन में मन लगाती।

वनी, काश इतनी सुंदर न होती तो धोखा भी न खाती। माँ-बाप के वात्सल्य ने उसे आजाद बनाया। प्यार का अभिनय देखा। तब वह मन की व्यथा अंदर ही दबाए हुए बाहर सुखी होने का नाटक करती रहती। अब वह इस भावुकता को छोड़ चुकी थी। शादी के बाद वनमाला के जीवन में पूर्णता आई। रोग-दोष आते-जाते रहते हैं। उसकी माँ कहा करती थी, "वनी, आदमी जो सबकुछ चाहता है, वह सारा-का-सारा वह पैदा कर नहीं सकता। इसलिए चाहत ही आदमी को भटकाने पर मजबूर करती है।" यह बात सुनकर वनी को शंका हो चुकी थी कि उसकी माँ को उसके प्यार की भनक लग गई है। परंतु बात वह नहीं थी। यह तो वनी की आत्महत्या का प्रयास करनेवाले हादसे

के बाद ही कामिनी को पता चला था कि वह प्रणय रोग से ग्रस्त है। इच्छाएँ घोड़े जरूर हैं। पर उनको रोकने और अनुशासित रखने के लिए तर्क की लगाम की जरूरत होती है। अभय के प्यार ने उसे, मदमस्त, बहती हुई जल धारा बना दिया था। पहले उसने अपनी माँ की ममता को ठेस पहुँचाई थी। उसका आहत मन बेचैन था। फिर भी कामिनी का धैर्य नहीं टूटा। उसके संस्कार ही ऐसे थे कि वह अपने मधुर व्यवहार को छोड़ न सकी। शिष्ट स्वभाव रहा, ममता, प्यार कायम रहे, जिस कारण वनमाला को जीवन सुधारने में विलंब न हुई। वह नए वातावाण में घुल-मिल गई। उसे किसी प्रकार की दया, अनुकंपा, संवेदना की जरूरत नहीं रही। प्रेमी प्यार का नाटक खेल गया। वनमाला ने भी समझ लिया था कि वह उस नाटक में मात्र नायिका थी। वह उसके जीवन की सत्यकथा भी न रही।

वनमाला अपने जीवन को वाजिब तौर पर बिताने की आदी हो चुकी थी। अपने पति के रहस्यपूर्ण रवैए को वह नियति समझती थी। वह व्याधि रहित रहे, खुश रहे, यह ही उसके जीवन का उद्देश्य था। वह दीर्घ नि:श्वास लेकर बैठी ही थी कि न जाने कब अभय उठकर बाहर का दरवाजा खोलने चला गया था। उसे पता था कि आज विजय आनंद आनेवाले हैं। उन्होंने ही उसे अद्वितीय सुंदरी, लंबी हरी-भरी वन की लता बताकर अभय को उसके व्यक्तित्व का आभास कराया था। कहा था कि तुम कुशल चित्रकार हो, सौंदर्य बोधक हो, तुम्हें इस लड़की में कोई खोट नजर नहीं आएगा। इसे अपना लो। वनमाला की माता कामिनी ने ही उन्हें आश्रम में बुलाया था। उसकी नानी ने तो उनके लिए आश्रम में भी सुख-सुविधा उपलब्ध कराई थी। तभी अभय के पिता ने कहा था कि आजकल के संसार में ऊँचे आदर्शों को दफनाने के सिवा कुछ और नहीं सिखाया है। सती सावित्री सीता और अनुसूया अब इतिहास के पन्नों में ही खोजी जा सकती हैं। वैसे गुणों की तलाश बेकार है। मृग तृष्णा है। खुद पर विश्वास हो तो शादी कर लो। फिर दोनों, अभय और वनमाला को मुखातिब होकर बोले थे कि जरा सी आशंका हो तो बिना झिझक या संकोच के इनकार कीजिए। कामिनी ने कहा था कि उसकी बेटी ने इतनी बड़ी चोट खाई है कि अब वह सँभलकर इनसान बन गई होगी। मेरी बेटी है, मेरे पास उसके गुजारे के लिए सबकुछ है। परंतु पति तो वह खुद ही तलाश करेगी। वह इस कदर समझ के काबिल हो चुकी है। विजय आनंद ने बातों को सही दिशा देते हुए कहा था। ''नारी पुरुष के झूठे प्यार में उपेक्षित रहकर भी जी सकती है। सच्चा प्यार तो उसे कभी भी लैला बना सकता है। आधुनिक और प्रगतिशील संसार में पुरुष को अपना व्यवहार बदलना ही चाहिए। भारत में तो नारी को समान अधिकार देने की पहल भी हो चुकी है।'' अब कामिनी भी बोल उठी, ''नारी की शालीनता, सरलता और शांति प्रियता उसके अबला होने के प्रमाण नहीं रहे। वनमाला को समझना चाहिए कि पुरुष

की बेवफाई स्त्री को हीन भावना में दबाने का षड्यंत्र भी होता है।''

''मैं तो कहूँगा कि स्त्री अपनी ममता, क्षमता और अक्ल के आधार पर दुनिया भर में राज कर सकती है।''

''मैं आप दोनों की बातों का सहर्ष समर्थन करता हूँ।'' अभय ने अपनी योग्यता, क्षमता तथा कर्मठता का उदाहरण देते हुए विवाह का प्रस्ताव स्वीकार किया था।

तालियों की गड़गड़ाहट ने वनमाला का ध्यान बदला। वह हॉल में मंच पर खड़ी थी। यंत्र चलित सी मंत्रमुग्ध। मुख्य अतिथि ने उसे फूलों का गुलदस्ता भेंट किया तथा उपहारस्वरूप एक बंद पैकेट भी दिया, जो बिजली की रोशनी में चमकने लगा था। फिर एक सुंदरी ने उसके सिर पर मोतियों से जड़ा चाँदी का ताज सावधानी से रखकर उसका स्थितिकरण किया। अब वह मुसकरा रही थी। अभय को भी मुख्य अतिथि के साथ खड़ा देखकर वह सुख और सांत्वना महसूस कर रही थी। मुख्य अतिथि उसकी प्रशंसा में सम्मान सूचक भाषण देने लगा था। उसका आत्मसंयम लौट आया था। प्रतियोगिता की धूम-धाम समाप्त होते ही वह अभय के साथ बाहर आई, जो उसकी उत्कृष्टता से प्रसन्न था। दोनों कार में बैठे और घर की ओर रवाना हो गए।

□

2

गगन-धरा के प्रणय मिलन

अभय घर के बाहर टहलने निकल गया। उधर वनमाला अपने ही चित्र के सामने खड़ी थी। सचमुच मेनका लग रही थी वह। स्वर्ग की अप्सरा महर्षि विश्वामित्र की तपस्या भंग की थी जिसने। उन्होंने देवताओं के स्वामी इंद्र को अपनी तपस्या से अत्यंत संताप में डाल दिया था। इंद्र भयभीत हुए। इतनी बड़ी भारी तपस्या के बल से वे इंद्र को भ्रष्ट कर देंगे। उन्होंने मेनका से कहा था कि अप्सराओं में जो दिव्य गुण हैं, वे उसमें सभी से अधिक हैं। उसे उनकी कथा याद आई।

''कल्याणी, तुम मेरा भला करो और मैं तुम से जो बात कहता हूँ, सुनो! वे सूर्य के समान तेजस्वी, महातपस्वी विश्वामित्र घोर तपस्या में संलग्न हो मेरे मन को कंपित कर रहे हैं। सुंदरी मेनके! उन्हें तपस्या से विचलित करने का यह महान् भार मैं तुम्हारे ऊपर छोड़ता हूँ। विश्वामित्र का अंत:करण शुद्ध है। उन्हें पराजित करना अत्यंत कठिन है। वे इस समय घोर तपस्या में लगे हैं। अत: ऐसा करो, जिससे कि वे मुझे अपने स्थान से पतित और निष्कासित न कर सकें। तुम उनके पास जाकर उन्हें लुभाओ। उनकी तपस्या में विघ्न डाल दो। और इस प्रकार मेरे विघ्न के निवारण का उत्तम साधन प्रस्तुत करो।'' और निर्देश दिया कि वह अपने रूप-जवानी, मधुर स्वभाव, हाव-भाव, मंद मुसकान और सरल वार्त्तालाप आदि से मुनि को लुभाए और उन्हें तपस्या से निवृत्त कर दे। वह घबराई और बोली—

''भगवान् विश्वामित्र बड़े भारी तेजस्वी और महान् तपस्वी हैं। वे क्रोधी भी बहुत हैं। और तर्क दिया कि जिस महात्मा के तेज, तप और क्रोध से इंद्र भी भयभीत हो उठते हैं, उनसे वह कैसे नहीं डरेगी। वे प्रज्वलित अग्नि के समान तेजस्वी हैं। तपस्वी ही नहीं, जितेंद्रिय महात्मा हैं। और कहा कि मुझ जैसी नारी उनका कैसे स्पर्श कर सकती है।''

वह मान तो गई। परंतु प्रार्थना की कि उसकी रक्षा के लिए कोई उपाय सोचें,

जिससे कि वह सुरक्षित रहकर उनके कार्य की सिद्धि के लिए चेष्टा कर सके। उसने उपाय सुझाया कि जब वह उन महर्षि के पास जाए। क्रीड़ा में मग्न हो, उस समय वायु देव आवश्यकतानुसार उसके वस्त्र उड़ा दें। इस कार्य में इंद्र महाराज के प्रसाद स्वरूप कामदेव भी मेनका की सहायता करें। और जब मेनका ऋषि को लुभाने लगे तो उस समय उनमें सुगंध भरी हवा चले। तथास्तु, कहकर इंद्र ने इस सभी प्रकार की व्यवस्था कर दी। तब मेनका विश्वामित्र मुनि के आश्रम में पहुँची। वायु को मेनका के साथ जाने का आदेश दिया गया। वन में पहुँचने पर उसने एक आश्रम में उन्हें तप करते देखा। वे तपस्या द्वारा अपने सभी पाप दग्ध कर चुके थे। उनके समीप पहुँचकर भाँति-भाँति की क्रीड़ाएँ करने लगी। उससे पहले उसने महर्षि को प्रणाम भी किया। देखते-ही-देखते वायु ने मेनका का चंद्रमा समान उज्ज्वल वस्त्र उसके शरीर से हटा दिया। वह वायु को कोसती हुई उस वस्त्र की ओर भागी। विश्वामित्र के सामने ही यह घटना घट गई। वे यह देख रहे थे। अनिंद्य सुंदरी को विषय परिस्थिति में देख रहे थे। वह घबराकर वस्त्र लेने की इच्छा कर रही थी। उसका रूप-सौंदर्य अवर्णनीय था। तरुणावस्था भी अलौकिक थी। उस सुंदर अप्सरा को मुनिवर ने वस्त्रहीन अवस्था में देख लिया था। वे काम-वासना ग्रस्त हो गए। संपर्क में आने से उन्हें मेनका से अनुराग हो गया। उन्होंने उसे अपने पास आने का निमंत्रण दिया। वह उनसे संबंध स्थापित करने के लिए राजी हो गई। उसके बाद वे दोनों वहाँ सुदीर्घ काल तक इच्छानुसार बिहार तथा रमण करते रहे।

वनमाला अपने चित्र को देखकर भावुक हो उठी। खुशी के आँसू अविरल बहने लगे। पढ़े-लिखे आडंबरहीन पति ने जो दिया है, दे दिया है। शादी के बाद वह जोर-जोर से रो भी न सकी। संभवतः प्यार में पाया गया विश्वासघात, माँ के मनन, चिंतन और अनुभवों के आधार पर दी गई सलाह और उनके प्रवचन में वह समझदारी थी, जिसके कारण उसकी भावुकता निरर्थक हो गई। वह वात्सल्यमयी माँ, जिसके होंठ बिना मुसकराए रह नहीं सकते! शायद, रात के अँधेरे में जब सब सो जाते हैं, तब वह अपने पति के मृत्यु-शोक में खो जाती है। क्योंकि कई बार देखा गया है कि उसके सुबह-सवेरे जागने पर आँखें लाल नजर आती हैं। फिर वनमाला को देखते ही अधरों पर विकृतिहीन मुसकान भी आ जाती है। इसी प्रकार नानी मुक्ता भी अपने आश्रम में सबकी अनुकरणीय हैं। गरीबों की आर्थिक सहायता भी करती हैं। अपने शिष्यों और उनके प्रवचन सुननेवालों के बीच उनकी गरिमा, गौरव देखा जा सकता है। वह स्वयं भी तो उनकी कृतज्ञता की पात्र है। बाहर घर के आँगन में उसके पति अभय के गुनगुनाने की ध्वनि, उसकी अपनी अंतर आत्मा को सुनाई पड़नेवाली प्रायश्चित्त की आवाज से भिन्न न लगी। उसका मन किया कि वह माँ और नानी को मिलने जाए। मगर अब कुछ और भी बंधन हैं, कर्तव्य हैं, जिनको निभाना ही पड़ेगा। वह बाहर पति से मिलने चल

पड़ी। वनी दरवाजे से बाहर आई। लॉन में सुव्यवस्थित तौर से सजी-बनी फूलों की क्यारियाँ, फूलदार पौधों को कतारों में सँभाले हुई थीं। बीच में हरी-भरी घास की छोटी सी लॉन में अभय घूम रहा था। फुलवारी से बाहर जहाँ लॉन की सीमा समाप्त होती है, वहाँ एक 'विपिंग' विलो पेड़ है। जिसे लोग मजनू भी कहते हैं। उसे देखकर लगा कि मानो वह वनमाला को झुककर प्रणाम कर रहा है। अभय और वनमाला का घर एक ऊँची सी पहाड़ी पर है। इर्द-गिर्द दूर-दूर तक यत्र-तत्र पल्म और केले के बाग हैं। बीच-बीच में बस्तियाँ हैं। साथ-साथ कहीं-कहीं अमरूद के पेड़ हैं। अभय ने इस देश और पहाड़ की तलहटी में तजुरबे के तौर पर, एक पीपल का पेड़ भी लगाया था। वह अब उसमें पानी दे रहा था। वह लॉन के एक किनारे में फूलों की क्यारियों से परे लाया गया है। अभय और उसके पिता ने यह घर खूब सोच-समझकर बनाया होगा। खुद के जीवन और परिवार के लिए सभी जरूरी सुविधाएँ उपलब्ध हैं इसमें। शांतप्रिय चित्रकार का यह घर मन को भाने वाला है। और वह है कि अभी भी खुद को उसकी मॉडल ही समझती है। उसके हृदय में बरसाती नदी की उफान सी बाढ़ है, जो शांत होना चाहती है। अभय ने उसे देखा। हँसा, बोला—

"वनी तुम सचमुच अद्वितीय सौंदर्य की मलिका हो। अब तो तुम्हें इसके अनुकूल सम्मान भी प्राप्त हो गया है।" वनमाला अभय के पास आकर खड़ी हो गई। कभी वह वनी को देखता, तो कभी फूलों को, और मानो कहना चाहता हो कि इस जगह के सौंदर्यकरण के लिए उसी के रंग-रूप को यहाँ ढाला गया है।

"वह चित्र देखा?" अभय ने पूछा।

"जी हाँ। अब चित्रकार को देख रही हूँ।" वह बोली।

"कैसा लगा?"

"चित्रकार चित्र से भी अच्छा है।"

"नहीं! मेरा प्रश्न चित्र के विषय में है!"

"सचमुच मेनका लग रही है, परंतु मैं मेनका नहीं हूँ।"

"मेरी आँखों से देखो। तुम क्या हो। मैंने परख लिया है।"

"तो बतलाइए?" वनी ने हिचकिचाते हुए पूछा।

"मेरी आँखों में देखो, क्या है? उनमें कुछ टटोल सकती हो?"

"उनमें कामुकता है।"

"हाँ। और" उसने पत्नी के चेहरे को दुलारते हुए प्रश्न किया।

"आपकी बड़ी-बड़ी भूरे रंग की बादामों जैसी आँखें हैं।"

"और तुम्हारी विस्फारित काली आँखें हैं। गहरे लाल अधर हैं।"

अभय विमोहित दिखने लगा था।

"हाँ, आपकी भावनाओं के चित्रपट पर ऐसा ही है।"

"मैंने आँखें मूँद कर कल्पना नहीं की थी। तुम्हें देखा।"

"चित्र के लिए तुम्हारा चेहरा ही उपयुक्त लगा।"

"यह संभव था। परंतु मेनका के लिए तो आपको आकाश-गंगा में झाँकना चाहिए था।"

"सवाल यह है कि वह देव-लोक से मानव लोक में क्यों आई ?"

"ऐंद्रिय सुख से मनुष्य को लुभाने के लिए।"

"देवलोक में यह संपूर्ण सुख संभव नहीं होता।

मानव को मृत्युलोक में प्यार की पूर्णता और रसवंती भूमि पर काम-वासना की तृषा-पूर्ति होती है।"

"तो आपका मत है कि देवलोक में प्यार का अभाव, व्यथा भरी रिक्तता उत्पन्न करता है। परंतु यहाँ प्यार-मिलन का दुखांत भी है।"

"भूमिवासियों के लिए प्रेम वियोग का कारण भी बन सकता है। शांति ही तो है। जिसे पाने के लिए मनुष्य स्वर्ग जाना चाहता है। यहाँ मानव की यह प्रबल वृत्ति काम है। जिसे वह सुखकर समझता है।"

"आपका मतलब है कि दिव्य जीव या खपिंड का होना संभव है।"

"विजय आनंदजी इतने पढ़े-लिखे सभ्य और अनुभवशील शख्सियत है। वे मानते ही नहीं कि मृत्युलोक के निवासी ही जिंदगी की एक 'रेस' हैं। इसलिए वे चाहते हैं कि मैं अपने चित्रों द्वारा उनके इस मत को उजागर करूँ। जो कर रहा हूँ। सोच-समझकर कर रहा हूँ। यानी जैसा वे समझते हैं।"

"तो शुरुआत में मेनका आपकी अनुबोधकता का प्रमाण है।"

"हाँ वनी। अभी शुरुआत है।"

"चित्र से लगता है कि उसके मुख आनन में मनोरंजन और दुःख की झलक दोनों हैं।

"जो बहुवर्ण छटा सा चाँद है।"

"ठीक लगता है। शुरू में जो आपने सोचा वह युक्तियुक्त है।"

"मेनका का व्यक्तित्व मानसपटल पर आज भी उत्कीर्ण है।"

वनमाला के होंठों की थिरकन से ज्ञात था कि वह मानती है कि कोई खगोलविद् कुछ भी कहे, परग्रही है। 'एलियन' हैं। हमारी पृथ्वी से हजारों-लाखों प्रकाश वर्षों की दूरी पर पृथ्वी जैसे ही ग्रह हैं। उनमें जीवन है। जिंदगी है। कैसी है! उसकी कल्पना के लिए अभय विचार मग्न रहता है। वह इसकी साधना में है। जिसे साधक भी समझता है, समझे। अभय की धारणा का अशुभ और अनिष्ट सूचक अंत न हो, इसके लिए वनमाला

को अपना योगदान देना जरूरी है। उसकी आँखों में विश्वास की चमकती ज्योति पति को निहार रही थी। वह नाज-नखरे वाली, ठंडी हवा के संगीत सी, हँसी हँसने लगी।

"हाँ जी। अभय! मेनका की उल्लसित करनेवाली खूबसूरती ने अग्नि समान तेजस्वी महर्षि को मोह लिया। मेनका में उनका अनुराग हो गया।"

"वनी शायद मैं उसका इमोशन, संवेग, भाव प्रबल सरिता सी 'कैनवस' पर उतारने में सफल नहीं हुआ। मगर बात मानने वाली है कि मृत्युलोक में प्यार, विश्वासघात, आकर्षण, वियोग का होना सभी कुछ वरदान लगता है। मोहित होना, प्यार पाना और खोना वास्तविक जीवन है। व्यथा वियोग भी प्यार की अतृप्ति के स्वरूप है।"

"जी हाँ। पृथ्वी पर जो है, वह वहाँ नहीं है। लगता ऐसा ही है।" अभय का मत है कि खगोलविदों ने सौर तंत्र में 500 ग्रहों की जो खोज की है, उससे भी अधिक और करोड़ों ग्रह हैं, जो इस तंत्र में विद्यमान हैं। जिनके बारे में जानकारी प्राप्त करना बाकी है। फिर भी पृथ्वी जैसा कोई ग्रह है या नहीं, इसका सही-सही पता लगाना बाकी है। वहाँ शायद जीवन होगा। कुछ वैज्ञानिक दावा भी करते हैं कि इस ब्रह्मांड में 'एलियन' या परग्रही जरूर हैं। कुछ शोधकर्ताओं को विश्वास है कि दूसरे ग्रहों पर 'ऐलियन' मौजूद हैं। अभी तक यह कल्पना सी है। परंतु हमारे शास्त्र तो यह मानते हैं कि दिव्यलोग है, और वहाँ से मेनका आई, उर्वशी आई, गंगा उतरीं और पृथ्वी पर सूर्य उतरे। भगवान् आदित्य ने कुंती की कामना पूरी की। सभी के नयन-नक्श पृथ्वी के प्राणियों जैसे हैं, पर उनमें बिना किसी विमान के आकाश से भूमि तक उतरने की और वापस अपने पूर्व स्थान या ग्रह पर जाने की कोई अपार शक्ति जरूर है। वे अदृश्य भी हो सकते हैं। विद्यमान भी हो जाते हैं। कुछ तो है, जो उनके अस्तित्व को कायम रखने में दुनिया भर में अपनी शक्ति को प्रमाणित कर रहा है।

"पताला पाताल लख् आगांसा आगास।
ओड़क-ओड़क माल थके, वेद कहन इक बात॥"

अभय ने 'जपूजी' की वाणी से वनमाला को अवगत कराते हुए कहा कि पातालों के नीचे पाताल और लाखों ही पाताल हैं। और आकाश के ऊपर और आकाश हैं। अनंत ऋषि, मुनि इनके अंतिम किनारों की खोज करके थक गए हैं, पर ढूँढ़ नहीं सके। यह बात सारे वेद, ग्रंथ एकासुर होकर कहते हैं।

जपुजी को श्री गुरु अर्जन साहिब ने गुरु ग्रंथ साहिब के शुरू में दर्ज किया। यह वाणी कितनी पुरानी है और आज वैज्ञानिक कहते हैं कि 50 करोड़ ग्रहों पर जीवन संभव है। ब्रह्मांडीय गणना हाल ही में सन् 2011 ईस्वी में पहली बार हुई, तो यह तथ्य सामने आया कि हमारी आकाश-गंगा में कम-से-कम 50 अरब ग्रह मौजूद हैं।"

"जी हाँ।" 'डेली मेल' समाचार-पत्र में एक रिपोर्ट छपी है। उसमें कहा गया है

कि उन ग्रहों में से लगभग 50 करोड़ 'गोल्डी लॉक्स' जोन के रूप में है। वहाँ जलवायु न तो बहुत गरम है और न बहुत ठंडी है। वहाँ जीवन संभव है। वनी ने पति की दलील की ताईद की।

"वाह। तो आप अब अखबार भी पढ़ती हैं।"

अभय ने उसे आश्चर्य से देखा।

"क्यों नहीं! आप अपनी धुन में मग्न हैं। मैं अकेली बैठी क्या करूँ। कभी मॉडलिंग के विषय में किताबें और पत्रिकाएँ पलटती हूँ, तो कभी अखबार पढ़ती हूँ। आपके लिए संदर्भ ढूँढ़ती हूँ।"

"फिक्र न करो। सिमरन माँ आनेवाली हैं। तब तुम्हें समय ही नहीं मिलेगा। उन्हें सुनना। पिताजी द्वारा रंगमंच पर उतारी गई महान् नायिका, पौराणिक कथाओं की रंगमंच की सीता, सावित्री, राधा, द्रौपदी, कुंती, शकुंतला आदि, न जाने कितने चरित्रों का चित्रण किया है उन्होंने। पिता श्री स्वयं भी नाटककार थे। उनकी ख्याति, उनका खुद का चरित्रांकन भी पूरे शिमला में तथा दिल्ली में प्रसिद्ध है।

अभय जब नौकरी की तलाश में इधर-उधर भटक रहा था तो एक साक्षात्कार के समय इंटरव्यू बोर्ड में बैठे विजय आनंद ने उसे देखकर कहा था, "तुम परीक्षित के बेटे हो। वे तो महान् कलाकार हैं।"

"जी हाँ।" अभय ने गरदन झुका दी थी।

"कलाकार के बेटे हो। दफ्तर में छोटी-मोटी नौकरी करोगे तो अपने खून में बहने वाली कला को व्यक्त नहीं कर पाओगे।"

"किंतु कला से ही दो वक्त की रोटी कमाना संभव नहीं है जी।"

"ठीक है। काम में लग जाओ, परंतु जिस कला में शौक है उसे मत छोड़ना।"

"क्या नाटकों में काम करते हो?"

"जी नहीं, चित्र बनाता हूँ। यही शौक है मेरा। कला विचार, चिंतन और अभिव्यक्ति की भव्य मिश्रता है।"

"शाबाश!" इसके बाद उनसे अभय की निकटता बढ़ती गई।

विजय आनंद के सेवानिवृत्त होने के पश्चात्, उन्होंने ही, अभय को परग्रही के चित्रण का प्रोजेक्ट सौंपा था। वह खुद भी चाहता है कि वह उनकी इस इच्छा की पूर्ति करते हुए कला-साधना का भरपूर आनंद ले। उसकी विशिष्टता बढ़ने लगी है। और यह कमाई का साधन भी बनता जा रहा है। जिस निगम में वह काम कर रहा है, वहाँ से वी.आर.एस. का लाभ उठाना अनिवार्य सा लगने लगा था। क्योंकि कला के क्षेत्र में ज्यादा समय लगने लगा था।

"मैं प्रश्न पूछूँ अभयजी?" वनमाला ने उसका ध्यान आकर्षित किया! अब अभय

का ध्यान उसके चेहरे की तरफ था।

"हाँ पूछो!" वनमाला के चेहरे पर उसे उल्लासपूर्ण झिझक दिखाई दी। खिलने को आतुर फूल की कली जैसी मुसकान भी थी, उसके अधरों पर। अब उसकी आँखों में पहले जैसा संकोच नहीं था।

"आप अधिकतर नारियों के ही चित्र क्यों बनाते हैं?"

"मर्द हूँ। ईमानदारी से कहता हूँ कि भारत के इतिहास में आदर्श नारियों की बहुतायत है। इसलिए भी।"

वनमाला ने स्वीकारात्मक सहमति व्यक्त करते हुए सिर हिला दिया।

"और पुरुष तो अकसर रात-दिन, प्रत्यक्ष-अप्रत्यक्ष रूप से राजनीति बेचते हैं, राजनीतिज्ञ बनना पसंद करते हैं, और राजतंत्र में कूटनीति को घोलते रहने में विश्वास रखते हैं। आदमी अकसर जटिल प्राणी है, वह वही कर सकता है, जो हालात के अनुसार जरूरी हो। समय ने उसे परिवर्तनशील सा बना दिया है। नारियाँ मुख्यत: 'कंसर्वेटिव', सरक्षी, संतुलित हैं, उदार भी होने लगी हैं। फिर भी भारतीय मान्यताओं और परंपराओं को मानती हैं। धर्म-कर्म का पालन करना उनका कर्तव्य ही नहीं, स्वभाव है। तभी तो भारतीयता कायम है। ईमान कायम है। संस्कारों का अंत नहीं हुआ है।

वह प्रसन्न थी। चुप रहना ही वाजिब था अभी। वह उस निष्कर्ष पर पहुँचने ही वाली थी, जो अभय की दलील थी। वह स्वयं भी अब अपनी चंचल प्रवृत्ति को भूलकर पढ़ने-लिखने में रुचि लेने लगी है। सेवा त्याग का अर्थ समझने को, उसका पालन करने को, उसका अपना मन भी करने लगा है। तुम भी तो उस पुराने रीति-रिवाज रूढ़ि संस्कार को मानने में विश्वास करने लगी हो। अभय कहा करता था।

"अब पंडित जवाहरलाल नेहरूजी को ही ले लीजिए। उन्हें तो इस देश का गौरवमय अतीत प्यारा था। फिर भी वे वर्तमान की परिस्थितियों और उपलब्धियों को, उसके सौरभ को मूर्तिमान बनाना चाहते थे। नोबेल पुरुस्कार विजेता स्व:पर्ल एस वक ने टिप्पणी करते हुए नेहरूजी के बारे में कहा था कि 'जाने क्यों नेहरूजी को राजनीति की नजर लग गई है'।"

"ठीक कहा 'वनी' तुमने। जब उन्हें लगा कि महात्मा गांधीजी की 'सत्याग्रह' की राजनीति भारत के हित में है, और आजादी पाने का माध्यम है, तो एक सर्जक लेखक यह पंडित मोतीलाल नेहरू का इकलौता पुत्र, राजनीति में प्रवेश कर गया। विदेश में उच्च शिक्षा प्राप्त करके आए जवाहरलालजी ने भारत के मानस की स्थिति को पहचाना और उस नौजवान 'बैरिस्टर' ने अपने जीवन के लक्ष्य बदल दिए।"

"यानी आप मानते हैं कि भारत का यह श्रेष्ठ पुत्र और लोगों से अलग था।"

"वे पुरुष नहीं देवता थे। गांधीजी का मत था, क्योंकि पंडित मोतीलाल नेहरू का

सबसे बड़ा गुण जवाहरलाल नेहरू के लिए प्यार था, परिणामस्वरूप उन्हें भारतवर्ष से ही प्यार था। उन्होंने इस देश के लिए जवाहरलाल नेहरू को जन्म दिया।''

''फिर भी आप कहते हैं कि भारत में सम्मान योग्य स्त्रियाँ ज्यादा हुई हैं।''

''हाँ यह सही है। जवाहरलालजी भी तो किसी सम्मान प्राप्त नारी की औलाद ही थे। उन्हें जो संस्कार माँ से प्राप्त हुए, उनके फलस्वरूप वे इस राष्ट्र के नेक सज्जन और युग पुरुष साबित हुए।''

''आपको किस माँ के संस्कार प्राप्त हुए?'' अपने सिर के बालों को सँवारते हुए वनमाला ने पूछा।

''मैंने तुम्हें बताया था कि मेरी माँ बीमार रहती थी। उन्हें मैं अम्मी कहता था। शायद वह मनोवैज्ञानिक रोग था। वे चुप रहती थीं। बहुत कम बोलती थीं। मेरे पिता अपनी रंगशाला में मस्त रहते थे। माँ सिमरन घर आती-जाती रहती थीं। नाटकों की रिहर्सल, पूर्वाभ्यास, अकसर हमारे घर में ही होता था। माँ सिमरन जानी-मानी पुरस्कार प्राप्त अध्यापिका भी थीं। मुझे उन्हीं के स्कूल में पढ़ने के लिए बिठाया गया था। अम्मी हालाँकि पिताजी की पहली पसंद थीं। वे उनका पहला प्यार थीं, फिर भी उनका स्वभाव बदलने लगा था। चिड़चिड़ापन आ गया था उनमें। बचपन में भी मुझे फटकार लगाने लगी थीं। कभी-कभी तमाचे भी मार देती थीं। पिताजी इसे दरगुजर कर देते थे। उन्हें भरपूर प्यार देते थे। किसी चीज की कोई कमी न थी उन्हें। पर उन्हें कुछ हीन भावना सी घेरे हुए थी। सिमरन माँ ने उस कमी को पूरा किया, जो कुछ बचपन में बच्चे को माँ की ममता से प्राप्त होता है। आश्चर्य की बात यह है कि अम्मी को सिमरन माँ से ईर्ष्या-द्वेष नहीं था, क्योंकि अपने दुखड़े वे सिमरन माँ से रोती थीं। कभी-कभी गुपचुप माहौल में पिताजी से चोरी छिपे, वक्त-वेवक्त, सिमरन माँ को किसी-न-किसी पौराणिक या ऐतिहासिक कथा-कहानी सुना दिया करती थीं, ताकि उसको नाटक के रूप में प्रस्तुत किया जाए। वे पिताजी के खाने-पीने, पहनने के कपड़ों का खयाल रखती थीं। मैंने उन्हें उनसे प्रेमिका जैसे व्यवहार करते कभी नहीं देखा।''

''वे आपके सामने प्यार क्यों करतीं?'' वनी हँसी!

''अरे मैंने छिपकर आगे-पीछे इस को चुपके से जाँचना चाहा। संभव है मेरे जन्म से पहले वे दोनों तीव्र, 'पैशनेट' प्रेमी-प्रेमिका रहे हों।''

''आपका मतलब है। उनमें कामुकता की कमी आ गई थी।''

''मुझे वे भावरहित लगती थीं। चुप शांत और सहनशील भी। कुछ-न-कुछ व्याधि से ग्रस्त जरूर रहती थीं। उनकी आत्मा मुझे क्षमा करेगी, परंतु कह सकता हूँ कि उनमें हीन भावना थी।''

''और आपके पिताजी, मेरे पूज्य ससुर श्री?''

"वे उनके देहांत के समय बहुत रोए। मैं उनसे कम रोया। क्योंकि माँ सिमरन ने मुझे सँभाल रखा था। वे भी रोती रहती थीं। उनको रोता देखकर मैं भी रोता था। मैं पिताजी की मानसिक परेशानी से वाकिफ था। तब मैं बीस वर्ष का हो गया था। एम.ए. कर बैठा था। मैं बिस्तर पर झुककर कुहनियों के सहारे मुँह घुमाकर पिताजी को देखता रहता था।"

वनी ने बातचीत को नीरस और उदास होते देखा तो पूछा, "चलो अब आज के दिन की बात करें।"

"आज जब सोकर उठा, दिन सुहाना लगा,
पेड़ों पर आ बैठे पंछी
गाने लगे मंगल गान,
मैंने पहले कभी भी नहीं देखा था
खुशी का ऐसा विधान!
कल था फाग का पर्व
आज भी विखरे हैं निशान।"

अभय ने पत्नी के कान में धीरे-धीरे कविता की ये पंक्तियाँ सुनाकर अपनी बात कह दी। शाम हो चली थी। मार्च का महीना था। जो सर्दी की लपेट से बच नहीं सकता था। थोड़ी-थोड़ी ठंड महसूस होने लगी थी। सूर्य अस्त से पहले नीचे गाँव में आवर्णीय शोभा बिखरी पड़ी थी। नीचे गाँव में पास-पास सटे से घरों से और कहीं-कहीं खिड़कियों से बिजली की रोशनी दिखाई देने लगी थी। उनकी इस वाटिका से बिखरती हुई फूलों की सुगंध उनके एकांत घर की भव्यता को दूर-दूर तक पहुँचाने के लिए प्रयत्नशील थी। पीछे घर था, और दाईं और बाईं ओर दूर, काफी दूर गगन को छूते हुए पर्वत थे, जो धूप-छाँव की अनोखी आँख-मिचौली का नजारा, अद्‌भुत लगते थे। इस फुलवारी में खड़ी होकर इन दृश्यों को देखना और आनंद महसूस करना उसकी आदत सी बन चली थी।

आपकी तरह कविता पाठ करके कुछ बता नहीं सकती। मगर सोच रही थी कि न ही सिमरन माँ आई हैं और अब शायद विजय आनंदजी भी कल सवेरे ही आएँ। वे सीधे शिमला चले गए होंगे। शिमला यहाँ से 30-40 किलोमीटर ही तो है। मुझे उनका इंतजार है।"

"हाँ लगता यही है। माँ इधर आएँगी और कल शिमला जाएँगी। फिर विजय आनंदजी शिमला से इधर आएँगे।"

"मैं अंदर जाती हूँ। बिजली जलाती हूँ। संध्या बत्ती करना जरूरी होता है।"

"सुनो! कुछ देर बाद चाँद की रोशनी फैल जाएगी। तीन ही दिन पूर्व पूनम का चाँद, इतना बड़ा होकर निकला था कि बच्चे अपने चंदा-मामा से डरने लगे थे। खैर!

इस वर्ष 2011 के 19 मार्च का चाँद वैज्ञानिकों का चाँद था। बच्चों को वह अजनबी लगने लगा था। इसे 'सुपरमून' से जाना जाता है।''

''मैंने तो उसे देखा भी नहीं। अखबारों में पढ़ा था। टी.वी. पर भी नहीं देखा।''

''मगर आज आ जरूर जाना। उस 'वीपिंग विलो' की टहनियों में से छनती चाँदनी बड़ी अच्छी लगती है।'' वनी पीछे मुड़कर घर में प्रवेश कर रही थी। फिर झिझककर रुक गई। अभय आश्चर्यचकित था। उसने वनी को आकस्मिक ही रुकते देखा।

''क्या बात है ?'' अभय ने प्रश्न किया।

''मैं अकेले ही घर में नहीं जाऊँगी। होली की छुट्टी में आजकल माई भी नहीं आई। आप भी आ जाइए। फिर आ जाएँगे यहाँ।''

''तुम जैसी साहसी युवती को डरना तो नहीं चाहिए।''

बिना कुछ और सोचे-विचारे अभय भी वापस उसकी ओर लौटा। फूल से कोमल हाथ से वनी ने पोर्च की बत्ती जलाई। अभय ने वनी के चेहरे को देखा। वनी ऐसे हँसी मानो उसके अधरों को मुसकराने का ही इंतजार हो। ऐसी मुसकान केवल वनमाला की ही थी। जो अभय को अत्यंत भाती थी। उनका घर नजदीकी गाँव से कुछ ही दूर ऊँचे टीले पर था। फिर भी पास के मील भर दूर नेशनल हाईवे की मुख्य सड़क से ट्रकों, बसों और कारों के आने-जाने की आवाज आती रहती थी। अब वे दोनों गैलरी में थे। वहाँ भी दोनों अकारण ही हँस रहे थे। वनमाला बिजली जला रही थी। फिर अपने कमरे में प्रवेश करके अभय ने बिजली जलाई। वनी रसोईघर में चली गई।

अभय ने अपने कमरे में इधर-उधर देखा। कमरा काफी बड़ा था। एक ओर डबल बेड लगा था। पास एक ओर तिपाई पर कुछ जरूरत की चीजें थीं। दूसरी ओर की तिपाई पर पानी की बोतल और गिलास। एक किताब खुली हुई, पर उलटी पड़ी थी। और बेड के सामने दीवार पर टी.वी. व्यवस्थित ढंग से जड़ा हुआ था। तकिए पर रिमोट कंट्रोल। बाकी तीन-चौथाई कमरे में दो दीवारों पर उसके खुद के बनाए हुए चित्र, जो एक छोटी सी कला प्रदर्शनी लग रही थी। दो दीवारें उसके पलंग के सिराहने की ओर और दूसरी साइड टेबल तिपाई के साथ जुड़ती थी। उस पर उसकी माँ सिमरन की बड़ी तसवीर थी। उसने उधर देखा। वह उसे झाँक रही थी। उसके मुख से अकस्मात् ही निकल गया कि माँ तुम सचमुच ही शकुंतला जैसी हो। तभी तो मेरे पिता परीक्षितजी ने तुम्हें पसंद किया। वे नाटक में दुष्यंत बने। अभय ने मुसकराते हुए माँ की तसवीर देखते हुए फिर कहा, ''मनोहर, शोभा युक्त, नव-यौवना, सर्वगुण संपन्न, सुंदर, अपूर्व तेज, अनुपम रूप!'' इतने में वनमाला भी आ गई थी। वह मेज पर, जहाँ तूलिका आदि पड़े थे, एक ओर चाय के प्याले केतली आदि लगा रही थी। अचानक ही अभय का ध्यान उसकी ओर गया। वह खिलखिलाकर हँस पड़ी थी। क्योंकि वह दबे पाँव आई थी। चाय की

केतली ऐसे लगा रही थी कि अभय को पता न चले।

"अब चाय पीजिए। और मैं वीडियोग्राफ हुए उस नाटक वाली 'सीडी' को चलाती हूँ। जिसकी आपको याद आ रही है। वह मेज के पास वाली कुरसी पर बैठ गया। वनी ने चाय बनाकर प्याला अभय के हाथ में पकड़ा दिया। पहले 'सीडी' को अलमारी से निकाला और टी.वी. पर चालू करने की प्रक्रिया पूरी की। फिर पति के पास बैठकर खुद भी चाय पीने लगी। सामने 'स्क्रीन' पर अभय के पिता दुष्यंत के भेष में और सिमरन माँ शकुंतला बनी रंगमंच पर विद्यमान हुईं।

"शुभे! मैं राजर्षि पुरू के वंश में उत्पन्न राजा दुष्यंत हूँ। आज मैं अपनी पत्नी बनाने के लिए तुम्हारा वरण करता हूँ। मधुर भाषिणी! तुम्हें ज्ञात होना चाहिए कि मैं अपने मन को पूर्णत: संयम में रखता हूँ। बताओ तुम कौन हो? मैं तुम्हारा भक्त हूँ। तुम्हारी सेवा चाहता हूँ। तुम मुझे स्वीकार करो।" शकुंतला हँसी। मिठास भरे वचनों में बोली—

"महाराज दुष्यंत! मैं तपस्वी, धर्मज्ञ तथा महात्मा कण्व की पुत्री मानी जाती हूँ। वे मेरे गुरु और पिता हैं। उन्हीं से आप अपने प्रयोजन की सिद्धि के लिए प्रार्थना करें।"

"महर्षि कण्व तो ब्रह्मचारी थे। इस कठिन व्रत का पालन करते थे।"

"जो बात भगवान् कण्व ने किसी ऋषि को बताई वही कहती हूँ। जब महर्षि विश्वामित्र ने देवताओं के स्वामी इंद्र को अपनी तपस्या से अत्यंत संताप में डाल दिया। तो उन्होंने मेनका अप्सरा को उनकी तपस्या में विघ्न डालने के लिए भेजा और मेनका की रक्षा के लिए वायुदेव को भेजा, जिसने उसके वस्त्र उड़ाने का काम किया। सुगंध भरी हवा चलने लगी। कामेदव को भी उसकी सहायता के लिए भेजा।"

"और वह सब हुआ जो वह चाह रही थी।" कुछ पल चुप रहकर वह फिर बोली। "तो फिर विश्वामित्र ने मेनका को अपने निकट आने का निमंत्रण दिया। उनके कहने पर वह उनसे संबंध स्थापित करने के लिए राजी हो गई। वे दोनों दीर्घकाल तक इच्छानुसार विहार तथा भ्रमण करते रहे। तपस्या का क्षय होने से मुनि के मन पर मोह छा गया। मेनका के काम और राग से तत्पश्चात् मालिनी नदी के किनारे मेनका के गर्भ से शकुंतला का जन्म हुआ। वह उस नवजात शिशु को मालिनी के तट पर छोड़कर तुरंत इंद्र लोक चली गई थी।"

वनमाला ने कुछ क्षण के लिए 'सीडी' को रोका और अभय से कहा—

"पतिदेव! तो यह सिद्ध हुआ कि परग्रही यहाँ आते थे, चले जाते थे।"

"जी हाँ" अभय ने कहा। यही नहीं, इन 'एलियन' के आने-जाने की प्रक्रिया को सच जानकर 'रेडियो टेलीस्कोप' और 'यंत्र' लगाए गए, ताकि यह सिद्ध हो सके तो दूरबीन व्यवस्था उसे प्रमाणित करे। इसे संभावित संकेत को पकड़ने के लिए बनाया गया था। अब इसे 'लोस एंजल' की खबर के अनुसार बेइंतहा खर्च के कारण बंद कर

रखा है।'' वनमाला ने सीडी को फिर से पहले वाले दृश्य से चालू कर दिया।

दुष्यंत मंत्र मुग्ध से सुन रहे थे। ''जब विप्रवर विश्वामित्र काम वश हो गए। संपर्क में आने पर मेनका में उनका अनुराग हो गया। वह उनसे संबंध स्थापित करने के लिए राजी हो गई। फिर मेनका ने हिमालय के रमणीय शिखर पर मालिनी नदी के तट पर शकुंतला को जन्म दिया।'' मंच पर अँधेरा होने लगता है।

तभी शकुंतला और दुष्यंत के आगे परदा गिरता है।

(पुनः उजाला होता है। परदा उठता है) एक ऋषि प्रवेश करता है। एक-दूसरा भी सामने खड़ा हो जाता है।

''उसी समय जब मैं आचमन करने के लिए मालिनी तट पर गया तो शकुंतला, मेनका कुमारी की रक्षा कर रही थी। मेनका तो नवजात गर्भ को इस नदी के तट पर छोड़कर इंद्रलोक चली गई थी।''

(नेपथ्य से आवाज आती है)

''ब्राह्मण कण्व। यह विश्वामित्र की कन्या है। कौशिकी तट पर गए आपके सखा विश्वामित्र काम और क्रोध को नहीं जीत सके थे। आप दयालु हैं। इसीलिए उनकी पुत्री का पालन कीजिए।'' इस फ्लैश बैक की कौंध, रोशनी के पश्चात् फिर परदा गिरता है।

वनमाला और अभय अब चाय पी चुके थे। वनमाला पलंग पर बैठ गई। अभय पास ही गैलरी में स्नानघर की ओर चला जाता है। कपड़े बदलकर वापस आकर वनमाला के पास ही पलंग पर लगे तकिए के सहारे बैठ जाता है।

(उधर मंच पर फिर से रोशनी होती है—महर्षि आश्रम—शकुंतला तथा महात्मा कण्व रंगमंच पर खड़े हैं। शकुंतला लज्जावश पिता से कुछ दूर, भयभीत सी नजर आ रही है)। कण्व बोले—बेटी, तू लज्जा में रहकर ही दीर्घायु होगी। अब पहले जैसी चपल न रह सकोगी। सारी बातें स्पष्ट बता। भयभीत न हो!

शकुंतला, ''तात महाराज दुष्यंत इस वन में आए थे। (कठिनाई के साथ कंठ गद्गद) देव योग से इस आश्रम पर भी उनका आगमन हुआ। मैंने उन्हें अपना पति स्वीकार कर लिया। वे महायशस्वी नरेश अब मेरे स्वामी हैं। इस क्षत्रिय कुल को अभयदान देकर उन पर कृपा दृष्टि करें।''

(कण्व आँखें मूँदकर ध्यान मग्न होते हैं)।

कण्व—(आँखें खोलकर) तुमने योग्य पति के साथ संबंध स्थापित किया है। दुष्यंत तुम्हारे धर्म का नाशक नहीं। तुम्हारे गर्भ से एक महाबली और महात्मा पुत्र पैदा होगा। जो समुद्र से घिरी हुई इस पूरी पृथ्वी का उपभोग करेगा।

शकुंतला—भगवन्! मैंने पुरुषों में श्रेष्ठ राजा दुष्यंत का पति रूप में वरण किया है। उन पर आपको कृपा करनी चाहिए।

कण्व! शुभे! तुम्हारी जो इच्छा हो, वह वर मुझसे माँग लो।

शकुंतला—वे पुरू वंशी नरेश सदा धर्म में स्थिर रहें और वे कभी राज्य से भ्रष्ट न हों।

कण्व—एवमस्तु, ऐसा ही हो। (यह कहकर उन्होंने शकुंतला का दोनों हाथों से स्पर्श किया) और कहा—बेटी। आज से तू महात्मा राजा दुष्यंत की महारानी है। अतः पतिव्रता स्त्रियों का जो बरताव तथा सदाचार है, उसका निरंतर पालन कर।

(परदा गिरता है और अब मंच पर रोशनी-ही-रोशनी थी।)

वनमाला बहुत खुश थी। अभय उसको बड़े प्यार से देख रहा था। वह कुछ कहना चाह रही थी कि अभय ही बोल पड़ा।

"क्या सोच रही हो?"

"बीच में काफी कुछ छूट गया लगता है।"

"सीडी के वार्त्तालाप में निरंतरता है।"

"बीच-बीच में जो कट हैं। अंतराल है। बार-बार परदा गिरता है। उस मध्यवर्ती अवधि में क्या हुआ?"

"तुम क्या कहना चाहती हो?" वह हँसा।

"पति-पत्नी की घनिष्टता, अंतरंगता…"

"समझी। वह बात सभी समझ सकते हैं। यह 'इंपलाइड' है। अंतर्निहित है। कण्व और शकुंतला की बातचीत और कण्व द्वारा यह कहा जाना कि तुम्हारे गर्भ से एक महाबली और महात्मा पुत्र पैदा होगा। यह काफी नहीं है क्या? यह सीडी पूरे नाटक की नहीं है।"

"कुछ-कुछ प्यार की बातें होती नजर आतीं तो और भी अच्छा लगता।"

"ताकि लोग सीटियाँ मारते। यह नाटक की सीडी है श्रीमतीजी। कोई पिक्चर विक्चर सिनेमा की नहीं है।" उसकी आँखों में शरारत थी।

"खैर! जैसा आप कहेंगे वैसा मान जाऊँगी।" "अब वैसा ऐंद्रिय दृश्य इस कमरे में होगा। तुम शकुंतला और मैं दुष्यंत!"

"माँ आ रही हैं। इसलिए मैं अपने कमरे में ही सोने के लिए जाऊँगी।" उसकी हिचकिचाहट विद्यमान हो रही थी। वह विमोहित भी दिख रही थी। उसने देखा कि अभय इस समय अति सुंदर जवान और प्यार योग्य पुरुष लग रहा है। वह उसका पति है, उसके शरीर का स्वामी। उन्होंने उसकी पुरानी कहानी, जिसे रूढिवादी अथवा पुरानी विचारधारा वाले लोग कलंक कह सकते हैं, भुला दी है। अभय उसे निहार रहा था। वह सोच रही थी कि सभ्य, आधुनिक लोग अब ऐसे नहीं हैं। इस सबके बावजूद अभय में न तो रूखापन है, न वह कर्कश है और न ही कठोर। वह सचमुच एक कलाकार है।

कलाकार के मन में शील और विनय होता है। इस कारण भी उसे सदैव मित भाषिणी, पतिव्रता बनकर रहना पड़ता है। और बदले में पति की धनिष्ठता का प्रसाद मिलता है। हँसी-मस्ती का आलम है। अब वह कभी भी मर्यादा का उल्लंघन नहीं करेगी। अभय ने जकड़कर उसे उठा लिया। अंकों में भरकर चूमा। पूर्णतया परिचित कंठ-स्वर से पूछा—''क्या इरादा है ?'' अभय की कामुक आँखों में वशीकरण शक्ति थी।

''साँझ की बेला थी, रात की रानी के लिए झिल-मिल स्वागत की तैयारी थी। बाहर घंटी बजी। प्रवेश द्वार खुला था। लो माँ आ गईं।'' वह बोली।

अभय ने वनमाला को बिस्तर पर छोड़ा और बाहर आ गया। सचमुच माँ सिमरन ही थीं। वनमाला ने खड़े होते ही कपड़ों की सिलवटें खींच-तानकर सँवारीं और बाहर आई। माँ के चरण छूए। माँ सिमरन ने उसे गले लगा लिया। उनकी तेजपूर्ण आँखें और अधेड़ उम्र के बावजूद भव्य व्यक्तित्व; उनके शकुंतला वाले स्वरूप के अनुरूप थे। बढ़िया परिधान, गले में मोतियों की माला, यत्न से सँवारे हुए लंबे-लंबे बाल—

''मैं नीचे जाकर सामान ले आता हूँ।'' अभय बोला।

''अपने घर, बहू बेटे के पास आई हूँ। सामान क्या है! एक छोटा सा ब्रीफकेस है और बिखरे हुए लिफाफे भी हैं, जिनमें तुम लोगों के स्वाद के मुताबिक कुछ खाने-पीने का सामान है।''

''आप अकेली ही हैं या कोई ड्राइवर भी है।''

''खुद ड्राइव करके आई हूँ। 'गाड़ी नीचे गैरेज' में भी लगा देना बेटा।''

अभय चला गया था। वनमाला माँ को उनके कमरे में ले गई। ''जरा 'फ्रेश' हो लीजिए माँ।''

''अरे। इतना साफ-सुथरा घर। फूलदान में गुलाब के फूल—शाबाश! बहू हो तो ऐसी हो।'' वह माँ सिमरन को देखती रह गई। सचमुच सुंदर, दिलकश, मांसल देह वाला आकर्षक अंग-अंग और अभी भी मादक नयन-नक्श, माँ की मोहक बातचीत से वनमाला को यह निर्णय करने में देर न लगी कि माँ सिमरन सचमुच अपने समय में रंगमंच की बेजोड़ तारिका ही थीं। उनके अधरों पर 'मोनालीसा' जैसी रहस्यमय मुसकान देखकर लग रहा था कि जीवन के उतार-चढ़ाव, संकटों दुःखों ने उसको दुनियावी वेदना और यंत्रणा झेलने की शक्ति देकर और भी सौंदर्य बख्श दिया है। वह भाव प्रबल है। संवेदनशीलता की चेहरे पर जीती-जागती झलक है। व्यवहार कुशल निश्चिंत और धैर्यपूर्ण! माँ सिमरन की शकुंतलावाली शिष्टता, रमणीयता और शालीनता अभी भी कायम है। भगवान् का लाख-लाख शुक्र है, उसे ऐसी सास मिलीं। उसके श्वसुरजी ने अपनी वसीयत में ही स्पष्ट कर दिया था कि माँ सिमरन को मैं सचमुच की सास समझूँ, क्योंकि जो संस्कार अभय को प्राप्त हुए हैं, वे इन्हीं की देन हैं। वह अभय की जननी

न सही, पर माँ की ममता का दैवी–वरदान उसी ने अभय को दिया, जिसका श्रेय प्राप्त करने का सिमरन का अधिकार है। यह भी स्पष्ट किया था कि सिमरन, उनकी पत्नी के देहांत के पश्चात् वैसी ही उनकी सहचरी है। उनके बाद अभय की माँ कहलाने का हक उसे भी होगा। बाकी सबकुछ उन्होंने अपनी डेली डायरी में लिखा हुआ है, जो कि माँ सिमरन के पास है। उसे अब समझ में आया कि अभय ने माँ सिमरन को राधा का स्वरूप देकर अपने पिता को साथ में कृष्णा बनाकर जो चित्र बनाया था, वह सचमुच उनके संबंधों का प्रतीक है। राधा का भारी 'नैकलेस,' जड़ाऊ माँग का टीका, गहनों जैसा लहँगा, सुंदर हार और बाजूबंद, भारी झुमके। 'पेंटिंग' ही नहीं है, बल्कि मन में बसी माँ के प्रति श्रद्धा का प्रतीक है, प्रमाण है।

यह सबकुछ 'पेंटिंग' की 'एगजीबिशन' के समय चर्चा का विषय बन गए थे। यह चित्रकला प्रदर्शनी शिमला में लगाई गई थी। स्वयं कृष्ण की मोती–मणिक जड़ी अँगूठियाँ, और सिर पर सजे ताज पर हीरे, कलियाँ, नीलम–मोती भी सही मायने में उन्हें राधा का आराध्य होने के दृष्टांत थे। चित्र में कुछ आधुनिकता भी थी, डायमंड हीरों से जड़ी डिजाइनर चोली जो राधा ने पहनी थी। इन चित्रों के आधार पर परिधानों के नए 'डिजाइन' भी प्रचलित हुए थे। वनमाला को माँ सिमरन ने ही बताया था कि वृंदावन छोड़कर मथुरा जाने के बाद राधा कृष्ण से नहीं मिल पाई थीं। भागवत में 'यमुना' नदी ने कहा है कि राधा पत्नीत्व और कृष्ण के बचपन की सखा संगी की मूर्तरूप है, साकार है। इसलिए वह और कृष्ण अपृथक्करणीय हैं। वे कभी जुदा नहीं हैं। अलग समझे ही नहीं जाते। इसका ध्यान करके वनमाला रो पड़ी थी। अचानक ही माँ सिमरन ने आकर वनमाला को अपनी बाँहों में जकड़ लिया। और हँसकर पूछा, ''क्या बात है, जो इस चित्र ने तुम्हें रुला दिया?'' वनमाला ने आँसू पोंछे और बोली, ''हमारे घर–आँगन में संस्कृति और कृष्ण की आस्था का समागम है।''

□

3

दोनों हैं आमने-सामने

'विजुअल आर्ट' से न केवल दुनिया को और भी ज्यादा सुंदर, आकर्षक और रुचिकर बनाया जाता है, बल्कि आसमान के सितारे भी तोड़कर कैनवस पर जड़े जा सकते हैं। आकाश में बसी दुनिया को कैनवस पर उतारना कोई अभय से सीखे। वह न केवल अपनी भावनाओं को कैनवस पर व्यक्त करता है, बल्कि वहाँ के प्राणियों की तसवीर भी अपने चित्रों में उतारने में सफल है। उसे एक विश्वविद्यालय ने भी आमंत्रित किया है। वहाँ एक वर्कशॉप ऑफ पेंटिंग आयोजित होनी है। अच्छा है कि भारतीय कला और संस्कृति अब फिर पल्लवित होने लगी हैं। दिल्ली, शिमला, कोलकाता और मुंबई में इसका उदाहरण देखा जा सकता है। शिमला में 'गेयटी' में ही पिछले ढाई वर्ष में 60 से अधिक चित्रकला प्रदर्शनियाँ और 5 चित्रकला कार्यशालाएँ प्रदर्शित और आयोजित हो चुकी हैं। वहाँ प्रकृति के विविध आयाम देखे गए हैं। मानव को भी कला में केंद्रित किया गया है। भिन्न-भिन्न छात्र-छात्राओं, कलाकारों ने अपनी कलात्मिक कल्पनाओं को साकार किया हुआ था। पेंटिंग तो अब कमाई का साधन भी है, किंतु इतनी कमाई नहीं है कि चित्रकार अपने कुटुंब को पाल सके। इन दोनों को क्या कमी है। विजय आनंद भी अभय के 'पैट्रन' हैं। मदद करते रहे हैं। बिकने योग्य 'पेटिंग्ज' बिकी भी हैं।

"तुम्हारे ससुरजी ने काफी चल-अचल संपत्ति भी छोड़ी है। और मैं भी तो हूँ तुम दोनों की माँ।" सिमरन की अपने बहू और बेटे से बातें हो रही थीं।

"हाँ-हाँ, जी हाँ" वनमाला ने हँसने की कोशिश की। फिर माँ सिमरन को देखकर बोली, "माँ, वाह ? कपड़े पहनने का सलीका, तरीका, कोई आप से सीखे। कुछ-कुछ ठंड होने लगी है।"

"ठीक कहा," सिमरन ने हामी भरी, "एस्टा! यह ऊनी कोट अचकन जैसा

है। इसका शिमला और सिरमौर में प्रचलन है। मैंने एक 'लोइया' तुम्हारे पति के लिए भी लाया है, गरम लंबा इकहरा कोट—हिमाचल का विशिष्ट परिधान। क्योंकि अभय कभी-कभी बाहर जाकर शाम के ढलते समय भी चित्र बनाता है। यह लोइया कंबल का काम भी कर देता है।''

''यह सिर पर काले रंग का ढाठू,'' वनमाला अपनी सास को निहार रही थी।

''हाँ। तुम्हारे लिए रंगीन ढाठू लाई हूँ।''

वनमाला कुछ सोचने लगी। इससे पहले कि वह कोई प्रश्न करती, माँ सिमरन ने उत्तर दिया—

''हिमाचल में जहाँ-जहाँ ढाठू का चलन है, वहाँ जो स्त्रियाँ काले रंग का ढाठू पहनती हैं, उनके पिया परलोक में होते हैं।'' अब सिमरन की डबडबाती आँखें भूमि की ओर देख रही थीं। वनमाला समझ गई और बात बदलने लगी, ''किन्नौर में टोपी का रिवाज है। पास के कस्बे में एक नेगीजी रहते हैं। मैं उनकी पत्नी से मिली हूँ।''

''वहाँ इसे 'ठेपड़' कहते हैं,'' विशिष्ट अवसरों पर वहाँ स्त्रियाँ थाली जैसी टोपी जिसे 'पेद ठेपड़' कहते हैं, पहनती हैं। सिमरन ने आँखें हाथों से ही पोंछी और वनमाला का हाथ पकड़कर अपने कमरे की ओर ले जाते हुए बोली, ''मेरा मानना है कि कपड़ों की पसंद बहुत ही व्यावहारिक होनी चाहिए। मुझे जो पसंद है, मैं पहनती हूँ। कपड़े पहनकर अच्छा महसूस होना चाहिए। मैं परिस्थिति के अनुकूल कपड़े पसंद करती हूँ। गौर कर लेती हूँ कि मौसम कैसा है। मुझे कहाँ बैठना है। भूमि पर या कुरसी पर या बाग-बगीचे की घास पर। यदि मुझे किसी स्कूल में जाना है और बच्चों संग खेलना, बतियाना है तो मुझे भड़कीले लिबास की जरूरत नहीं होती। कपड़े ऐसे हों कि एक बार पहन लेने पर किसी प्रकार की परवाह न हो। तनाव या चिंता की जरूरत न पड़े। कपड़ों में खुद को सुविधाजनक महसूस करना चाहिए।''

सिमरन आराम से पलंग पर बैठ गई। वनमाला पास पड़ी आरामकुरसी पर बैठकर हँसने लगी—

''मैं इन कपड़ों के कारण बिस्तर पर नहीं बैठ पाऊँगी!''

''देखो मैंने क्या कहा था। हिमाचल के परिधान हर हाल में पहने जा सकते हैं—टू इन वन!'' ''जी हाँ, मैं कौन सी दिल्ली की रहनेवाली हूँ,'' तभी अभय ने कमरे में प्रवेश किया। हाथ में दो-तीन थैले हैं। वह उन्हें पास की मेज पर रख देता है, ''जल्दी न करना माँ। इन्हें आराम से खोलना। कुछ खास जल्दी करनेवाली बात नहीं। इनमें क्या है। मैंने देख लिया है। आपने कुछ कविताएँ भी लिखी हैं। सरसरी तौर पर देखा था।''

''तभी कुछ देर लगा दी।'' वनमाला हँसती है। सिमरन उदास सी हो जाती है—

''जो कुछ मैं नाटकों में अपने किरदार के जरिए व्यक्त न कर सकी, वह सबकुछ

लिख बैठती हूँ। कोई पोता-पोती होते तो वक्त कट जाता। बेचैनी को घटाने के लिए लिखने लगी हूँ। तुम 'पेंटिंग' का सहारा ले लेते हो। वनमाला, तुम मॉडलिंग भी करती हो। फिर भी कई भावनाएँ हैं, जिनकी अभिव्यक्ति अपने एक ही शौक के माध्यम से कर नहीं पाई। कविताएँ ऐसी हैं, जिनसे मैं खुद की भावनाएँ, अपनी स्मृतियों को कागज पर उतारती हूँ। वैसे ही जैसे अभय कूची और कलम से अपनी अभिरुचि व्यक्त कर सकता है।''

''मेरी तो महत्त्वाकांक्षा भी है, ताकि मैं अपने ईष्ट और प्रेरणादाता विजय आनंदजी की उम्मीदों पर पूरा उतरूँ।'' अभय बोला, ''अभी मुझे ढेर सारी बातें करनी हैं।''

''आजकल बहुत सी संवेदनशील स्थितियाँ हैं, जिनके बारे में मैं बात कर सकती हूँ।''

''नहीं माँ मुझे अखबारी बातों में दिलचस्पी नहीं है।'' वनमाला ने अपनी इच्छा जताई।

''अखबार भी तो पढ़ना चाहिए। विडंबना यह है कि नेता मंत्रीगण भी अखबार पढ़ते हैं। हालाँकि ज्यादा खबरें उन्हीं की होती हैं।'' अभय भी बोल पड़ा, ''अखबार लाता हूँ। आज की एक खबर यह है कि जूपिटर के उपग्रह पर जीवन की संभावना है।''

वह अखबार लाकर बैठता है, ''देखो माँ'' और समाचार-पत्र सिमरन को देता है। वह धीमी आवाज में पढ़ती है। मानो गुनगुना रही हो। 'जूपिटर' के उपग्रह 'यूरोपा' के बर्फ से ढके आवरण के अंदर पानी का स्रोत होने की संभावना है। इस जल-स्रोत की लंबाई-चौड़ाई उत्तरी अमेरिका की बड़ी-बड़ी झीलों जितनी हो सकती है। इससे वहाँ जीवन की उम्मीद की जा सकती है। टेकसास की यूनिवर्सिटी के प्रमुख ब्रिटनी स्किमिड के अनुसार यह झील बर्फ के बड़े-बड़े हिमखंडों से ढकी हुई है। अंदाजा लगाया गया है कि बर्फ की मोटी परत के भीतर विशालकाय सागर भी संभव है। इस बात को लेकर भी चर्चा है कि यदि यूरोपा की बर्फ की परत बहुत ही अधिक मोटी हो तो यह जीवन के होने का निर्णायक संकेत नहीं है। सतह के अंदर समुद्र का संचार सतह से नहीं होगा। हिमखंड की मोटी परत होने से, टकराकर मिल सकते हैं। यदि ऐसा है तो वहाँ जीवन की संभावनाएँ बढ़ सकती हैं। सुनते-सुनते वनमाला उक्ता सी गई। ''अच्छा माँ मैं जरा रसोईघर का हालचाल देख आती हूँ।'' जाते-जाते भी माँ के पाँव छू लेती है।

''यह शोभा युक्त बहू, 'पिटाइट' है। पतली सुंदर।''

वह अखबार के पन्ने इधर-उधर पलटकर मोटी-मोटी सुर्खियों पर नजर दौड़ाती है।

''जीवन तो मंगल पर भी है। खोज जारी है। शायद वहाँ कोई परी हो। मेनका हो या उर्वशी हो।''

उसने अपनी बात आगे बढ़ानी चाही थी कि अंदर से उन्हें ढोलक और शहनाई की जुगलबंदी का मधुर संगीत सुनाई पड़ा, और तुरंत बाद वनमाला की खनकती आवाज में कई गीत माहौल को गुदगुदाने लगा।

''यह साज कैसे ? आवाज जरूर बहू की है।''

''साज संगीत कैसेट के जरिए बज रहे हैं और वह खुद गा रही है।''

''कैसेट ?''

''हाँ माँ। यह उसी की डिस्कवरी' है। उसने पहले कुछ साजों की ध्वनियाँ, सुर-संगीत रिकॉर्ड किए और अपने हिसाब से ऐसा तरीका ईजाद किया कि लगे कि वनमाला के साथ कई लोग साज बजा रहे हैं।''

''खूब! लड़की होनहार है।'' वह अभी भी गा रही थी। आवाज अंदर तक आ रही थी।

''इस गीत में कसक है। माधुर्य है। और वेदना भी है।''

''गीत के भाव ही ऐसे हैं।''

''हाँ!'' सिमरन को याद आया कि वनमाला के अतीत का दर्द और प्यार की चाहत ने एक कामयाब फसाने में तबदील कर दिया है।

''माँ! आप ने भी कला को उसकी संपूर्णता से जिया है।'' कुछ-कुछ और बातें होने को ही थीं कि वनमाला ट्रे में तीन प्याले गरम-गरम सूप के ले आई—'बादाम का सूप!'

वह मुसकरा रही थी। और सिमरन के पास पलंग पर बैठ गई। ''बदल लिये कपड़े। 'ईजी' और सहज सामान्य हूँ।''

''फिर भी वही हो!'' सिमरन ने चुटकी ली।

''अभी भी उतनी अच्छी लग रही हो। फूल चाहे क्यारी में हो या गमले या गुलदान में, फूल-तो-फूल ही है।''

''माँ एक 'पर्सनल सवाल पूछूँ ? बुरा तो नहीं मानेंगी'।''

''नहीं बेटा पूछो। बेशक बिना संकोच।''

''पापाजी से आपकी पहली मुलाकात कब हुई ?''

''परीक्षितजी मुझे परवाणू में नई-नई कायम हुई इलेक्ट्रॉनिक्स कंपनी के उद्घाटन के बाद मिले थे। मैं तब उस कंपनी के उद्यमी की पी.ए. थी।''

''वे कैसे वहाँ थे।''

''उन उद्यमी मालिक की इच्छा थी कि वहाँ के लोकल और साथ के गाँव के ग्रामीण उन्हें अपना समझें। उन्होंने परीक्षितजी से कहा कि वे करियाला और लोक-नाट्य का इंतजाम करें। फिर क्या था—अगले दिन उन्होंने बाहर खुले मैदान में लंबे-लंबे खंबे गड़वाए, रस्सियाँ बाँधकर उसे चौकोर 'एनक्लोजर' बनवाया। यह रंगशाला बन गई—'ओपन एयर थिएटर।' मैं साथ-साथ रही। उद्यमी मालिक ने मेरी ड्यूटी लगवाई थी। कुली-मजदूरों के प्रबंध के लिए मैं फैक्टरी के नौकर-चाकरों को जरूरी निर्देश दे देती थी। चाय-पानी का इंतजाम करती थी। उन्होंने करयालचियों से संपर्क साधने के

लिए जहाँ-जहाँ फोन करवाया, जहाँ भी किसी को भेजना चाहा, मैंने भेजा। शाम को लकड़ियों का धूना लगवाया। उसके बाद करियाला भी देखा। करियाला का अभिनय आरंभ हुआ। गाँव और कस्बे के लोग आए। उद्यमी मालिक परिवार सहित उपस्थित थे। कई प्रकार की नकलें दिखाई गईं। साधु, स्वादू, मुनि, तपस्वी, राधो-माधो, ज्ञान, तंत्र, सिपाही-पटवारी, नंबरदार—हँसाने वाले संवादों ने पूरा माहौल घरेलू बना दिया था। परीक्षितजी कब-कब किस-किस भेष में आए, मैंने भी देखे। वे अभिनेता भी थे और लोकनाट्य शुरू होने से पहले पात्रों को समझाने, निर्देश देनेवाले निदेशक भी थे। यह थी पहली मुलाकात। दूसरी मुलाकात कब और कैसे हुई, यह कहानी फिर कभी।''

''कहानी?'' वनमाला ने आश्चर्य जताया।

''वे चले गए। कई दिन बीत गए। अब यह कहानी ही है वनी।''

''शुक्र है अभी यह इतिहास नहीं बना।'' अभय ने इस बात को पूरा करने का प्रयत्न किया।

''याद आया अभय! क्या वह मंगल के मरुस्थल का चित्र तैयार हुआ?''

''हाँ माँ, कुछ-कुछ तो बन गया है। 'रिटचिंग' बाकी है। चलता हूँ। उस पर और भी ध्यान देने की जरूरत है। वहाँ आँधियाँ चलती हैं। लाल-लाल रेत उड़ती हैं, और फिर कहीं और जाकर ढेर होकर कठड़ी सी बन जाती हैं। या यूँ कहूँ कि उड़ते हुए परिंदों की डार एक साथ कहीं जुड़-सिमटकर बैठ जाती हैं। वह उठता है और एक बार फिर पत्नी वनमाला को देखता है, माँ सिमरन की ओर देखकर मुसकराता है। माँ सिमरन और वनमाला ही वहाँ रह जाती हैं, पास-पास बैठी हुई हैं। ''माँजी आपके और स्वर्गवासी माँ कामिनी के संबंध बहुत ही घनिष्ठ लगते हैं। आप नाटकों में उनकी पत्नी और प्रेमिका के किरदार निभाती रही हैं। और उन्हें न ईर्ष्या हुई, न द्वेष था आपके साथ! तनिक विचित्र सा लगता है।'' सिमरन उसे बड़े गौर से देख रही थी। आँखें मानो हँस रही थीं, अधर और भी सुर्ख हो चले थे।

''नहीं। मेरा और कामिनी का बहुत पुराना संबंध रहा है। उनका निधन मेरे लिए बड़ा कष्टदायक सदमा है। मैं क्या कहूँ? मैं क्या करूँ। सोलन में एक 'पब्लिशिंग' हाउस था। वे छपाई का काम 'आउटसोर्स' करते थे। हमारे उद्यमी मालिक के भाई का छापा खाना था, चंडीगढ़ के पास एक गाँव में। मैं उस दिन कुछ छपी हुई एक हिंदी कहानी-संग्रह की प्रतियाँ लेकर वहाँ पहुँची ही थी कि कामिनी आईं और प्रतियाँ गिन-गिनकर सँभालने लगीं। पता चला कि वे उसी प्रकाशक संस्था की बिक्रीवाली दुकान में 'सेल्ज पर्सन' भी हैं। मेरे लिए चाय, पानी, नाश्ता भी लेकर आईं। बातों-बातों में पता चला कि वे जुब्बल की ओर बसे हुए किसी पहाड़ी राजे राणे के परिवार से ताल्लुक रखती थीं। उन्होंने मुझे अपनी बातों से, किस्से कहानियों से इतना 'इंप्रेस' किया कि

मैं अकसर खुद ही कई पुस्तकों की छपाई के काम के पूरे होने पर सोलन आती-जाती रहती थी। शायद उन्हें भी कोई बात कहने-सुननेवाला नहीं मिला था। और मुझे भी ऐसी कमी महसूस होती थी।''

''क्या-क्या किस्से सुनाए उन्होंने?''

''बहुत सारे किस्से, उनकी जवानी के कार्यकाल का उगता सूरज मैंने खुद देखा है। मेरे और उनके कॅरियर की शुरुआत लगभग एक ही समय में हुई। उनके साथ दोस्ती का यह रिश्ता मेरे साथ उनके अंतिम समय तक बना रहा। कभी-कभी वे मेरे घर परवाणू भी आ जाया करती थीं। तब साथ भोजन करने के लिए हम होटल में भी चले जाते थे। उनकी बोलने की अलग ही रफ्तार थी, चलने में भी भरपूर दम से चलती थीं। दिल एकदम साफ। फूल कमल के से रूप में कामिनी आकर्षक नवयौवना थीं। तभी तो परीक्षितजी का मन मोह लिया था उन्होंने। बाद में एक ऐसा समय भी आया कि कामिनीजी को नई नौकरी की तलाश में परवाणू, चंडीगढ़ के चक्कर काटने पड़ गए। तब से वे मेरे घर में ही रहने लगीं।

''और वह पब्लिशिंग हाउस?'' वनी को आश्चर्य हुआ।

''नहीं चला। 'रॉयल्टी' के झगड़े। छपाई के और स्टाफ के खर्चे। अच्छे लेखकों की कमी, इन सबकुछ ने काम रोक दिया। पब्लिशर बाज आए। कंपनी टूट गई। और कामिनीजी मेरे पास आ गईं। उन्हें सकून की जरूरत भी थी।''

''प्रकाशक पैसे लेकर भी छापते हैं।'' वनमाला का तर्क था।

''सही है। यह इश्तहार की छपाई का काम नहीं था। साहित्य का काम था। पुस्तकों को प्रकाशित करने का काम था।''

''सरकार लेखकों का हौसला बढ़ाती है। किताबों की थोक खरीद भी होती है।''

''हाँ वनी ठीक है। तुम्हारा मतलब है कि प्रकाशकों को भी सब्सिडी-अनुदान आदि मिलना चाहिए। नहीं, यह मुमकिन नहीं, यह व्यवसाय है। लेखन, एक कृतिकार का चमत्कार है। क्रिएटिव काम है। पेशा ही नहीं है।''

''अच्छे लेखक सम्मानित होते हैं। प्रकाशक नहीं, ऐसा बहुत कम होता है।''

''हाँ। ताजमहल के शाहजहाँ सम्राट् का नाम रोशन है। उसके राज मजदूरों को कौन जानता है। उसको सम्राट् की सोच के मुताबिक सोचनेवाले आर्किटैक्ट को भी कई लोग नहीं जानते।''

''हाँ माँ! पाठक किताबों की दुकान पर जाकर जाने-माने लेखकों की किताबें खरीदते हैं। अच्छे प्रकाशक का नाम पढ़कर भी किसी अन्य लेखक की किताब पढ़ने लगते हैं। लाइब्रेरी भी ऐसा ही करती है। नए और विद्वान् लेखक कहाँ जाएँ?'' वह किताबों की अलमारी की ओर जाकर एक पुस्तक ले आती है। माँ इसे पढ़ें। तब तक

मैं खाना बना लेती हूँ। यह बड़ी पुरानी किताब है। आपकी सहेलीजी की धरोहर··· ।''

''मैं भी आती हूँ। तुम्हारा हाथ बँटाने में आनंद आएगा।'' किताब अपने तकिए पर रख लेती है।

''नहीं माँ बैठिए। मैं बहुत कुछ करके आई हूँ। आप रात को थोड़ा खाती हैं। मैं जो आपका बेटा खाता है, वही खाती हूँ। आज शायद वे भी थोड़ा-बहुत ही लें। सूप-वूप! क्योंकि कूची कलम लेकर बैठे होंगे। देर रात तक काम करेंगे।''

यह कहकर हाथ हिलाकर चल पड़ती है। सिमरन किताब खोलकर बैठती है। बेड लाइट जलाकर उठती है। फिर फुस-फुसाकर अपने आप से कहती है, ''धन्य हो उस आदमी को, जिसने ऐनक बनाई। वरना न जाने, इस ईजाद से पहले, कोई कैसे पढ़ता-लिखता होगा। बुढ़ापा तो पहले भी आता होगा।'' जैसे ही पुस्तक को खोला, इसका नाम पढ़ा तो वह आश्चर्यचकित रह गई। पुस्तक का नाम था 'चंद्रकांत' वेदांत ज्ञान का मुख ग्रंथ!

प्रथम भाग 'आवृत्ति दूसरी' सन् 1922 ई.। ''वाह, बहू, बेटी वाह। अभय की माँ की इस किताब को तूने सोने-चाँदी के जेवरों से भी ज्यादा अहमियत दी है। शाबाश! ''वह मन-ही-मन वनमाला को दुआ देने लगी। वनमाला ने अपनी जननी द्वारा दिए गए संस्कारों का सम्मान किया है। विजय आनंदजी ने इसका उद्धार किया है। सवाल उनकी परख का भी है, और परीक्षितजी को मिली सलाह का। एक ने कहा दूसरे ने मानी। वनी अब मर्यादा पूर्ण व्यवहार करने लगी है। उसके मन में उल्लास है। पढ़ने-लिखने का शौक है। जन-संपर्क से प्राप्त करने के लाभ अर्जित करने के लिए नया व्यवसाय अपनाया है। गुजरे अतीत की निराशा को भूलने लगी है। अपनी जिम्मेदारी समझती है। उसके पति को प्रभावी व्यक्ति विजय आनंदजी की घनिष्ठता का लाभ मिल रहा है। उसमें संयम की कोई कमी नहीं। दोनों में, अभय और वनमाला में, किसी प्रकार का अनावश्यक क्षोभ भी नहीं। दोनों उन्नति की ओर कदम बढ़ा रहे हैं। स्वजनों और अपनों का आदर सत्कार करते हैं। देख रही हूँ कि वनी को पति के प्यार ने और भी सुंदर बना दिया है। वनमाला के चेहरे में चमक है। चाल में मादकता है। बोलने के अंदाज में कशिश है। आकर्षण है। आँखों में किसी जादू का सा असर है। वह खूब मिलनसार हैं। व्यवहार-कुशल है। जब वह पहले पहल वनमाला से मिली थी तो उसमें अत्यधिक तनाव था। दिलचस्प बात यह है कि 1922 की यह पुस्तक भी सही-सलामत है। इसे वह अपनी सास की विरासत में मिली उपलब्धि समझती है। उस वक्त की इस पुस्तक का मूल्य जो 494 पृष्ठों की है, चार रुपए आठ आने था। आज इस वेदांत ज्ञान के प्रथम भाग, ऐसे की कीमत कम-से-कम पाँच सौ रुपए होगी। यानी सौ गुनी ज्यादा। कीमतें बहुत बढ़ गई हैं। इसलिए पाठकों की कमी भी आ गई है। लोग टी.वी. देखते हैं या

फिर कोई-कोई पाठक लाइब्रेरी में जाकर बैठ जाता है। सिमरन ने फिर से पुस्तक की ओर देखा। दोनों हाथों में लेकर खोल ली। वही पृष्ठ पढ़ने लगी, जो सामने आया। कुछ सरसरी तौर पर। फिर यहाँ जो वाक्य उसे भाए उन्हें गौर से पढ़ा—

"...जिस-जिस देवता के विषय में जो पुराण है, उसमें उसी देवता (ब्रह्मा, विष्णु, शंकर, शक्ति, सूर्य, गजपति इत्यादि) को सबसे बढ़कर बतलाया है, और उससे परे उसके सिवाय अन्य कोई है ही नहीं, ऐसा कथन किया है। शिवपुराण में शिव को सबसे श्रेष्ठ अनादि, जगत्कर्ता कहा है। विष्णु-पुराण में विष्णु को, देवी-पुराण में देवी को, और गणेश-पुराण में गणपति को सबसे श्रेष्ठ अनादि इत्यादि कहा है। यह क्या मिथ्या है? वस्तुतः ऐसा नहीं है। पुराण कर्ताओं का कथन सत्य ही है। कारण—'एको देवः केवलों निर्गुणश्च।' देव तो सदा सर्वदा सर्वत्र एक ही है। ऐसा भली-भाँति जानकर भी पुराणकर्ता शास्त्रकर्ताओं ने जुदे-जुदे देवताओं की उपासना करने का केवल इसीलिए कथन किया है कि जगत् में सब मनुष्य एक ही समान प्रकृति वाले नहीं होते। मनुष्य मात्र की रुचि भी भिन्न-भिन्न है। किसी को किसी पर और किसी को किसी पर रुचि होती है। इस कारण उपासना करनेवाले अपनी रुचि के अनुसार चाहे जिस देवता की उपासना करें तो फिर उसी देवता के अनुग्रह से, सर्वत्र देव (ईश्वर) एक ही है, ऐसा स्पष्ट दिख पड़ेगा। तब उपासना ज्ञानी होकर निर्गुण ब्रह्म को भजेगा।"

वह कुछ सोचने लगी। उसे याद आया कि गुरु गोविंद साहब ने पंडित कालिदास को, जो उन्हें कभी महाभारत की और कभी रामायण की कथा सुनाया करते थे, उनके दैवी-शक्ति-संपन्नता के लिए हवन यज्ञ करने की सलाह देने पर कहा था कि 'क्यों पंडितजी, देवी-देवता किस शक्ति से, किसके बल से, बली या ऐसे प्रभावशाली हुए हैं। यानी उनका संकेत रामचंद्रजी, भरत, भीष्म, युधिष्ठिर और अर्जुन की ओर था, जिनकी कथा सुनकर उन्होंने राम की पितृ भक्ति, भरत के भ्रातृ प्रेम, भीष्म के बाल ब्रह्मचर्य, युधिष्ठिर की धर्मभीरुता और अर्जुन और भीम की शूर वीरता की तारीफ की थी। गुरु साहिब ने पंडित को विधिवत् अनुष्ठान करने की सलाह दी थी। गुरु साहब ने फिर भी कहा था कि—

"बिना अकाल पुरुष की शक्ति के कोई शक्तिमान नहीं हो सकता।"

सिमरन के पिता नित गुरुद्वारे जाते थे और उनकी माता को सुखमनी साहब जुबानी याद थी। मन में बड़ी प्रसन्नता की लहर सी उठी। माँ-बाप भी याद आए। उन्होंने फिर से 'चंद्रकांत' पुस्तक का वही पृष्ठ अपने सामने खुला हुआ पाया। फिर पढ़ने लगीं। अगला पृष्ठ उलटा। पढ़ा।

"जगत् ब्रह्म से ही प्रकट होता है और ब्रह्म में ही समा जाता है। वह देवताओं में देवता, पशु-में-पशु, जड़-में-जड़ और चैतन्य-में-चैतन्य रूप से व्यापक हो रहा है।

वह एक है, अद्वैत है।'' उन्हें यह सब पढ़कर आनंद महसूस हुआ। इस दौरान वनमाला कब आई। उन्हें आभास नहीं हुआ। वे तो विचारों में खोई हुई थीं।

''कब आई बेटा?''

''कुछ देर पहले। आप पढ़ रही थीं। बीच-बीच में सोच रही थीं।...पुस्तक अच्छी लगी?''

''बहुत अच्छी। अगर पढ़ती रही तो तुम्हारी नानी माँ मुक्ता जैसी हो जाऊँगी।''

''नहीं, माँ नहीं। क्या संन्यास ले लेंगी?...ऐसा नहीं होगा। लाइए पुस्तक वापस कीजिए। पुस्तक न हुई, कोई साधु-संत महात्मा हो गई, जो आपके मन को घर-गृहस्थी से दूर करने का उपदेश देता हो।''

''नहीं पगली ऐसा नहीं है। मैं यहीं रहूँगी तुम्हारे साथ। अभी मुझे पोता-पोती खिलाने हैं।''''पढ़ाने हैं...फिर उनकी शादियाँ देखनी हैं'' वनमाला ने हँसकर माँ सिमरन की बात पूरी की। सिमरन के चेहरे पर प्रसन्नता झलकने लगी। उनकी आँखों में भी विचित्र चमक थी। दोनों एक-दूसरे को कुछ क्षण निहारती रहीं।

''तुम कहने क्या आई हो, बेटा।''

''खाना तैयार है!''

''मगर मैं एक बात सोच रही थी। जो तुम्हारे लिए बड़ी लाभदायक सिद्ध होगी!''

''तुम्हें पता ही है कि तुम्हारे पति की जननी, मेरी घनिष्ठ मित्र खूब पढ़ती थीं। तुम्हारे ससुरजी ने उनका फायदा उठाया। वे हमारे नाटकों के लिए कथा-कहानियाँ सुनाती थीं। सदंर्भ और किताबें बताती थीं। फिर हम बैठकर उसके आधार पर नाटक लिखते थे।''

''आप कहेंगी कि इस कारण आप भी किताबें पढ़ने में रुचि लेने लगी थीं।''

''ठीक है। तभी तो कहती हूँ कि खूब पढ़ा करो। अभी वक्त है। बच्चे नहीं हुए। अभय अपने काम में व्यस्त रहता है। अभी भी कैनवस पर कूची कलम चला रहा होगा। कोई वक्त था कि संयुक्त परिवार होते थे। गाँव में लोग रात के समय इकट्ठे हो जाते थे। किसी बजुर्ग के इर्द-गिर्द या किसी नंबरदार या प्रधान के पास। दिन में खेतों में काम करते थे। जंगल से मवेशियों के लिए घास, पत्ती लाते थे। फिर शाम को कहीं-न-कहीं बैठकर बातें करते थे। किस्से-कहानियाँ सुनाई जाती थीं। अपनी-अपनी समस्याओं का हल ढूँढ़ने के लिए सलाह-मशविरा किया जाता था। अब वैसा माहौल तो नहीं है। पर किताबों में बहुत कुछ मिल जाएगा। भावी पीढ़ी को अपने अतीत के, अपनी संस्कृति-संस्कारों के बारे में पता चल सकता है। पढ़ाई-लिखाई भी तो संस्कृति को जीवित रख सकती है। इससे विद्वानों और विद्वत्ता का पता भी चलता रहता है। यदि कोई बूढ़ा व्यक्ति आए, उससे भी बातें करो। इससे भी अपने अतीत का ज्ञान प्राप्त होता

रहेगा। खुशकिस्मती से आप दोनों का विजय आनंदजी से मिलना-जुलना होता रहता है। उनसे अपनी पढ़ी हुई किताबों का जिक्र भी किया करना। तुमने अपनी नानीजी से बहुत कुछ सुना होगा। जो अच्छा लगे, उसे लिखा करो। विस्तार से लिखो। कुछ अपनी कहो, कुछ उनकी सुनो। निबंध लिखो। कहानियाँ, कविताएँ लिखो। मॉडलिंग का शौक है, वह सब करती रहो। मगर वक्त बहुत है तुम्हारे पास। जितना हो सके पढ़ने-लिखने में प्रयोग करो। अपनी भावी पीढ़ी के कल्याण के लिए यह सबकुछ और भी जरूरी है।''

''मैं तो समझी हुई हूँ, तुम भी समझो।'' दोनों हँसने लगीं। ''पता है देशभक्त, भगत सिंह बहुत पढ़ाकू थे। क्रांति की किताबें पढ़ते थे। जब उन्हें लाहौर की सेंट्रल जेल में कैद किया गया था तो उन्होंने जेलर से पढ़ने के लिए किताबें माँगी थीं। यह जहाँ तक मुझे याद है, 8 अप्रैल, 1929 की बात है। मैंने किताबें पढ़ीं, तभी तो याद है, और इसी आधार पर तुम्हें बता पाई हूँ। यह बात तुम्हें याद रहेगी। तुम औरों को भी बता पाओगी। तुम्हें यह जानकर आश्चर्य होगा कि फाँसी के फंदे पर चढ़ने के कुछ ही क्षण पूर्व वे लैनिन पर एक पुस्तक पढ़ रहे थे।''

''बहुत खूब!'' वनमाला ने विस्फारित आँखों से देखते हुए दाद दी।

इतने में अभय उनके पास आकर खड़ा हो गया। वे चौंक सी गईं। वह बोला ''आप दोनों की बातचीत में इतनी निरंतरता है कि इसकी गति में बदलाव की कोई आशंका या गुंजाइश नजर नहीं आती।''

''मतलब?'' माँ सिमरन बोलीं।

''लगता है आपकी बहू बातों से ही पेट भरेगी और आपको भी कुछ खाने को नहीं कहेगी।''

''क्यों?'' वनमाला मुसकराई, ''आप तो अपनी कृतियों में इस कदर मसरूफ हो जाते हैं कि आपको हमारे खाने-पीने की फिक्र भी नहीं होती। आज माँ को यह सबकुछ जताकर उलटे ताने न मारिए।'' वह प्यार भरे तकरार से माहौल को खुशगवार बना रही थी!

''चलो मान लिया। पर बताओ कि क्या बना है।''

''नथिंग स्पेशल! कोई खास नहीं। वही जो पहले बनता था।''

''यानी माँ की मेहमानी का ध्यान नहीं।''

''इन्होंने तो बताया था कि रात को कम खाना चाहिए। भारी कुछ ठीक नहीं होता। इसलिए जो बना है परोस दूँगी। जो कहोगे और बन जाएगा। आपकी माँ जो आ गई हैं। अब उनका हुक्म चलेगा।''

''मगर बेटा मेरे लंगर का तो उसूल ही निराला है।''

''जानती हूँ माँ, दोहरा दीजिए। अच्छा लगेगा।''

"मेरे लंगर में सभी जो काम करने के इच्छुक हों। काम करें और लंगर छकें।"

"यह गुरु महाराज की शिक्षा है। हमारे सिर आँखों पर।" वे उठे और खाने के कमरे में चले गए। और सभी ने मिलकर खाने की मेज लगाई और खाने के लिए कुरसियों पर बैठ गए। खाते-खाते न जाने क्या, और कैसे सूझी, माँ सिमरन ने नैपकिन से हाथ पोंछते हुए कहा—

"मैं सोचती हूँ कि आर्ट को बढ़ावा देने के लिए 'कॉरपोरेट सेक्टर', यदि आर्टिस्टों के लिए स्टूडियो बनाए तो आर्ट को बढ़ावा मिलेगा। इसका मतलब कला को काम और व्यवसाय दोनों मिलेंगे।"

"कला की बिक्री में कोई बुराई नहीं है। माँ सही कहती हैं पतिदेव!" उसने पानी पीकर गिलास मेज पर रखा।

"पर हाँ, यदि कलाकार चित्र या अपनी कृति केवल बेचने के लिए न बनाएँ तो। अन्यथा प्रेरणा कल्पना और कला की सार्थकता खत्म हो जाएगी।"

"समझती हूँ। लालच और पैसे की ललक कला की आत्मा को छीन न ले। यह कलाकार खुद सोचें। उनकी गोपनीय और अंदर की आचार संहिता यही होनी चाहिए।"

"आपने माँ, यह बात क्यों सोची?"

"क्योंकि हमने आर्थिक तंगी झेली है। नाटक चले। उनकी सराहना भी हुई। प्रायोजन न मिले। टिकट बेचे। दर्शक कम हो गए। बस कला संस्कृति विभाग से कुछ अनुदान मिला तो स्टेज पर सेट लगाने तक का कुछ खर्चा ही मिला।"

"अब कला प्रेमियों की कमी तो है ही। सरकार भी बजट में कंजूसी करती है।"

"सबकुछ बाप-दादा की कमाई पर चलता है।" कहकर अभय चुप हो गया।

वे खाने की मेज छोड़कर उठे। अपने-अपने बरतन उठाए और रसोईघर में सिंक में रख दिए।

"आप अपने कमरे में चलें। मैं यहाँ काम करके आती हूँ। मुझे किसी की मदद नहीं चाहिए।"

"नहीं-नहीं, मैं साथ देता हूँ।"

"चलो बेटा देखती हूँ, तुम क्या कुछ बना रहे थे।" माँ-बेटा कार्यशाला में चले जाते हैं।

उनके सामने एक बहुत बड़े कैनवस पर बालू के ढेर-पीछे के ढेरों में हवा की गति से उड़ते बालू की गति को दरशाया गया था।

"समझीं माँ। यह मंगल ग्रह का चित्र है। मंगल ग्रह पर हवा की गति अनुमान से कहीं ज्यादा है। वहाँ बालू के टीलों का स्थान बदलता रहता है। यह चित्र गति को दरशाता है। हवा में उड़ते हुए बालू में आप देखेंगी, उड़ती हुई साड़ी का पल्लू। अभी

तक माना जाता था कि मंगल ग्रह पर हवा स्थिर है। वैज्ञानिकों का मत है कि वहाँ पृथ्वी के मुकाबले में वायुमंडल कुछ पतला है। धरती पर जहाँ 16 किलो मीटर प्रति घंटा की रफ्तार से बहने वाली हवा रेत की जगह बदल सकती है। वहीं मंगल पर यह गति 130 किलो मीटर प्रति घंटा हो सकती है, अब तो यहाँ भी आँधी-तूफान इस कदर गतिमय हो चुके हैं कि शायद कभी ऐसी स्थिति यहाँ भी पैदा हो जाए।''

''पढ़ा था कि वहाँ के उल्का पिंड हमारी धरा पर गिरे हैं। उनमें बड़े बेशकीमती खनिज पदार्थ हैं। यदि साइंसदान खोज से साबित करेंगे तो शायद मेरी भी यही राय बन जाए। यह पल्लू क्या है बेटा?''

''दाईं ओर का आखिरी टीला देखिए। एक लेटी सी अप्सरा है। सुनहरे बाल और सिर की ओढ़नी पीछे की ओर उड़ती दिख पड़ेगी। मेरे विचार में उर्वशी मंगल की वासी होगी। मैंने उसी की कल्पना की है मंगल पर।''

''खूब, अति सुंदर।''

अभय अपने चित्र पर झुका-झुका उसे निहारता रहा।

''सोचती हूँ बेटा। मैं नाटकों का काम भी साथ-साथ शुरू कर दूँ। यहाँ से कार के जरिए शिमला का घंटे भर से कम का रास्ता है। गेयटी थियेटर किराए पर मिल जाया करेगा। यदि कला को उजागर करूँगी, नाटकों का मंचन करूँगी तो दर्शक आ ही जाएँगे। वरना किसे फुरसत है, कलाकारों को मनाने की या नाटकों के मंचन के लिए उन्हें बुलाने की।'' सिमरन की दबी-दबी अभिलाषा जागी।

''ठीक है न। पर कभी-कभी।''

''मगर अब तो हमारे पूज्य पिताजी नहीं रहे और अन्य कलाकार भी अपने-अपने कामों में अलग से लग गए होंगे।'' उसने माँ पर पड़ताली सी दृष्टि फेंकी।

''तुम दोगे मेरा साथ अभय! कई बार तुम भी स्टेज पर आए हो। बचपन में। तभी तो पृथ्वी राज का शशि कपूर भी पृथ्वी थियेटर के काम को सँभाल बैठा था। साथ-साथ सिनेमा में भी किरदार निभाता रहा। ऐसे ही तुम भी कर सकते हो। चित्रकारिता के बीच बीच में समय निकालना तुम्हारे बस में है। मेरा नाटककार बने रहना मेरी लगन है।''

'फिर तो वनमाला भी हमारा साथ दे सकती है।''

''हाँ! जब तक वह माँ न बने, तब तक नहीं। मैं चाहती हूँ कि वह जल्दी ही मुझे दादी बनवा दे।'' फिर वह चुपचाप सोचती है और फिर उसने अभय के पास जाकर उसे अपने सीने से लगाकर कहा, ''बेटा। शायद तुम्हें पता नहीं कि संत कबीर, जो कि नीरू और नीना के दत्तक पुत्र थे, ने भी कपड़ा बुनने के काम में अपने माँ-बाप की मदद की थी। और समय निकालकर दोहे लिखे।'' उनके मन में स्नेह और ममत्व था।

''मैंने आपको इनकार कब किया है, माँ!''

''सोच रही थी कि माँ का आज्ञाकारी पुत्र, कहीं कोई बंधन महसूस न कर रहा हो।''

''माँ सवाल उठता है कि उर्वशी, मेनका आदि की कथाएँ धरती की हैं या आकाश से संबंधित हैं। अप्सराएँ तो स्वर्ग में होती हैं।''

''इसका उत्तर है निरंतर परिश्रम! और ढंग से खोज करने से तुम्हें सफलता मिलेगी। तुम्हारा संकल्प दृढ है। जानती हूँ कि तुम्हें लालच नहीं है। तुम अपने लक्ष्य के प्रति समर्पित हो।'' वह ममतामयी नजरों से अभय को निहार रही थी। बंदनवार जैसी लटकी तुम्हारी प्रेरणा, रासलीला में मस्त कृष्ण-कन्हैया जैसी भी लगती हैं।''

''आपको मेरा चित्र कैसा लगा माँ? इसी काव्यमय अंदाज में बताएँ।''

''सारी खूबसूरत रंग-बिरंगी कलियाँ इसकी छवि में समाई हुई हैं और हवा उसे आकाश के ग्रह को छोड़कर पृथ्वी पर लौट आने के लिए मजबूर कर रही है।''

□

4

वैदिक कालीन पौराणिक कथा

''माना जाता है कि आदिम काल में ऋषि कश्यप कुल का विस्तार करनेवाले पहले पुरुष थे। वे ब्रह्मा के मानस और विद्वान् पुत्र थे। उनका आश्रम मेरू पर्वत पर था। पुराणों के अनुसार सर्व प्रथम ब्रह्माजी धरती पर प्रकट हुए। उनसे दक्ष प्रजापति का जन्म हुआ। तथा उन्हीं के निवेदन से दक्ष प्रजापति और उनकी पत्नी असिवनी 66 कन्याओं के माता-पिता बने। इनमें से 13 कन्याएँ ऋषि कश्यप की पत्नियाँ बनीं। उनसे सृष्टि का विकास हुआ। मुनि नामक पत्नी से अप्सराएँ जनमीं।''

वे अभय को चिमचिमाई आँखों से देखने लगीं।

''आपका कहने का तात्पर्य क्या है माँ!'' अभय माँ सिमरन को आश्चर्यचकित देखकर बोला।

''मैंने जो किताबें पढ़ीं, उनमें से एक पन्ना ही तुम्हें सुनाया। लगता है मुझे नाटक के लिए कहानी मिल गई है। और तुम्हें अपने चित्रों की अप्सराओं का अतीत, आरंभ!''

''मैं अब यह सोचने के लिए मजबूर हो गया हूँ कि दुनिया अध्यात्म की देन है। किंतु अब यह लिखा-पढ़ा जा रहा है, यह जो आधुनिक दुनिया है—'सैटायर' है।''

''ठीक निष्कर्ष निकाल बेटा! परंतु मैं इस कहानी को नाटक का रूप देकर रंगमंच द्वारा दुनिया के सामने लाना चाहती हूँ।'' उन्होंने अपने अंतर में आशा का गुनगुनापन महसूस किया। अभय उन्हें टकटकी बाँधे देखता रहा। न जाने वे किस सोच में डूब गई थीं।

''कहानियाँ तेरह बनेंगी। हर एक अलग-अलग नाटक। रूपांतर हमीं तीनों बनाएँगे। विचार परम ज्ञान है, और चर्चा से इसको बल मिलता है।'' उनके शरीर की भाषा में बेसब्री का प्रदर्शन था।

''एक नाटक 'अप्सरा' की उत्पति का हुआ! और…''

"कश्यप की पत्नी अदिति के गर्भ से आदित्य पैदा हुए। जिनमें नारायणजी का वामन अवतार है।"

"जी···" और कश्यप पुत्र विस्वान से मनु जनमे।

"अब तो माँ मनाली की विस्तृत कहानी पर नाटक बनना आसान होगा।" उन्होंने निस्संकोच सी उम्मीद जाहिर की।

"उनके और भी पुत्र हुए, परंतु हम अपनी जरूरत पूरी करने के लिए कुछ-कुछ अपनाए हों। जैसे कि चाहती हूँ कि हिरण्यकशिपु पुत्र अदिति पत्नी कश्यप पर भी नाटक लिखें। उनके चार पुत्रों में ही भक्त प्रह्लाद थे।"

"बड़ी बढ़िया खोज है माँ आपकी," उसने इसे अपने चित्रों के लिए चमत्कार समझा।

"कश्यप की अन्य पत्नियों से विभिन्न प्राणी पैदा हुए। रानी काष्ठा से घोड़े आदि एक खुर वाले पशु पैदा हुए। पत्नी अरिष्ठा से गंधर्व। गंधर्वों की कोई भी पुराण की कथा रोचक हो सकती है। सुरसा नाम की रानी से यातुधान (राक्षस) पैदा हुए। इला से पृक्ष, लता आदि पृथ्वी पर उत्पन्न होनेवाली वनस्पतियाँ वजूद में आईं। ऋषि की क्रोधवशा रानी ने साँप, बिच्छु, विषैले जंतु जनमे। ताम्रा को बाज, गिद्ध आदि शिकारी पक्षियों की माँ बनने का गर्व मिला। गर्व इसलिए कहूँगा, क्योंकि बाज को गुरु गोविंदजी की दास्ताँ प्राप्त करने का सौभाग्य प्राप्त हुआ। गिद्ध रामजी का मुखबर बना। ये इन्हीं पक्षियों के पूर्वज ही तो थे।"

"संसार बहुत बड़ा है माँ। इसे पूरा होने में अभी और भी जीव-जंतु चाहिए।" वह हँसा।

"हाँ बेटा! भैंस, गाय तथा दो खुर वाले पशु सुरभि पत्नी कश्यप की संतान हैं।"

"और माँ, बाघ आदि हिंसक जीव··· ?"

"उनकी जननी रानी सरसा थी। निमि जलचरों की माँ बनी। रानी विनता के गरुड़ (विष्णु) वाहन और वरुण (सूर्य के सारथि) जनमे।"

"और नाग··· ?"

"कद्रू की कोख से बहुत नाग पैदा हुए।"

"और अन्य पक्षी··· ?"

"रानी पतंगी की संतान हैं पक्षी···और यामिनी के गर्भ से शलग (पतंगे) संसार में आए। प्रजापति कश्यप ने वैश्यानर की दो पुत्रियों पुलोमा और कालका से भी विवाह किया। उनसे पौलोम और कालकेय नाम के साठ हजार रणवीर दानवों का जन्म हुआ। माना जाता है कि कश्यप ऋषि के नाम पर ही कश्मीर का प्राचीन नाम था। पूरे कश्मीर पर ऋषि कश्यप और उनके पुत्रों का ही शासन था।"

"थैंक यू माँ। मुझे तो अपने चित्रों के लिए भी बहुत बड़ी सामग्री मिल गई।"

"इनसान के पास दिमाग है। कलम है, कूची है। वह रचनाकार है। चाहे नाटक लिखे, चाहे चित्र बनाए। उसका कर्तव्य है कि लिख-पढ़कर दुनिया के साहित्य को और यहाँ की कला को चार चाँद लगाए। बढ़ाए-सँवारे, इसका विस्तार करे। मुझे अब यह भी प्रेरणा मिली है कि चित्रकार की अपनी 'आर्ट गैलरी' भी होनी चाहिए।"

"हाँ। इसे जरूर स्थापित करो। यहाँ इस घर के इर्द-गिर्द बड़ी जगह है। यदि चाहोगे तो मैं भी कुछ मदद कर दूँगी।"

"नहीं! मेरे पिताजी की पूँजी अभी काफी है। उन्हीं के नाम से इसका नामकरण होगा।"

"अच्छा सोचा! 'आर्ट गैलरी' दर्शकों के लिए सुविधाजनक स्थान होगा। यही तुम्हारे कला के पुजारियों, दर्शकों के मध्य विचौलिया का काम भी करेगी।

"वह अपेक्षाकृत अधिक उत्साहित थी।" "कला किसी अन्य व्यवसाय की भाँति 'बिजनेस' नहीं है माँ। इस काम के लिए 'विजन' की भी जरूरत होती है।" उसने धैर्य के साथ कहा!

"वह तुम्हारे पास काफी है। आज अकेले दिल्ली में ही 100 के लगभग गैलरियाँ हैं।"

"शायद आपको पता नहीं होगा कि पहली आर्ट गैलरी 1936 में आरंभ की गई थी। नाम था—धूमीमल आर्ट गैलरी।"

"इस वसंत पंचमी को जो 28 जनवरी को पड़ रही है, इस काम को शुरू कर दो। तब तक मैं भी तुम्हारे पास हूँ। माता का आशीर्वाद रहा तो तुम्हारी मनोकामनाएँ पूरी होंगी।"

"अभी तक तो बर्फ के फाहों जैसी धूप ही ठिठरती है, दिखाई देती है। जब-जब बादल काँपते-काँपते अपनी काली कमली को झाड़ना बंद करते हैं, धूप भी जमी-जमी सी सहमी-सहमी बिछी लगती है, धरती पर।"

"चिंता न करो, अब भी गत वर्ष की तरह सरसों फूलने लगेगी। मैं आशावादी हूँ।"

"खूब! विश्वास के दीप तले अँधेरा उजाले में लोन सा हो रहा है माँ।" वह अपनी बात को बिंबों में ढाल रहा था।

"ओ वनमाला! आओ-आओ।"

"छिप-छिपकर माँ-बेटे की बातें सुनने का आनंद ले रही थी।" उसकी शर्म युक्त मुसकान उसके पर्याप्त सौंदर्य को निखारने लगी।

"मैं कहने आई थी कि पंडितजी आए हैं।"

"हाँ, मैंने बुलाया था। शास्त्रों में संसार के पैदा होने की और क्या-क्या कथाएँ या

धारणाएँ हैं। उनसे पूछना है।''

'''एक्सटैंपोर' ! इतना कौन याद रखता है! बेटा!''

''कह रखा है। वे प्रमाण के साथ आए होंगे।''

''हाँ, थैला तो उठा रखा है माँ!'' वनी तुरंत अंदर बैठक की ओर चली गई।

''पंडितजी के लिए चाय और मिष्ठान दोनों चाहिए।'' अभय ने आवाज देकर कहा।

''मैं खुद बहू के पास जाती हूँ। तुम चलो ड्राइंगरूम में, जहाँ पंडितजी इंतजार करते होंगे।'' वह भी वनमाला के पीछे-पीछे रसोईघर की ओर चली गई। और अभय ड्राइंगरूम में प्रवेश करते ही बोला, ''नमस्कार पंडितजी।''

''नमस्कार-नमस्कार जजमान, आओ-आओ जी। किसी काम में विघ्न तो नहीं डाला मैंने।'' उनकी विनम्रता स्वाभाविक थी।

''आप तो विघ्न दूर करते हैं। यह कैसे हो सकता है?'' अभय अपने घर की मान-मर्यादा पर कायम था। बरताव में आदर था। सत्कार था।

□

5

अग्निहोत्री की उपज संसार

"मैं आपकी वाटिका में घूम-फिर आया हूँ। यहाँ जो मजनूँ का वृक्ष है, 'वीपिंग विलो,' उसके नीचे जो सुंदर स्फटिक पत्थर है, उस पर बैठ गया। पूर्व और पश्चिम की ओर मनभावन वन है। उसकी शोभा निहारता रहा। आकाश की ओर देखा, अंतरिक्ष का ध्यान आया। वहाँ नक्षत्रों के आवागमन का विचार भी हुआ। उत्तर दिशा में एक विमान आता हुआ दिखाई दिया। वह विमान सीधा आपकी वाटिका की ओर आ रहा है, मैंने यह भी महसूस किया। सोचा वह आपके 'ओपन एअर' थिएटर वाले भाग में उतरेगा। उत्कंठा हुई। आकाश के रास्ते कौन आनेवाला है ? मिलूँगा। कृतार्थ हो जाऊँगा। जरूर कोई चमत्कार होगा। आप दूसरे लोक, पर-लोक, परग्रही की बातें करते रहते हैं। इसलिए देवांगनाओं के दर्शन होने की आशा भी बँधी। किसी परग्रही ने आपकी बातें, आपकी धारणाएँ सुन ली होंगी। इसीलिए इन विचारों में डूबा हुआ था कि वह विमान आँखों से ओझल हो गया। शायद वह दिवास्वप्न था। मुझे खेद नहीं हुआ। वैसे तो जजमानजी सारा संसार ही सपनों के समान है।

"उसके चेहरे पर असंतुष्टि सी विद्यमान थी।"

"कहाँ खो गए पंडित दीनदयालजी ददाहू वाले!" अभय ने पंडितजी के कहानी समान भाषण पर रोक सी लगा दी। लगा कि वे असली मकसद को टाल रहे हैं।

"मेरे कहने का तात्पर्य यह है कि मैंने जो देखा, वह मिथ्या सा ही है। सोचा था—विमान उतरेगा और शायद किसी सुंदर सपने को साकार कर पाऊँगा। तृष्णा का जल ऐसा ही होता है। जब उसे देखते हैं तो वह जल ही होता है। पर वह जल नहीं होता।"

"आप वस्तु-स्थिति पर बात करें पंडितजी।"

"वे वन सुंदर हैं। यह माना जा सकता है कि ऋषि कश्यप की रानी इला से वृक्ष-लताएँ आदि पैदा हुए। वास्तव में अन्य प्राणियों की भाँति मनुष्य भी तो चलता-फिरता पेड़ है। अणु अमर हो सकता है, पर शरीर नहीं। विज्ञान आगे बढ़ रहा है।"

वे फिर कुछ और बोल गए। ''आप फिर किसी फिलॉसफर की भाँति बातें कर रहे हैं। चलो बाकी काम नाश्ता करके ही करेंगे। आप किसी अप्रासंगिक सी जिज्ञासा को समस्या का रूप देकर मुझे उसका बिनचाहा हल बताना चाहते हैं।'' उसने बेदिली व्यक्त की।

''जी नहीं। यह संभव है। आप समझ रहे हैं। मैं भी जानता हूँ कि इस काल में सत्य का नित्य प्रतिशोधन करने की अपेक्षा रहती है।'' वह कुछ कहने-सुनाने की बजाय सुनना चाहता था।

''जी हाँ तभी तो आपको बुलवाया है। संसार कैसे उपजा? मेरा संक्षिप्त सा सवाल है। आप विद्वान् हैं। मुझे अपना लक्ष्य प्राप्त करना है। यह सवाल अहम है मेरे लिए।''

''आपने कश्यप ऋषि के बारे में जो बताया, वह सुन लिया है। उसमें भी तथ्य है। परंतु यह भी जान लेना चाहिए कि भगवद्गीता और कई अन्य धर्म ग्रंथों के मुताबिक यह शरीर या दुनिया यज्ञ की उत्पत्ति है। उससे बचा हुआ अंत ही संसार का आहार बनता है। इस आध्यात्मिक सच्चाई को विज्ञान भी प्रमाणित करने लगा है। भौतिक विज्ञान ने यक्ष की पारंपरिक धारणा को बिग बैंग (शुरू के महान् विस्फोट द्वारा ब्रह्मांड की सृजन) सिद्धांत से व्यक्त किया है। इस सिद्धांत के अनुसार आरंभ में केवल ऊर्जा थी, जिसमें कोई अंधकार विस्फोट हुआ और उससे सारी ऊर्जा द्रव्य के रूप में घनीभूत हो गई। विस्फोट क्यों हुआ, यह किसी को पता नहीं। यह लॉजिक है कि दिन सूर्य है और रात्रि पृथ्वी। विज्ञान अब पुष्टि करने लगा है कि चंद्रमा की शीतल किरणें, पृथ्वी पर रस का संचार करती हैं। सूर्य प्राणों का बृहत् रूप है और पृथ्वी देह का। पंडित सेंट्रल टेबल पर पड़ी पुस्तक से पढ़कर बोलता रहता है। ''और फिर सूर्य की किरणें उन्हें, यानी रस के संचार को परिपक्व करती हैं। बिग बैंग थ्योरी या मान्य, वहाँ सिद्धांत को अग्निहोत्री के संदर्भ से जोड़ते हुए प्रसिद्ध 'कास्मोलॉजिस्ट एवीगोवान' द्रव्य को घनीभूत करके द्रव्य को पुन: प्रकाशीय ऊर्जा में रूपांतरित होने की बात करते हैं। इसे वे भारतीय परंपरा को वाक् या पृथ्वी के घनीभूत होने में नाभिकीय विखंडन की प्रक्रिया से जोड़ते हैं, जहाँ एक घटना दूसरी घटना को जन्म और जीवन देती है। और यज्ञ की तरह एक-दूसरे का पोषण करते हुए आगे बढ़ती जाती है। संसार चक्र इसी तरह चलता रहता है।''

इतनी बातों के होते ही वनमाला ने बाहर से आवाज लगाई, ''पंडितजी को डायनिंग रूम में ले आएँ!''

''हाँ ठीक ही तो है जजमान। यहाँ कागज-किताबें बिखरी पड़ी हैं। चाय-वाय गिर गई तो जो मैंने कहा उसे प्रमाणित कैसे करूँगा?''

चलते-चलते मोबाइल फोन सुनता है, ''अच्छा जी फिर आता हूँ।'' चाय पीते ही आया।

''बाकी काम कल सही।'' अभय ने उसकी मजबूरी जान ली थी!

□

6

धरती को आकाश पुकारे

सास-बहू दोनों बाहर लॉन में आकर खड़ी हो गईं। रात की हवा बड़ी ठंडी थी। माँ सिमरन ने अपनी लोई जिस्म को गरम रखने के लिए और भी अधिक सावधानी से लपेट ली। फिर वनमाला को देखकर बोली, ''बहूरानी इस सर्दी में केवल गरम सलवार कमीज ही काफी नहीं। सिर पर ढकी हुई शॉल भी शरीर के लिए काफी नहीं। आ इधर आ,'' और सास ने बहू को अपनी लोई में इस कदर साथ जोड़ लिया कि दोनों एक शरीर और दो चेहरे दिखने लगे।

''आज पूर्णिमा है। आसमान साफ है। चाँदनी चटक रही है।''

''हाँ माँ। तभी तो मैं आपको बाहर लाई थी। आज माघ मास की पूनम है। मेरी माँ यानी आपकी समधन का फोन आया था कि आज की रात, पूरे संपूर्ण चंद्रमा, अमृत वर्षा करते हैं। जिसके अंश वृक्षों, नदियों, जलाशयों और वनस्पतियों पर पड़ते हैं। इससे आरोग्यदायक गुण पैदा होते हैं।'' वह अपनी माँ के निजत्व वाले विचारों की घोषणा सी कर रही थी।

''ठीक कहती हैं कामिनीजी, वे अपनी बेटी को भारतीय संस्कृति, परंपरा और कथाओं से अवगत कराती रहती हैं। विवाह के बाद माँ का अपनी बेटी के प्रति यह कर्तव्य भी है। जब फिर फोन आए तो मेरी बात भी करवा देना।''

''कहा तो मैंने इनसे भी था कि आओ चाँद के दर्शन करें। पर वे तो अपने चित्र पर काम कर रहे हैं। कहते हैं कि चाँद, सूरज, पृथ्वी, जुपिटर आदि अन्य ग्रह के खंड हैं। हमारी आकाश गंगा में 60 अरब ग्रह हैं। करीब छह वर्षों के अध्ययन के पश्चात् खगोल विदों ने बताया है कि मिल्की वे आकाश गंगा पर इतने ग्रह हैं। इनमें से कई पर जीवन की संभावना है। उनका तर्क है कि पैरिस की इंस्टीट्यूट ऑफ एस्ट्रोफिजिक्स के साइंस दोनों का मत है कि कई और ग्रह हैं, जिनका द्रव्यमान पृथ्वी जैसा है।''

''मतलब यह कि जिस महाविस्फोट से पृथ्वी वजूद में आई। वैसे ही या उसी धमाके से उसके टुकड़े भी हुए होंगे और भिन्न-भिन्न ग्रह बने, जहाँ-यहाँ जैसी प्राणी-सभ्यता बसी, वैसी आबादी वहाँ भी रहने लगी। वरना कश्यप ऋषि ने जो उत्थान या निर्माण किया, संसार बनाया, वैसे काफी कुछ जीव-जंतु अन्य ग्रहों में भी हैं, जैसे कि अप्सराएँ।''

''हाँ माँ 'गॉड पार्टिकल' तो अभी की ईजाद है। यह शुरुआत है। धीरे-धीरे सबकुछ सामने आ जाएगा।''

''जानती हूँ। पढ़ा भी है कि जेनेवा में महा प्रयोग से जुड़े साइंस दोनों को हिग्स बोसोन या 'गॉड पार्टिकल' की एक झलक मिली है। पिछले दो सालों से स्विट्जरलैंड और फ्रांस की सीमा पर 27 किलोमीटर लंबी सुरंग में बड़े सूक्ष्म कणों को आपस में टकराकर वैज्ञानिक एक अदृश्य तत्त्व की खोज कर रहे हैं। जिसे 'गॉड पार्टिकल' कहा जाता है। इसे यह नाम इसलिए दिया गया है, क्योंकि यही वह अदृश्य-अज्ञात तत्त्व है, जिसकी वजह से सृष्टि की रचना मुमकिन हो सकी। इस खोज पर अब तक अरबों डॉलर खर्च किए जा चुके हैं और तकरीबन 8000 साइंसदान इस पर काम कर रहे हैं।

''यह काम संभवत: 1960 से चला हुआ है। यानी 2013 में इसे 53 साल हो रहे हैं।''

''देख, बात कहाँ-से-कहाँ पहुँच गई। हम चाँद देख रहे थे।''

''माँ, चाँद वह ऊपर आसमान में है। अभी भी देख रहे हैं। आपके पुत्र अभयजी कहते हैं कि 8 सितंबर, 2011 को चंद्र अभियान के लिए अमेरिका अंतरिक्ष एजेंसी नासा के वैज्ञानिकों द्वारा भेजे गए 'सैटेलाइट' चंद्रमा की कक्षा में प्रवेश कर चुके हैं और वर्ष पूर्व अपना काम शुरू कर चुके हैं। नासा के इस अभियान को ग्रैविटी रिकवरी; एड इंटीरियर लेबोरेटरी (ग्रेल) नाम दिया गया है। और दोनों उपग्रहों के नाम हैं—ग्रेल ए और बी। सौर ऊर्जा से वे चलनेवाले ये दोनों ही उपग्रह चाँद के अंदर की तसवीरें सटीकता से लेने में सक्षम है। साथ ही वे चंद्रमा की गुरुत्वाकर्षण शक्ति को भी मापेंगे। इस मिशन पर लगभग 26.30 अरब रुपए के खर्च का ऐस्टीमेट है।''

''तुम तो पूरी तरह अपने पति की प्रतिध्वनि बनती जा रही हो।''

''जो अखबार में या पत्रिकाओं में इस विषय में मिलता है, पढ़ती हूँ और इन्हें बताती हूँ, क्योंकि इनका 'थीम' यही है कि हम इस पृथ्वी पर अकेले नहीं हैं। और जो वहाँ हैं, वे भी हमें खोज रहे हैं। हम सब शुरू में, जब संसार उपजा, इकट्ठे थे। फिर अलग हुए और अब फिर धरती को आकाश पुकार रहा है।''

''आसमान में मँडरा रहे चमकीले पिंड, उड़नतश्तरियाँ इस ओर संकेत से लगते हैं, ऐसे आह्वान हैं।''

''हाँ, खबरों के अनुसार सितारों पर निगा:ह लगाए बैठे एक व्यक्ति ने थेमस नदी

के मुहाने के ऊपर आसमान में मँडरा रहे एक चमकीले पिंड को कैमरे में कैद किया है। दावा करनेवाले व्यक्ति के मुताबिक आसमान में मँडरा रहा रहस्यमयी यान अंडाकार था। और उसमें कई अलग-अलग आकार की सुनहरी लाइटें जल रही थीं। यू-ट्यूब पर डाले गए 53 सेकंड के एक वीडियो में इस व्यक्ति ने कहा कि आसमान में चमकता पिंड एक नाव के आकार का दिख पड़ता था।''

''वह जहाज नहीं हो सकता!'' पीछे से अभय ने आवाज देकर कहा।

''तुम तो अपने स्टूडियो में काम कर रहे थे अभय?''

''हाँ माँ। जब घर में कुछ बातचीत या खटपट सुनाई नहीं पड़ी तो सोचा कि घर है या सन्नाटाशाला?''

''और इधर आ गए!'' वनमाला हँसी।

''सोचा कहीं बाहर न निकली हों, हम ऊँची सी चोटी पर रहते हैं। रात है, कहीं कोई उल्का पिंड मेरी पत्नी को अपनी लपेट में न ले ले।''

''माँ की फिक्र नहीं है?''

''है, तभी तो बाहर आया हूँ। वैज्ञानिकों की ओर से खबर निकाली गई है कि मोरक्को में एकत्र किए गए तकरीबन 7 किलोग्राम के चट्टानों के टुकड़े मंगल-ग्रह से गिरे।''

''राम-राम अगर हम पर गिरते तो अनर्थ हो जाता माँ।''

''कहाँ वनी? जरूरी नहीं कि हमारे सिर पर गिरते। हमारे आसपास भी गिर सकते थे।''

''भगवान् जब देता है तो छप्पर फाड़कर देता है।''

''इसमें देने की बात क्या है माँ?''

''मैं बताता हूँ। यह दुर्लभ उपलब्धि तो होती ही। पता है कि उन मंगल-ग्रह के टुकड़ों, उल्का पिंडों की कीमत बहुत भारी है। सोने से भी अधिक!

''कब की बात है पतिदेव?''

''जुलाई 2011 की। हिस्टरी में यह मात्र पाँचवीं बार है कि वैज्ञानिकों ने मंगल-ग्रह से उल्का पिंडों के गिरने को सही ठहराया है। लोगों ने भी इन चट्टानों के टुकड़ों को गिरते देखा था।''

''तब तो मंगल-ग्रह पर जीवन की संभावना की खोज के लिए साइंसदानों के लिए विचित्र मौका हाथ लगा है।''

''हाँ माँ! लेकिन अभी तक नासा का या कोई रूस का अंतरिक्षयान मंगल-ग्रह की चट्टानों को लेकर नहीं आया। वैज्ञानिक इन चट्टानों के टुकड़ों को लेकर बहुत उत्साहित हैं।''

''तभी तो मैं कहती हूँ कि धरती को आकाश पुकारे। मैंने पढ़ा है कि ब्रिटेन में दो जगहों में छह संदिग्ध अज्ञात उड़न तश्तरियाँ (यू.एफ.ओ.) कैमरे में रिकॉर्ड हुई हैं। एक पुरुष कैमरे में अपने घर की खिड़की से बाहर की तसवीरें ले रहा था, और जब उसने अपने द्वारा ली गई तसवीरों को देखा तो उसमें अजीब चीजें दिखाई पड़ीं।''

''ठीक होगा बेटी।''

''हाँ माँ। वनी ने ठीक पढ़ा होगा। यह समाचार केट के क्थेम और एसेक्स के लाग्टन का है। उस फोटो लेने वाले आदमी का नाम एर्नेस्टास ग्रीकसास है। मैंने यह खबर आज फिर पढ़ी, क्योंकि ऐसी खबरें मेरे प्रेरणा की पुष्टि करती हैं। मेरे चित्रों की सत्यता को स्थापित करने के लिए प्रमाण हैं। उस फोटोग्राफी करनेवाले ने बताया था कि आकाश में डिस्क के आकारवाली दो सफेद वस्तुएँ दिखाई दीं। इनमें एक धुँधली थी और वह तेज गति से दूर जा रही थी। दूसरी घटना एसेक्स की है। वहाँ कार विक्रेता जॉश कूमिंस जब काम के लिए एसेक्स जा रहा था तो उसने चार चमकीली वस्तुओं को जोड़े में आसमान में मँडराते देखा। कूमिंस ने बताया कि वह लगभग दुर्घटना से बचा। वह अपने मोबाइल से इन वस्तुओं की तसवीर लेने के लिए रुका था। जो यू.एफ.ओ. की तरह थीं और बादलों में दिख पड़ीं। ये वस्तुएँ 15 सेकंड तक नजर आने के बाद लुप्त हो गईं।''

''जीत गई बहूरानी! तुम्हारी जननी माँ कामिनी भी पति की इसी प्रकार सेवा करती थी। खूब पढ़ती थी और नाटकों के लिए कहानी-कथाएँ परीक्षितजी के नोटिस में लाती थी।''

''एक आशंका और भी है कि परग्रही हमसे टल रहे हैं। बेरुखी अपना रहे हैं। हमें 'अवॉइड' कर रहे हैं।''

''क्यों बेटा?''

''अगर वे इतने होशियार और विकसित होते तो अब तक पृथ्वी पर दर्शन दे देते। इसलिए या तो हम धरा पर अकेले हैं या वे हमारी परवाह ही नहीं करते। पर कुछ तो है, जो हस्ती मिटती नहीं है इनकी।''

''याद आया माँ! 'डिस्कवरी न्यूज' में थॉमस हेयर, फलोरीडा गल्फ कोस्ट यूनिवर्सिटी फोर्ट मेयरज का हवाला देकर कहा गया था कि लाइट, रोशनी 186,000 मील प्रति सेकंड के हिसाब से चलती है। और हिसाब लगाया जाए तो लगता है तो सबसे पुराने सितारे या ग्रह की सिविलाइजेशन या परग्रही अब हम तक पहुँच सकते थे, तो वे हैं कहाँ?''

''तुम कहना क्या चाहती हो वनी?''

''यही कि या तो वे पृथ्वी से भी परे जा चुके हैं और या वे अपने आप में सितारों की दुनिया में ही मस्त हैं।''

''मतलब''

''माँ, वनी को उस मत में तर्क लगता है कि परग्रहियों को इस धरा से कुछ लेने की जरूरत नहीं है। हम मंगल और चाँद पर बसने के इच्छुक हैं। पर वे यहाँ आने में दिलचस्पी नहीं रखते।''

''मैं कभी गलत नहीं कहती पतिदेव!''

''ग्रह तो कई हैं बेटा।'' माँ सिमरन के कहने का तात्पर्य यह था कि साइंसदान अपने-अपने तर्क भिन्न-भिन्न ग्रहों के विषय में अध्ययन के आधार पर व्यक्त करते हैं। ''हमारी आकाश गंगा, जिसे 'मिल्की वे' कहते हैं, में लगभग 1.60 अरब ग्रह और उपग्रह हैं। इनमें कई पर जीवन की संभावनाएँ हैं।''

''जी हाँ माँ, कई ऐसे ग्रह हैं, जिनका द्रव्यमान पृथ्वी की भाँति है। मैंने 'नेचर' पत्रिका में पढ़ा है।''

''पंडितजी क्या कहते हैं?''

''उनसे यहाँ तो थोड़ी बहुत चर्चा ही हो पाई थी। मैं समय निकालकर खुद ही उनके घर चला गया। काफी व्यस्त थे। लोग कुंडलियाँ दिखा-दिखाकर अपना भविष्य सुधारने और जानने के प्रयत्न में लगे थे। मैं भी अपनी समस्या लेकर गया। उन्होंने बताया कि 'बिग बैंग' महा-विस्फोट से ग्रह और सितारे बने। तत्पश्चात् प्राणियों की उत्पत्ति हुई। वे साइंस से एम.एससी. भी हैं। ज्योतिष भी जानते हैं।''

''टू इन वन!'' वनी हँसी।

''हाँ, अभी खोज जारी है। उन्होंने मुझे एक पत्रिका की कटिंग भी दी है। मेरे कमरे में है। चलो दिखाता हूँ।'' वे अभय के कमरे में जाते हैं। वह किताबों में और साइड टेबल पर उस कतरन की तलाश करता है।

''मुझे तो नींद आ रही है। अभी नहीं फिर कभी,'' सिमरन जाने लगती है, तभी वह कटिंग मिल जाती है। अभय पढ़ता है—

''रूस के भौतिक विज्ञानी जी.वी. डालिबो डाब्रल्सकी का कहना है कि ब्रह्मांड के बनने के समय, जो महा-विस्फोट हुआ था, उस समय की महाध्वनि की पहचान कर ली गई है। वह ध्वनि 'ओ३म्' जैसी है। डाब्रल्सकी का मत है कि बिंग बोंग के समय की ध्वनि का हाल तक अंदाज ही लगाया जा सका है। किंतु वह ध्वनि अब भी ईथर में गूँज रही है। ध्वनि तरंगें शरीर और मन के स्वास्थ्य को ही नहीं, ऊर्जा को भी प्रभावित करती हैं। मंत्रों के जप और उच्चारण से भी खास तरह की ध्वनि तरंगें उत्पन्न होती हैं। इनसे स्वास्थ्य पर ही नहीं, व्यक्ति के आसपास के वातावरण पर भी असर पड़ता है।

आश्चर्य की बात थी कि इन तरंगों की शुरुआत जिस ध्वनि से होती थी, वह 'ओ३म्' से मिलती-जुलती थी।''

तभी वनी हँसी, ''यह और ऐसी तंरगें ही तो मेनका को विश्वामित्र के आश्रम में खींच लाईं।''

''इस प्रकार की तरंगों के कारण ही वह विश्वामित्र के प्रेयसी बन गई। राजा इंद्र की दूत मात्र न रही।''

''चलो अब चर्चा का अंत करें।''

''हाँ और न के बीच एक ही तथ्य निकलता है कि जमुहाई लेती हुई बातें संदेह को जन्म देती हैं।'' सिमरन माँ का कवि मन किसी सुंदर यथार्थ में खोने लगा था।

□

7

पुरानी दिनचर्या, नई लगन

अगले दिन सुबह-सवेरे उठते ही सिमरन की प्रबल इच्छा हुई कि 27 मार्च को शिमले जाकर वह भी विश्व थिएटर दिवस के कार्यक्रम का हिस्सा बने। उसने और परीक्षित ने रंगमंच के माध्यम से बड़ा नाम कमाया था। लक्ष्य था कि वे भी अमरीश पुरी, बलराज साहनी और अनुपम खेर की भाँति आकाश की बुलंदियों को छुएँ। मनोहर सिंह की तरह इस कला के क्षेत्र में उनका भी नाम लिया जाए। काफी कुछ कमाई भी हुई। वैसे केवल मात्र रंगमंच से जुड़कर कोई कलाकार अपना गुजारा खुद करने में सफल नहीं होता। यदि परीक्षित के पास घर-जायदाद का सहारा न होता, और सिमरन के अपने पास कोई और नर्सरी स्कूल जैसा काम भी न होता तो दो वक्त की रोटी के लाले भी पड़ जाते। बावजूद इसके थिएटर को नकारना, उससे मुँह मोड़ना वाजिब नहीं लगता। वे खुद अच्छी कलाकार रही हैं। यहाँ-वहाँ खासकर दिल्ली, मुंबई, शिमला, कोलकाता में थिएटर मनोरंजन का बहुत बड़ा साधन रहा है। शिमला में स्थित ऐतिहासिक गेयटी थिएटर में दिवंगत पृथ्वीराज कपूर से लेकर आज तक के कलाकारों तक कला-मंच की गतिविधियाँ चलती रही हैं। बॉलीवुड में नाम कमानेवाले कई कलाकारों की डगर इसी स्थान से होकर गुजरी है। इसलिए इस दिवस के उपलक्ष्य में उसे भी शामिल होना चाहिए। जरूरी नहीं कि वह मुख्य अतिथि बने या स्टेज पर उसे उच्च स्थान पर बैठाकर उसकी कला की सराहना हो। यादों को ताजा करना, उन्हें अपनेपन से, हृदय से सजाना भी कलाकार के द्वारा कला का सम्मान है। उसे जाना ही चाहिए। उनका अतीत गर्व करने लायक है। जिस रंगमंच पर उसने कला का प्रदर्शन किया, वहाँ की परंपरा को कायम रखे, उसका निर्वाह हो, इसके लिए प्रयत्नशील रहें। रंगमंच पर उसकी खास प्रतिष्ठा थी। परीक्षित, उसके सहकर्मी, प्रेमी और परोक्ष रूप में पति थे। उनके चले जाने का गम भुलाए नहीं भूलता। उनके पुत्र और पुत्रवधु से

भावनात्मक संबंध, पूरी होती हुई अतृप्त कामनाओं का प्रमाण है।

वह खड़ी हो गई, पास ही आदम कद ड्रैसिंग टेबल के सामने खड़ी हो गई। उसके चेहरे पर विस्मय के भाव थे। अब मानसिक अशांति कैसी, क्योंकर हो, जीवन के प्रति उदासीन? उनका जाना, चलन है जीवन का, भाग्य का अपना तरीका है, नियति है! अभय की विवेकशील दृष्टि और उदार व्यवहार परीक्षित की अप्रत्यक्ष रूप में मौजूदगी का आभास है। उसे बाहर गैलरी में किसी के आने की आहट हुई। दरवाजे पर टक-टक हुई, और वनमाला चाय की ट्रे लेकर, उसके सामने खड़ी हो गई। 'शुभ प्रभात माँ' उसके अधरों पर मुसकान थी। अपनी मोह-ममता को छिपाने में असफल, सिमरन ने ट्रे पकड़कर साइड टेबल पर रख दी। इससे पहले कि वनी उसके पाँव छूती, उसने उसे गले से लगा लिया। वह मन-ही-मन में सोचती, समझती रही कि प्यार वह है, जिसका असर खून में भी हो जाए; उसे गति प्रदान करे, फिर दिल तक पहुँचा दे।

''अभय जाग गया क्या?''

''हाँ जी! जल्द जागना पड़ा।''

''कब जागा?''

''यही कोई साढ़े सात-आठ बजे।''

सिमरन हँस दी।

''आप तो जानती ही हैं माँ कि आजकल वे 'अप्सराओं' के चक्कर में रहते हैं। रात को चित्र बनाते रहे। कोई दो-ढाई बजे अपने कमरे में आए।''

''मगर जल्दी जागने की क्या जरूरत थी।''

''वही पंडित दीनदयाल ददाहू वाले आ गए। मैंने उनको ड्राइंगरूम में बिठाया। चाय का प्याला दिया। फिर उन्हें जगाया।''

सिमरन के चेहरे पर मुसकान थी। सिमरन ने चाय का प्याला पकड़ा। वनमाला को साथ लेकर बाहर बगीचे, फुलवारी में आ गई।

''बड़ा सुहावना मौसम है।''

मार्च-अप्रैल महीने होते भी सुंदर हैं। होली फाग के दिन!

पेड़ों पर कौंपलों कलियों के नजारों के दिन!''

''तुम्हें पता है कि 'विश्व नाट्य दिवस' 27 मार्च को विश्व भर में मनाया जाता है। इस दिन का मानना इंटरनेशनल थियेटर की ओर से 1961 में शुरू किया गया था।''

''समझी। आपका मतलब है कि आप इस कार्यक्रम में शरीक होना चाहती हैं।''

''हाँ! शिमला जाना है। कोई बुद्धिजीवी, थियेटर और शांति के बारे में अपने विचार जरूर रखेगा।''

''ठीक है। मैं आपकी तैयारी किए देती हूँ।''

''मालूम है वरिष्ठ रंगकर्मी मलयश्री हाशमी के लिए रंगकर्म एक धर्म समान रहा है।''

''याद आया कि उनके रंगकर्मी पति सफ़दर हाशमी की हत्या हो गई थी। अगले ही दिन, जहाँ यह हत्या हुई, उसी स्थान पर मलय श्री हाशमी गईं। इस प्रतिबद्ध नाट्यकर्मी ने वहीं नाटक खेला।''

''मैं, मलयश्री हाशमी तो नहीं बन सकती। परंतु शिमला में तुम्हारे ससुरजी की रंगकर्म से जुड़ी यादें, मुझे बुला रही हैं। ऐसा महसूस कर रही हूँ।''

''जाना चाहिए। वैसे भी रंगकर्म पर संकट सा नजर आता है।'' वनमाला कुछ गंभीर सी हो गई।

''यह संकट नहीं है बेटी। चुनौती का वक्त है। देखा सुना होगा कि शौकिया रंगकर्म भी हो रहा है और प्रोफेशनल भी होता रहता है।''

''रंगकर्मी नाटक से जुड़े नहीं रहते।''

''उन्हें मैं खारिज नहीं कर सकती। यदि वे कुछ और काम करने लगे हैं तो क्या हुआ? रंगमंच फिर भी खींच लाता है उन्हें। एक उच्च प्रशासनिक अधिकारी गत शताब्दी के चौथे-पाँचवें दशक में बड़े गंभीर नाटककार थे। बलवंत गार्गीजी ने भी उनके किरदार वाले नाटक का पटियाला में मार्गदर्शन किया था। बाद में वे नाटक लिखने लगे। सुदर्शन गौड़ की संस्था से भी जुड़े रहे। नाटक लिखने लगे। तीन संग्रह छपे। एक विदुषी ने उन्हीं नाटकों पर 'एम.फिल' कर ली है। अब ये महानुभाव बूढ़े हो चले हैं। फिर भी नाटक लिख रहे हैं। कथाकार और कवि भी हैं।''

''नाटककार होना भी एक जुनून है।'' नाटक लिखने वाला खयालों में किरदार भी निभाता होगा। तभी तो संवाद में जान डाल सकता है।''

''लोग आपका नाटक देखते हैं। आपको और नाटक को याद रखते हैं।''

''हाँ जी। बहुत से छोटे-छोटे ग्रुप हैं, जो नाटक के लिए शिमला में अभी भी काम करते हैं।''

''जी हाँ बेटा। इप्टा, जन्म और अन्य संस्थाएँ अभी भी कायम हैं। इसलिए संकट वंकट का खयाल छोड़ दो।''

''क्या आप उन वयोवृद्ध नाटककार से मिली हैं?''

''तुम्हें उनके बारे में पता है?''

''हाँ माँ, मॉडलिंग तो करती ही हूँ। उनसे मुलाकात हुई थी। वे ऐसे मौकों पर आ जाया करते हैं।''

''क्या कुछ कर रहे हैं आजकल?''

''वे कह रहे थे कि नाटककार की स्थिति एक ऐसे 'अजनबी' की सी रहती है,

जो केवल पांडुलिपि का लेखक बनकर उस नाटक को देखने का हक खो बैठता है। उसकी दर्शकों में या नाटक के पूर्व अभ्यास के समय मौजूदगी असुविधाजनक होती है। वह बीच-बीच में टोका-टोकी करके अड़ंगा भी अड़ा सकता है। इसलिए उनका मत है कि वे जिस नाटक को लिखते हैं, उसके मंचन के समय उपस्थित रहना वाजिब नहीं समझते।''

''मुझे पता चला है कि एक नाटक ग्रुप 27 मार्च को गेयटी थियेटर में नाटक का मंचन भी करेगा।''

''जून महीने में श्री सुदर्शन गौड़ की संस्था नाटकों की प्रतियोगिता भी रखती है। उसमें वे भूतपूर्व प्रशासनिक अधिकारी अकसर निर्णायक बनकर आया करते थे। शायद इस वर्ष भी आएँ। तब मैं भी चलूँगी। उन्हें भी मिलने जाएँगे।''

''उन दिनों नृत्य, संगीत भी होता है। चलेंगे।''

''शिमला में अब काफी कुछ होने लगा है। पीछे जब मैं गई तो वहाँ विश्वविद्यालय के छात्र-छात्राओं ने बहुत कुछ कर दिखाया। रैंप पर थिरके। हिमाचली परिधानों में मॉडलिंग की। हिमाचली भाषा में करियाला प्रस्तुत किया। शिमला से लेकर किन्नौर लाहौल तक की नाटी की प्रस्तुतियाँ कीं। क्लासिकल नृत्य भी देखा। पर पंजाबी गिद्दे ने तो ऐसा रंग जमाया कि मन उनकी उस प्रस्तुति से आज भी प्रसन्न है।''

''लगता है आप मुख्य अतिथि थीं।''

''नहीं बेटी। एक आम दर्शक थी। दर्शक बनकर देखने में अपना ही मजा है। कोई औपचारिकता का टंटा नहीं होता।''

नीचे से एक व्यक्ति ऊपर की ओर चला आ रहा था।

''कौन होगा?'' सिमरन सोचने लगी।

''मुझे तो पंडितजी ही लगता है। पर वह तो अंदर था।''

''तुम यहीं 'विलो' के नीचे बैठो। तब तक मैं नीचे की ओर हो आती हूँ।''

''मैं भी चलती हूँ माँ।''

''नहीं। तुम बैठो तो।''

''मकान का 'रिज' पर होना भी अच्छा है। नजरों को इधर-उधर घुमाते हुए सामने खड़ी होकर कोई रुकावट नहीं होती।''

''पहाड़ की पगडंडी के मोड़-तोड़ में चलते-चलते कोई-कोई छिप भी जाता है। मैं इसी बहाने सुबह की छोटी सी सैर भी कर आऊँगी।''

''चढ़ाई में तकलीफ होगी। मैं भी चलती हूँ। वापसी में मैं आपकी बैसाखी बन जाऊँगी।'' वनमाला हँसती रही। उसे ध्यान से देखकर सिमरन भी हँसीं। इस हँसी में अब प्रश्नचिह्न लगा था। ''तुम मुझे अपने से अलग रहकर जीने नहीं दोगी।'' उन्हें याद

आ रहा था कि वे काफी सारी इच्छाओं को त्यागकर समय अनुसार सही-सही लक्ष्यों की ओर बढ़ी थीं। उसने अभय की जननी कामिनी के प्रति मैत्री निभाई। अपने इर्द-गिर्द के वातावरण को उस त्यागमयी महिला के लिए सुविधाजनक बनाया। ''तुमने मोतियों के फूल देखे हैं। यहाँ तो नहीं होते। नीचे देश में पिंजौर चंडीगढ़ की तरफ होते हैं।''

''हाँ। क्यों?''

''उन्हीं फूलों की तरह, तुमने भी वातावरण को सुगंधमय बना दिया है। तुम्हारी असल सास भगवान् को प्यारी हो गई। पर वह अपना प्रभाव तुम पर छोड़ गई। तुम उसके बाद आई। और कामिनी ही बन गई।''

''मेरे ससुर भी तो कोई कम नहीं थे।''

''उनके स्मरण मात्र से मेरा मन हलका हो जाता है। यहाँ का सबकुछ पावन लगता है।'' सिमरन के मन में वनमाला के लिए वात्सल्य भाव उमड़ पड़ा। उसने उसे अंकों में भरकर चूम लिया। ''चलो चलते हैं। तुम भी चलो, मेरी बैसाखी।'' इतने में सामने के दरवाजे से पंडित दीनदयाल ददाहू वाले को बाहर आते देखा। दोनों सास-बहू की आँखों में संदेह उत्पन्न हो गया। पंडितजी ने उनकी ओर बढ़कर नमस्कार किया। ''नमस्कार। थोड़ी देर पहले मैंने आपको ऊपर रिज की ओर आते देखा था।''

''इस घर के 'शॉर्टकट' रास्ते से आ रहे थे आप। पर अचानक ही अदृश्य हो गए। हमें लगा कि किसी मोड़ में चले आ रहे होंगे।''

''यह कैसे हो सकता है? मैं तो काफी देर से अभयजी से बातें करता रहा।'' आश्चर्य और आशंका से उसकी आँखें विस्फरित सी लगीं।

''ऐसा भी कहीं होता है?'' सिमरन ने विस्मय से कहते हुए वनमाला के कंधे पर अपना हाथ रख दिया।

''समझा माँ सिमरनजी। ऐसा वैभव-संपन्न महात्माओं, मुनियों साधु-संतों के बारे में तो सुना था। मुझ जैसे तुच्छ छोटे-मोटे ब्राह्मण का भी ऐसी शक्ति से संपन्न होना नामुमकिन लगता है। यह एक 'फिनॉमिनॅन' है, प्रतिभास है, आभास है। अपूर्व अनुभव है आपका।''

''क्या ऐसा हो जाया करता है?'' वनमाला की आँखों में चंचलता के साथ-साथ मनभावन जिज्ञासा थी। ''होता है! हो सकता है। मृगतृष्णा भी एक 'फिनामिनॅन' है। सभी जानते हैं कि रेतीली जगह पर सूरज की किरणों में मृग को जल का आभास हो जाता है। ऐसा मालूम होने पर मृग वहाँ जाते हैं। और पानी न मिलने पर निराश होकर लौट आते हैं।''

''मगर आप तो पानी नहीं हैं, पंडितजी। हम मृग भी नहीं हैं।'' उसने चुटकी ली।

''बस यही कहकर बात समाप्त करके, चर्चा भी समाप्त करता हूँ। अब तो विज्ञान

भी इस प्रकार के अनुभव को तर्कसंगत मानने लगा है।'' पंडितजी ने इस प्रकार आश्वासन सा देकर जाने के लिए आज्ञा माँगी।

''अच्छाजी। मैं चलता हूँ।'' दोनों माँ-बहू वापस भवन में प्रवेश कर गए। मन को यों ही समझाने के सिवा और कोई चारा नहीं था। इस समस्या को सुलझाते-सुलझाते सिमरन के विचार टूटकर बिखर से गए थे।

माँ सिमरन को अपने कमरे में पहुँचाकर वनमाला घर में बने मंदिर में पहुँची। वहाँ दीया जलाया। पूजा की, फिर इस कमरे से होकर जानेवाले दूसरे कमरे में गई। यह कमरा उसके ससुर परीक्षित का अध्ययन-कक्ष और नाटकों को मंच पर दिखाने से पूर्व 'रिहर्सल' का कमरा भी था। इसे वह कभी-कभी ही खोलती थी, केवल सफाई करने के लिए। कालीन कई दिनों से झाड़े नहीं गए हैं। कमरे के परदे भी मैले लगे। सामने की अलमारी खोली। उसमें नाटकों की पांडुलिपियाँ थीं। फाइलों में करीने से रखे, हाथ से लिखे हुए यह नाटक उदास से लगे। कमरा सुनसान था, पुनीत स्मृतियों का रोमांचित रंगमंच! यहाँ ससुर परीक्षित और माँ सिमरन ने कई-कई घंटे नाटकों का पूर्व अभ्यास किया था। पांडुलिपियों में जरूरी संशोधन किया, कहानियों को नाटकों में बदला गया, रूपांतरण हुआ और शायद उनके प्यार ने भी यहाँ ही परवाज किया। इस कक्ष में आने से पूर्व पाँव से जूते उतारे जाते थे। पहले मंदिर में शीश झुकाकर माथा टेका जाता था। उसके बाद इस कमरे का दरवाजा खटखाया जाना जरूरी होता था। दरवाजा खुले या न खुले यह परीक्षितजी की मरजी। उसे माँ सिमरन ने यही बताया था। जब से वनमाला इस घर में आई, तब से सुस्पष्ट होकर कोई-न-कोई तसवीर उसके जहन में उतरती रही है। वनी को लगता है कि यह कमरा प्यार-मोहब्बत का 'रॉन्डिव्यू' है। मिलन स्थल है।

पूरा घर निःस्तब्धता में डूबा था। अभय अभी गुसलखाने में नहा रहा होगा। माँ सिमरन भी तैयार हो रही होंगी। अभी तो उन्होंने स्नान भी नहीं किया था। सोचा कि इन फाइलों को देखा जाए। वह फिर भी घर की खामोशी को आँकने लगी। बाहर हवा में चीड़, बाँस के वृक्षों की, अन्य पेड़ों, झाड़ियों के साथ-साथ होती सम्मिलित सरसराहट ही थी। नीचे मुख्य सड़क पर कारों-बसों की आवाज सुनाई पड़ती थी और कभी बंद भी हो जाती थी। सारा नगर जाग उठा था। पक्षी चहचहा रहे थे। सर्दी की असुविधाएँ जाने लगी थीं। मौसम में बदलाव आ गया था। बहार के आनंद में डूबी पहाड़ी गुलाब, कशमल की झाड़ियाँ मदमस्त थीं। अब तक वह पूर्व की ओर खुलती खिड़की के परदे को खोल चुकी थी। बाहर झाँकने को मात्र यही खिड़की थी, जहाँ से जंगल के मद-मस्त पेड़ों-झाड़ियों की झाँकी नजर आती थी। सोच किस बात की, उसे वक्त ने आश्वासन दिया। वनमाला ने मन-ही-मन अपने इस अवसर का धन्यवाद किया। उसने एक छोटी

सी फाइल खोलीं। इस संचिका में कुछ पत्र थे। एक पत्र खोला। माँ सिमरन का हस्तलेख पहचान गई। पढ़ने लगी।

कामिनीजी,

बहन कहना चाहती हूँ। पर नहीं। आप परंपरा और भारतीयता की तसवीर हैं, पवित्र हैं। जैसे गंगाजल। और मैं वह नदी हूँ, जो पानी को सागर तक पहुँचाने का हक नहीं रखती। क्योंकि जल गंदा है। किनारे मैले हैं। आपने मुझे गंगा, नदी के समान बताया था, क्योंकि मेरे कारण कई लोग कमाते हैं। उन्हें मेरी वजह से नाटकों में काम मिलता है। रोजगार मिलता है, जैसे कि गंगा किनारे कमाई के इतने साधन हैं कि हजारों-लाखों परिवार पलते हैं। पर नहीं। मैं चुप रहूँ यह मुझे अब युक्तियुक्त नहीं लगता, क्योंकि आपका मुझ में विश्वास है। सचमुच अंधविश्वास! मैं और आप, आपकी शादी से पहले इकट्ठे, एक ही छत तले रहे हैं। फिर भी मेरी जिंदगी की किताब बंद बस्ते में ही रही। आपने मुझे अपने जीवन की सभी खट्टी-मिट्ठी बातें, वास्तविकताएँ बताईं। अब जबकि आप बीमार रहने लगी हैं, अपने बेटे का भविष्य मेरे सुपुर्द करना चाहती हैं। मुझे इस विषय में वायदे के चरितार्थ करने से पूर्व अपने अतीत का कच्चा चिट्ठा आपके सामने रखने में हिचकिचाहट नहीं है, सच्चाई-सच्चाई है। अगर आपको फिर भी मुझ में विश्वास बँधे, आस बँधे, तो मुझे संकेत-संकेत में बताने का कष्ट करें। इस पत्र की चर्चा करने की जरूरत नहीं। अन्यथा मुझे आप लोगों से दूर, कहीं दूर चले जाने में भी बुरा नहीं लगेगा। मैं अपनी राम कहानी सुनाती हूँ।

पैदा हुई, तो पिता ने किसी और स्त्री का पुत्र चुराया। वहाँ उसके पास मुझे रख दिया। यह अस्पताल में हुआ। माँ को तुरंत बाद शक हो गया। उसने तो पुत्री को जन्म दिया था। उस बच्चे के माँ-बाप ने अस्पताल में कोहराम मचा दिया। नर्स ने उनका साथ दिया। बच्चे अपने-अपने माँ-बाप की गोद में डाल दिए गए। पर पिता ने मुझे अपनाना वाजिब नहीं समझा। उनके विदेश जाने से पूर्व मैंने बड़ी होशियारी से उनका खून टेस्ट करने के लिए अस्पताल में दिलवाया। वे बीमार थे। मैंने तब अपना खून भी टेस्ट के लिए दिया। यह मैंने चालाकी, होशियारी से किया। जानना चाहती थी कि क्या सचमुच मेरे माँ-बाप ही मेरे जन्मदाता माता, पिता हैं। मेरी माँ ने मुझे अस्पताल की कहानी, जो बताई थी। पर पिता ने मुझे शंका में डाले रखा था कि शायद मेरी ही माँ ने मुझे जन्म नहीं दिया। डी.एन.ए. टेस्ट से पता चला है कि मेरे पिता ही मेरे पिता हैं। वे शुरू से लेकर विदेश जाने तक मेरी ओर से अनुत्तरदायी रहे, उदासीन रहे। विरक्त रहे। इसलिए माँ ने भी अपने पति की नाकाम साजिश को अपनी हार समझा। मुझे माँ की ममता और पिता के प्यार से लगभग महरूम रखा गया। अगर मैं किसी सहेली को मिलने जाती और देर हो जाती तो मुझे गायब समझा जाता। उनकी मेरी ओर बेरुखी के कारण मैंने पुत्री के तौर

पर सनातन और भारतीय धर्म न छोड़ा। घर की परंपराओं में बँधी रही।

फिर जवान हुई। नौकरी लगी। पढ़-लिख गई थी। खुद ही कुछ बनी, पर मैं स्वार्थी नहीं थी। अपने पर भरोसा रहा। आत्म संयम के बावजूद आत्मनिर्भर बनना मेरा लक्ष्य था। वह पूरा हुआ। जवान हुई। लोग मुझे हूबहू पद्मिनी भी कहते थे। मैं सुनी-अनसुनी करती। मैं नारियों में सर्वश्रेष्ठ कहाँ थी! हाँ, परीक्षितजी मुझे कोमलांगी, सुशील, रूपवती और शकुंतला की जीती-जागती तसवीर कहते थे। उन्होंने मेवाड़ के राजा की अति सुंदर पत्नी की कथा पर पद्मिनी नाटक का मंचन भी किया। उसके सौंदर्य की चर्चा सुनकर दिल्ली के सुलतान अलाउद्दीन खिलजी ने मेवाड़ पर चढ़ाई की थी। राजा रत्न सेन की हार हुई थी। लोलुप शत्रु के हाथों में पड़ने की अपेक्षा रानी ने मर जाना बेहतर समझा। वह सती हुई। सुलतान के हाथ भस्म ही लगी। नाटक कामयाब हुआ। फिर भी मेरी जिंदगी के तीन अफेयर मुझे कचोटते रहे हैं। लाइफ में कोई प्यार ही होता, तो भुलाए न भूलती। दूसरी बार प्यार भी धोखा था। तीसरी बार शादी हुई, फिर तलाक हुआ। आपको पता है। उसने मेरी 'सेलेब्रेटी इमेज' से प्यार किया था। मेरा असली जीवन नाटक का पात्र बना। उसका किरदार कामयाब नहीं हुआ। आप सब मुझे नायिका के अलावा इनसान भी समझते हैं। इसलिए मैं आप पर भरोसा करके चाहती हूँ कि मैं कहूँ—जो हम भले-बुरे सो तेरे।

तुम्हारी ही
सिमरन

दिनांक वही दिन, जिस दिन आज
तुम्हें 'कुछ-कुछ स्वस्थ देखकर'
तीसरी बार अस्पताल से लेकर
14 दिन, बाद घर लौटी,
परीक्षितजी और मैं
डिस्चार्ज कराकर लाए।

वनमाला ने फाइल में फिर देखा। एक और पत्र था सिमरन माँ के नाम—

सिमरन मेरी बहन!

मुझे तुम्हारा पत्र मिला, जो दवा की भाँति है। मुझे उसे पढ़ने से सकून मिला। दर्द-तकलीफ कम हुई। तुम खुद को क्या समझ बैठी हो? तुम्हें पता होना चाहिए कि हम दोनों के दो जिस्म हैं। पर आत्मा एक है। जान एक है। मेरी बीमारी का दर्द तुम्हारे पत्र में दिख पड़ता है। परेशान हो! नहीं! मुझे चैन से मरने दो और मेरी घर-गृहस्थी को

सँभालो। यह तुम्हारी अमानत है। मुझे लगता है कि पूर्व जन्म में तुम पद्मिनी ही थी। परीक्षितजी राजा रत्न सेन, तुम्हारे पति थे। मैं इस जन्म में अपने पूर्वजन्म के पाप का प्रायश्चित्त करने आई थी। तुम्हें उनसे मिलाना था। यह पुण्य कमा जाऊँगी। मेरी मृत्यु के बाद अभय तुम्हारा ही पुत्र कहलाने में गर्व समझे। यह मेरी आखिरी इच्छा है। उसकी शादी तुम्हारे ही हाथों से हो। यह भी ख्वाहिश है। उसकी बहू की तुम्हीं सास बनो। इस मनोकामना की पूर्ति जरूर होगी। बेझिझक सोचो, समझो, जानो कि परीक्षितजी तुम्हारे पति हैं। कितने ड्रामे, नाटक रचती रहोगी? उनकी बनकर रहो, उनके लिए और मेरे लिए भी। मेरे बाद औपचारिक तौर पर सनातन धर्म निभाना। उनसे शादी कर लेना। उनसे भी प्रण प्राप्त करना मेरी जिम्मेवारी है। मेरा सबकुछ तुम्हारा है। इस बेशकीमती तोहफे को स्वीकार करो और अपने हस्ताक्षर करके इस पत्र को मुझे लौटा दो। कम-से-कम चुपचाप मेरे तकिए के नीचे रख जाना। फिर कभी इस विषय में बात न करना, ताकि यह बात कुछ और किस्म का तूल न पकड़े। आज से अभय का सारा खयाल तुम्हें ही करना है। यह तुम करती भी रही हो। उसके बचपन से लेकर लड़कपन तक यानी आज तक। मुझे ईश्वर ने बीमारी इसलिए दी थी, ताकि तुम्हारा बेटा तुम से अलग न हो, और मुझे वह अपने लाड़-प्यार में बाँधकर मेरे अंत समय में बेचैनी का कारण न बने। भूल जाऊँगी कि कभी हमें पत्र व्यवहार भी करना पड़ा था।

तारीख, आज ही का दिन।
जब तुम्हारा पत्र मिला।

तुम्हारी वही, जिसकी आत्मा तुम में है
तुम्हारी बहन,
कामिनी

वनमाला ने देखा कि पत्र के पीछे माँ सिमरन के हस्ताक्षर थे—'सिमरन माँ'।

यह स्वीकृति थी सिमरन की। माँ शब्द में उस इच्छा को निहित और स्पष्ट तौर पर स्वीकारा हुआ था, जो कामिनी की इस असाध्य बीमारी में उसकी अंतिम ख्वाहिश थी। उसी फाइल में एक तीसरा कागज था, जो वसीयतनामा था। इससे पूर्व कि वह इसे भी पढ़ती, बाहर से माँ सिमरन ने पुकारा—

"बड़ी देर लगा दी बेटा। नाश्ता तैयार है।"

वह जल्दी-जल्दी फाइल को अलमारी में रखकर, पूजा घर में आई। सोचने लगी; निश्चित ही माँ ने खुद नाश्ता बना लिया है। वक्त ज्यादा लग गया। पर यह सासू माँ है। ताना थोड़े ही देगी। खुश होगी। वह भागती-भागती डाइनिंग रूम में आई। अभय और

माँ सिमरन खाने की मेज पर बैठे मुसकरा रहे थे।

''पंजाब का नाश्ता है। दही और आलू के पराँठे।''

माँ सिमरन ने वनमाला से कहा और कुरसी की ओर इशारा किया।

''चमत्कारी खुशबू और…''

''स्वाद भी…'' अभय ने वनमाला की बात पूरी की। वह उठती है। ''क्या मैं कोई कैसेट लगा लूँ। गाना भी सुनेंगे और खाना भी खाएँगे।''

''नहीं बेटा, बातें करेंगे,'' माँ सिमरन बोलीं।

''चलने दो गाना, वरना बातों-बातों में खाने का मजा जाता रहेगा।'' अभय की भृकुटियाँ तनी थीं।

''मैं असमंजस में थी कि आपके बेटे के मूड को क्या हो गया है?''

''हाँ, चुप-चुप तो है।''

''है कोई ऐसी बात जो चुप हूँ, वरना क्या बात करनी नहीं आती।'' अभय ने बात टालने की कोशिश में 'शेर' कह डाला।

इतने में वनमाला ने 'टू इन वन' पर हाथ बढ़ाए। एक कैसेट उसमें डाल दिया। गाना के.एल. सहगल का था…''सो जा राज कुमारी सो जा, सो जा मैं वलिहारी सो जा…''

''सुबह का वक्त है। तुम कहना चाहती हो सो जा…'' अभय ने व्यंग्यात्मक टिप्पणी की। उधर नाश्ता खाते-खाते सिमरन की आँखों में आँसू देखकर वह आश्चर्यचकित हो गया। इधर वनमाला भी चुपचाप पराँठे पर काँटा-छुरी चलाते हुए रो रही थी।

''क्या बात है?'' अभय ने पूछा।

''सहगल का यह गाना मेरी आँखों में आँसू लाने के लिए काफी है। इसमें मेरे बचपन का, माँ-बाप के प्यार का दर्द, लाड़, ममता छिपी है'' वनमाला की आवाज दबी-दबी थी। तभी माँ सिमरन ने कहा, ''कुछ पारिवारिक कारणों से मुझे माँ-बाप का प्यार न मिला। वे परेशान से रहते थे।'' वह उठकर 'वाश बेसन' की ओर बढ़ी। आँखों और चेहरे पर पानी के छींटे मारे। वापस आकर बैठकर मुसकराने लगी।

''गीत तो कोई मर्मस्पर्शी नहीं है। पर बीता वक्त याद आया!'' अभय ने उठकर टू इन वन का 'स्विच ऑफ' कर दिया।

''चलो बातें करें। पूछो कि पंडितजी ने क्या कहा? क्या-क्या बात हुई!''

''हाँ बताइए!'' वनमाला ने नैपकिन से आँखें पोंछी।

''उनका मत है कि भविष्य में संभवत: अंतरिक्ष में कोई विकसित सभ्यता हमारे टी.वी. और रेडियो संकेत पकड़ ले या उनके सिगनल हमारे उन्नत 'टेलीस्कोप' की जद में आ जाएँ।''

''भविष्य के बारे में मैं निश्चित तौर पर कह सकती हूँ कि उसको पूरी तरह कोई

नहीं जानता।'' वनमाला हँसी।

''कुछ खाते भी रहो। देखो, मैंने अपना नाश्ता खत्म कर लिया है।'' सिमरन ने प्लेट आगे सरका दी।

''अभी एक पराँठा और,'' वनमाला रसोई की ओर भागी।

''नहीं, तुम दोनों खाओ और मैं लाती हूँ।''

वनमाला पराँठे ले आई। और मेज पर पड़ी प्लेट में रख दिए। एक माँ की प्लेट में रख दिया। एक अभय को दिया और एक को रोल कर खुद खाने लगी।

''हम इस बारे में अनुमान ही लगा सकते हैं कि क्या होगा।''

''अप्सराएँ आएँगी पतिदेव।'' वनमाला ने अभय की ओर हँसकर देखा।

''कुछ भी हो। मैं तो मध्यस्थता निभाना चाहूँगी बहू रानी।'' उसने गर्मजोशी दिखाई।

''मध्यस्थता?'' अभय ने ठहाका लगाया।

''हाँ। अप्सरा मेरे बेटे पर मोहित हो जाएँगी। मैं अपनी लाडली बहू के लिए कोई-न-कोई कदम तो उठाऊँगी ही।''

''भविष्य को लेकर 'परग्रही' प्राणियों यानी 'एलियंस' से मुलाकात की उम्मीद तो हो ही सकती है।''

''मैंने पढ़ा है कि अगली पीढ़ी के रेडियो टेलीस्कोप परग्रही सभ्यताओं के टी.वी. और रेडियो सिगनल भी पकड़ सकते हैं। ब्रिटेन की अंतरिक्ष विज्ञानी मोनिका ग्रेडी ग्रेदी का अंदाजा है कि 2056 तक हम जान पाएँगे कि धरती से परे जीवन का अस्तित्व है या नहीं। विकसित टेलीस्कोप हाइड्रोजन अणु द्वारा छोड़ी गई रेडियो तरंगों को पकड़ सकने के लिए डिजाइन किए गए हैं। इनका एक फायदा यह भी है कि ये अन्य सभ्यताओं द्वारा छोड़े गए रेडियो संकेत भी पकड़ सकते हैं। यदि गहन अंतरिक्ष में कहीं ऐसे संकेत हों तो।'' कहते-कहते वनमाला ने पराँठे को 'भूकने' की शक्ल दी। दो-तीन बार दाँतों से तोड़ा और चबाया। इससे आवाज में कुछ बदलाव जरूर था, पर बातें स्पष्ट थीं। समझ गई।

''माँ आप ठीक ही कह रही हैं। मुझे जब इनसे पहली नजर में प्यार हो सकता है तो यदि कोई अप्सरा इन्हें देख ले तो, इन मेरे आकर्षित पत्रकार को वर लेना चाहेंगी। शादी के समय मैं इन्हें ज्यादा नहीं जानती थी। बस उतना ही जितना कोई प्रशंसक इन्हें जानता होगा।''

''चल बेशर्म कहीं की···तेरी बातें अच्छी और बच्चों जैसी प्यारी लगती हैं।'' सिमरन ने खड़ी होकर वनमाला को साथ वाली कुरसी से अपनी ओर खींचा और उसका मस्तक चूम लिया।

''निस्संदेह !'' अभय ने पत्नी की ओर प्यार से देखा। वनमाला के समूचे व्यक्तित्व पर खुशी छा गई थी। उसने कुछ क्षण के लिए आँखें मूँद लीं। अभय और सिमरन हँस पड़े। अभय ने चाय का प्याला खाली किया। वनमाला ने आँखें खोलीं। अभय के प्याले में पुन: चाय डाल दी। अपनी चाय की चुस्की लेते हुए बोली—

''माँ जब कोई स्त्री जवान होने लगती है तो वह किसी-न-किसी को अपने हृदय में बैठा लेती है। ठीक है न!'' उसके चेहरे पर भरपूर लावण्य छा गया।

''पगली। ऐसा भी तो हो सकता है कि वह ऐसा आदमी हो, जिसे वह कभी अपना ही नहीं सकती हो।'' सिमरन के चेहरे पर पहले जैसी सहजता और उन्मुक्ता न रही।

''जी हाँ।''

''मगर तुम तो...'' अभय इस बात को निरंतरता देना चाह रहा था।

''अरे जनाब मैंने तो कुछ ऐसा सोचा था कि यदि वह आदमी मजनूँ बन जाए तो।''

''लोग उसे पागलखाने छोड़ आएँ तो क्या हो ?''

''कभी तो प्यार अपना असर करता ही है। तुम्हें उसकी याद आती और तुम पागलखाने उसके दीदार के लिए चली जाती''

''ठीक-ठाक कड़ी बनी, एक 'प्लॉट' की! एक कहानी की।''

''तुम पागलखाने में जाकर वहाँ के अधिकारियों से मिलती। उसका हुलिया बयान करके उसे मिलने की इच्छा जताती।''

''ठीक! और आगे!''

''फिर वह कहता कि ऐसा कोई पागल अब पागलखाने में नहीं है। तो...''

''तो वह और कुछ भी करता। मुझ पर तरस खाकर कहता कि हमारे पास कई सुंदर नौजवान पगले हैं, उन्हें देख लीजिए। शायद कोई पसंद आ जाए।''

''फिर क्या करती ?''

''जूता निकालकर उसके सिर पर दे मारती।''

तीनों हँस पड़े।

''बेटी जिस मिट्टी में जो पलता है, बड़ा होता है, उसे वहाँ की परंपरा का निर्वाह करना चाहिए। तुम खुद ही देख लो। 'ग्लैमर वर्ल्ड' में मॉडल के तौर पर तुम्हारी खास प्रतिष्ठा है। मगर तुम्हारे धर्म ने तुम्हें नैतिकता की सीमाओं में रहना सिखाया है।''

''आपने माँ दुनिया देखी है। मैं तो ठोकर खाकर सँभली हूँ, खुश। पत्नीव्रता पति मिला। आप जैसी सास मिली, जो माँ और मित्र का प्यार दोनों मुझे देती हैं।''

''यह किस्मत की बात है। मैंने वह स्थिति-परिस्थिति भी देखी है, जब शरीर की माँग, आवेग और उन्नत कामनाएँ, अनैतिकता, अधर्म वाले हालात जीवन को गलत रास्ते की ओर धकेल सकते थे। तुम्हारे ससुर परीक्षितजी ने मेरी मानसिक अशांति को

समझा। जीवन के प्रति उदासीनता को दूर किया। मुझ में उदार व्यवहार के साथ-साथ विवेकशील दृष्टि अपनाने की प्रबल इच्छा बाँधी।'' उन्होंने अपना मुँह दीवार की तरफ फेर लिया था।

''एक पत्नी का जीवन समर्पण और प्रतिबद्धता का पर्याय होता है। आपने इसे भी निभाया।''

''ऐसा नहीं बेटी,'' कामिनी बहन के सहयोग ने मुझे रीति-रिवाज, परंपरा को निभाने की शक्ति दी।'' माँ सिमरन का चेहरा गंभीर हो गया था।

''मैं चला माँ। आप दोनों मन-मंथन में व्यस्त हैं। मैं अपना काम करूँ। यहाँ बैठा रहा तो लंच टाइम आ जाएगा। मैं तो इतना ही जानता समझता हूँ कि दिमाग में भूलने की आदत है, पर दिल में जो होता है या बसता है, वही रहता है, स्थायी है।'' अभय थोड़ा सकपकाया सा लगा।

''अब दिल की बात छोड़ो बेटा। आजकल 'पॉप' संस्कृति का जमाना है।''

''जो हो रहा है। सब जानते हैं। पर परिवार में जो माँ ने संस्कार दिए हैं, वे ही स्थायी हैं। मुझे अपनी भूल पर कितना कष्ट हुआ। अभयजी ने मुझे सँभाल लिया। मेरे संस्कारों ने भी मुझे झकझोरा। मुझे अब अपनी सफलताओं की खुशी है। पहली नाकामी का 'शॉक' शोक भुला रही हूँ।'' वनमाला की आँखों में चमकती नीलिमा और चेहरे पर उमड़ी जगमगाहट पर, उसके मन की मौन प्रतिध्वनि जगी थी। सिमरन अपनी भावनाओं को छिपा न सकी। ''बेटा तुम सर्दी की धूप की तरह आकर्षक और गरमी की चाँदनी की तरह मनमोहक हो।''

□

8

दूरियाँ अब कैसी?

अगले दिन पंडित दीनदयाल ददाहू वाले पुनः अभय के घर आए। जैसे ही दरवाजे पर दस्तक हुई तो माँ सिमरन ने किवाड़ खोलकर उन्हें नमस्कार किया। इशारे से अंदर बैठक की ओर चलने का संकेत किया!

"इन दिनों कभी एकदम ठंड हो जाती है, तो उसी दिन किसी समय गरमी भी होने लगती है।" "भगवान् ने मौसम बनाने के लिए धरती को 23 1/20 का झुकाव दिया था। लगता है कोण में फर्क आ गया है।" सिमरन ने जवाब दिया।

"वैसे माताजी कुदरत के कानून अटल हुआ करते थे। अब ऐसा नहीं है।"

"वह कैसे?" सिमरन ने अब हाथ का इशारा करके पंडितजी को बैठने के लिए कहा।

"जैसे कि रामजी यदि चाहते तो सागर में अपने आप रास्ता बन जाता। वानर सेना सहित वे समुद्र पार करके लंका में प्रवेश कर जाते। पर नहीं। उन्होंने कुदरत का नियम नहीं तोड़ा। सेतु बनाया, जिसे सागर ने सहारा दिया।"

"जी हाँ! पर आज कहाँ से और किस संदेश के साथ पधारे हैं?" सिमरन ने उसकी ओर सादर देखा।

"माँजी गंगाजी हो आया हूँ। बहन वनमाला के लिए रुद्राक्ष की माला लाया हूँ, और आप सबके लिए प्रसाद भी।"

"धन्यवाद।" पंडित अपने थैले को खोलने लगा। सिमरन रसोईघर की ओर गई। जल्दी-जल्दी वापस आकर उसे पानी का गिलास पकड़ाया।

"क्षमा करें, ट्रे में नहीं लाई।"

"नहीं जी। माँ तो अपने हाथ से ही बच्चों को गिलास पकड़ाती है।"

"तो बताएँ गंगाजी की हालत कैसी है!"

"बिगड़ रही है।"

पानी का खाली गिलास सेंट्रल टेबल पर रखकर कहा।

"माँजी, यह माला और प्रसाद जो सामने रखे हैं, उन्हें सँभाल लें।"

"गंगाजी की हालत कैसे बिगड़ रही है?"

"शायद माँ गंगा वापस स्वर्गलोक चली गई हैं, क्योंकि वहाँ वैसा जल नहीं रहा, पर्यावरण बदला-बदला है, वातावरण में भी तब्दीली आ गई है। क्षमा करें, अब गंगाजी की जगह कोई और दरिया बह रहा है।

सिमरन ने हँसकर कहा। "ऐसा नहीं है पंडितजी, वही हैं। धरती के नीचे छिप-छिपकर बह रही लगती है। गुरु तेग बहादुर साहब के अनुयायी जब बनारस में गंगास्नान करना चाहते थे, तो गुरुजी ने उन्हें बस इतना ही कहा कि यदि वे कहीं भी इस कमरे में गड्ढा खोद लें तो साफ-सुथरा गंगाजल निकल आएगा। उन्होंने वही किया। गंगा उछलकर वहीं प्रकट हो गई।" फिर वह कुछ पल मौन रहा।

"माँजी आजकल मैं सोच रहा हूँ कि विदेश यात्रा पर चला जाऊँ।" पंडितजी बात करते हुए मानो कुछ झेंप सा रहा था।

"कहाँ?"

"ऑस्ट्रेलिया। वहाँ जजमानजी के किसी मित्र का बेटा और उसकी बहू काम पर लगे हुए हैं। कहते हैं रमणीक स्थान है।"

"यानी आप चाहते हैं कि अभय द्वारा उन पहचान वालों के घर आपकी मेहमानी सुनिश्चित हो जाए।"

"जी हाँ होटल का खर्च बरदाश्त नहीं होगा।" उसका सिर झुका हुआ था कि फिर भी होंठों पर मुसकान थी।

"इससे बेहतर तो अपना देश है। कन्या कुमारी जा आओ। कोलकाता में माँ दुर्गा के मंदिर में हो आएँ। शिरड़ी में साईं बाबाजी के दर्शन कर आएँ। मथुरा-वृंदावन भी रोचक स्थान हैं।"

"यह सब तो ठीक है। परंतु अभयजी ने मुझ में भी एक जिज्ञासा पैदा कर दी है। मुझे पता चला था कि जैसा खनिज पदार्थ चाँद पर उतरने वाले पहले पुरुष ने धरती पर लाया था, वैसा ही 'मिनरल' ऑस्ट्रेलिया की चट्टानों में मिला है।" पंडितजी ने अपनी इच्छा को अभय की लगन के साथ जोड़ दिया।

"यह कैसे पता चला है।" वह आश्चर्यचकित हो गई।

"मैंने पढ़ा है कि उस देश के वैज्ञानिक बिर्गर रासमुस्सेन ने बताया है कि 'ट्रैक्योईल्लीस्टाईट' जिसे चाँद का अपना ही 'मिनरल' कहा जाता था, वह 'बाईचांस' पश्चिम ऑस्ट्रेलिया में मिल गया है। वह चाँद का खनिज पदार्थ, जो कभी बेशकीमती

माना जाता था, हमेशा से वहाँ था और आज भी वहाँ है। मतलब चाँद और धरती शायद कभी एक थे।'' उसने खुशामद के से लहजे में कहा।

''बस इतनी सी चीज देखने के लिए विदेश जाएँगे।''

''माँजी। यहाँ जो कुछ टी.वी. की खबरों में देखने को मिलता है या समाचार-पत्रों में पढ़ना पड़ता है, वह क्या है—हर ओर लूट-खसूट है, रिश्वतखोरी और कालाबाजारी की खबरें हैं। भ्रष्टाचार की बातें करना खुद बेईमानों का भी तकिया-कलाम बन गया है।'' उसने दूसरी दलील पेश कर दी। यानी कहना चाहा कि ऐसी खोज की बातें न टी.वी. पर है और न ही अखबारों की पूर्व वर्तिनी है। यानी कहना चाहा कि ऐसी खोज-खबरों की बातें न टी.वी. पर है और न ही अखबारों की पूर्व वर्तिता है।

''हाँ यह तो है। व्यवस्था की खूबी भी बयान होनी चाहिए, जो नहीं होती।''

''इससे सरकार की अच्छाइयाँ सामने आएँगी, जो कि विपक्ष को स्वीकार नहीं।''

''यानी आप 'चेंज' चाहते हैं। जाना ही चाहते हैं।''

''हाँ, हाँ, माँजी। चार पैसे कमाए हैं। कहीं और जाकर भी देखें, क्या वहाँ के लोग भी आपने मुल्क को बदनाम करके सरकार पर ताने कसते हैं?''

इसी बीच अभय आ जाता है।

''प्रणाम पंडितजी। हो आए गंगाजी।''

''हाँ जी जजमान।''

''मैं चली बेटा। पंडितजी की गंभीर बातों में उलझकर रह गई। अब तुम्हीं इनकी शंकाओं का समाधान करो।''

सिमरन के जाने के पश्चात् अभय ने कहा, ''पंडितजी। कुछ दिनों से एक विचित्र सा प्रश्न मुझे घेरे हुए है कि हमारा मन सपनों की जिस दुनिया में भटकता है, वहाँ ऐसा क्या कुछ है, जिसके बंधन में हम बँधे रहते हैं।''

''पहले आप गंगाजी का प्रसाद ग्रहण करें। यह लीजिए, खा लीजिए।'' अपने थैले से और प्रसाद निकालकर देने के पश्चात् पंडित बोला, ''प्रभात की भाँति शांत, गंगा की लहरों में सुबह के पक्षियों जैसा किलोल महसूस हुआ। सबकुछ अच्छा लगा।''

''हमें तो यहाँ के बारिश से धुले वन, प्रहरियों की भाँति खड़े चीड़ के पेड़, मुर्गाबियों की कतारों की भाँति आते-जाते बादल अच्छे लगते हैं। कभी-कभी यहाँ वन में कोई, लकड़हारा या गवाला, गीत गा देता है, पहाड़ी पगडंडियों में चलता हुआ, आता-जाता पहाड़ी नौजवान! तो वह भी लुभाने लगता है।'' पंडित को ऐसा लगा कि अभय ने, उसकी और माँ सिमरन की बातें सुन ली हैं और बात बदली जा रही है।

''मगर मुझे अखबारों में बिखरा क्रोध, भय, लालच व्यभिचार बुरा लगता है। इससे तो बचपन अच्छा था, जब सौंदर्य और उल्लास की बहुतायत में दिन गुजारते थे।

आप चित्रकार हैं। कलाकार हैं। इसलिए दुनिया की हजार बुराइयों के बावजूद आपको प्रकृति, वृक्षों की ओट में छिपता सूर्य, हवाओं की संगीतमय ध्वनि अच्छे लगते हैं।'' दोनों ठहाका मारकर हँस देते हैं।

''माँ सिमरन से कहूँगा कि हमारी इस बातचीत को किसी नाटक का संवाद बना लें।'' फिर कहा, ''आपको हिमाचल के एक साहित्यकार कवि ने क्या कहा सुनिए।'' अभय ने सेंटर टेबल पर पड़ी एक किताब उठाई और कहीं बीच से पढ़ने लगा, समय बीत जाता है।

अखबारी बातों में अब रह ही क्या गया है।

दिन में और रातों में काव्य-संग्रह—एक स्वरता पृ.-67।

दूसरी एक और कविता अखबार में इन्हीं कवि ने इसी संग्रह के पृष्ठ 69-70 में लिखा है—

''...हर एक दिन की शुरुआत में हम—
सुख-चैन की बलि लेते हैं,
धुली हुई सुबह/चढ़ते हुए सूरज की/कुंकुम भूल जाती है
काले शब्दों से/अनंत उषा
चमकदार तक की कालिमा फैलाती है,
इस तरह सुबह-सवेरे ही/दिन की जान चली जाती है।'' अभय ने यह पुस्तक दीवार में बनी अलमारी में रखकर कहा, ''इसे मैं पढ़ रहा था। अब इसकी जगह अलमारी में है।''

''जजमानजी, कवि के अपने विचार कई बार औरों को भी सही और दुरुस्त लगते हैं।'' अब अभय, पंडित दीनदयाल के पास आकर बैठ गया।

''असली बात बताइए पंडितजी,'' अभय ने पूछा। वह हँसने लगा था। ''असल मुद्दा कुछ और ही लगता है।''

''मुझे पता चला है कि ऑस्ट्रेलिया में एक लड़का भारतीय है। उसे और उसके माता-पिता को यहाँ की लड़की चाहिए। यदि उसे पसंद आई तो शादी करेगा। यह मेरे एक और जजमान की इच्छा है कि मैं उनका घर बार देख आऊँ। पत्री-वत्री मिलान कर आऊँ तो बात आगे बढ़े।''

''ठीक है, ठीक है। एक काम दो काज।''

''मुझे आपके मित्र के बहू-बेटे के घर रहने की सुविधा मिल जाए तो सोने पर सुहागा जैसा काम हो जाए।'' पंडित ने निस्संकोच कहा।

''ठीक है, ठीक है। कल शाम को आ जाना। सुबह-सवेरे मैं माँ को शिमला छोड़ आऊँगा। दोपहर तक लौट आऊँगा। वहाँ अपने दोस्त से मिलकर बात करूँगा। देखते

हैं कि उनकी ओर से कैसा जवाब मिलता है।'' अभय ने पंडित को स्नेहाकांक्षी नजर से देखा।

''अच्छा तो जजमान चलता हूँ।''

''पंडितजी क्षमा करें। आपने एक और खबर तो पढ़ी ही नहीं कि…''

''जाने दीजिए आज मैं नाई की भूमिका अदा कर रहा हूँ। पुराने वक्तों में जो नाई या नयन किया करते थे, उस काम को करने के लिए विदेश जा रहा हूँ।''

''पर पंडितजी वह भ्रांतिजनक 'हिग्गस बोसन' या गॉड, पार्टिकल जिसके कारण सृष्टि को 'मास' विषय-वस्तु प्राप्त हुआ वह सचमुच अस्तित्ववान है। एल.एच.सी. मशीन को वर्ष 2012 के अंत तक बंद कर दिया होगा। किंतु न्यूक्लियर रिसर्च के डायरेक्टर ने कहा है कि उसे विश्वास है कि यह पता चल जाएगा कि हिग्गस बोसन अस्तित्व में है। इसे 'गॉड पार्टिकल' का 'निक नेम' दिया हुआ है।''

''वैसे ईजाद जरूरत के अनुसार होती है। हम और आप तो समझते हैं कि सृष्टि में चाँद-तारे, धरा सूरज और अन्य ग्रह भी शामिल हैं।''

''तभी कहा जा सकेगा कि अप्सराएँ जो धरती पर आई थीं, वे किसी अन्य प्रकार की प्राणी नहीं थीं। यहाँ जैसी सर्वगुण संपन्न नारियाँ थीं।''

''अर्थात् सभी प्राणी आसमान और जमीन की हर चीज नई नहीं है, सागर से लेकर ऊँची चोटियों तक, फूल-पत्तों, वनस्पति तथा भय, खुशी से लेकर ईश्वर तक।''

वे एक-दूसरे का मुँह देख रहे थे, खुश थे।

''खैर, वह जो कल होगा। आज तसुवर में देख लिया पंडितजी।''

''जी जजमान, हम कुछ-न-कुछ जरूर कर गुजरेंगे,'' पंडित वापस घर लौटने के लिए खड़ा हो गया। अभय मन-ही-मन कुछ सोच रहा था। उसे फिर बैठते देख आश्चर्य हुआ। ''अब क्या याद आया?''

''कुछ नहीं जजमान। माँजी को नमस्कार कर लूँ।''

''तब तक पंडितजी मैं कुछ और बता दूँ।''

''जी हाँ। 'मंगल' पर जीवन की खोज में नासा का यान जाएगा। ऐसा सुना है।''

''श्रीमानजी ऐसा ही एक यान 25 नवंबर, 2011 को मंगल के लिए रवाना हो चुका है, जो वहाँ 98 सप्ताह रहकर वहाँ जीवन और जलवायु संबंधी तसवीरें और सूचनाएँ भेजेगा।'' पंडित इधर-उधर अपनी बगलें सी झाँकने लगा।

''अजी और सुनिए, अग्नि-5 की सफलता के बाद भारत अब अंतरिक्ष में अपनी स्थिति और भी मजबूत करने में लगा है। इसी क्रम में भारतीय अंतरिक्ष अनुसंधान संगठन (इसरो) के वैज्ञानिकों ने इंडियन मार्स ऑर्बिटर मिशन के माध्यम से 'मंगल ग्रह' को छूने के अपने अभियान को तेज कर दिया है। 'इसरो' की रिपोर्ट के अनुसार नवंबर 2013

तक इस मिशन को पूरा कर लिया जाएगा। यान के साथ भेजे जानेवाले तमाम उपकरणों की सूची तैयार कर ली गई है। ध्रुवीय उपग्रह प्रक्षेपण यान पी.एस.एल.वी.—एक्सएल की मद से इस अंतरिक्ष यान को 'मंगल' की कक्षा में स्थापित किया जाएगा। इस मिशन का उद्देश्य मंगल पर पर्यावरण, भू-विज्ञान और जीवन के विकास का अध्ययन करना होगा।''

''मुझे जल्दी है जी। आपने इतना कुछ जुबानी कर लिया है। कहीं कोई लैक्चर-वैक्चर देने का चक्कर तो नहीं।''

''आपसे बातें करने के लिए। मेरे वाले सोफे के साथ एक घंटी का 'स्विच' है। दबा चुका हूँ। उन्हें आना ही होगा। और कुछ याद कीजिए,'' पंडित खड़ा होकर फिर बैठ जाता है।

''याद आया जी। आपने मुझसे पूछा था कि हम सपनों के बंधन से कभी मुक्त नहीं हो पाते। ऐसा क्यों? आप अपने सपने साकार करने के लिए इतना अध्ययन करते हैं। चित्रों की प्रेरणा और कल्पना ढूँढ़ते हैं।''

''कुछ और जरूर बताएँ।''

''मगर पहले याद क्यों नहीं कराया।''

''कल माँ ने जाना है। उनकी तैयारी में मैं और वनमाला भी व्यस्त हैं। भूल सा गया।''

''बात छोटी सी है। स्वप्न रासायनिक क्रिया से भी रचा जा सकता है। माँ और वनमालाजी ने मुझे देखा। नीचे रास्ते से ऊपर आते हुए पहचाना, जबकि मैं अंदर यहाँ था। ऐसी भी घटनाएँ घटी हैं, जब आदमी को अपने छाया पुरुष से आमना-सामना हुआ है। उन घटनाओं की प्रामाणिकता पर संदेह नहीं हो सकता। सत्रहवीं शताब्दी के नामी लेखक और दार्शनिक जॉन ओब्रे ने एक पुस्तक लिखी थी 'ब्रीफ लाइव्स'। इसमें ऐसे अनेक उदाहरणों, प्रसंगों का जिक्र है, जिनमें बताया गया कि व्यक्ति की अपनी ही अनुकृति से उसका आमना-सामना हुआ। मैंने इसमें इसलिए दिलचस्पी ली, क्योंकि उस समय के प्रख्यात ज्योतिषी सर रिचर्ड नेपियर से एक घटना जुड़ी है। उस घटना में नेपियर ने अपने ऐसे शरीर की रचना अनजाने ही कर ली थी, जो मृत्यु के बाद भी काम करता रहा था। कुछ लोगों ने ऐसी पुस्तकों को पढ़ा समझा और सोचकर विचार किया। वे समझते हैं कि कुदरत उन्हें कुछ रहस्य समझा रही है। यह नजरों का धोखा भी कहा जाता है। पर साधना विज्ञान के छाया पुरुष वाली मान्यता उक्त भ्रांति को निर्मूल साबित कर देती है।'' यह सपने के साकार होने जैसा है। कई बार कोई सोचता है कि मैं, यदि अपने आपसे मिल जाऊँ तो कैसा हो। कैसा रहे।

''चलो मान लेते हैं। तब तो पंडितजी मेनका-उर्वशी, फिर भी आ सकती हैं।

कोई–न–कोई ऋषि–मुनि भी पधारेंगे।'' अभय उत्साह में बोला, ''ऐसी स्थितियाँ उनके लिए कठिन नहीं हैं।''

इतने में माँ सिमरन और वनमाला दोनों आ जाते हैं। एक प्लेट पंडितजी की ओर बढ़ाकर और दूसरी अभय को देते हुए सिमरन ने कहा, ''हलुआ है।'' वनमाला ने ट्रे सेंटर टेबल पर रख दी। और एक प्लेट माँ सिमरन को देकर चौथी अपने हाथ में पकड़कर हलुआ खाने लगी। ''माँ ऐसा ही आटे के हलुए का भोग लगाती हैं।''

पंडितजी के मोबाइल की घंटी बजी।

''हैलो,'' उसने मोबाइल कान पर लगा लिया था। ''आया जी, आया जी।'' प्लेट का हलुआ जल्दी–जल्दी खाकर चलने लगा। ''वे ही जजमान घर में बैठे हैं, जिनकी लड़की के लिए लड़का देखने ऑस्ट्रेलिया जाना है। अपना थैला सँभालते हुए पंडितजी घर से बाहर निकला। शिष्टाचारवश अभय भी उसके पीछे–पीछे आया।

''अच्छा जी नमस्कार और धन्यवाद।''

अभय घर में लौट आया।

वापस आकर सिमरन माँ से बोला—

''क्या ही अच्छा हो कि 'वह दिन भी आए' जब मैं मंगल की सतह पर विहार करूँ।''

''हाँ पतिदेव। मेरी प्रबल इच्छा है कि एक टुकड़ा मंगल मेरे जेवरों में शुमार हो जाए।''

''15 पाउंड 'मैटियोराईट' उत्तरी अफ्रीका में धरती से टकराया, जो मंगल का ही टुकड़ा था। यह साल 2011 की बात है। मैंने जून 2012 के अखबार में पढ़ा था। इसके टुकड़े–टुकड़े हो गए थे। नासा ने माना है कि यह मंगल की 'डैब्रिस' ही है। यह बेशकीमती इसलिए भी है, क्योंकि मंगल तक कोई यान पहुँचा ही नहीं है। इसके डीलर यूरोप और अमरीका में हैं। जहाँ ये उपलब्ध हैं। कीमत प्रति आउंस साढ़े पाँच लाख रुपए बताई गई है।''

''नहीं जी। हमारी बहूरानी के लिए तो ताजा माल लाना होगा।'' माँ सिमरन हँस दी।''

''माँ, तथास्तु। दूरियाँ अब कैसी।''

''शिमले की तैयारी में हूँ, जाना ही होगा।'' माँ सिमरन कुछ सोच में पड़ गईं।

''शिमले को तो रात में देखने का मजा है, वरना यहाँ नौ महीने सर्दी है। और क्या है।''

वनमाला हँसकर बोली।

''यहाँ की रात दिन जैसी है, यों लगता है, यहाँ हर एक रात दीवाली है, वनी।

कवि ने यह भी कहा है।'' अभय ने बात में बात की और हँसता रहा।

''अजी और सुनो—

''जहाँ यह नगर बसता है,
वहाँ हर शाम ढलने पर
ज्योति जाग उठती है।
सितारे तोड़ लाती है।''

वनी की बात सुनकर उनकी माँ सिमरन से न रहा गया। आगे सुनो—

शिमले की सर्दी के बारे में 'एक स्वरता' के ही कवि की पंक्तियाँ भी सुनो—

''धूप जाड़ों की खिड़कियों से झाँक गई
इसके तुरंत बाद
बाहर को भागती बनी।
दिन बर्फ सा पिघलता रह गया।''

तीनों हँसने लगे। उन्हें अपने इर्द-गिर्द का वातावरण भी ठिठुरता दिख पड़ा। अभय वनी की आँखों में बिस्तर के गरम आराम को तलाशने लगा। सिमरन ने अपने बेटे के मन के भाव पहचान लिये। आपने कमरे में जाते-जाते एक और कविता की पंक्तियाँ बोलती गई—

''कविता तुम—साधना की आधार हो/ सरिता हो, संसार हो, भँवर हो, पतवार हो।
स्त्री की महकती परछाईं हो/स्वप्नों का ज्वार भाटा/समुंदर की गहराई हो।''

वनी और अभय दोनों एक-दूसरे को देखकर फिर हँस दिए।

''हमने सुन लिया माँ।'' वनी ने कहा, ''यह उसी कवि की कविता से है, जो 'ईव' संग्रह में छपी है।''

□

9

कला की सार्थकता

माँ सिमरन शिमला पहुँची। अभय उसे होटल में छोड़कर वापस लौट गया। अभी काफी दिन था। उसने हाथ-मुँह धोए। चाय पी और रिज शिमला की ओर चल पड़ी। गेयटी भवन में गई। वहाँ चित्र कला प्रदर्शनी लगी हुई थी। चित्र देख रही थी। पर ध्यान कहीं और था। हालाँकि आज की तारीख में कुछ 'पेंटिंग्ज' अत्यंत प्रासंगिक थीं। कोई-कोई समाज में व्याप्त जीर्ण-शीर्ण कुरीतियों पर प्रहार थीं। फिर भी उसे अभय की बातें याद आ रही थीं। वह हुसैन के चित्रों से बहुत प्रभावित था। उसके चित्रों की बेजोड़ भाषा ने कई वर्षों में अपनी अलग पहचान बनाई थी। सिनेमा के विज्ञापन चित्र बनाए। प्रवाही, गतियुक्त लाइनों को अर्थ दिया। स्थूल अक्षरों में रंगों में निर्भीकता भरी, जिससे प्रतिमा के प्रतिबिंब के भ्रमक एहसास को पूर्णता प्रदान की। 'फैंटेसी' और असलीयत को संयोजन प्रदान किया। उसकी इस बेजोड़ और अनोखी चित्रकारिता की अभिव्यक्ति, विधि ने नए चित्रकारों को भी प्रेरणा दी। उनमें अभय खुद भी है। हालाँकि वह एक थीम—एक विषय-वस्तु, किसी प्रसंग को आधार मानकर चित्र बनाता है। हुसैन से पहले हुए शांति निकेतन के चित्रकारों ने भी नए चित्रकारों को कल्पना शक्ति प्रदान की थी। नंदलाल बोस और राम किंकर बैज नाम याद आए। हुसैन तो मिथक और फैंटेंसी—अतिकल्पना को पेंट करने में भी माहिर था। उसके चित्रों में उसकी प्रभावी मनोदशा आह्लादपूर्ण और अकसर विनोद, परिहास भरे होते हैं। उसमें अपनी ही विशिष्टता रहती है। उसका मत था कि वह सिर्फ अपनी आत्मा से, अपने सहज ज्ञान को अभिव्यक्त करनेवाला चित्रकार है। उसने कतर की नागरिकता स्वीकार की। उसकी आत्मा भारत में रही है। वह 95 वर्ष का जाना-माना चित्रकार था। उसने खुद कहा था कि वह अपनी कला के जरिए किसी की भी आस्था को चोट पहुँचाना नहीं चाहता था। आहत करने की उसकी मनसा नहीं थी। उसे अपने अंत समय में यह

मलाल था कि संकट के समय उसे सुरक्षा नहीं मिली। सिमरन की अपनी राय तो यह रही है कि चित्रकारिता भव्य कला है, किंतु किसी के मन को ठेस पहुँचाना कला की सार्थकता या 'आॅरट' नहीं है। तभी पीछे से किसी पुरुष ने उससे पूछा—

''क्षमा करें, क्या यह हुसैन का चित्र है?''

''आप खुद ही इसे देखकर अपनी जिज्ञासा को दूर कर सकते हैं। यहाँ आए हैं तो पारखी ही होंगे।'' उसने पीछे मुड़कर देखा ट्रेक सूट पहने एक चुस्त-दुरुस्त 60-65 वर्ष का बूढ़ा पुरुष पीछे खड़ा था। सिमरन का अभिवादन करके बोला, ''नमस्कार! मेरा नाम विजय आनंद है। दौड़ लगाकर आया था, तो आते-आते सोचा कि कला दीर्घा का चक्कर लगा लूँ।''

''मैंने आपको पहचाना नहीं।''

सिमरन लाल कमीज और नीली जींस में स्मार्ट और जवान लग रही थी।

''ठीक है, परंतु मैंने आपको पहले भी कहीं देखा है। इसलिए आपका ध्यान आकर्षित करने की हिम्मत हो गई।'' उसने उलझन भरे स्वर में कहा।

वह कुछ ज्यादा उत्साह में बोली, ''कोई बात शुरू करने का तरीका आप जैसे मर्दों से सीखें।''

''मुझ जैसे ही क्यों?'' तनिक खिन्न होकर बोले।

''आप सठिया गए लगते हैं। आपको बहाना चाहिए था बात करने का।'' अब उसके लहजे में क्रोध और उत्तेजना थी।

''सॉरी!'' और वह आगे बढ़ गया। बाहर लिखा था—कला दीर्घा। अंदर और भी चित्र थे। मेज पर रखी कुछ किताबें थीं, जो इसी संबंध में चित्रों आदि के विषय में थीं। वह किताबें उठाता। कुछ-कुछ पन्ने फरोलता। कहीं-कहीं थोड़ा-थोड़ा पढ़ता, देखता और वापस करीने से उसे रख देता। इतने में चित्र देखते-देखते सिमरन भी वहीं आ गई। आनंद ने उससे कोई बातचीत नहीं की, बल्कि बेरुखी जताई। वह सिमरन के रवैए से आहत था।

''क्षमा करें, मुझे याद आया कि एक करियाला के दौरान हमारे फैक्टरी मालिक के साथ जो मेहमान बैठा था, वह आपके कदोकामत का था। शक्ल भी आप जैसी ही थी। पर यह बड़ी पुरानी बात है।'' यह आत्मीय बात करना उसे रास न आया।

''रहने दो, इत्तिफाक हर किसी के याद रहने लायक नहीं होता।'' वह आगे बढ़ गया। किसी और दीवार पर लगे चित्र को देखने लगा। उसके चेहरे पर क्रोध और उत्तेजना की छाप और भी विद्यमान हो चुकी थी।

''शायद आपका नाम विजय आनंद है।'' सिमरन की ओर उनकी बेरुखी कायम थी।

"होगा, पर आपको इससे क्या? शिष्टाचार के लिए व्यवहार कैसा होना चाहिए। भारतीय सभ्यता से जानिए, सीखिए। लगता है आप विदेश से आई हैं।"

"जी नहीं। जीन और कमीज पहन लेना, बाल खुले छोड़ देना भारतीय नारी भी जानती हैं। पहरावा देश-विदेश की पहचान के लिए जरूरी नहीं होता।" विजय आनंद ने फिर भी सिमरन की ओर नहीं देखा।

सवाल-जवाब होता रहा। वह उसके पीछे-पीछे चलती रही। परंतु वह दीवारों पर लगे चित्र देखता रहा। कुछ देर मौन रहा, फिर उसने पीछे मुड़कर देखा। सिमरन वहाँ नहीं थी। दीर्घा कक्ष से बाहर आया। देखा, सिमरन 'कॉन्फ्रेंस रूम' की ओर जा रही थी। वह थोड़ा और आगे बढ़ा। सिमरन ने उसे नहीं देखा। वह 'कॉन्फ्रेंस रूम' में प्रवेश कर चुकी थी। कोई परिचर्चा हो रही होगी। गेयटी थिएटर शिमला अल्बर्ट हॉल लंदन की तर्ज पर बना है।" वह सोचता-सोचता रिज मैदान पर आ गया। ठंडी हवाओं से तरोताजा हो गया। इधर-उधर नजर दौड़ाई—

रूपवती मासूम लड़कियाँ/हँसती-बोलती/बातें करती
पेड़ों पर बैठते हुए/फुदकते, उड़ते, परिंदे
खुशी का ऐसा दृश्य
पहले कभी नहीं देखा था उसने,
पीछा करता रहा, फिर भी
किसी अनजानी टीस का दर्द हमराज
बेचैनी की स्मृतियों का दाग।"

विजय आनंद को फिर भी गुस्सा आ रहा था। बिना किसी कारण के रिज पर भागते 'कॉन्वेंट स्कूल' के बच्चों को देखकर वह कुछ-कुछ सामान्य हो गया।

□

10

इसरार में प्यार भी है

वनमाला और अजय दोनों अपने मकान के बाहर लॉन में खड़े होकर बुद्धपूर्णिमा के उस चाँद को देख रहे थे, जिसे टी.वी. और अखबारों में बहुत बड़ा बताया गया था। आज इस समय ज्यादा बादल भी नहीं थे, हालाँकि शनिवार को बारिश भी हुई। 6 मई, 2013 की यह रात अभी भी ठंडी थी। दोनों सटकर खड़े थे। वनमाला मादक आँखों से अभय को देखकर बोली—

"पतिदेव और कितनी देर देखेंगे इस चाँद को?"

"जब तक तुम देखना चाहोगी तब तक।"

"चलो अंदर। चाँद अपना अगला चेहरा ही दिखा रहा है। इसका कुछ हिस्सा अँधेरे में डूबा रहता है।" वे घर के अंदर गए। अपने-अपने अखबार पत्रिकाएँ लेकर बेडरूम के सोफे पर बैठ गए।

"तो तुमने उस समाचार-पत्र को भी पढ़ लिया है।"

"हाँ। क्यों नहीं। आप अपनी चित्रकला में व्यस्त रहते हैं। मैं पढ़ती रहती हूँ। माँ भी नहीं है। बड़े दिन हो गए उन्हें शिमला में। यहाँ होती थीं तो मुझे बातों में लगाए रखती थीं।"

"जाकर ले आएँगे। कार यहीं छोड़ गई हैं, क्योंकि शिमले में पार्किंग की दिक्कत है। अब कार भेज ही दूँगा, क्योंकि मैंने अपने दोस्त के आँगन में इसके लिए इंतजाम करा दिया है। माँ को कहीं शिमला से इधर-उधर जाना पड़ता होगा तो दिक्कत होती होगी। मेरा दोस्त माँ को मिल चुका है।"

"आम आदमी चाँद का मतलब चाँदनी देने वाला ही समझता है। चाँद के अँधेरे हिस्से में पानी है। और बर्फ भी है। चाँद के उस गड्ढों वाले क्षेत्र का अध्ययन करने के लिए अमेरिका स्थित साउथ-वेस्ट रिसर्च इंस्टीट्यूट के वैज्ञानिकों ने इन हिस्सों की

खोज खबर के लिए दूरबीन की बजाय 'लिमान अल्फा एमीशन' नामक विशेष प्रकाश और नासा के 'मून रिकंसेंस आर्बिटर सैटेलाइट' का सहारा लिया है। हाइड्रोजन अणुओं की मदद से परावर्तित होने के कारण यह रोशनी अँधेरे स्थानों में भी पहुँच सकती है। रिसर्च में यह पाया गया है कि चाँद के इन इलाकों में मौजूद धूल में 0.5 प्रतिशत बर्फ और 2 प्रतिशत पानी की मौजूदगी की संभावना है।'' अभय अपने हाथ में थामी हुई पत्रिका से पढ़कर बतलाता रहा।

''तुम ने मुझे बतलाया था कि चाँद में छिपे गूढ़ रहस्यों से परदा उठाने के लिए सितंबर में प्रक्षेपित अमेरिका अंतरिक्ष एजेंसी नासा के दो प्रोबयान पृथ्वी के इस प्राकृतिक उपग्रह की कक्षा में पहुँचेंगे। पता चल सकेगा कि चंद्रमा की सतह के अंदर की बनावट क्या है।''

''हाँ वनी। वैज्ञानिकों का मानना है कि साढ़े चार अरब वर्ष पहले सौर प्रणाली की उत्पत्ति के बाद पृथ्वी से मंगल ग्रह के आकार की कोई चीज टकराई थी, जिससे चंद्रमा की उत्पत्ति हुई। कई लाख डॉलर के ग्रेल अभियान की प्रमुख वैज्ञानिक ने कहा था कि हमें इस बारे में बहुत कम जानकारी है कि चंद्रमा की उत्पत्ति कैसे हुई और भयानक घर्षण के बाद यह कैसे हुआ।'' अब वह किसी और समाचार-पत्र के एक कॉलम को पढ़कर रहा था।

''मैं एक लोककथा सुनाती हूँ। संदर्भ ऐसा ही है—

''अरुणाचल प्रदेश की लोककथाओं में चाँद और सूरज का वर्णन आता ही रहता है। एक कथा यह भी है कि बहुत पहले आकाश में चाँद नहीं था। दो सूरज होते थे। दोनों बारह-बारह घंटे की ड्यूटी निभाते थे। तब पृथ्वी पर बहुत गरमी पड़ती थी। जीव-जंतु परेशान थे। इस अन्याय से एक मेढक ज्यादा नाराज था। चिलचिलाती धूप को सहन करना मुश्किल था उसके लिए। उसने एक आदमी से तीर और धनुष माँगा। उस आदमी ने दे दिया। सोचा यह क्या कर सकता है। हालाँकि उसने सूरज की हेकड़ी निकालने के अपने इरादे को व्यक्त भी कर दिया था। मेढक ने धनुष बाण चलाने का खूब अभ्यास किया। कई दिन तक यह सिलसिला चला। फिर एक दिन, रात वाले सूरज की बारी थी। जैसे ही वह आसमान में निकला, मेढक ने तीर चला दिया। तीर लगने से रातवाला सूरज घायल हो गया और उसकी शक्ति मंद पड़ गई। परिणामस्वरूप उस सूरज में केवल प्रकाश देने की हिम्मत ही रह गई। मेढक को बारह घंटे की राहत मिल गई। सुबह वाले सूरज को पता चला। उसे गुस्सा आ गया। उसकी तेज लपटों ने झुलसाने की कसर न छोड़ी। अब वह मेढक गरमी से बचने के लिए पानी में ही रहता। रात वाले सूरज की बीवी ने उसके मंद प्रकाश की वजह पूछी। सूरज ने मुँह छिपाते हुए कहा कि मेढक के तीर ने उसे घायल कर दिया है। इसलिए मुझमें रोशनी देने की शक्ति ही शेष

है। पत्नी को क्रोध आया। उसने गोबर उठाया और सूरज के चेहरे पर दे मारा। सूरज के चेहरे पर धब्बे के निशान पड़ गए। तब से अरुणाचल के निवासी मानते हैं कि आकाश का चाँद नहीं, रात वाला सूरज है।''

''धन्यवाद मेहरबान, कदरदान, वनमालाजी।''

अभय शांत सुशील लहजे में बोला, ''चलो हम बिस्तर हो लें। नींद भी आने लगी है।''

''अच्छा जी! अब हमारी टक्कर भी होगी और मुझे ठंडा किया जाएगा।'' वह जवाब खोजने लगी थी। अभय ने वनमाला को देखा। लगता था कि चाँदनी उसकी आँखों में समा गई है। चेहरा चाँद से भी बेहतर लग रहा था। वे धीरे-धीरे, हाथ-में-हाथ थामे घर के बाहर आए। दरवाजा बंद करना था। बाहर चाँद और चाँदनी को ताकता रह गया था सन्नाटे का रहस्य। मानो कह रहा हो कि मुझे अकेला क्यों छोड़ गए हैं। वे दरवाजा बंद करके आ गए। वनमाला अंदर आते ही सोफे पर ऐसे बैठी जैसे कि लेटी हुई हो। अभय उसके पास बैठ गया और अपना बाजू उसकी गरदन के पीछे रख लिया। वनी ने उस पर अपना सिर रख दिया और बोली, ''हमारे सौर मंडल में है एक ग्रह जै कैलिसटा—जूपिटर ग्रह का एक उपग्रह चंद्रमा। इस उपग्रह का नाम एक ग्रीक पौराणिक पात्र कैलिस्टो के नाम पर रखा गया था। ग्रीक मान्यताओं के अनुसार कैलिस्टो एक परी थी, जो ज्यूस से प्रेम करती थी। ज्यूस ने उसे अपनी पत्नी हेरा की निगाहों से बचाने के लिए भालू बनाकर आकाश में तारों के बीच स्थापित कर दिया था।''

''आश्चर्य, मैं उसकी जगह होता तो—''

''कहो भी, क्या करते जनाब? इस बात को, मैं तुम्हें पत्नी और परी दोनों का 'रोल' देता हूँ। बात तुम पर छोड़ता हूँ।''

वह पति को बड़े प्यार से देख रही थी। उठी, पास ही टू इन वन पर कैसेट लगाया। ऑन किया, फिर वहीं आ बैठी। अभय बोले जा रहा था—

''वैज्ञानिकों ने यह भी दावा किया है करोड़ों साल पहले पृथ्वी अपने से कई गुना बड़े और तेज गति वाले किसी ग्रह से टकरा गई थी। जिसके फलस्वरूप चंद्रमा की उत्पत्ति हुई। वैज्ञानिक कहते हैं कि इससे ग्रह के प्रभाव के कारण पृथ्वी का कुछ भाग अलग हो गया और कालांतर में वह मलबा जमकर आज का चंद्रमा बनाया। हालिया वर्षों में चंद्रमा के वजूद को लेकर साइंसदानों का सटीक अंदाजा इसे भी माना जाता है कि मंगल के आकार का ग्रह 'थिया' बेहद धीमी रफ्तार से आगे बढ़ते हुए, पृथ्वी के बड़े ही आरंभिक दौर में इससे टकरा गया था।'' वे दोनों धीरे-धीरे एक-दूसरे के इतने नजदीक हो चुके थे कि वनी अभय के आलिंगन में छिप गई थी। टू इन वन पर मधुशाला का कैसेट चल रहा था—

"आज सजीव बना लो, प्रेयसी
अपने अधरों का प्याला,
भर लो, भर लो, भर लो इसमें
यौवन—मधु रस की हाला,
और लगा मेरे होंठों से
भूल हटाना तुम जाओ
अथक बनूँ मैं पीने वाला
खुले प्रणय की मधुशाला।"

वे हरिवंश राय बच्चनजी की इस रागात्मक रूबाई, 'मधुशाला' की मादकता में खो गए।

"यह फर्ज अदाई ही है, वनी।" वह उठने लगी थी।

"और क्या करूँ?" उसकी आँखों में मधु की सी मादकता थी। ऐसा लग रहा था कि जैसे वह उसकी इच्छा के स्वागत में पलकें बिछा रही हो। एकांत के क्षणों में खुशी और उल्लास कामुक हो चुके थे।

"कानों में तुम कहती रहना और अभी, और अभी!" वह फिर से उसकी छाती पर सिर रखकर बैठ गई थी।

अभय बोला, "मैंने कहीं पढ़ा था कि हजारों वर्ष बाद मानव-सभ्यता का, जो विकास होगा, वह तुम्हारे मतलब का होगा। आदमी पतले-दुबले झुके हुए लोग होंगे, और औरतें 'वीनस' जैसी सुंदर और आकर्षक होंगी। सभी की लगभग सात फीट की लंबाई होगी। यह विकासवादी विशेषज्ञ ओलिवर करी की राय है। वे लंदन स्कूल ऑफ इकोनॉमिक्स में हैं।"

"तब तो अप्सराएँ दुनिया में ही होंगी। भ्रमण किया करेंगी।"

"मगर मैं नहीं हूँगा। इसलिए तो कविताओं, कहानियों, मिथकों और दंतकथाओं पर आधारित चित्र बना रहा हूँ। तुम्हें भी रिझा रहा हूँ।"

"मुझे क्यों? कैसे?"

"मेरी आँखों में देखो। सौंदर्य की प्रतिमा, सुकोमल शरीर, कमर तक लटकी काली घटा बदली सी, अलकें और चमकती आँखें। बताओ तो कौन है वह!"

"मेरी आँखें नींद में डूबी हैं। फिर बताऊँगी।"

वनी ने आँखें मूँद लीं। जान-बूझकर खर्राटे मारने लगी।

□

11

प्रकृति के रंगमंच पर

अभय और वनमाला सुबह देर से उठे। वनमाला ने अँगडाई ली और पति की छाती पर सर रखकर बोली, ''सिमरन माँ ने कहा था कि प्यार महानायक है। इसका रंगमंच सीमित नहीं होता। पूरी कायनात क्या है, क्या नहीं! वहाँ के अन्य पात्र विस्मित से हैं। इस कायनात का अस्तित्व विचित्र है। न शरीर है। प्रेमी-प्रेमिका जैसा न इसका प्रतिरूप है, न मिलन है, न ही वियोग है, आकृति भी निश्चित नहीं। इसका दृष्टांत नहीं है। ये सभी नायक और खलनायक हैं उनकी नजरों में।''

''अच्छा तो बताओ कि प्रकृति के रंगमंच पर कौन से तीन पात्र इनसान के व्यवहार और जीवन से मेल खाते हैं।''

''आप ही बताएँ।''

'''तो सुनो दरिया को अपने किनारों पर विश्वास है। यह लगाव, संबंध, प्यार का पर्याय है या नहीं।''

''नहीं।''

''यह क्या सही नहीं कि मझधार दानव जैसा 'विलेन' है!''

''नहीं। ये सबकुछ प्रकृति के रंग-ढंग हैं। प्यार में चाहत, गति, राग, अनुराग, विरह-वियोग, भावना, संवेदना, लगन होते हैं। प्रकृति में फूल खिलते हैं, हवा महकती है, फिजा में मस्ती छा जाती है। भँवरे अपनी धुन से फूलों को लुभाते हैं, पपीहा पिया-पिया गाता है, कोयल कूकती है, चाँद आकाश में हँसता है, चाँदनी चिटककर छा जाती है, तारे टिमटमाते हैं। ये सबकुछ हम जैसे प्रेमियों के लिए हैं। उनके लिए चाह कैसी, प्यार कैसा!''

''अंतरिक्ष की बात भी करो''

''मैं किसी नीरस विषय पर बात करना नहीं चाहती।''

''हमारी टक्कर हुई है।''

''नहीं! आलिंगन टक्कर नहीं है।''

''हमारे भी कोई आँखों का तारा होगा।''

''क्यों नहीं! इसलिए मेरी युक्ति संगत राय है कि संसार और पृथ्वी की ओर ध्यान दें। अंतरिक्ष और दूसरी दुनिया की समस्याएँ वैज्ञानिकों के लिए छोड़ दें।''

''दो तारों की टक्कर से एक बड़े विशाल तारे का जन्म होता है''

''मतलब, आप उस पुराने गाने की बात कर रहे हैं। दो सितारों का मिलन है, आज की रात, आज की रात, सारी दुनिया नजर आती है दुलहन आज की रात!''

''दो से तीन बनाने के लिए दो का मिलन जरूरी है।''

''रील से रीयल लाइफ में आओ।''

''आप कलाकार हैं। जान सकती हूँ कि आपकी अंतर्दृष्टि का स्वप्न क्या है?'' वह अपनी ओर इशारा कर रही थी।

''समझा नहीं।'' वनमाला ने देखा कि अभय ने उस मुद्दे को समझा नहीं।

''यही कि हमारी औलाद, पहला बच्चा, कैसा होना चाहिए।'' वह दुनियादारी की बात पर लौट आई। ''नीरस बात छोड़ दो।''

''लड़की या लड़का, जो भी होगा, सो ही स्वीकार है।'' वनमाला खुश थी कि अभय की रोमांस और प्रेम लीला में काफी दिलचस्पी है।

''मैं चाहती हूँ कि वह सौंदर्य से ज्यादा अक्लमंद हो। आनेवाले समय में ब्रह्मांड का राज खुलेगा।'' वह फिर अपना पुराना राग अलापने लगा था।

''जल्दी नहीं। खगोल भौतिकवेत्ता हमारे सोलर सिस्टम से बाहर दूरस्थ ग्रहों की तसवीरें 2025 तक देख सकने में सक्षम होंगे। संभवतः पता लगा सकेंगे कि क्या उन पर किसी रूप में जीवन है।'' वनमाला ने उत्तर देकर पति का विषय नहीं बदला!

''लंबी अवधि नहीं है। अगर तब तक बच्चा स्कूल मैट्रिक पास कर लेगा तो उसे हम 'प्रोडिगल चाइल्ड' कह सकेंगे।''

''हाँ, दसवीं तक की पढ़ाई सोलहवें वर्ष में पूरी करेगा। तब तक जीवन की उत्पत्ति और एलियंस का अस्तित्व है या नहीं, यह भी पता चल सकेगा।''

''इसके लिए चालीस साल लगेंगे पतिदेव।''

''डेलीमेल की खबर के अनुसार रॉयल सोसाइटी ऑफ लंदन के अध्यक्ष लॉर्ड मार्टिन रीज का कहना है कि खगोल विज्ञान के क्षेत्र के विकास का क्या मतलब है। रिज ने बताया है कि 10 या 20 वर्षों के अंदर हम पृथ्वी की तरह अन्य ग्रहों द्वारा अन्य तारों का चक्कर लगाते तसवीरें लेने में सक्षम हो जाएँगे।''

''यह देखना वाकई रोमांचक होगा कि क्या दूसरे ग्रह पर जीवन है या नहीं।''

वनमाला ने अनचाहे से मन से कहा।

''जरूर होगा। अकसर खबरें आती रही हैं कि आसमान में यू.एफ.ओ. यानी कोई अज्ञात वस्तु, जो आसमान में उड़ती दिख रही हो, को देखा गया। ये 'एलियंस' के यान हो सकते हैं। वैज्ञानिक यही मानते हैं।'' अभय ने अपने मन में बसे विश्वास का खुलासा सा किया।

''ब्रिटेन में तो एक बार ऐसे ही यू.एफ.ओ. का सैन्य विमान ने पीछा भी किया था। लेकिन अज्ञात वस्तु की रफ्तार इतनी तेज थी कि वह यान उसके नजदीक पहुँच ही न सका। पलक झपकते ही यू.एफ.ओ. आकाश में अदृश्य हो गया।'' उसके चेहरे पर आश्चर्य व्यक्त था।

''वैसे यू.एफ.ओ. को कैमरे में कैद करने का दावा कई बार किया जा चुका है।''

''आप कलाकार हैं। आपने मन में सोच-समझकर चित्र बनाए हैं। यह आपकी स्व-निर्मित धारणा है। डर है कि कहीं यह भ्रम न हो।'' वह बोली।

''नहीं वनी। वह पलभर में अदृश्य होना जानती होगी। जरूर कोई अप्सरा आती होगी। किसी राजकुमार की खोज में वह रहस्यों को हकीकत के तौर पर प्रदर्शित करने की कोशिश में था।''

''आज कल के राजकुमार तो राजनीति की राजकुमारी को ज्यादा चाहते हैं।'' अब वह रहस्यात्मकता की परिचर्चा की दिशा बदलना चाह रही थी।

''हम फिर अखबारी बातों में उलझ रहे हैं।''

वनी फिर पलंग पर लेट गई। ''इसे पहले भी सुना है।''

''उठना नहीं।''

''अभी नहीं। कुछ रोमांटिक बात हो जाए।'' उसने खिन्न मन से कहा।

''उठो सामने बैठ जाओ। तुम्हारा चित्र बनाऊँगा।''

''पहले हर प्रकार के विचारों वाले चित्रों में मैं ही तो हूँ।'' उसने अपनी मुसकान में से झाँकती सच्चाई बयान कर दी।

''मगर आज कुछ अलग होगा। यह चोगा-मैक्सी उतारो, आज चित्र द्वारा हकीकत नामा लिखना है।''

''क्या जी नहीं भरा?'' उसके रोम-रोम में नशा सा छा गया।

''मैं तुम्हारा 'न्यूड' भी बनाना चाहता हूँ। अभी माँ यहाँ नहीं हैं। आया भी नहीं। मौका अच्छा है।''

''मैं इस काम के लिए 'मॉडल' नहीं बनूँगी। पति-पत्नी का 'न्यूड' उनकी आँखों में और बंद कमरे में ही ठीक लगता है। यह दुनिया के लिए नहीं होता। इस प्रकार का मजाक छोड़ो।'' यह रोष जरूर था। परंतु इसमें आत्मीयता थी। संस्कारों की विवशता

थी। वह हँसा, फिर किसी कविता की पंक्तियाँ सुनाने लगा—

''चित्रकार की प्रीत निराली
प्यार का चित्र बनाता है,
मन की मूरत तन की सूरत
तूली से रँगता जाता है।''

''अच्छा मैं ही उठता हूँ। चाय मुझे ही बनानी पड़ेगी''

वह उठने ही वाला था कि वनमाला ने उसे हलका सा धक्का देकर पलंग पर ही लिटा दिया। ''यह मेरा काम है जनाबजी।'' उसकी मनोबल भरी आवाज में कृतज्ञता का आभास भी था।

''गया जमाना रीत-रिवाज का
वक्त आ गया हलचल का
जहाँ कभी था वृक्ष आम का
वहाँ पेड़ है गलगल का।''

कहकर वनी हँसकर रसोईघर की ओर चली गई। हाथ से बाय-बाय का संकेत दिया।

वह खड़ा हो गया। खिड़की खोली। कुछ-कुछ सर्दी की सी हवा अंदर आई। बाहर खिली हुई धूप आँखों को लुभाने लगी। रात को चाँद से भी सुंदर लगी थी चाँदनी। स्वर्ण सरीखा स्वरूप था उसका। प्यार सृष्टि की मुसकान है। उसकी सहनशीलता और संतुलन का संगम है। वह अकेला बैठा सोचता रहा। पुरानी प्रीत को याद किया और हँसा। वह प्यार नहीं था। पागलपन था। वनमाला के जीवन में भी वैसा ही कुछ हुआ—

मगर ''रोशनी गर खुदा को हो मंजूर
तो आँधियों में भी चिराग जलते हैं।''

इतने में हँसती हुई वनमाला ट्रे में चाय की केतली और दो प्याले लेकर आ गई।

प्याले साइड टेबल पर रखे, चाय बनाई। केतली अलग से मेज पर रखकर, चाय का प्याला अभय को देकर, अपने आप चाय पीने के लिए पास के सोफे पर बैठ गई।

''क्या बात है मेरी जान? यह दूरी क्यों?''

''क्योंकि चाय गिराने के लिए नहीं है।''

''चाय की चुस्की लेते वक्त तुम कुछ सोच रही थी। उसने चाय का घूँट लिया।

''कैसे पता चला?''

''तुम इस तरह मुसकरा रही हो, क्या बात है जो छिपा रही हो।''

''तो गाकर सुनाओ इस गजल को।''

''दिवंगत पूज्य जगजीतजी नहीं हूँ। गाता नहीं चित्र बनाता हूँ। मैंने उनकी गजल

को हूबहू पेश नहीं किया। कुछ-कुछ बदला है। पर इशारा उधर था। हाँ तो कुछ और फरमाइए।''

''बात यही है कि चित्रों की भाषा में कविता लिख डालते हैं जनाब।''

''और!'' वह मुसकराती आँखों से उसे देख रहा था।

''आपकी मधुर प्रेरणाएँ, चित्रों को स्वरूप देकर, आपके 'वर्कशॉप' में आसमान और अंतरिक्ष को धरा की गोद में डाल देती हैं।''

''और!''

''आप जब अपने चित्रों को अपने 'थीम' के संदर्भ में, अपनी बातों से बयान करते हैं, तो जो आप बोलते हैं, वे फूल ही होते हैं। मैं आँख मूँदकर देख सकती हूँ। लोग जरूर महसूस भी करते होंगे।''

''शायद! पर मेरी प्रेरणा तुम ही तो हो। अपनी ही तारीफ के पुल बाँध रही हो।''

उन्होंने चाय समाप्त की। अभय पलंग से उठा और वनमाला को अपनी बाँहों में भरकर उसे चूम लिया।

□

12

अंतर्दृष्टि के स्वप्न

तैयार होकर दोनों पति-पत्नी, अभय और वनी खाने की मेज पर बैठे सुबह का नाश्ता कर रहे थे कि उनकी आया ने प्रवेश किया, "साहबजी प्रणाम। प्रणाम मेम साहब।"

"तुम··· ! अरे! दरवाजा खुला रह गया होगा रामदेयी।"

"जी हाँ। शुक्र है देश नहीं है। वरना कोई कब क्या कर जाता राम जाने?"

"अब तो बंद कर दो। बंदर भी कभी-न-कभी गुरीला 'वॉर फेयर' के लिए आ मरते हैं।"

"कर दिया बंद!"

"अब जाओ। नाश्ता करो। सामान अपने कमरे में रख आओ।"

"रख आई। अब चली अपने ऑफिस में।"

"ऑफिस में?" अभय ने हँसकर पूछा।

"जी साहब। रसोईघर ही मेरा ऑफिस है।"

हँसती-मुसकराती चली गई।

"चलो एक समस्या तो हल हुई। यदि आज्ञा हो, तो माँ को लाने शिमला हो आऊँ। उन्हीं की कार ले जाऊँगा।"

"एक-डेढ़ घंटे का सफर है। लौट सका तब शाम ढले तक आ जाऊँगा।"

दोनों ने नाश्ता लेकर अभय के शिमला जाने की तैयारी की। फिर आया को साथ लेकर वनी और अभय नीचे गैरेज तक आ गए। अभय ने मोटर गाड़ी साफ की। रामदेयी ने इसे धोने में मदद की।

अभय ने गाड़ी स्टार्ट की। अँगूठा दिखाकर वनमाला मुसकराई। गाड़ी चली। फिर हाथ हिलाकर बाय-बाय किया। रामदेयी गैरेज बंद करने में और गाड़ी की सफाई और

धोनेवाले सामान को समेटने में व्यस्त रही। वनी धीरे-धीरे अपने घर की ओर चल पड़ी। रामदेयी ने उसे सहारा भी दिया। ''चढ़ाई है मेम साहब।''

''अभी तो मैं जवान हूँ। रामदेयी।''

वे दोनों अलग कमरों में चले गए। रामदेयी ने उनके बेड रूम को साफ-सुथरा कर दिया था। इतनी फुर्तीली है कि जितने में वे नाश्ता कर रहे थे, उतने में वह कमरा साफ कर चुकी थी। अच्छा लगा। अभय के जाने के बाद कमरे का एकमात्र स्वामित्व था, वनी का ही। थोड़ी-थोड़ी धूप खिड़की से आ रही थी। साफ-सुथरे क्रीम कलर के परदे हिल रहे थे। वह सोचने लगी कि अकसर जब अभय थोड़ी देर के लिए या दिनभर के लिए ही कहीं चला जाता है, तो भी इस कमरे में उसकी छवि-छाप कायम रहती है। उसे लगा कि अभय की मनभावन सुगंध, उसका अस्तित्व, इस कक्ष में अभी भी है। जब वह अकेली यहाँ होती है। यह उसी का कमरा होता है। सामने टँगी माँ सिमरन और कामिनी माँ दोनों की तसवीर है। माँ सिमरन ध्यान में आईं। जाते समय वे बहुत चिंतित सी लग रही थीं। पति या प्रेमी के बिना! कितनी उलझनें, कितनी ही भ्रांतियाँ छा जाती हैं औरत के दिल और दिमाग पर उन्हें प्यार करनेवालों पर भरोसा है। अपनी कोख से जनमे बेटे से भी बढ़कर, बेटे अभय पर अटूट विश्वास है! उसके लिए वे अपना सबकुछ बाजी पर लगा सकती हैं। किसी परोपकार मात्र के लिए नहीं। अभय के पिता परीक्षित की सारी तन्मयता और उनके खुद का समर्पण अभय के परिवार की संचित पूँजी है। जिंदगी का कितना लंबा सफर करके इस पड़ाव पर पहुँची हैं माँ सिमरन। आई भी थीं। पर बातों का रुख बदलता गया। कई बातें कर ही न सकीं। इधर-उधर की बातचीत में समय बीत गया। उसने सोफे पर बैठकर अँगडाई ली। रात की थकान दूर नहीं हुई है। सो लेना भी जरूरी है। मगर रामदेयी का दिल टूट जाएगा। उसे भी कई बातें करनी होंगी। मेरी, उनकी और माँ की बातों में उलझने-सुलझने वाली समस्याएँ तो जीवन भर के लिए होंगी। मगर इस बेचारी का जो मुझसे संबंध है, वह भी विशेष से कम नहीं। उसे कई घटनाएँ सुनानी होंगी। लंबी छुट्टी से जो आई है। कुछ विशेष ही याद रहा होगा। शेष भूल भी सकती है। घरेलू लड़की है। उसका ढेर सारा दृढविश्वास है मुझमें। अधिकारपूर्ण कल्याण वाली भावना और विश्वास।'' वह फिर उसी तसवीर को देखती रही। दृष्टि एक क्षण ही ठहरती है। फिर मन में ही सिमटकर रह जाती है। ''अब वे जब आएँगी, उन्हें वह कहेगी कि माँ खूब संतुष्ट और तृप्त मन से आराम करें। ऐसा नहीं कि घर के विश्राम का अपना ही महत्त्व होता है। आस और विश्वासवाला आराम, सुख-संतोष!'' फिर अभय की याद आई। उसका कोमल पारदर्शी निर्मल प्यार, अलकों को सँवारते हाथ और विद्यमान पावन स्पर्श। उसे माँ की वह बात याद आई, जब उसने कहा था, ''वनी विचारों में ही आत्मा की कठोरता है, आकुलता है, विषमता है तथा अनुराग भी

है। केवल सपनों पर ही गुजारा करना काफी नहीं है। विचार भी परम ज्ञान से कम नहीं है।'' अंतर्दृष्टि के स्वप्न देखने वाली रामदेयी का फिर से खयाल आया। उसका सौंदर्य प्राकृतिक है। वह बेहद अच्छी लड़की है। उसने सोचा। बहुमुखी प्रतिभा है इस लड़की में। वह उसकी कल्पना शक्ति से वाकिफ है। अब तक रामदेयी अंदर आ चुकी थी।

''उदास लग रही हैं मेम साहब।''

''नहीं रामदेयी। वे शाम ढलने तक पहुँच ही जाएँगे। तू बता कहाँ क्या-क्या हुआ।''

''घर की बात बाद में बताती हूँ। पहले एक अजीब सी घटना सुनाती हूँ। हम दोनों अकेले हैं। इसलिए पूरी बात बताने में विघ्न नहीं होगा।''

''एक दिन दोपहर को मेरी माँ ने किसी काम के लिए मुझे पासवाले गाँव में नानी के घर भेजा था। रास्ते में वह जगह भी पड़ती थी, जहाँ कभी झोंपड़ियाँ थीं। मैं वहीं पैदा हुई थी। यह गत माह सर्दी के दिनों की बात है। बर्फ गिरने लगी थी। सड़क के इधर-उधर घनी झाड़ियाँ थीं। इसलिए डर भी लगने लगा था। बर्फ की बौछारें मेरे मुँह पर थेपेड़े मारने लगी थीं। बादल घिर आए थे। पेड़ भी भूत-प्रेत नजर आने लगे थे। रास्ते में एक देवदार का ठूँठ सूखा पेड़ था। उस पर कभी बिजली गिरी थी। इसलिए जला हुआ रावण सा बुत था। इसमें नीचे आबादी के नाम पर नंबरदार की उजड़ी हुई दोगरी ही थी। वह अकसर वहीं रहता था। बाल-बच्चे पढ़-लिख गए। बाहर नौकरी करते हैं। खेतों में झाड़ियाँ उग आई हैं। वैसे भी बंदरों ने नाक में दम कर रखा है। कोई फसल-वसल उगने का सवाल नहीं है। उसकी पत्नी, बुढ़िया नंबरदारनी के खेतों को कोई ठेके पर भी नहीं लेता। नंबरदार अपने जमाने का जाना-माना पहलवान भी था। किसी, राम कहे जानेवाले नेता का जाना-माना हनुमान् था। पर नेता सचमुच राम नहीं था। रावण से भी बुरा था। उसने नंबरदारनी को खराब कर दिया था। नंबरदार ने उसे मौका पाकर मार डाला था। उसकी लाश झाड़ियों में फेंक दी थी। खुद व्यापार करने का बहाना करके कहीं भाग गया। कहाँ गया। पता नहीं। लोग ऐसा ही कहते हैं।'' कुछ पल चुप रहकर बोली, ''दोगरी तो आप जानती हैं। ऐसा फार्म हाउस घर का बौना स्वरूप होता है। मैं उस दोगरी के खँडहर के एक कोने में खड़ी हो गई। बर्फ तेज पड़ने लगी थी। आश्चर्य हुआ। वहाँ आग जली हुई थी। पर किसी का कोई नामो-निशान वहाँ नहीं था। मैं आग तापने लगी। थोड़ी देर में वहाँ एक बुढ़िया आई। वह भी आग तापने लगी। उसके चेहरे पर चिंता की लकीरें थीं। उसकी सुंदरता कायम थी, पर कमजोरी में लंबी नाक ही दिखाई दे रही थी। मैं उसके लिए अजनबी थी। समझ गई कि वह नंबरदारनी है। मैंने कहा कि मैं रामदेयी हूँ। पंडित दीनदयाल के नौकर की बेटी। पंडितजी को हमारे इस इलाके में सभी जानते हैं। उसने सिर्फ सिर हिलाया। 'आप नंबरदारनी हैं।'''

''अब वह बोली, 'जब नंबरदार ही नहीं रहा तो कोई भी नंबरदारनी नहीं है।'

वह उठी। दूसरे कोने से एक लकड़ी लाई और उसे आग पर डाल दिया, क्योंकि धुआँ उठने लगा था। आग बुझनेवाली थी। शुक्र मनाया फिर से आग जलने लगी। सामने टेढ़ी-मेढ़ी झुकी हुई दीवार पर किसी पुरुष की आकृति, परछाईं सी दिखाई दी। उसकी कमर झुकी हुई थी। मैं डर गई। मुझे थकावट भी महसूस होने लगी थी। मेरा आगे का सफर करने का इरादा बदल गया। हो न हो यह नंबरदार है। मैं छाया को देखती रह गई। मैंने सुनने की कोशिश की। मगर किसी के कदमों की आवाज नहीं आई। वह औरत जिसे मैं नंबरदारनी कह रही थी, खड़ी हो गई। मैं हैरान! परछाईं भी गायब हो गई थी।

'दादीजी। क्या कोई अंदर है।' मैंने उसे पूछा!

'इस खँडहर में कौन होगा? मैं डंगर चराने आई थी। बर्फबारी की वजह से यहाँ बैठ गई। आग जला ली। डंगर अभी भी बाहर चर रहे होंगे। देख आई थी।' मैं खड़ी-खड़ी सोचने लगी। चुप न रह सकी।

'' 'वे नंबरदारजी ही होंगे।' मैंने परछाईं की ओर इशारा किया।

'वह पापी था। प्रायश्चित्त करता होगा, या मर गया होगा। मैंने कोई पाप नहीं किया था। उस नेतागिरी करनेवाले को मैंने ही मारा था। और मैंने ही नंबरदार को भगा दिया था। जुर्म उस पर लगा हुआ है। तुम चुप रहना किसी से न कहना। तुम जवान लड़की हो। पूछ रही थी। मेरा मन बोझिल था। तो कह दिया। अब मैं घबराती नहीं हूँ।'

''सुनते ही घबराई। बार-बार इधर-उधर देखती रही। सोचती रही, फिर उस बुढ़िया के पाँव छुए। बोली मैं चुप रहूँगी। बर्फ बंद हो गई थी। आगे नहीं गई। तेज-तेज चलते हुए वापस घर माँ के पास लौट आई। डरी-डरी भी बहुत ज्यादा थी। नींद भी नहीं आई। दूसरे दिन, यानी अगले दिन सवेरे मुझे पड़ोसियों की बातें सुनकर पता चला कि नंबरदारनी थाने गई थी। अंतरात्मा उस पर हावी हुई और अपना गुनाह कबूल कर लिया।

''उधर नंबरदार का अभी भी पता नहीं चला। उन्हें और मुझे भी विश्वास है कि वह अब जरूर आएगा। फिर से वह दोगरी और उनका घर, खेत-खलियान जरूर बस जाएँगे। सच बोलना प्रभु को भाता है। उसके बच्चे जो उसे कातिल समझकर कहीं चले गए थे। अलग हो गए थे। वे भी लौट आएँगे। अपने इन सच्चाई पर कायम माँ-बाप पर उन्हें गर्व होगा। क्योंकि उनकी माँ बहादुर नंबरदारनी ने जो कुछ किया अपनी इज्जत बचाने के लिए किया। यही वाजिब था। वह गुनाह नहीं था। नंबरदार भी गलत नहीं था। उसने जो किया, वह पति के नाते उसके लिए आदर्श तरीका था। जो भी उसने किया, वह अपनी पत्नी की रक्षा के लिए उसकी समझ में ठीक था।'' वनी सुनती-सुनती बोली, ''तू बड़ी अकलमंद है। समझदार भी हो गई हो रामदेयी। अच्छी बातें सुनाईं।''

''बाकी कल।''

''कल क्यों, आज ही। अभी तो शाम की चाय बनाकर लाती हूँ।''

''मगर उसके बाद तू पंडित दीनदयाल के क्वाटरों में अपने बापू के पास रहने चली जाएगी।''

''नहीं जी। वहाँ नानीजी आ गई हैं। उनकी आँखों का ऑपरेशन है, जगह थोड़ी है। मामा उसे लेकर आया है।''

''फिर ठीक है।'' रामदेयी रसोईघर की ओर चली गई। अब वह कमरे में फिर से अकेली थी। उसने मोबाइल से अभय को फोन मिलाया। जवाब आया—

''मैं ड्राइव कर रहा हूँ। तारा देवी के पास बड़ा ट्रैफिक जाम था। अभी निकला हूँ।''

रामदेयी चाय लेकर आई। प्याला वनी को पकड़ाते हुए बोली, ''मेम साहबजी, यह मोबाइल बीमारी है। जितने हाथ लगेंगे, उतनी गंदगी समेट लेगा यह फोन।''

''तू नहीं जानती रामदेयी, मैंने इसको हाथ लगाया है, फिर से हाथ धोने जाऊँगी। यह मेरी आदत सी बन गई है।''

''क्या हो गया है लोगों को। पुराना घरेलू फोन अच्छा था। बातचीत के तरीके बदल गए, बात करने की जगह बदल गई।''

''इससे छोटे 'मैसेज' भी दिए जा सकते हैं। उसे एस.एम.एस. कहते हैं।''

''बड़े आदमियों की पहचान के लिए यह मोबाइल भी नैक टाई कोट-पतलून, बूट, सूट जैसा हो गया है।''

''मैं तेरे लिए भी मोबाइल ला दूँगी। खर्चा-बिल वगैरह मैं दूँगी।''

''मुझे किसे करना है फोन ?''

''अपने पति को किया करना। वह तुझे फोन करेगा। हम तुझे फोन कर सकेंगे, जब तुम कहीं दूर होगी।''

''पति, अभी नहीं।''

''अठारह की तो हो गई है।''

''वह मुझे कहीं और ले जाएगा।''

''उसका इंतजाम भी सोच लेंगे।''

''तेरे गाँव में पानी का इंतजाम हुआ क्या नहीं ?'' वनी ने पूछा।

''पंचायत ने तो किया नहीं। भगवान् ने कर दिया।''

''कैसे ?''

''कुछ हिल्लन सा हुआ। उसके बाद सूखे हुए पुराने चश्मे से पानी फूट पड़ा।''

''कैसे हुआ यह सबकुछ।''

''नीचे सड़क चौड़ी हो रही थी। पत्थरों को विस्फोटकों से तोड़ रहे थे। धरती हिली पानी आ गया।''

''बरसात में होशियार रहना। लहासे भी गिर सकते हैं।'' वनी हँसी!

''सच है। गाँव के आदमी इसे चमत्कार नहीं कहते। वे घबराए हुए हैं।''

''और क्या देखा गाँव में!''

''कई प्रकार के पक्षी अब नजर ही नहीं आते।''

''चिड़ियाँ भी कम हो रही हैं।''

''पक्के मकानों में स्टील कंक्रीट के बीम पड़ गए हैं। शहतीर नहीं हैं। बेचारी घोंसला कहाँ बनाएँ!''

''अच्छा तो थोड़ा आराम कर लूँ। तू भी यहीं--कहीं दरी बिछा ले।''

''कालीन जो है। मैं आपको तंग करती रही हूँ। बहुत बातें बाकी हैं।''

वनमाला पलंग पर लेट गई। आँखें मूँद लीं। रामदेयी पास ही कालीन पर घुटनों में सिर देकर बैठ गई। थोड़ी देर चुप्पी रही। फिर वनी ने करवट बदली। रामदेयी को ऐसे बैठे देख वह बोली, ''लेट क्यों नहीं जाती?''

''मैं ऐसे कैसे कर सकती हूँ। आप मालिकन, मैं दासी।''

''ओह हो! समझी। अच्छा तो मुझसे और बातें भी कर लें। जब तक नींद नहीं आएगी, मैं हाँ-हूँ करती रहूँगी। और जब तुझे नींद आ जाए, तो तू चुप हो जाना।'' रामदेयी को हँसी आ गई। वह उसकी मुद्रा, उसकी हँसी और पहले वाली चुप्पी देखना चाहती थी। मगर लेटे रहना वनी को अच्छा लग रहा था। वनी को रामदेयी की सहजता-सरलता भी अच्छी लगती है। उसकी आँखें और भी अर्थपूर्ण हैं। ''वह नंबरदार कैसा आदमी था?''

''उसके बारे में मेरी माँ और मेरे पिता के बीच झगड़ेवाली बातें होती थीं। पिता कहते थे कि वह तल्ख मिजाज है।''

''बड़ी बात कर रही हो। तल्ख मिजाज।''

''मैंने जब उन्हें सुना इस बात को दो-तीन या चार बार दोहराया। याद हो गया।''

''झगड़ा क्यों होता है उनके बीच?''

''कुछ-कुछ पता भी है, कुछ-कुछ नहीं भी। मगर वे दोनों मेरी नींद जरूर खराब कर देते थे।''

''नंबरदार जिंदा है या मर गया?''

''मर जाता तो अच्छा है, क्योंकि उसने उन झोंपड़ियों की जवान लड़कियों, औरतों को उस नेता को खुश करने के लिए पेश किया था। अपने फायदे के लिए। जब ऐसी ही मुसीबत उस पर गुजरी तो भागता बना।''

वनमाला ने पूछा, ''तेरी माँ भी उसी झोंपड़बस्ती में पली है।'' रामदेयी ने कनखियों से झाँका, बोली, ''बस इसी पर तो घर में झगड़ा-फसाद होता था। वक्त-बेवक्त हो ही जाया करता है।'' यह सुनते ही वनमाला उठ बैठी, उसने देखा कि रामदेयी सजल नेत्रों

से छत की ओर देख रही थी। इस समय वह दल-दल वाली झील में खिले हुए कमल की भाँति मासूम और मोहक लग रही थी।

"पगली कहीं की। इसमें तेरा क्या दोष है! तेरे माँ-बाप के किसी कुकर्म का पाप उन्हें ही भोगना पड़ेगा। लगता नहीं वे पापी हैं, क्योंकि भगवान् ने उन्हें देवी जैसी बेटी, रामदेयी दी है।"

वह अभी भी ऊपर की ओर देख रही थी। यह सुनकर वह अपनी मालिकन की सादगी, उनके पुनीत भाव की, इन दिलासों की दिल-ही-दिल में सराहना कर रही थी। उसने अपने हाथों से आँखें पोंछीं और चिंतित होते हुए भी मुसकराने लगी।

"मेम साहब मुझे लगता है कि मेरे जीवन में निराशा-ही-निराशा है। वेदना है। बचपन में मुझे इसकी समझ नहीं थी। अब संदेहों, टूटते भरोसे की वजह से, विवाह करने की इच्छा भी जाती रही है।" वनी देख रही थी कि रामदेयी इतनी समझदार है। वह बोले जा रही थी। "मैं तो आपकी कृपा से सुख भोग रही हूँ। उस झोंपड़पट्टी के बहुत सारे लोग कूड़े-करकट जैसी जिंदगी जी रहे हैं।" इन थोड़ी सी बातों से ही उसके मन की पहचान स्पष्ट हो गई थी। इस नवयौवना के सौंदर्य, बुद्धि, गुण और विचारों ने उसका मन मोह लिया था। उसे उसकी मजबूरियों का अनुभव हुआ। "धन्य हो, धन्य हो, नेत्री रामदेयीजी। बड़ी आदर्शवादी हैं आप तो। इतना कुछ पढ़ी-लिखी लड़कियों के दिल और दिमाग में भी नहीं आता।"

"मुझे पंडितजी कभी-कभी पढ़ाते रहते हैं। धर्मग्रंथों की बात जब तब होती है। मैं सुनती रहती हूँ। शुक्र है कि मेरे पिता इतने योग्य और धर्मात्मा के घर सेवा करते हैं।"

अब उसके उदास चेहरे पर मुसकान झलक रही थी।

"और कुछ बोलो रामदेयी।"

"क्या कहूँ मेम साहब। आप लोग आकाश और उसकी ऊपर की दुनिया की बात किया करते हैं। पंडितजी भी साहब की समस्याओं और प्रश्नों का हल ढूँढ़ा करते हैं। हम धरती के प्राणी हैं, यहीं रहते हैं। यहीं के सपने देखा करते हैं।"

"ऊँचाई पर फैली नीली आकाश गंगा पर टिमटिमाते तारे हैं, गगन से धरती तक छिटकती चाँदनी है।" वह खड़ी हो गई। खिड़की खोली, रामदेयी भी पास ही आकर खड़ी हो गई थी।

"इन जलती हुई बिजली की बत्तियों को ऊपर आसमान में कौन देख सकता है?" रामदेयी बोली। तभी बाहर से घंटी बजी। रामदेयी दरवाजा खोलने के लिए भागी। वनी ने जल्दी-जल्दी अपने बालों को सँवारा। पास ही ड्रेसिंग टेबल के शीशे में मुँह देखने लगी। जूड़ा बनाया। सँवारा और बाहर आ गई। अभय सामने खड़ा वनी को निहार रहा था। बोला, "इस कांतिमय चेहरे से ही मेरे चित्रों ने स्वरूप लिया है।"

उसने विनम्र लहजे में पूछा, "और माँ कहाँ है ?" "शिमले में नहीं हैं। मैं उनकी कार वहाँ छोड़ आया हूँ। सच पूछो तो मैं बस में आया हूँ।"

रामदेयी ने अंदर से आवाज लगाई, "मैं चाय ला रही हूँ साहब।" वे दोनों एक-दूसरे को इस तरह निहार रहे थे। मानो बड़े दिनों बाद आँखों को प्यार करने का अवसर मिला हो। वनी की आँखों में शरारत थी। उनमें नशा भी था।

वे दोनों बाँहों में बाँहें डालकर शयनकक्ष की ओर बढ़ने लगे। अभय ने धीरे-धीरे जो कहा वह कविता थी, हकीकत का रूपांतर थी—

तुम्हारी आँखों की मुसकान ने
फूल बिछा दिए मेरे कदमों में,
अनेक स्वागत खड़े हैं मेरे आगे
झुके-झुके,
एक मुगल बादशाह की मल्लिका
खुशी में खिल उठी गुलाब की तरह,
बताओ भी, इस वातावरण में
तुम्हारे हाथों में महकता फूल क्यों हँसा,
सुनो, यही तो तिलिस्म है
हमारी मुहब्बत का!

□

13

यादों की मार्मिक अभिव्यक्ति

अगले दिन वनमाला तैयार होकर शीशे के आगे खड़ी हो गई। चाँद सा विकसित चेहरा अब लाल गुलाब जैसा दिखाई दे रहा था। गोरे लाल कपोलों पर कान के पास से नीचे लटके हुए काले बालों की लटें, अभय के एक चित्र में तूली से खींची हुई काली रेखाओं की मॉडल का पूर्वरूप हो चुकी थीं। माथे पर लाल बड़ी बिंदी उसके चेहरे की मुसकान को बढ़ाने में प्रयत्नशील थी। उसे चोटी बनाने में और समय लगेगा। काले और घुटनों तक लंबे बालों को तेल लगाकर सँवारा। फिर जूड़ा ही बाँध लिया। मुसकराते हुए सोने की चूड़ियाँ पहनीं। थोड़ी देर सुखद आश्चर्य में डूबी वह खुद को निहारती रही। यह चित्र है या शीशा है ? उसे कुछ क्षण ऐसा महसूस हुआ, मानो यह उसके सामने पति की बनाई हुई किसी अप्सरा की तसवीर है। आज उसके पति द्वारा अर्जित यश भी तो उसी का है। जो आत्मविश्वास, विवेक उसमें है, वह उसी के प्यार की देन है। उसे भी उसके अपने ऊँचे आदर्शों को सँभालने की शक्ति प्राप्त हो चुकी है। अपने आप में हँसने लगी। पति चित्रकार का अनुसंधान समान काम उसके रूप, स्वरूप पर निर्भर हो गया है। उसके प्यार के कारण भी उसके सौंदर्य और बुद्धि में वृद्धि हुई है। वह उस सुंदर, लंबी और चमेली की लता समान स्त्री को देख रही थी। जैसे वह शीशे से उसे देखते हुए कह रही हो कि तुम्हारे गौर वर्ण की शोभा और भव्यता उस चित्रकार के लिए है, जो तुम्हारा है। कभी जो असंभव सा लगता था, अब हकीकत है। विगत का वृत्तांत नितांत नर्क था, प्रपंच था। अभय के पलंग पर कुछ हरकत नजर आई। वह आँखें मलता हुआ बिस्तर से उठ बैठा। खिड़की खुली थी सामने की पहाड़ी पर पेड़-पौधों की टहनियाँ, झाड़ियाँ धूप में हरी-भरी और मनभावन लग रही थीं। उसने शीशे की ओर झाँका। वनमाला की हँसती हुई छवि नजर आई।

"तो जाग गई हैं जनाब!" अपने बालों में उँगलियाँ फिराते हुए अभय ने कहा।

''तैयार भी हो गई हूँ हुजूर!'' उसकी बड़ी सहज और सरल आवाज में प्यार था। उसने हँसते हुए पति के नजदीक जाकर पूछा, ''घड़ी भी देखी है आपने, दस बज चुके हैं।''

''जरूरत नहीं कि घड़ी देखूँ। रामदेयी से कहो कि चाय ले आए।'' वह अभय की मुसकराहट को देख रही थी।

''इस छोटे से कस्बे की शिमले जैसी गरिमा और वैसा सौंदर्य होने पर भी यहाँ की सादगी भरी खूबसूरती अपनी ही है।''

''माँ कहीं चली गईं और विजय आनंदजी भी आए नहीं।''

''माँ की उस होटल में काफी चीजें सुरक्षित पड़ी हैं। कहीं आसपास गाँव या कस्बे में चली गई होंगी। मैनेजर कह रहा था कि मैडम दो-तीन दिन बाद आने को कह गई हैं। कमरा उनके लिए सुरक्षित रहेगा। मैंने उसके पास चिट पर पता लिखकर बता रखा है कि माँ की कार कहाँ पार्क की गई है।'' कुछ क्षण सोचकर बोला, ''अचानक ऐसा कैसे हुआ! मैंने पूछा भी था। मैनेजर ने कहा था कि उन्होंने आनेवाले मेहमानों के रजिस्टर में किसी का पता और उसके हस्ताक्षर देखे थे। पता नोट किया। बैग लिया और हमें वापसी तक की हिदायत दी। टैक्सी मँगवाई और सुबह-सवेरे चली भी गईं।''

''पता किस का था?'' वनी ने पूछा।

''आश्चर्य! मैनेजर बता न सका। वह व्यस्त था। मैंने ज्यादा पूछताछ नहीं की।''

''और विजय आनंदजी?''

''जरूर आएँगे। वे एकांत प्रिय हैं। धर्म अनुरागी होने के कारण रामपुर के रास्ते निरमंड आदि जाने का विचार था उनका।''

''बड़े चिंतन-मनन स्वभाव के हैं श्री आनंदजी।'' वनी अब पति के पास पलंग के किनारे बैठ गई थी। फिर कुछ-कुछ विराम, ठहराव देकर अपनी बात पूरी करने लगी।

''उनका स्व-अर्जित यश मेरा सहारा भी है।''

''आप ठहरे कुशल चित्रकार।''

''और सौंदर्य का सम्मान करनेवाला। साधे हुए गुरु का आज्ञाकारी शिष्य!''

''कहीं किसी में सुंदरता खोजनेवाला,'' विचित्र सी हँसी, वनी की आँखों में गोचर थी। जो संभवतः प्यार था।

''अच्छा चलती हूँ। चाय भी लानी है।''

जैसे ही वनमाला शयनकक्ष से गैलरी की ओर बढ़ी, बाहर की घंटी बजने की ध्वनि ने अभय को भी चौंका दिया। वह फुसफुसाया—

''कनन कनन कनन, कन कन कन कन। जरूर विजय आनंदजी हैं।''

जल्दी-जल्दी हाउस कोट पहना और गैलरी की ओर गया। विजय आनंद अब अंदर

आ चुके थे। साथ में वनमाला और रामदेयी दोनों थीं। अभय ने पाँव को हाथ लगाकर कहा, ''मात्था टेकता हूँ। गुरुजी।''

गैलरी में लगी हुई तसवीर के आगे खड़े होकर विजय आनंद ने कहा, ''यह तसवीर अभी हाल ही में लगी है।''

''हाँ तलाश करने पर मिली। माँ की और माँ सिमरन की यह पुरानी फोटो एनलार्ज करवा ली है। उन्हीं की है।''

''वैरी गुड। तो आप लोगों की माँ सिमरन भी है।'' विजय आनंद तसवीर के आगे खड़े रहे।

''जी हाँ।'' वनी बोली। ''हमारी माँ वसंत से ज्यादा सुंदर और चाँद से ज्यादा मोहक है।''

अभय उनके सामने आया, ''आपका सामान ले आता हूँ। रामदेयी तू मेरे साथ चल।''

''हाँ जी।'' रामदेयी बोली।

''यह गाड़ी की चाबी भी ले लो। गाड़ी सड़क पर ही खड़ी कर रखी है।'' अभय और रामदेयी घर से बाहर निकल आए। वनमाला रसोई से पानी का गिलास लेकर उनके सामने खड़ी हो गई। विजय आनंद अभी भी तसवीर के आगे खड़े होकर कुछ सोचते रहे।

क्या, कैसे, कौन सी बात शुरू करूँ! जब से पत्नी परलोक सिधार गई, उसके बाद तो तीर्थ-यात्रा, सफरनामा लिखना-पढ़ना जिंदगी के अभिन्न अंग हो चुके हैं। एक औरत के माथे का सिंदूर सतलुज के पानी ने धो डाला। पति पानी के बहाव को झेल न सका। वह अपना श्रृंगार वाला चित्र उसे देना चाहती थी। उसमें वह सोलह श्रृंगार किए बैठी थी। कहती थी कि उसके परिवार के लिए यह तसवीर कूड़ा-कबाड़ बन चुकी है। कहीं सजावट के लिए लगा देना जी।

अपने एक सहपाठी प्रोफेसर से भी मुलाकात हुई थी। उदास था। उसके प्रति लोगों का व्यवहार वह नहीं रहा, जो उसके सेवानिवृत्त होने से पहले था। अब कोई उसकी मौजूदगी या आमद से भी खुश नहीं। स्वागत नहीं होता। वक्त बदला है तो लोगों का सलूक तक बदलता है। व्यवहार, रसूख और आर्थिक हैसियत पर निर्भर करता है। लोग रवैया बदलने में देर नहीं करते।

एक माँ मृत्यु-शैया पर भी देखी। वह उसकी अपनी माँ की सहेली हुआ करती थी। वह अपने विद्रोही पुत्र की प्रतीक्षा में साल भर से इंतजार में थी।

एक किसी और बूढ़े मित्र से मिला। उसका बेकार पुत्र गुम था। खुद को अपने पिता पर बोझ समझकर दुःखी हो गया था।

एक बलात्कार से पीड़ित स्त्री ने अपने पति को सत्यकथा सुनाते हुए खुद को

पीड़ित स्त्री तो बता डाला। पर बार-बार समझाने, बुझाने, पूछने पर भी उसने अपराधी का नाम नहीं बताया, जो सीमा पर फौज में काम कर रहा था। फिर वह कहीं चली गई। पति उसकी तलाश में है। यह प्यार था, अपराध था या फिर मर्यादा का प्रश्न ही था?

"ओह! क्या-क्या हो रहा है दुनिया में, इस जिंदगी में।" यह आखिरी वाक्य ही वनमाला ने सुना। विजय आनंद का चेहरा करुणा से छलछला रहा था। वह अनमनी सी उन्हें देखती रही। उसी ने बात शुरू की।

"आप चाँद-तारों की बात छोड़कर जिंदगी के बारे में भी सोचने लगे हैं, गुरुजी!"

"वनी मुझे पिताजी कहा करो, क्योंकि मेरी बेटी अपने पति के साथ विदेश चली गई है। तुम्हारी आवाज उस जैसी ही है। कान पिताजी शब्द सुनने को बेताब रहते हैं।" वह उनकी उदासी का कारण समझ गई।

"पिताजी अभी अखबार में पढ़ रही थी कि मंगल मिशन पर बड़ी सफलता हासिल हुई है। पानी की धारा का सबूत मिला है। वैज्ञानिक जॉन ग्रोता जिंगर ने कहा है कि सतह से निकाला गया चट्टानी अंश ऐसा दिखता है, मानो किसी ने फुटपाथ की एक पट्टी पर हथौड़े मार-मारकर उसे बनाया हो।"

मनोविज्ञानी ढंग से उनकी मनोवृत्ति को वनमाला ने इस विषय पर आकर्षित किया। उसको इतनी तो परख थी ही।

"हाँ बेटी पढ़ा है। मेरा विश्वास है कि खूबसूरत नारियों का निवास स्थान था। मंगल लाल ग्रह पर मिली बजरी के आकार से हम यह अंदाजा लगा सकते हैं कि पानी का बहाव तीन फीट प्रति सेकंड रहा होगा और उसकी गहराई टखने से कमर तक रही होगी। यानी उन्हें कोई पनघट मिल गया है। या फिर स्विमिंग पूल।"

उन्होंने अब अपने विवेकपूर्ण विचार व्यक्त किए। उनके मन में उठे अन्य विचार शांत हुए। "मैं एक नतीजे पर पहुँची हूँ पिताजी कि उस ग्रह पर विनाश हुआ। शायद वहाँ रहनेवालों ने ही किया। वहाँ अब अवशेष के सिवा कुछ भी नहीं है। भगवान् न करे धरती पर रहनेवाले भी उन्हीं के नक्शेकदम पर चल निकले। प्रदूषण, एटम बम, आतंक लड़ाई-झगड़े, विकास के नाम पर भ्रष्टाचार की बोहगत।"

वे कुछ पल मौन हो गए। "चाँद पर उतरे अमेरिकी अंतरिक्ष यान को चाहे चार दशक बीत गए हों। लेकिन उस समय वहाँ लगाए गए अमेरिकी ध्वज आज भी लहरा रहे हैं। इन ध्वजों में अपोलो मिशनवाला ध्वज शामिल नहीं है। वह झंडा नील आर्मस्ट्रांग ने वहाँ लगाया था।" वनमाला ने उनके मतलब की बात कह दी।

"मतलब यह है बेटी! वहाँ प्रतिकूल मौसम में भी वे झंडे लहरा रहे हैं, जिन्हें चाँद पर उतरनेवाले अंतरिक्ष यात्रियों ने हर बार लगाया था।" अब वे गैलरी में 'वाकिंग टाकिंग,' चलते-फिरते बातें कर रहे हैं। वनमाला ने उस विषय पर फिर से चर्चा शुरू

कर दी थी, जिसमें विजय आनंद की भी अभिरुचि रही है।

''मुझे अभय को कुल्लू जिले की लोककथा, लोकगाथा, लोककला और तुम्हें वहाँ के लोक गीत-संगीत की बातें बतानी हैं।''

''वहाँ नागों की लोककथाएँ प्रचलित हैं। मुझे मेरी माँ ने बताया था।''

''हाँ बेटी। परंतु नाग सर्प नहीं थे। संभवतः एक जाति थी। अब भी कई नाग उपनाम के लोग मिलते हैं। मुझे तो वहाँ एक पिंडी के दर्शन करने थे, जो अंतरिक्ष से नीचे उतरी और बाहरी सराज के एक मंदिर में उसकी पूजा होती है।''

विजय आनंद ने दीर्घ निःश्वास लिया।

''क्यों जी क्या हुआ?''

''मुझे मिसिज आनंद की याद आ गई थी,'' फिर हँसा, ''तुम अब बड़ी होशियार विदुषी लग रही हो। खुश हुआ! गहन अध्ययन और अनुभवों ने तुम्हारे मन-मस्तक को परिपक्व बना दिया है।''

''मुझे माँ सिमरन से बहुत लगाव हो गया है। वात्सल्यमयी हैं और उन्होंने मुझे सचमुच बेटी जैसा प्यार दिया। वे मेरी मार्गदर्शक भी हैं।'' विजय आनंद ने उसे देखा और भौं चढ़ाए और मुसकराए। दोनों की बातों में विविधता आ चली थी।

''सबको प्यार करना तुम्हारा स्वभाव बन गया है। मुझे तो ऐसा लगता है।''

''आपको अब कैसा महसूस होता है, पिताजी। यानी जीवन के बदले हुए हालात में!''

''मतलब? पत्नी की मृत्यु के पश्चात्?''

''जी पिताजी।''

''एक कड़वी सच्चाई, जिसे स्वीकार करना ही पड़ता है। किताबों की अलमारियों-रैकों के साथ समय कटता है। इधर-उधर घूमता-फिरता हूँ। पत्नी ने तो सहजता और सरलता से मौत को कबूल कर लिया था। अब मैं सहानुभूतियों का मोहताज बनकर लोगों से घुल-मिलकर रहना चाहता हूँ। पाप मुक्त भावनाओं और विचारों में मन लगाना ठीक समझने लगा हूँ।'' वनी उनकी आँखों में सँभलते-छलकते आँसुओं को देख रही थी। मान गई कि अभय ने जो कहा वह सत्य है। ये गरिमापूर्ण हैं। शील स्वभाव के हैं और ईमानदार हैं। विजय आनंद के चेहरे पर विकृतिहीन मौन उदासी थी। वह उनको भावुक होते देख रही थी।

''मुझे इस बात का मलाल है कि मैं नौकरी के दौरान परिवार के साथ वाजिब समय बिता ही नहीं पाया।'' वनी यह सुनकर अवाक् रह गई। वह जान चुकी थी कि इस घर का वातावरण उन्हें अनुकूल लग रहा है। कुछ दिन ठहर जाएँगे तो इन्हें और भी अच्छा लगेगा।

''संतोष, अनुभव और बुढ़ापा दुःख को समझने-परखने के साधन हैं, वनमाला।'' विजय आनंद ने गंभीर होकर कहा। वनमाला अब बात को फिर से बदलना चाह रही थी कि विजय आनंद स्वयं बोल उठे—

''तुम उड़न तश्तरी की बात कर रही थी कभी। अभय ने बताया था।'' यह बात छूटे हुए विषय की स्वाभाविक बातों की ओर लौट आने का इशारा था।

''जी हाँ पिताजी। एक फुटबॉल मैच के दौरान अमेरिका में एक के बाद एक तीन यू.एफ.ओ. दिखाई दिए, जो तेजी से आसमान से गुजर रहे थे। मैच के शुरू होने के कुछ ही देर पहले जैसे कैमरे को आसमान की ओर घुमाया गया तो सेटलूइस कैथेड्रल चर्च के पीछे से तीन चमकते हुए फ्लाइंग 'ऑब्जैक्ट' दिखाई दिए। कहा जा रहा है कि मैच देखने के लिए दूसरे ग्रहों के लोग भी पहुँचे थे। फुटबॉल मैच के दौरान बनाई गई वीडियो से यही आभास हो रहा है। वीडियो में दिखाई दे रही चमकती चीज यू.एफ.ओ. मानी जा रही है, जिसमें 'एलियंस' हो सकते हैं। मैच की इस वीडियो को फुटबॉल प्रशंसक ने यू-ट्यूब पर पोस्ट किया है।''

''याद आया यह खबर वर्ष 2011 में बरसात के बाद छपी थी। मैं यही कहता हूँ कि परग्रही मानव स्वरूप के हैं। वहाँ देवी-देवताओं का निवास है। या कहूँ हम जैसे प्राणी हैं वहाँ।'' विजय आनंद अपने यकीन पर कायम थे।

''कहते तो यह भी हैं कि मंगल पृथ्वी की तरह, धरातल वाला ग्रह है। 1970 के दशक में अंतरिक्ष वैज्ञानिक वाइकिंग यान ने मंगल पर पानी और पोषक-तत्त्वों के होने का दावा किया था।''

''मेरा यही मत है। 2030 के दशक में मंगल पर मानव के कदम पड़ने की उम्मीद है। तब वैज्ञानिक न केवल लाल ग्रह की छानबीन करेंगे, बल्कि उसके दो उपग्रहों फोबोस और डीमोस के बारे में भी विस्तार से जानकारी लेंगे।'' उन्होंने भरोसा जताया।

''रोवर 'क्यूरियोसिटी' की तसवीरों में धुँधली छवियों से परग्रही के होने में भरोसा करनेवालों की उम्मीद बढ़ी। मंगल के क्षितिज पर रहस्यमयी सफेद प्रकाश नजर आने के साथ आकाश में चार धब्बे भी तैरते दिख रहे थे।''

अभी बात पूरी भी नहीं हुई थी कि रामदेयी ने आकर कहा कि खाने की मेज पर चाय और नाश्ता रख दिया है, मेम साहब। विजय आनंद अलग कमरे में चले गए। वह वहाँ पहले भी रह चुके थे। कमरे की साज-सज्जा देखकर खुश हुए। साथ लगते स्नान-गृह में गए। तरोताजा होकर बाहर निकले। कमरे में एक ओर एक ऐसा सुंदर और आकर्षक चित्र था। उसे देखने को मन हुआ। वे जब पहले इस कमरे में कुछ ही समय के लिए आए थे तो यह चित्र वहाँ नहीं था। वे उस चित्र को नजदीक जाकर देखने लगे। मुँह से निकले उनके शब्दों ने उन्हें ही झकझोर दिया। ''अति सुंदर!'' चित्र के नीचे लिखे

परिचय शब्द 'यदुकुलनंदिनी—ऐश्वर्यहीन पुत्रों की माँ कुंती।' उसे यह सोचने में देर न लगी कि इन शब्दों में महाभारत युद्ध का सारांश भी है। यह आरंभ और अंत है। कुंती के नेत्रों से बहती अश्रुधारा; जो उसकी व्यथा के वियोग के पिघलने की हालत दरशाती है। वह सोचने लगे कि कुंती की वह तसवीर कहाँ गई, जिसमें वह सूर्य भगवान् के आगे दुलहन के भेष में खड़ी है। वह चित्र भी अभय ने बनाया था। कुछ कमी रह गई थी। तब उन्होंने दो सवाल दागे थे। एक यह कि उसके चित्र में कुंती 'स्लिम लॉन्ग स्कर्ट' में थी, जबकि वह पुराने अंब्रेलाकट घाघरा में क्यों नहीं थी। उन्होंने तब उसके 'लॉन्ग स्लीव्स ब्लाउज' की ओर इशारा किया था, जो सही मैच कर रहा था। दरअसल साड़ी को लहँगे के साथ मिक्स और मैच किया गया था। वह स्कर्ट नहीं था। बात ज्वेलरी की भी हुई थी। नेकलेस और ईयर रिंग दोनों में स्टोन दरशाए गए थे। पीछे से अभय का आत्मीय स्वर था। जो इन विचारों की उलझन को सुलझाने वाला था।

"शायद आप दुलहन कुंती के उस चित्र को याद कर रहे होंगे, जो सूर्य भगवान् के साथ है।"

"हाँ।" उनके उत्तर में उलझन सी प्रदर्शित हो रही थी।

"कुंती की शिनाख्त के लिए उसे इसी रूप को देखना उचित लगता है। उसका दुलहन स्वरूप प्यार की विवशता की ओर संकेत करता है। कसूर तो मेरा है कि इस मेहमान कक्ष में जहाँ आप रहेंगे, उसी चित्र को लगाता तो अच्छा होता।"

"नहीं। यह भी ठीक है। इस चित्र में दर्द का एहसास सजीव सा लगता है।"

"मगर दर्द सहने के लिए काफी सारा समय दरकार है। जो आप जैसे बुजुर्गों के पास नहीं होता। उनका बाकी बचा समय भूली-बिसरी यादों में व्यस्त रहा करता है।"

"वह चित्र है कहाँ?"

"माँ सिमरन के कमरे में। मेरे पिता श्री का और उनका पहले-पहले ऐसा ही मिलन हुआ होगा।" विजय आनंद हँस पड़े। प्रतिक्रिया में कहा, "बेशक!"

"चलो अब डायनिंग रूम में। वनमाला हमारा इंतजार कर रही होगी।" अभय चला गया। विजय आनंद ने जल्दी-जल्दी कपड़े बदले। गाउन पहनकर डायनिंग रूम की ओर धीरे-धीरे कदम बढ़ाए। वे सोच रहे थे कि हृदय में रूमानियत अभी भी कायम है, कसक है। पुराने प्यार का एहसास भी स्वप्न सा खामोश रहने लगा है। अब जब भावुकता में डूबती है रात। भटकने पर, मजबूर लगती है, निराश सी, आस तो दिल की धड़कन भी पगचाप सी महसूस होती है। उसे अपनी पत्नी की फिर से याद आई। "छोड़ दिया है मुझे तुमने। धकेल दिया है सदा-सदा के लिए जुदाई की निराश गहराई की ओर।" सोचते-सोचते वह सिमरन के कमरे में चला गया। अन्यमनस्क सा। सामने दुलहन कुंती का चित्र था। सूर्य भगवान् ने उसे वर लिया था। उसने माथे पर हाथ रखकर याद किया

कि वनमाला नाश्ते के लिए इंतजार कर रही होगी। वे डायनिंग रूम में पहुँच गए। दीन चेहरे पर कृतज्ञता के भाव भरे स्वर में बोले, "सॉरी।" जल्दी ही, चाय की चुस्कियों के बीच सभी चुप रहे। कुछ-कुछ खाते चबाते रहे। अब विजय आनंद ही बोले—

"कोई बात करो अभय!"

"सोच रहा था कि आप मुझसे कुछ कहेंगे या पूछेंगे।"

"आप कहाँ-कहाँ गए! अपने संस्मरणों के बारे में कुछ कहें।"

अब वनमाला की बोलने की बारी थी।

"मौसम बदल रहा है। सर्दी हो गई है।"

"नहीं जी। मौसम का नहीं। कुछ नई बात करें। अखबारी बातें भी होंगी। पर वे अलग चर्चा का विषय बनेंगी। जैसे आमतौर पर होता आया है।"

"हाँ वनी! तो सुनो। इस बार मैं सिरमौर पावंटा साहब भी गया। वहाँ गुरुद्वारे का कायाकल्प हुआ है। गुरु गोविंद सिंह साहब को वह स्थान भी पसंद था। वहाँ हिमाचल उत्तराखंड सीमा पर अब आसन बैराज है। इस सर्दी के मौसम में वहाँ देश-विदेश के हजारों पक्षी डेरा डालते हैं। सोने की तरह चमकते पंखोंवाला सुर्खाब पक्षी बड़ा ही अच्छा परिंदा है। देखा—खुशी महसूस हुई। इस स्थान पर साइबेरिया, चीन समेत देश-विदेश की विभिन्न जगहों से परिंदे आते हैं। रंग-बिरंगे पक्षियों में सबसे ज्यादा भाया सुर्खाब। वहाँ कामनटील, रूडी, शावलर, रेड ग्रेस्टेड पोचर्ड, लोक बागुले, मोरगेन, स्पाट बिल डक, इग्रेट, कामनटील, एपंड, डक, ग्रे हेरान आदि समेत अलग-अलग जातियों के लगभग दो हजार पक्षी आ चुके हैं। हमारे मेहमान हैं, फिर भी खाने दाने की तलाश अपने आप करते हैं। मान-न-मान मैं तेरा मेहमान नहीं होते, मेरी तरह!"

"वाह पिताजी! यह क्या कहा आपने? यह घर आप ही का है। अपने बच्चों के बीच बाप मेहमान नहीं होता।" वनी ने उनकी बात पर अपनी प्रतिक्रिया व्यक्त कर दी। विजय आनंद देख रहे थे कि वनी अब सुख-चैन भरे सपनों में खो चुकी है। विगत का डरावना हादसा भुला बैठी है। वनी देख रही थी कि विजय आनंद में माँ जैसा सान्निध्य भी है। उधर अभय भी उनकी, उनके व्यक्तित्व की प्रवरता और अच्छाइयों का वर्णन करता रहता है। विजय आनंद को विश्वास हो गया था उन दोनों के जीवन में पूर्णता आ गई है। उनके अंदर की व्यथा दबी रहे और वे बाहर से सुखी लगें, इसकी चिंता है उन्हें।

"हाँ तो कुंती की बात की जाए। दोनों चित्र अच्छे हैं।" विजय आनंद ने नैपकिन से हाथ-मुँह साफ करते हुए कहा।

"मैं चाहता हूँ कि मेरा बनाया हुआ चित्र देखने वाले के मन-मस्तिष्क में घर कर ले। और दर्शक उसे भूल न सकें।" अभय के मन का मानवीय सरोकार व्यक्त हो गया।

"और आप अमर-अजर बन जाएँ।" वनी ने धीमे स्वर में कहा।

अब वे खाने की मेज से उठकर ड्राइंगरूम में बैठ गए।

''मैंने देखा है अभय कि अगर कोई किसी की तारीफ न कर सके तो उसे इस बात का भी विचार नहीं होना चाहिए कि वह उसकी तरफ देख भी नहीं रहा है।''

''हाँ गुरुजी। मैंने ऐसा महसूस किया है।''

''दूसरी बात यह कहूँगा कि राजनीतिज्ञ सच बोलने की सीमा और झूठ को सच बनाने का तरीका जानता है, जो आम आदमी नहीं जानता।''

''आपका मतलब यह है कि मैं अपनी प्रदर्शनी के दौरान इन बातों का ध्यान रखूँ।''

''पिताजी आजकल आम आदमी की बात ज्यादा होने लगी है।'' वनमाला ने प्रश्न सा उछाला।

''उसकी किसको फिक्र है?'' अभय बोला।

''आम आदमी की राजनीति आजकल की लीडरी का आम फैशन है। यह नेतागिरी के लिए अभी भी वास्तविक कार्य-क्षेत्र नहीं बना।'' विजय आनंद कुछ गंभीर हो गए थे।

''जी पिताजी, अब आप कुंती की बात कीजिए।'' वनी की आँखें कौतूहल में चमक उठीं।

''मुझे सुन रखी है वह कथा।'' अभय ने कहा।

''मैंने सुननी है पतिदेव। इसे फिर से सुनकर शायद आपका चित्रकार मन कोई और चित्र भी बनाने लगे।''

''तो ठीक है।''

''धन्यवाद!'' वनी ने हाथ जोड़ दिए।

अभय की गर्व पूर्ण नजर उस पर पड़ी। विजय आनंद ने ठहाका लगाया और सरल स्वर में कहा कि हमारी कथाएँ, वीरांगनाओं की गाथाएँ सुनना और सुनते रहना चाहिए। हर बार आनंद आता है। महाभारत को लोग बार-बार सुनते हैं। फिर भी सुनने को मन करता रहता है।

''क्यों अभय?''

''कौन कहता है, मैं नहीं सुनना चाहता?''

अभय ने तुरंत और तपाक से हँसते-हँसते उत्तर दिया। वनी अवाक्! विस्फारित आँखों से देख रही थी। उसके चेहरे पर और विशेषकर आँखों में खुशी की झलक देखकर विजय आनंद ने अपनी बात शुरू की—

यदुवंशियों के शूर सेन को श्रेष्ठ दरजा हासिल है। वे वसुदेवजी के पिता थे। उनको प्रभु ने एक कन्या का पिता बनाया, उसका नाम पृथा रखा गया। कहा यह जाता है कि भूमंडल में उस जैसी कोई दूसरी स्त्री न थी। शूर सेन ने अपने फुफेरे भाई को जो संतानहीन थे, प्रण दे रखा था कि वे अपनी पहली संतान उन्हें दे देंगे। वे कुंती भोज थे।

शूर सेन के घर पहले कन्या ही पैदा हुई। मित्र शूर सेन ने वह कन्या कुंती भोज को दे दी। वहाँ कुंती भोज ने उसे देवताओं की पूजा और अतिथि सत्कार का काम सौंप दिया था। एक बार वहाँ कठोर व्रत पालन करनेवाले एक ब्राह्मण महर्षि आए। उनका नाम दुर्वासा था। पृथा ने उनकी सेवा की। वे बड़े उग्र स्वभाव के थे। दिल कठोर था। फिर भी राजकुमारी पृथा के भरसक प्रयत्नों से वे पूर्णतया संतुष्ट हो गए। दुर्वासा ने पृथा पर आनेवाले भावी संकट का विचार करके उसके धर्म की रक्षा के लिए उसे एक वशीकरण मंत्र दिया और उसके प्रयोग की विधि भी बता दी। उसके बाद मुनि बोले—शुभे! तुम इस मंत्र द्वारा जिस-जिस देवता का आह्वान करोगी, उसी, उसी के अनुग्रह से तुम्हें पुत्र प्राप्त होगा! बस। तो क्या था कि ब्रह्मऋषि दुर्वासा के इस कथन से कुंती के मन में बड़ा कौतूहल पैदा हुआ। वह यशस्विनी राज कन्या हालाँकि अभी कुँवारी थी, तो भी उसने मंत्र की परीक्षा के लिए सूर्य देव का आह्वान किया। तुरंत बाद उसने देखा पूरे जग की उत्पत्ति करनेवाले और दुनिया भर का पालन करनेवाले भगवान् भास्कर आ रहे हैं। यह महान् आश्चर्य की बात देखकर निर्दोष अंगों वाली कुंती चकित रह गई। भगवान् सूर्य उसके पास आकर बोले, ''श्याम नेत्रों वाली कुंती। यह मैं आ गया। बोलो, तुम्हारा कौन सा प्रिय कार्य करूँ। भद्रे, मैं दुर्वासा ऋषि के दिए हुए मंत्र से प्रेरित हो तुम्हारे बुलाते ही तुम्हें पुत्र की प्राप्ति कराने के लिए उपस्थित हुआ हूँ। पवित्र मुसकान वाली कुंती! तुम मुझे सूर्य देव समझो।''

कुंती ने कहा कि शत्रुओं का नाश करनेवाले भगवान्! एक ब्राह्मण ने मुझे वरदान के रूप में देवताओं के आह्वान का मंत्र प्रदान किया है। उसी की परीक्षा के लिए मैंने आपका आह्वान किया था। यद्यपि मुझसे यह अपराध हुआ है, तो भी इसके लिए आपके चरणों में मस्तक रखकर प्रार्थना करती हूँ कि आप क्षमापूर्वक प्रसन्न हो जाएँ। स्त्रियों से अपराध हो भी जाए, तो भी श्रेष्ठ पुरुषों को सदा उनकी रक्षा ही करनी चाहिए।''

इस पर सूर्य देव बोले, ''शुभे! मैं यह सब जानता हूँ कि दुर्वासाजी ने तुम्हें वर दिया है। तुम भय छोड़कर यहाँ मेरे साथ समागम करो। शुभे। मेरा दर्शन अमोघ है और तुमने मेरा आह्वान किया है। भीरू! यदि यह आह्वान व्यर्थ हुआ, तो भी निस्संदेह तुम्हें बड़ा दोष लगेगा।'' भगवान् सूर्य ने कुंती को समझाते हुए इस तरह की बहुत सी बातें कहीं।

किंतु मैं अभी कुमारी कन्या हूँ, यह सोचकर सुंदरी कुंती ने उनसे समागम की इच्छा नहीं की। तब उसकी नारी सुलभ लाज के बावजूद सूर्य भगवान् ने फिर कहा, ''सुंदर मुख और सुंदर भौंहों वाली। तुम्हारे लिए जैसा पुत्र का निर्माण होगा, वह सुनो—वह माता अदिति के दिए हुए दिव्य कुंडलों और मेरे कवच को धारण किए हुए पैदा होगा। उसका वह कवच किन्हीं अस्त्र-शस्त्रों से टूट नहीं सकेगा। उसके पास कोई भी वस्तु ब्राह्मणों के लिए अदेय न होगी। मेरे कहने पर भी वह कभी अयोग्य कार्य या विचार को अपने

मन में स्थान न देगा। ब्राह्मणों के याचना करने पर वह उन्हें सब प्रकार की वस्तुएँ देगा ही। साथ ही वह बड़ा स्वाभिमानी होगा। रानी! मेरी कृपा से तुम्हें दोष भी नहीं लगेगा।''

राजकुमारी कुंती से यों कहकर प्रकाश देने और उष्मा देने वाले सूर्य ने कुंती के साथ समागम किया। इससे वरदान स्वरूप एक वीर पुत्र पैदा हुआ, जो संपूर्ण शस्त्र धारियों में श्रेष्ठ था। उसने जन्म से ही कवच पहन रखा था। वह देवकुमार के समान तेजस्वी तथा शोभासंपन्न था। उस बालक का मुख जन्मजात कुंडलों से प्रकाशित हो रहा था। इस प्रकार कर्ण नामक पुत्र उत्पन्न हुआ, जो सब लोकों में विख्यात है। भगवान् सूर्य ने कुंती को पुनः कन्यात्व भी प्रदान किया। उसके बाद तपनेवालों में श्रेष्ठ भगवान् सूर्य, देव लोक में चले गए। यानी वे भी पृथ्वी से बाहर ग्रह के वासी थे। ऐसा संबंध रहा था पृथ्वी और परग्रहों का!

उस नवजात कुमार को देखकर, कुंती के हृदय में बड़ा दुःख हुआ। उसने एकाग्रचित्त से विचार किया कि अब क्या करने से अच्छा परिणाम निकलेगा। तब कुटुंबी जनों के डर से अपने उस अनुचित कृत्य को छिपाती हुई कुंती ने महाबली कुमार कर्ण को जल में छोड़ दिया। बच्चे को महायशस्वी सूत पुत्र अधिरथ, जिसकी पत्नी का नाम राधा था ने ले लिया। उसने और उसकी पत्नी ने उस बालक को अपना पुत्र बना लिया। क्योंकि वह वसु (कवच-कुंडलादि धन) के साथ पैदा हुआ है, इसलिए वसुवेषण नाम से उसको प्रसिद्ध होने दिया। वह बलवान बालक बड़े होने के साथ ही सब प्रकार की अस्त्र विद्या में निपुण हुआ। पराक्रमी कर्ण प्रातःकाल से लेकर जब तक सूरज पृष्ठ भाग की ओर न चले जाए, सूर्य उपस्थान करता रहता था। उस समय जप में लगे हुए बुद्धिमान वीर कर्ण के लिए पृथ्वी पर कोई ऐसी वस्तु नहीं थी, जिसे वह ब्राह्मणों के माँगने पर न दे सके।

एक बार सूर्य देव ने स्वयं ब्राह्मण का रूप धारण करके कर्ण को स्वप्न में दर्शन दिए। और कहा, ''वीर! मेरी बात सुनो, आज की रात बीत जाने पर सवेरा होते ही इंद्र तुम्हारे पास आएँगे। उस समय वे ब्राह्मण वेष में होंगे। यहाँ आकर इंद्र अगर तुमसे भिक्षा माँगें तो उन्हें देना मत। उन्होंने तुम्हारे कवच और कुंडलों का हरण करने का निश्चय किया है। इसलिए तुम्हें सचेत किए देता हूँ।'' तो करण ने कहा, ''ब्राह्मण! इंद्र यदि ब्राह्मण का रूप धारण करके सचमुच मुझसे याचना करेंगे तो मैं आपकी चेतावनी के अनुसार कैसे उन्हें वस्तु नहीं दूँगा? ब्राह्मण तो सदा अपना प्रिय चाहने वाले देवताओं के लिए भी पूजनीय हैं। देवाधि देव इंद्र ही ब्राह्मण रूप में आए हैं। यह जान लेने पर भी मैं उनकी अवहेलना नहीं कर सकूँगा।'' सूर्य बोले, ''वीर! अगर ऐसी बात है तो सुनो, बदले में इंद्र भी तुम्हें वर देंगे। उस समय तुम उनसे संपूर्ण अस्त्र-शस्त्रों का निराकरण करनेवाली बरछी माँग लेना।'' सपनों में यों कहकर ब्राह्मण-वेषधारी सूर्य वहीं अंतर्धान हो गए।

तब कर्ण जाग गया और स्वप्न की बातों का चिंतन करने लगा। उसके बाद एक

दिन महातेजस्वी देवराज इंद्र ब्राह्मण बनकर भिक्षा के लिए कर्ण के पास आए और उससे कवच और कुंडलों को माँगा। कर्ण ने कवच को शरीर से उधेड़कर और दोनों कुंडलों को भी काटकर इंद्र देव को दे दिए। इस कर्म से संतुष्ट होकर इंद्र ने मन-ही-मन हँसते हुए कहा, ''अहो! यह तो बड़े साहस का काम है। देवता, दानव, यक्ष, गंधर्व, नाग और राक्षस—इनमें से किसी को भी मैं ऐसा साहसी नहीं देखता। कोई भी ऐसा नहीं कर सकता।'' यह कहा और स्पष्ट वाणी में इंद्र बोले, ''वीर! मैं तुम्हारे इस कर्म से प्रसन्न हूँ। इसलिए तुम जो चाहो, वही वर मुझसे माँग लो।'' इस पर कर्ण ने कहा, ''भगवान्, मैं आपकी दी हुई यह अमोघ बरछी चाहता हूँ, जो शत्रुओं का संहार करनेवाली है।'' इंद्र ने वह बरछी उसे कवच कुंडल काटने-उधेड़ने को दे दी थी। तब इंद्र देव बोले, '' 'वीरवर' तुम देवता, असुर, मनुष्य, गंधर्व, नाग तथा राक्षसों से जिस एक को जीतना चाहोगे, वही इस शक्ति के प्रहार से नष्ट हो जाएगा।'' पहले इस पृथ्वी पर उसका नाम वसुषेण कहा जाता था। उसके बाद अपने शरीर से कवच को कतर डालने के कारण वह कर्ण और वैकर्तन नाम से भी प्रसिद्ध हुआ।

अभय और वनमाला का मन इस कथा को सुनकर उद्दाम कामुकता में डूब गया। रोम-रोम में पहली बरसाती रिमझिम की झंकार का सा एहसास हुआ। नस-नस में कामना-वासना की उत्तेजना जल उठी। अभय को विजय आनंद की दयनीय हालत पर तरस आया। वे दोनों नारी-पुरुष के प्रणय संबंधों के बारे में पूर्णतया जानते थे। विजय आनंद अपने दर्दीले मन को बहलाने के लिए कुछ ऐसी ही कहानियाँ सुनने-सुनाने के आदी थे। पर यह कथा तो संदर्भपूर्ण थी। यह बतलाने के लिए भी कि कभी धरती और अंबर का साथ इस कदर व्यापक था कि धरा के वाशियों के रिश्ते दूसरे ग्रहों के वासी स्वीकार करते थे। प्रणय होता था। विच्छेदन का दर्द भी सहना पड़ता था। अब तो यह भी साबित होने लगा है कि 'मंगल ग्रह' पर कभी आबादी थी। वहाँ की जलवायु से संकेत मिलते हैं कि कभी कोई प्राणी वहाँ रहते होंगे। लोग प्लूटो पर भी जीवन होने के साक्ष्य जुटा रहे हैं। वनी को अभय ने बताया था कि हब्बल टेलीस्कोप को प्लूटो की सतह पर परावैंगनी किरणों को आत्मसात् करनेवाले तत्त्व दिखाई पड़े हैं। यानी वहाँ पर 'हाइड्रोकार्बन' भी मौजूद है। 'हाइड्रोकार्बन' के यह अणु प्लूटो की सतह पर मौजूद बर्फ में शामिल 'मीथेन', 'कार्बन मोनोऑक्साइड' और 'नाइट्रोजन' से सूर्य किरणों की रासायनिक क्रिया से पैदा हुए हैं। यह रोचक खोज है। उधर वनी ने कहीं पढ़ा है कि 'कैपलर-22 बी' नाम के ग्रह पर जीवन की अत्यधिक संभावनाएँ हैं। यह ग्रह पृथ्वी के आकार से 2.4 गुना ज्यादा बड़ा है। इसे 'सुपर अर्थ' भी कहे जाने की आशा है।

''क्या सोच रहे हैं आप दोनों?'' विजय आनंद ने अभय के कंधे पर हाथ रखकर पूछा।

''सोच रहा था कि कैसी विडंबना है कि अब दूर के ग्रहों से कोई आता ही नहीं। हालाँकि कैपलर-22 बी में प्लूटो में 'मंगल ग्रह' पर जीवन होने की संभावनाएँ जताई जा रही हैं।'' उसकी बातों में अतृप्त इच्छाओं की कसक थी।

''पिताजी, यह भी कहा जा रहा है कि कैपलर-22 बी पृथ्वी के समान लंबा साल 290 दिन का है। धरा में साल के 365 दिन होते हैं। कैपलर-22 बी का तापमान लगभग 22 डिग्री सेल्सियस है।'' उसने इन सभी रहस्यों को उजागर करते हुए कहा।

''गुरुजी। लाल ग्रह पर 'क्यूरियोसिटी' अंतरिक्षयान सफलतापूर्वक उतर गया है। कुछ तो गुल खिलाएगा यह यान।'' उसने अपने मन को शांत करने की कोशिश में कहा।

''मैं कुछ और कहूँ पिताजी!'' उसके लहजे में संकोच था।

''हाँ कहो!'' विजय आनंद बोले।

''मुझे तो लगता है कि इन ग्रहों पर बसे आशियाने उजड़ चुके हैं। वे, वहाँ के परग्रही, कभी हमसे भी आगे निकल गए होंगे। एटमी शक्ति से भी बड़ी ताकत के धनी और उस ताकत को विनाश की प्रक्रिया में झोंककर सबकुछ नष्ट कर चुके होंगे। अब क्या मिलेगा वहाँ उजड़े दयार में?'' सूखे पत्तों सी थर-थर काँप रही थी उसकी आवाज।

''हमने उम्मीद नहीं छोड़ी है वनी। किसी दैवी शक्ति के संकेत पर सृष्टि का प्रत्येक प्राणी अपने जीवनहल को सुखमय बनाने के साथ-साथ उसे सुरक्षित रखने का उपाय भी ढूँढ़ता रहता है।'' उसने आशावाद नहीं छोड़ा था। ''मैं आशावादी हूँ।'' उन्होंने दावे से कहा!

''पर मनुष्य विनाश के साधन भी ढूँढ़ता है अपने विरोधियों के लिए। युद्ध होते हैं। ब्रह्म अस्त्र बनते हैं। आपस में मेल-मिलाप से रहने के दायित्व भूलकर, विजय-पताका लहराने के लिए विनाशकारी बन जाता है मानव हृदय।'' बोलते-बोलते वह ठिठकी। माथा आशंकाओं से ठनक रहा था।

''तो बेटी! तुम कहती हो कि दूसरे ग्रहों को बरबाद करनेवाले लक्षण अब पृथ्वी पर भी विद्यमान हो रहे हैं।'' विजय आनंद ने नाक से ढेर सारी हवा निकाली, मानो सुबक रहे हों।

''जी हाँ पिताजी। इस 'परग्रही' खोज की मृगतृष्णा को छोड़कर, क्यों न हम विनाश के सभी अस्त्र-शस्त्र, दरिंदगी के साधनों को खत्म करके जीने लगें। उसके बाद ही वीरान पड़े ग्रहों को आबाद करें।''

विजय आनंद ने वनमाला की पीठ थपथपाई, ''शाबाश बेटी! जीओ। जुग-जुग जीओ।'' वनमाला के उत्साह को देखकर अभय उसे देखता रह गया।

''बात बदलिए गुरुजी। कुछ अपनी कहिए। जानता हूँ कि आपका मन भी हलकापन महसूस करना चाहता होगा।'' उसने दबी जुबान में आपत्ति जताई।

"ऐसा तो कुछ नहीं अभय। मुझे एक कविता पसंद आई थी, उसे सुनाता हूँ—

'जो जमीन, जो आसमान/मेरे थे कभी।
जहाँ बार-बार चहलकदमी करते थे पाँव।
जिधर शिखर पर/मेरे विचारों के डेरे थे कभी।
वहाँ का उजड़ गया था बाग/नहीं रहे थे—
वन, उपवन/मिलन स्थल, पनघट।
वहाँ जो चिड़िया रहती थी सदा-सदा।
हर वसंत के आते ही बनाती थी अपना घर,
घोंसला, गोल आकार,
उसका भी कहीं अता-पता नहीं चला!
मैं जगह-जगह भटका।
भूलता रहा रास्ता
राहों तक पहुँचना आसान न रहा पर हाँ
वह स्थल मिल गया।
जहाँ पेड़ हुआ करता था बरगद का
वहाँ कोई भी वृक्ष नहीं था बचा।
मिट्टी में पंखों के
कोई-कोई अवशेष मिले
कुछ-कुछ दूरियों में
उड़ते हुए देखे,
यही साक्ष्य मिला।
सफेद-सफेद रंग था उनका
जैसे होता है शंख का टूटा टुकड़ा
ध्वनि बिना।
सागर तट पर पड़ा!
फिर मिली अमलतास के फूल सी पीली
चोंच, नोकदार
बेजान, निर्विकार
लुट चुकी थी उसकी
वाणी सदाबहार, असरदार,
मौसम वसंत जरूर था आया,
मगर वह भी लगता था

निराधार।
यह विडंबना ही है सरकार
कि फिर भी कोई नहीं गुनहगार।
मुझे भी देखने दो कानून
किसी किताब में नहीं मिला अभी ऐसा अपराध
दुविधा में है इनसान
उसका वजूद उसका मन
उसका जुनून
सोचते-सोचते सो से गए हैं
कायदे कानून
परंपराहीन हो गए
रस्म-रिवाज
कौन किसको पूछे
कहाँ मिलेगा जवाब।
किसका करे आह्वान
इनसानियत क्यों कर रहे हैं बदनाम।''

''विनाश लीला की यह जीती-जागती मिसाल है।''

मन में क्रोध था, उत्तेजना थी। विजय आनंद आह भरते हुए चुप हो गए। अभय ने ताली बजा दी। वनी का सुंदर चेहरा देखकर फिर से रोमांचित हो उठा।

''शायद आपके मन के किसी कोमल कोने में उस चिड़िया का और उस स्थल का अस्पष्ट रूप दबा हुआ था, जो इस कविता में उजागर हो गया है।''

''नहीं बेटी। यह मेरी कविता नहीं है, जिसने लिखी होगी। वह कूड़े-कबाड़ में गिराकर चला गया था। मैंने जब होटल का अपना कमरा साफ करवाया तो यह कविता मिली। कागज को उठाया। सीधा किया, सँवारा। उस चिड़िया के पंखों की भाँति कविता भी मिट्टी में मिल जाती।'' विजय आनंद अब हलका महसूस कर रहे थे। मन भारी-भारी न रहा। फिर से दीर्घ नि:श्वास भी लिया।

अभय और वनमाला उन्हें बड़े गौर से देख रहे थे। विजय आनंद द्वारा अर्जित यश, प्रशंसा योग्य है। काम में सुविधाएँ प्राप्त करने के लिए अभय को उनके गौरव का लाभ भी मिलता रहता है, परंतु आकांक्षाओं की पूर्ति के लिए उसे अपने पैरों पर खड़े होने की आदत पड़ गई है। कमल नयनों के समान उनकी बड़ी-बड़ी आँखों को देखते हुए वनमाला के मन में पुनीत विश्वास भर आया कि इनसान के हृदय में दया के लिए अब भी स्थान है। उसने उन्हें कहा कि अब आप कुछ आराम कर लीजिए। क्योंकि वह

जानती थी कि उन्हें देर रात तक जगे रहकर पढ़ने की आदत थी। वे उठे। चलते-चलते संबंधित स्मृतियाँ उन्हें घेर रही थीं। काल ने उनके जीवनसाथी को ग्रास बनाया। उन्हें एक ही बात का संतोष है कि उनके मन में अभय के लिए वात्सल्य भाव की कमी नहीं है। इस कारण वे अपने मन की परेशानियों की जानकारी देकर उसे चिंता ग्रस्त करना नहीं चाहते थे।

गाँव की शांति और नगर की सुविधाओं से भरपूर इस छोटे से कस्बे में विजय आनंद का जी लगता है। उन्होंने अपने कमरे में जाकर खिड़की खोली। दूर-दूर तक सड़क में अभी भी रौनक थी। उन्हें रामदेयी का खयाल आया। गरीब परिवार की सभ्य और सुशील लड़की!

वे अपने पलंग पर लेट गए। न जाने कब नींद आ गई। देर शाम नींद खुली। किसी ने उन्हें जगाया, बुलाया नहीं। ठीक ही हुआ। रात का पहला प्रहर। सर्दी के मौसम का आगमन हो गया था। अगरबत्ती की गुलाब की सुगंध उनके कमरे में पहुँच रही थी। शायद वनमाला संध्या पूजा में मग्न है। वे उठे गैलरी की धूमिल सी रोशनी में दुर्गा की भव्य मूर्ति दिखाई दी, राम, हनुमान और कृष्ण की तसवीरें भी करीने से लगी हुई थीं। छोटे से चबूतरे पर दीया जल रहा था। अगरबत्ती का धुआँ नर्तकी की भाँति हिल-डुल रहा था। अब वे अभय के कमरे की ओर बढ़े। वहाँ अभय, वनमाला और रामदेयी तीनों बैठे थे। किसी अधेड़बुन में लगे। बातचीत में व्यस्त, अभय का ध्यान आकर्षित करने के लिए उन्होंने धीरे से उसका नाम लिया। वह खड़ा हो गया। ''आखिर जाग ही गए हैं गुरुजी। हमने सोचा था कि कई दिनों के सफर, तीर्थयात्रा की थकान उतारने के लिए आपको आराम की जरूरत है।''

''आइए बैठिए पिताजी।'' वनी ने स्वागत किया।

''मैं चाय लाती हूँ।'' रामदेयी बोली।

''अभी नहीं रामदेयी। पहले खाना फिर चाय।''

''आओ जी बैठो। कल का प्रोग्राम बनाते हैं।''

अभय की इस बात से विजय आनंद को सोचने के लिए समय भी नहीं मिला। उन्होंने बात बदलते हुए कहा, ''अभय मैंने 'मंगल ग्रह' के बारे में जो-जो खबर पढ़ी है, उससे निष्कर्ष निकलता है कि दूसरे ग्रहों पर इतनी दुर्घटनाएँ घटीं, इतनी आपत्ति आई कि शायद अब वहाँ पर ग्रही नहीं रहे। वहाँ या तो उनकी 'फोसीलाइट' अस्तियाँ होंगी या उजड़े हुए आशियाने होंगे। तंग 'रिज' जो 'मारज' पर पाए गए हैं, उनसे जाहिर होता है कि वहाँ की जमीन के नीचे की दरारें विद्यमान हैं, जहाँ से कभी मंगल पर पानी बहा करता था। एक विदेशी यूनिवर्सिटी की यह खोज है कि 'मारज' की सतह से नीचे पानी बहा करता था। जो अतीत की बात है। तब वहाँ जिंदगी का होना संभव था। यह

'स्टडी', 'जिया फिजीकल', 'रिसर्च लैटर्ज' में छपी है। अब वहाँ उस ग्रह की सतह पर अतीत में पाई जानेवाली जिंदगी की खोज हो रही है। मेरे कहने का तात्पर्य यह है कि तुम अपने चित्र बनाते जाओ। परग्रही आएँ या न आएँ। मिलें या न मिलें। अब उनका भरोसा क्या! वे शांत मुद्रा बनाए हुए थे। वनमाला ने सुनकर सिर हिलाया और बोली, ''आखिर उन्हीं के 'जीनज' हम सब में हैं। दुनिया में हैं। इसलिए तो हम भी विनाश के यंत्र शस्त्र बनाने से बाज नहीं आ रहे। कभी हमारा प्लेनट भी ऐसा ही न हो जाए। हमें उस ओर ध्यान देना होगा।'' वह जीवन में आनेवाली मानवीय त्रासदी की ओर इशारा कर रही थी।

''हाँ बेटी, परंतु अभय के 'थीम' पर इसका असर नहीं होना चाहिए। फिर भी उम्मीद पर दुनिया कायम है।''

''कुंती थी, मेनका थी, सूर्य भगवान् हैं और हमारे धर्मग्रंथ हैं।'' उन्होंने विश्वास और धर्मग्रंथों का हवाला दिया।

''तो इसी विषय में शंका का समाधान भी हो जाए।''

''हाँ पूछो बेटी!'' उनके चेहरे पर कोई शिकन न थी। निराशा भी नहीं थी।

''महारथी कर्ण दानवीर होकर भी प्रबल शत्रु क्यों बना?'' वह उस जिज्ञासा भरी कथा पर चर्चा चाह रही थी।

''कर्ण में विनय का अभाव था। वह कौरवों-पांडवों की अस्त्र-शस्त्र परीक्षा के लिए निर्मित और आयोजित रंग-मंडप में प्रवेश करने पर द्रोणाचार्य और कृपाचार्य का आदर-सत्कार करने में सकुचाया। वहाँ आते ही वीर अर्जुन को ललकारा। बात कृपाचार्य ने सँभाली। उन्होंने कहा कि युद्ध का यह नियम है कि राजकुमार किसी हीन कुल वाले के साथ युद्ध नहीं करते। उसी समय कर्ण को अंग देश का राज्य दिया गया और दुर्योधन ने कर्ण का इतना बड़ा सम्मान करके उसे सार्वजनिक अपमान से बचा लिया। तब क्या था, वह दुर्योधन का पूर्णतया मित्र बन गया। दुर्योधन के हृदय में अर्जुन की वीरता के कारण जो भय था, उसके लिए उसे कर्ण जैसे वीर की आवश्यकता थी।''

''जो वीर भगवान् सूर्य और कुंती देवी की औलाद है, उसका दिल इस कदर अन्याय पूर्ण होगा! इसकी कल्पना करना कठिन है, पिताजी।'' वह अपनी शंकाओं को परत-दर-परत खोलती गई।

''यह सोहबत का असर है बेटी, दुर्योधन दुःशासन और शकुनि की सोहबत ने उसे वैसा बना दिया था। आखिर वह भी तो इनसान ही था। वह ऐसा दानवीर था, जो आस्था, संकल्प, स्वाभिमान तथा संघर्षों से जुड़ा हुआ था। बहुआयामी व्यक्तित्व था उसका। मगर कर्ण फिर भी अपने धर्म पर कायम रहा। जन्मदाता और अन्नदाता अलग ही तो होते हैं।''

''उसे तो द्रौपदी की दुर्दशा देखकर प्रसन्नता हुई थी। गुरुजी, वह अपने हृदय की वेदना का इजहार कर रही थी।''

''इस प्रकार झूठी प्रतिज्ञाएँ करने में कर्ण माहिर था। वह द्वेष के लिए द्वेष रखता था। उसने कहा था कि जब तक मैं अर्जुन का वध नहीं कर डालूँगा, तब तक अपने दोनों पैर दूसरों से नहीं धुलवाऊँगा। केवल जल से उत्पन्न पदार्थ नहीं खाऊँगा इत्यादि।''

''यह इस बात का प्रमाण है कि देवों के पुत्र भी इस मृत्युलोक में आम आदमी जैसा व्यवहार करते हैं। कूटनीति अपनाते हैं। हालाँकि इस बात में कोई संदेह नहीं कि कर्ण अतुल पराक्रमी था।'' उसकी अपनी बात सूझ-बूझ पर आधारित थी।

''उसे उसके अहंकार ने मारा, अभय। कौरवों-पांडवों के बीच संधि कराने के प्रयास के दौरान भगवान् कृष्ण ने सोचा था कि यदि कर्ण पांडवों का पक्षधर हो जाता है तो दुर्योधन की रीढ़ की हड्डी टूट जाती ही, मगर कर्ण ने भगवान् कृष्ण की सभी बातों को स्वीकार करते हुए भी सलाह मानने से इनकार कर दिया था। वह स्वीकार करता है कि उसकी माता कुंती है। पांडव उसके भाई हैं। वह मानता था कि यह बात युधिष्ठिर को पता चलते ही वह इसके लिए राजगद्दी त्याग देगा। उसे राजा स्वीकार कर लेगा। वह अधिरथ को पिता और राधा को माँ मानता था। वह कृतघ्न बनना नहीं चाहता था। वह इस मत का है कि सारी पृथ्वी का राज्य प्राप्त करके भी वह अपने अन्य सभी संबंधों को झूठा बनाना नहीं चाहता। उसने भगवान् श्रीकृष्ण से प्रार्थना की थी कि वे इस बात को गुप्त रखेंगे।'' उन्होंने शंकाओं का समाधान करने की कोशिश की।

''इसका मतलब है पिताजी कि कर्ण दोस्तों का दोस्त था और एहसान फरामोश नहीं था।'' वह अपनी सूझ-बूझ का प्रमाण देती रही।

''हाँ बेटी, यह सही है। कर्ण को पता था कि जहाँ ज्ञान है, वहाँ धर्म है, उसी पक्ष की जीत होगी। और जहाँ कृष्ण है, वहाँ धर्म है।''

''गुरुजी, हम इस नतीजे पर पहुँचे हैं कि परग्रही भी हम जैसे होंगे। हम उनके और वे हमारे वंशज हैं। वे नहीं रहे तो क्या हुआ, उनका स्वरूप, उनके 'जीनज' को कायम रखनेवाले हम तो हैं।'' सभी हँस दिए। रामदेयी ने आकर कहा, ''खाना लग गया है पिताजी!''

''शाबाश बेटी रामदेयी। तुमने मुझे पिताजी कहा, अब मेरी बारी है कि मैं तुम्हें बेटी की तरह प्यार दूँ, आदर दूँ, सत्कार दूँ। आखिर तुम कन्या हो।'' दिल-ही-दिल में सोचने लगे कि 'तुम्हें बेटी बनाकर कन्यादान भी करने का इरादा है।'

वे उठे और खाने की मेज पर बैठ गए। अभय अपने कमरे में गया। हाथ धोए और खिड़की को बंद करने गया। बाहर बादलों में से छनती, धीमी रोशनी वाली चाँदनी थी। बर्फ के फाहे गिरते हुए दिखाई दिए। वह जोर से बोला, ''बर्फ पड़ने लगी है वनी।''

कहते-कहते खाना खानेवाले कक्ष में आया। हाथ मलने लगा।

''यहाँ तो ब्लोअर लगा है पतिदेव। कमरा गरम है।'' वह हँस दी। और खाना लगाने में रामदेयी की मदद करने लगी।

''इसका मतलब है कि कल का प्रोग्राम कैंसल करना पड़ेगा।'' विजय आनंद बोले।

''यही तो कहने वाला था।''

''जिस नंबरदार वाली दोगरी में किसी मर्द या औरत की परछाईं नजर आती है, रामदेयी वह आदमी की नहीं दूर खड़े देवदार के पेड़ की टहनी की है। जो हिलती है और खँडहर में परछाईं पैदा करती है।''

''हमने सोचा था कि हम सब माँ तारा के मंदिर जाएँगे।''

''बर्फ ज्यादा तो नहीं हुई। पैदल का सफर और यह उमर राम-राम!'' विजय आनंद ने प्लेट अपनी ओर करते हुए कहा।

□

14

गंगा गई क्या?

"राजा भागीरथ से प्रसन्न होकर भगवान् विष्णु ने गंगा को पृथ्वी पर जाने का आदेश दिया था। वह बेमन से जाने के लिए तैयार हुई थी। विष्णु भगवान् उसकी मनोव्यथा जानते थे। उन्होंने कहा था कि हमेशा के लिए नहीं जाना। कलियुग के पाँच हज़ार साल बीत जाएँ तो लौट आना।'' विजय आनंद अध्ययन और यात्राओं की बातें कर रहे थे।

''पिताजी, यह हुई न बात! अभयजी को इस देवी को भी जहन में रखना होगा। गंगा भी तो पृथ्वी की असल वासी नहीं है।'' वनमाला ने पति की ओर बड़े चाव से देखा।

''जरूर, गंगाजी ने हमारी सामाजिक विषमताओं और अंतरविरोधों को जान लिया है।'' अभय ने कहा। उसने पत्नी पर प्यार भरी दृष्टि डाली।

''मैं अपने लिए एकांत की खोज में हरिद्वार गया था। उस दौरान दिनचर्या चलती रही। हकीकत सामने आ गई। गंगा गंदी हो गई है। मैली भी न रही। हमारे नेताओं के बीच राजनीति हुई। जो कहा वह वास्तव में नहीं हुआ। राजीव गांधी क्या चाहते थे या हमारी संस्कृति और संस्कारों की इच्छा क्या थी। देर-पर-देर होती गई। और गंगाजी संभवतः पृथ्वी से वापस लौट गई है। विजय आनंद बेचैन से नजर आए!

''क्या यह सही है, पिताजी?''

''हाँ बेटी। कलियुग शुरू हुए 5113 साल हो चुके हैं। गंगाजी विष्णु के वरदान के अनुसार धरती से विदा हो चुकी हैं। जिस पतित पावन गंगाजी को विष्णु भगवान् ने मृत्युलोक में भेजा था, वह उसी रूप में नहीं है। वह अपनी विशेषताएँ खो चुकी है।''

''क्या हैं वे विशेषताएँ गुरुजी?''

''पुरानी पीढ़ी के लोग बताते हैं कि गंगा का पानी कभी खराब नहीं होता। गंगा-जल की इस विशेषता को जाँचने के लिए 1965 में पेंसिलवेनिया की हामन 'लेबोरेटरी'

में परीक्षण किया गया। पता चला कि गंगाजल में जीवाणु-भोजी (बैक्टीरियो फाजो) तत्त्व मिलते हैं। नदी जल की शुद्धता का एक बड़ा पैमाना है डीओ (धुलित ऑक्सीजन) और बी.ओ.डी. (बायोलॉजिकल ऑक्सीजन डिमांड)। पानी में इनका स्तर क्रमशः पाँच तथा तीन मिग्रा प्रति लीटर होना चाहिए। किंतु गंगाजल में बी.ओ.डी. का स्तर नौ प्रतिशत तक पहुँच गया है।''

''इसे हम पाप कहें तो वाजिब है, पिताजी।'' उसे बहुत दुःख लगा। वह सिहर उठी। उसकी रगों में मुक्ता नानी का खून भी तो है। उसकी चिंता व्यक्त थी।

''प्रकृति के किसी भी नियम या मर्यादा का उल्लंघन अधर्म है। पाप है, वनी।''

''लोग वहाँ प्रदूषण फैलाने से बाज नहीं आते। पर्यावरण संतुलन बिगड़ रहा है। मौजूदा सभ्यता ऐसे काम को करने से गुरेज नहीं करती। इसलिए जलवायु-परिवर्तन पर तैयार की गई एक अंतरराष्ट्रीय रिपोर्ट में कहा गया है कि गंगा 2040 तक सूख जाएगी।'' विजय आनंद की बात सुनकर वनमाला दंग रह गई।

''अभी भी वक्त है पिताजी। मगर मैं तो इंतजार में थी कि आप पूरी पौराणिक कथा भी सुनाएँगे!''

''तो सुनो!'' उनके लहजे में आत्मीयता थी।

''जी।'' वनी के चेहरे की प्रतिक्रिया बदली।

''शुक्र है। वनी के चेहरे से विषाद की रेखाएँ समाप्त हैं।''

''गंगा की सफाई के मामले में जनता के साथ ठगी न हो, इसलिए धर्म में निष्ठा रखनेवालों का आतुर व्याकुल होना गलत नहीं है।''

''सिद्धांतों का सिरदर्द, राजनीति में व्यावहारिक बातों तक सिमटकर रह गया लगता है, वनी।''

''चुप हो जाओ। असली मुद्दे पर आओ। जो साइंसदानों ने कहा, वह भी तो ब्रह्मवाक्य नहीं। लोग समस्याएँ खड़ी करते हैं। उसका हल ढूँढ़ना भी उन्हीं का फर्ज है। हमें गंगाजी का वशिष्ट अधिकार सुरक्षित रखने के लिए कदम उठाने होंगे। कोई एन.जी.ओ. भी इसका बिड़ा उठाए इसके लिए मैं भी प्रयत्नशील हूँ।''

''गंगाजी पावन हैं। उनके इस अधिकार की रक्षा करनी होगी। उन्हें कोई गंदा न करे, इसके लिए नीति पर अमल करना होगा, कराना होगा।'' वनमाला की बात सुनकर अभय और विजय आनंद दोनों हँसने लगे। वनमाला ने उन्हें देखा। वह भी हँसने लगी। उसका आक्रोश शांत होने लगा। इसी बीच विजय आनंद उठे और अपने कमरे की ओर बढ़े। हाथ के इशारे से समझा गए कि वे अभी-अभी आते हैं।

वनमाला और अभय ने एक-दूसरे को देखा। वनी गुम-सुम सी हो गई। अभय ने उससे कहा—

''रात के शांत लम्हों में बात की जाएगी।'' वनी ने सिर हिलाया और आँखों-आँखों के संकेत से चंचलता का प्रदर्शन भी कर डाला।

''गंगाजी हमारी मर्यादा और मातृत्व का प्रतीक हैं।'' विजय आनंद ने वापस आकर कुरसी पर बैठते हुए कहा। उनके हाथ में एक मोटी सी पुस्तक थी।

''यह महाभारत का प्रथम खंड है। उसका सरल हिंदी में अनुवाद है।'' उन्होंने पुस्तक को मेज पर रखते हुए कहा। बूढ़ा हो गया हूँ। मुझमें सब्र और सहनशीलता नहीं रही। मैं इससे कुछ-कुछ अंश ही पढ़ूँगा। बाकी सारी-की-सारी पुस्तक, उसका संबंधित अध्याय तुम दोनों को पढ़ना होगा। मैं बीच-बीच में इतनी कथा जरूर सुना दूँगा, ताकि यह स्पष्ट हो जाए कि गंगा स्वर्गलोक से उतरी है। जो बातें बता चुका हूँ, उनको दोबारा सुनाने की जरूरत नहीं। विजय आनंद अटक-अटककर बोल रहे थे और किताब के वर्क खोल-खोलकर देख रहे थे।

''हाँ तो सुनो! 'इक्ष्वाकु वंश' में उत्पन्न महामिष नाम के एक राजा थे, जो सत्यवादी और सत्यपराक्रमी थे। उन्होंने यज्ञों द्वारा इंद्र को खुश कर लिया और किए हुए पुण्यों के कारण उस नरेश को स्वर्गलोक प्राप्त हुआ। उसके बाद एक समय सब देवता ब्रह्माजी की सेवा में उनके पास बैठे थे। वहाँ बहुत से राजर्षि और राजामहामिष भी उपस्थित थे। उसी समय सरिताओं में श्रेष्ठ गंगा भी ब्रह्माजी के समीप आई। उस वक्त हवा के झोंके से उसके शरीर का चाँदनी के समान उज्ज्वल वस्त्र अचानक ऊपर की ओर उठ गया। यह देखकर सब देवताओं ने तुरंत अपना मुँह नीचे की ओर कर लिया। लेकिन राजर्षि महामिष नि:शंक होकर देव नदी की ओर देखते ही रह गए। तब ब्रह्माजी ने महर्षि को शाप देते हुए कहा—दुर्मते! तुम मनुष्यों में जन्म लेकर फिर से पुण्यलोक में आओगे। जिस गंगा ने तुम्हारे चित्त को चुरा लिया है। वही मनुष्य लोक में तुम्हारे प्रति कूल आचरण करेगी। जब तुम्हें गंगा पर क्रोध आ जाएगा, तब तुम भी शाप मुक्त हो जाओगे।

विजय आनंद की पलकें झुकी हुई थीं। हालाँकि पुस्तक खुली थी, पर वे सबकुछ जुबानी कह रहे थे। बीच-बीच में पुस्तक में भी देख लेते थे। उन्होंने आगे कहा—

''तब राजा महामिष ने अन्य बहुत से तपस्वी राजाओं का चिंतन करके महा तपस्वी राजा प्रतीत को ही अपना पिता बनाने के योग्य चुना, उन्हीं को पसंद किया। महानदी गंगा राजा महामिष को धैर्य खोते देखकर मन-ही-मन उन्हीं का चिंतन करती हुई लौटी। रास्ते में जाती गंगा ने वसु देवताओं को ध्यान से देखा। उनका शरीर स्वर्ग से नीचे गिर रहा था। वे मोहाच्छन्न और मलिन दिखाई दे रहे थे। उन्हें इस रूप में देखकर गंगाजी ने पूछा। 'तुम लोगों का दिव्य रूप नष्ट कैसे हुआ? देवता सकुशल तो हैं न?' तब वसु देवताओं ने गंगा से कहा, 'महानदी! महात्मा वसिष्ठ ने थोड़े से अपराध पर क्रोध में आकर हमें शाप दे दिया है। पहले की बात है। एक दिन जब वसिष्ठजी पेड़ों की आड़

में संध्या उपासना कर रहे थे, हम सब मोहवश उनका उल्लंघन करके चले गए। और उनकी धेनु का अपहरण कर लिया। इससे कुपित होकर उन्होंने हमें शाप दिया कि 'तुम लोग मनुष्य योनि में जन्म लो।' ब्रह्मवादी महर्षि ने जो बात कह दी है, वह टाली नहीं जा सकती। इसलिए हमारी प्रार्थना है कि तुम पृथ्वी पर मानव पत्नी होकर वसुओं को अपने पुत्र रूप से उत्पन्न करो। हमें मानुषी स्त्रियों के उदर में प्रवेश न करना पड़े। अतः हमने यह अनुरोध किया है।' वसुओं के ऐसा कहने पर गंगाजी 'तथास्तु' कहकर बोली, '' 'वसुओ' मृत्युलोक में ऐसे श्रेष्ठ पुरुष कौन हैं। जो तुम लोगों के पिता होंगे?' वसुगण बोले, 'प्रतीप के पुत्र राजा शांतनु लोक विख्यात साधु पुरुष होंगे। मनुष्य लोक में वे ही हमारे जनक होंगे। गंगाजी ने कहा, 'तुम लोग जैसा कहते हो, वैसा ही मेरा विचार है। मैं राजा शांतनु का प्रिय करूँगी। और तुम्हारे इस अभिष्ट कार्य को भी सिद्ध करूँगी।' तब वसुगण बोले, 'तीनों लोकों में प्रवाहित होने वाली गंगे! हम लोग अब तुम्हारे गर्भ में जन्म लें, तब तुम पैदा होते ही हमें अपने आप जल में फेंक देना। जिससे शीघ्र ही हमारा मुत्यलोक से छुटकारा हो जाए।' ''

इसी बीच वनमाला बोली, ''पिताजी विघ्न के लिए क्षमा करें। अभी तक की कथा से यह निष्कर्ष निकलता है कि स्वर्गलोक के विधि-विधान में किसी अपील की गुंजाइश नहीं है। और गंगा के पानी में डाले जाने के बाद स्वर्ग की प्राप्ति होती है। इसलिए लोग वहाँ अस्थियाँ प्रवाहित करते हैं।''

''तुम्हारी भीतर से सहेजी कल्पना के अनुसार यह भी सही है।'' अभय ने तपाक से कहा और परिहास का सा मूड अख्तयार कर लिया।

''वे भी हमारी तरह परिस्थिति के सताए हुए देवता थे। यानी वहाँ और यहाँ में संबंध थे। जैसे हम आपस में रिश्ते-नाते करते आए हैं। वैसी उनकी परंपरा भी थी।'' तो मैं आगे बढ़ूँ?'' विजय आनंद बोले। और कथा की टूटती कड़ी जोड़ दी। ''तब गंगाजी ने कहा, 'ठीक है, मैं ऐसा ही करूँगी, परंतु उस राजा का मेरे साथ पुत्र के लिए किया हुआ संबंध व्यर्थ न हो जाए, इसलिए उनके लिए एक पुत्र की भी व्यवस्था होनी चाहिए।' उस पर वसुगण ने उत्तर दिया, 'हम सब लोग अपने तेज का एक-एक अष्टमांश देंगे। उस तेज से जो तुम्हारा एक पुत्र होगा, वह उस राजा की इच्छा के अनुरूप होगा। किंतु मनुष्यलोक में उसकी कोई संतान नहीं होगी। तुम्हारा वह पुत्र संतानहीन होने के साथ ही अत्यंत पराक्रमी होगा।' उसके बाद इस पृथ्वी पर राजा प्रतीप राज्य करने लगे। एक बार वे गंगा द्वार (हरिद्वार) में गए और बहुत वर्षों तक जप करते हुए एक आसन पर बैठे रहे। उस समय गंगा सुंदर रूप और उत्तम गुणों से युक्त युवती स्त्री का रूप धारण करके जल से निकली और स्वाध्याय में लगे हुए राजर्षि प्रतीप के शाल—जैसे विशाल दाहिने ऊरू (जाँघ) पर जा बैठी। उस समय उनकी आकृति बड़ी लुभावनी थी। रूप

देवंगनाओं के समान था और मुख अत्यंत मनोहर था। अपनी जाँघ पर बैठी हुई उस यशस्विनी नारी से राजा प्रतीप ने पूछा, 'कल्याणी। मैं तुम्हारा कौन सा प्रिय कार्य करूँ। तुम्हारी क्या इच्छा है?' वह बोली, 'राजन्, मैं आपको ही चाहती हूँ। आपके प्रति मेरा अनुराग है, अतः आप मुझे स्वीकार करें, क्योंकि काम के अधीन होकर अपने पास आई हुई स्त्रियों का परित्याग साधु पुरुषों ने निंदित माना है।' इस पर प्रतीप ने कहा, 'सुंदरी! मैं कामवश पराई स्त्री के साथ समागम नहीं कर सकता। जो अपने वर्ण की न हो, उससे भी मैं संबंध नहीं रख सकता। यह मेरा धर्मानुकूल व्रत है।' वह फिर बोली, 'राजन्, मैं अशुभ या अमंगल करनेवाली नहीं हूँ। समागम के अयोग्य भी नहीं हूँ, और ऐसी भी नहीं हूँ कि कभी कोई मुझ पर कलंक लगाए। मैं आपके प्रति अनुरक्त होकर आई दिव्य कन्या एवं सुंदर स्त्री हूँ। अतः आप मुझे स्वीकार करें।' तब प्रतीप ने कहा, 'सुंदरी' तुम जिस प्रिय मनोरथ की पूर्ति के लिए मुझे प्रेरित कर रही हो, उसका निराकरण भी तुम्हारे द्वारा ही हो। यदि मैं धर्म के विपरीत तुम्हारा यह प्रस्ताव स्वीकार कर लूँ तो धर्म का यह विनाश मेरा भी नाश कर डालेगा। वरांगने! तुम मेरी जाँघ पर आकर बैठी हो। भीरू! तुम्हें मालूम होना चाहिए कि यह पुत्र, पुत्री तथा पुत्रवधू का आसन है। पुरुष की बाईं जाँघ की कामिनी उपभोग के योग्य है। किंतु तुमने उसका त्याग कर दिया है। अतः वरांगने। मैं तुम्हारे प्रति कामयुक्त आचरण नहीं करूँगा। सुश्रोणि! तुम मेरी पुत्रवधू हो जाओ। मैं अपने पुत्र के लिए तुम्हारा वरण करता हूँ। क्योंकि तुमने यहाँ आकर मेरी उसी जाँघ का आश्रय लिया है, जो पुत्रवधू के पक्ष की है।' तब वह बोली, 'धर्मश नरेश! आप जैसा कहते हैं, वैसा भी हो सकता है। मैं आपके पुत्र संयुक्त होऊँगी। आपके प्रति जो मेरी भक्ति है, उसके कारण मैं विख्यात भरतवंश का सेवन करूँगी। पृथ्वी पर जितने राजा हैं, उन सबके आप लोग उत्तम आश्रय हैं। सौ वर्षों में भी आप लोगों के गुणों का वर्णन मैं नहीं कर सकती। धर्मश! मैं आपके पुत्र के साथ एक शर्त के साथ विवाह करूँगी। प्रभो, मैं जो कुछ भी आचरण करूँ, वह सब आपके पुत्र को स्वीकार होना चाहिए। वे उसके विषय में कभी कुछ विचार न करें। इस शर्त पर रहती हुई मैं आपके पुत्र के प्रति अपना प्रेम बढ़ाऊँगी। मुझसे जो पुण्य आत्मा एवं प्रिय पुत्र उत्पन्न होंगे, उनके द्वारा आपके पुत्र को स्वर्गलोक की प्राप्ति होगी।'

"राजा प्रतीप ने 'तथास्तु' कहकर उसकी शर्त स्वीकार कर ली। उसके बाद वह वहीं अंतर्धान हो गई।"

वनमाला विजय आनंद को एकटक देख रही थी। दोनों ही को अपनी चुप्पी बोझिल सी लग रही थी। वनमाला अब शालीनतापूर्वक बोली, "परग्रहियों की अपनी ही पहचान है।"

विजय आनंद ने प्रत्युत्तर में पूछा, "क्या?" कथा सुनाते-सुनाते रुक गए। वे

हतप्रत और अवाक् थे। वे उसके चेहरे की भाव-भंगिमा पढ़ने की कोशिश में लगे थे।

"यही कि वे अंतर्धान हो जाते हैं। अदृश्य हो जाते हैं। हाल ही में लद्दाख में 100 के करीब प्रकाशवान वस्तुएँ आकाश में देखी गईं। भारतीय सेना और आई.टी.बी.पी. ने देखी-पहचानी, न रुकने वाली उड़ती चमकदार चीज (यू.एफ.ओ.) जम्मू-कश्मीर के लद्दाख रीजन में भी देखी हैं। आई.टी.बी.पी. ने पागोंग टसो लेक के नजदीक थाकुग में 100 के करीब 'सांईनिगंज' मिस्ट्रीसाड़ीर्टगं स्पूक्स में देखी गई हैं। यह अगस्त और 15 अक्तूबर, 2012 के बीच की बात है। इन रहस्यपूर्ण चमकदार वस्तुओं ने फौजी जवानों को भी भयभीत किया। स्पूक का अर्थ भूत है। चाईना की ओर से, आकाश में तीन से पाँच घंटे आर-पार उड़ी। फिर गुम हो गईं। यानी कि अंतर्धान! यह नॉनमैटेलिक हैं। यानी धातु से बनी हुई नहीं। इसलिए 'रॉडर' भी इसका पता न लगा सका। कहने का तात्पर्य यह है कि 'परग्रही' की पहचान भी नहीं हो पाई।" बात को यहीं समाप्त करके उसने देखा कि विजय आनंद विचार मग्न थे। अभय मन मसोसकर यथास्थान बैठा रहा। बातचीत के अंदाज में वनमाला विजय आनंद की ओर अबोध बच्ची की तरह देखने लगी। उन्होंने उसके सिर पर हाथ रख दिया। तत्पश्चात् इत्मीनान से अपनी बात आगे बढ़ाई। उनके भीतर भी बाहर आने के लिए कई भाव विवश थे। अव्यक्त, अस्पष्ट, अनदेखे, पर विश्वास योग्य। "उसके बाद पुत्र जन्म की प्रतीक्षा में राजा प्रतीप ने उसकी बात याद रखी। इन्हीं दिनों क्षत्रियों में श्रेष्ठ प्रतीप अपनी पत्नी को साथ लेकर पुत्र के लिए तपस्या करने लगे।" प्रतीप की पत्नी की कुक्षि में एक तेजस्वी गर्भ का आविर्भाव हुआ, जो शरद ॠतु के शुक्ल पक्ष में परम कांतिमान चंद्रमा की भाँति प्रतिदिन बढ़ने लगा। उसके बाद दसवाँ महीना होने पर प्रतीप की महारानी ने एक देवोपम पुत्र को जन्म दिया, जो सूर्य के समान प्रकाशवान था। उन बूढ़े राजदंपती के यहाँ पूर्वोक्त राजा महाभिष ही पुत्र रूप में उत्पन्न हुए। शक्तिशाली राजा प्रतीप ने उस बालक के आवश्यक कृत्य (संस्कार) करवाए। ब्राह्मण पुरोहित से वेदोक्त क्रियाओं द्वारा जात-कर्म आदि संपन्न किए। बहुत सारे ब्राह्मणों ने मिलकर वेदोक्त विधियों के अनुसार शांतनु का नामकरण संस्कार भी किया। फिर बड़े होने पर राजकुमार शांतनु लोकरक्षा का काम करने लगे। वे फिर युवावस्था में पहुँच गए। तब राजा प्रतीप ने आदेश दिया। शांतनो! पूर्वकाल में मेरे पास एक दिव्य नारी आई थी। उसका आगमन तुम्हारे कल्याण के लिए ही हुआ था। बेटा यदि वह सुंदरी कभी एकांत में तुम्हारे पास आए, तुम्हारे प्रति काम भाव से युक्त हो और तुम से पुत्र पाने की इच्छा रखती हो, तो तुम उत्तम रूप स्वरूप आकर्षक एवं सुशोभित उस दिव्य नारी से—'अंडगने, तुम कौन हो? किसकी पुत्री हो? किसकी पुत्री हो?' इत्यादि प्रश्न न करना। वह जो कार्य करे, उसके विषय में भी तुम्हें कुछ पूछताछ नहीं करनी चाहिए। यदि वह तुम्हें चाहे, तो मेरी आज्ञा से उसे अपनी पत्नी बना

लेना। इस और ऐसे आदेश के बाद राजा प्रतीप ने उसी समय शांतनु को अपने राज्य पर अभिषिक्त कर दिया और स्वयं वन में प्रवेश कर गए। शांतनु हिंसक जानवरों का शिकार करते और गंगाजी के तट पर अकेले ही विचरण करते थे। तो एक दिन उन्होंने एक परम सुंदरी नारी देखी, जो अपने तेजस्वी शरीर से ऐसी प्रकाशित हो रही थी, मानो लक्ष्मी ही दूसरा शरीर धारण करके आ गई हो। उसके सारे अंग परम सुंदर और निर्दोष थे। दाँत तो और भी सुंदर थे। वह दिव्य आभूषणों से विभूषित थी। उसके शरीर पर महीन साड़ी शोभा पा रही थी और कमल के भीतरी भाग के समान उसकी कांति थी। वह अकेली थी। उसे देखते ही राजा शांतनु के शरीर में रोमांच पैदा हो गया, वे उसकी रूप संपत्ति से आश्चर्यचकित हो उठे और दोनों नेत्रों द्वारा उसकी सौंदर्य-सुधा का पान करते हुए से तृप्त नहीं होते थे। वह भी वहाँ विचरते हुए महातेजस्वी राजा शांतनु को देखते ही मुग्ध हो गई। स्नेहवश उसके हृदय में सौहार्द का उदय हो आया। वह विलासिनी राजा को देखते-देखते तृप्त नहीं थी। तब राजा शांतनु ने उसे सांत्वना देते हुए मधुर वाणी में कहा, 'सुमध्यमे! तुम देवी, दानवी, गंधर्वी, अप्सरा, यक्षी, नाग कन्या अथवा मानवी, कुछ भी क्यों न हो, देव कन्या के समान सुशोभित होने वाली सुंदरी, मैं तुमसे याचना करता हूँ कि मेरी पत्नी हो जाओ।' राजा शांतनु का मीठा मुसकान युक्त, मनोहर वचन सुनकर यशस्विनी गंगा उनकी ऐश्वर्य वृद्धि के लिए उनके पास आई। तट पर विचरते हुए उन नृपश्रेष्ठ को देखकर सती साध्वी गंगा को वसुओं को दिए हुए वचन का सारण हो आया। साथ ही राजा प्रतीप की बात भी याद आई। तब यही उपयुक्त समय है, ऐसा मानकर वसुओं को मिले हुए शाप से प्रेरित हो, स्वयं संतानोत्पादन की इच्छा से पृथ्वीपति महाराज शांतनु के मन को आनंद प्रदान करती हुई बोली, 'भूपाल! मैं आपकी महारानी बनूँगी एवं आपके अधीन रहूँगी। परंतु एक शर्त है। राजन्! मैं भला या बुरा जो कुछ भी करूँ, उसके लिए आपको मुझे नहीं रोकना होगा और मुझसे कभी अप्रिय वचन भी नहीं कहना चाहिए। पृथ्वीपत्ते! ऐसा बरताव करने पर ही मैं आपके समीप रहूँगी। यदि आपने कभी मुझे किसी कार्य से रोका या अप्रिय वचन कहा तो मैं निश्चय ही आपका साथ छोड़ दूँगी।' उस समय बहुत अच्छा कहकर राजा ने जब उसकी शर्त मान ली, तब उन नृप श्रेष्ठ को पति रूप में प्राप्त करके उस देवी को अनुपम आनंद मिला। तब राजा शांतनु देवी गंगा को रथ पर बिठाकर उनके साथ अपनी राजधानी चले गए। साक्षात् दूसरी लक्ष्मी के समान सुशोभित होने वाली गंगा देवी शांतनु के साथ गई। राजा शांतनु उस देवी को पाकर उसका इच्छानुसार उपभोग करने लगे। पिता का यह आदेश था कि उससे कुछ पूछना मत। उनकी आज्ञा मानकर राजा ने उससे कोई बात नहीं पूछी। उसके उत्तम शील स्वभाव, सदाचार, रूप, उदारता, सद्गुण तथा एकांत सेवा से महाराज शांतनु बहुत संतुष्ट रहते थे। उस दिव्य नारी के उत्तम गुणों ने उनके चित्त को चुरा लिया था;

अत: वे राजा उसके साथ रतिभोग में आसक्त हो गए। इस प्रकार कई वर्ष बीत गए। उसके गर्भ से देवताओं समान तेजस्वी आठ पुत्र पैदा हुए। जो-जो पुत्र पैदा होता, उसे वह गंगाजी के जल में फेंक देती और कहती, 'वत्स इस प्रकार शाप से मुक्त करके मैं तुम्हें प्रसन्न कर रही हूँ।' ऐसा कहकर गंगा प्रत्येक बालक को धारा में डुबो देती थी।

"पत्नी का यह व्यवहार राजा शांतनु को अच्छा नहीं लगता था, तो भी वे उस समय उससे कुछ नहीं कहते थे। राजा को यह डर बना हुआ था कि कहीं यह मुझे छोड़कर चली न जाए। उसके बाद आठवाँ पुत्र पैदा हुआ, तब हँसती हुई सी अपनी स्त्री से राजा ने अपने पुत्र के प्राण बचाने की इच्छा से दु:खातुर होकर कहा, 'अरी! इस बालक का वध न कर; तू किसकी कन्या है? कौन है? क्यों अपने ही बेटों को मार डालती है। पुत्र धातिनी! तुझे पुत्र-हत्या का यह अत्यंत निंदित और भारी पाप लगा है।'

"वह बोली—'पुत्र इच्छा करनेवाले नरेश तुम पुत्रवानों में श्रेष्ठ हो। मैं तुम्हारे इस पुत्र को नहीं मारूँगी। परंतु यहाँ मेरे रहने का समय अब समाप्त है। जैसे कि पहले ही शर्त हो चुकी है। मैं जसु की पुत्री और महर्षियों द्वारा सेवित गंगा हूँ। देवताओं का कार्य सिद्ध करने के लिए तुम्हारे साथ रह रही थी।'

"तुम्हारे आठ पुत्र महातेजस्वी महाभाग वसु देवता हैं। वसिष्ठजी के शाप-दोष से ये मनुष्य योनि में आए थे। तुम्हारे सिवा दूसरा कोई राजा इस पृथ्वी पर ऐसा नहीं था, जो उन वसुओं का पिता हो सके। इसी प्रकार इस जगत् में मेरी जैसी दूसरी कोई मानवी नहीं है, जो उन्हें गर्भ में धारण कर सके। इसलिए वसु की जननी होने के लिए मैं मानव-शरीर धारण करके आई थी। राजन्। तुमने आठ वसुओं को जन्म देकर अक्षय लोक जीत लिये हैं। वसु देवताओं की यह शर्त थी, और मैंने उसे पूर्ण करने की प्रतिज्ञा कर ली थी कि जो-जो वसु जन्म लेगा, उसे मैं जन्मते ही मनुष्य योनि से छुटकारा दिला दूँगी। इसलिए अब वसु महात्मा वसिष्ठ के शाप से मुक्त हो चुके हैं। तुम्हारा कल्याण हो, अब मैं जाऊँगी। तुम इस महान् व्रतधारी पुत्र का पालन करो। यह तुम्हारे पुत्र वसुओं के पराक्रम से संपन्न होकर अपने कुल का आनंद बढ़ाने के लिए प्रकट हुआ है। इसमें संदेह नहीं कि यह बालक बल और पराक्रम में दूसरे सब लोगों से बढ़कर होगा। यह बालक वसुओं के अंशों से है, उनके एक-एक अंश का आश्रय है, संपूर्ण वसुओं के अंश से इसकी उत्पत्ति हुई है। मैंने तुम्हारे लिए वसुओं के समीप प्रार्थना की थी कि 'राजा का एक पुत्र जीवित रहे।' इसे मेरा बालक समझना और इसका नाम 'गंगादत्त' रखना। आपका यह पुत्र अभी शिशु अवस्था में है। बड़ा होने पर फिर आपके पास आ जाएगा और आप जब बुलाएँगे, तभी मैं आपके सामने उपस्थित हो जाऊँगी। महर्षि वसिष्ठ द्वारा वसुओं को शाप प्राप्त होने की कथानुसार, गंगा देवी नवजात शिशु को साथ लेकर वहीं अंतर्द्धान हो गई और अपने अभीष्ठ स्थान को चली गई। उस बालक का नाम हुआ देवव्रत। कुछ

लोग गंगेय भी कहते थे। इधर शांतनु शोक के आतुर होकर पुन: अपने नगर को लौट गए। उन भरतवंशी महात्मा नरेश की ही महान् कृपा और सौभाग्य का यह प्रमाण है।

''उन्हें गंगाजी के द्वारा सुशिक्षित पुत्र की प्राप्ति हुई। इसी देवव्रत ने भीष्म प्रतिज्ञा की थी।''

इस बीच अभय और वनी चुप रहे। विजय आनंद ने आँखें बंद कीं और हाथ जोड़कर ईश्वर को याद किया। गंगाजी को प्रणाम किया। फिर उन्होंने आँखें खोलीं। उनकी आँखें पवित्रता से परिपूर्ण थीं। नम्रतापूर्वक पुन: हाथ जोड़कर उठने लगे। अभिप्राय था, वापस अपने कमरे में जाने की इच्छा।

वनमाला ने आवाज दी, ''यह बरतन उठा लो रामदेयी।'' विजय आनंद के पास जाकर खड़ी हो गई और बोली—

''पिताजी, यह जह्नू कौन थे, गंगा के पिता हैं। इतनी सी बात से मेरी जिज्ञासा और बढ़ गई है।''

विजय आनंद पुन: बैठ गए। हँसने लगे। विचारों, उद्देश्यों और पाप-मुक्त भावनाओं के धनी विजय आनंद समझ गए कि विचार-विमर्श करने में माहिर वनमाला को टाल देना ठीक नहीं। वे गंभीर स्वर में बोले, ''बेटी, जह्नू के विषय में एक छोटी सी कथा मुझे याद है। नारायण, विष्णु, एक ऋषि विशेष जब भागीरथ गंगा को लेकर आ रहे थे तो ये रास्ते में यज्ञ कर रहे थे। यज्ञ में विघ्न होने के कारण इन्होंने उसको पी लिया था। भागीरथ के प्रार्थना करने पर फिर गंगा को कान से निकाल दिया। उसी समय से गंगा को अकसर लोग 'जाह्नवी' भी कहते हैं।'' उनके चेहरे पर ताजगी और आँखों में सहजता थी।

''और वसु?'' अब अभय ने भी पूछा।

''सही है। पूछने योग्य प्रश्न है। एक प्रकार से देवता जो गिनती में आठ हैं—(1) धर, (2) ध्रुव, (3) सोम, (4) सावित्र, (5) अनिल, (6) अनल, (7) प्रत्यूष, (8) प्रभास। आग, किरण, एक वृक्ष, धन, सोना, रत्न, जवाहिर पानी-मीठा सूखा।''

''और अब भीष्म की कथा सुनाने की जरूरत भी है क्या?''

''नहीं पिताजी, नहीं! हम परलोक, मृत्यु लोक के बाहर वाले लोक को जानने की इच्छा रखते हैं। अब जानती हूँ कि भीष्म राजा शांतनु के बेटे थे। इन्होंने पिता की कामोवासना की पूर्ति के लिए आजन्म ब्रह्मचर्य और राज्य न लेने की प्रतिज्ञा की थी। जिसको पूरा कर दिखाया।'' सभी हँस दिए और खड़े हो गए। अपने-अपने कमरे की ओर चले गए। गैलरी के एक ओर मेहमानों का कमरा था।

रसोईघर के पास वनमाला का अलग कमरा तो था ही, जो ज्यादातर दिन में ही बसता था। रात को वह अभय के कमरे में चली जाती थी। उसी कमरे में अभय ने हर

नए चित्र बनाने के लिए केनवस इत्यादि लगा रखे थे। किताबों की अलमारी भी थी और पलंग भी वहाँ ही था। पास ही ड्रेसिंग टेबल था। अभय ने विजय आनंद को अपने कमरे में जाता देख लिया था। अभय के पीछे-पीछे वनमाला आ रही थी।

अभय के पीछे-पीछे वनमाला आ रही थी। वह मुड़ा। वनमाला की कलाई को कसकर पकड़ा और कान में कहा, "कामोवासना?" वह हँस दी।

"और क्या कहती, रतिक्रिया, रतिक्रीड़ा, भोग विलास—प्यार-मुहब्बत की इंतहा संपन्नता!"

"उन्हें तू पिताजी कहती है।"

"यह शब्द ही सूझा। उन्होंने पलकें झुका दी थीं।" विजय आनंद ने गरदन घुमाकर उन्हें देख लिया था। उनको पता भी न चला। उन्हें अच्छा लगा। प्यार में धोखा खाने के बाद जो कष्ट होना स्वाभाविक था, उस पर धैर्य और आत्मविश्वास से विजय पाने की असीम क्षमता है वनमाला में। उनके कमरे की बगल में ही दूसरा कमरा था, जो माँ सिमरन का है। वे अपने खयालों में मस्त हँस रहे थे।

विजय आनंद ने खिड़की खोलकर बाहर झाँका। हवा का ठंडा-ठंडा झोंका अंदर प्रवेश कर गया। धूप की रोशनी से दूर पहाड़ी पर अवर्णनीय शोभायुक्त एक छोटा सा मंदिर था। नीचे कुछ ही दूरी पर 'लिंक' मोटर सड़क थी। वहाँ एक गाय भागी जा रही थी। वह गले में लटकी रस्सी से उलझी और सड़क पर गिर पड़ी। आता-आता एक ट्रक रुक गया। ड्राइवर नीचे उतरा। उसने गाय को उठाया। रस्सी पकड़ी और आवाज दी—"ओ गाय वालो, ले जाओ अपनी गऊ माता को…" फिर कहा, "यह सड़क है। कोई चराँद नहीं। कोई सुन रहा है क्या?" पास से एक साइकिल वाला उसे कनखियों से देखता हुआ निकल गया। वहीं इसे लिंक रोड के पास एक ऊँची इमारत की छत पर खड़ी एक अव्यक्त विरक्त सी औरत हाथ हिलाकर आवाज दे रही थी। "ठहर जाओ जी, मैं आई।" ड्राइवर ने गाय की रस्सी छोड़ दी। ट्रक में बैठा और किनारे से ट्रक घुमाया। आगे नेशनल हाईवे की ओर निकल गया। गाय फिर भागने लगी।

विजय आनंद यह नजारा देखते रहे। शायद वही औरत थी, जो उस गाय की ओर भागती आई। गाय फिर भागी। विजय आनंद ने खिड़की बंद कर दी। कुछ याद आया। अब वे इस उधेड़बुन में थे कि यहाँ से कब प्रस्थान किया जाए। उन्होंने छत की ओर देखा, एक लंबी साँस अपने आप निकली।

और फर्ज का शेर फुसफुसाया—

"रंजिश ही सही, दिल ही दुखाने के लिए आ,
आ फिर से मुझे छोड़ के जाने के लिए आ।"

यह कहते हुए अपने पलंग पर बैठे, और लिहाफ खोला, टाँगें बीच में डालीं,

हिलाकर अपनी लंबाई के अनुसार फैलाया और लेट गए। अभय फिर से लौट आया। परदे फैलाए, दरवाजे को बंद करने लगा। विजय आनंद उसे देख रहे थे। बाहर का वातावरण गहरी खामोशी में डूब चुका था।

"आप कुछ बोल रहे थे गुरुजी।"

"एक शेर याद आया था। निकल गया मुँह से। आदमी कभी-कभी खुद से भी बातें करता है।"

"कल का प्रोग्राम बनाएँगे। कल सुबह ही ...।"

"मैं तो कहीं और जाने की बात करनेवाला था। आतुर व्याकुल मन को कहीं-न-कहीं व्यस्त कर के मन को शांति मिलती है।"

"आप काफी चिंतित से लग रहे हैं। मैं गहरी दुविधा में था। हमसे कोई गलती तो नहीं हुई?"

"ऐसा क्यों सोच रहे हैं अभय?" उन्होंने तकिए पर कमर टिकाई और बैठ गए। उनका चेहरा मुसकानपूर्ण था! मैं खुशनसीब हूँ कि तुम दोनों मेरे जीवन में आए, आकर्षक मृदुभाषी वनमाला मेरी बेटी बनी। स्वादिष्ट खाना खाया। तुम्हारी सृजनात्मक कला के दर्शन हुए। यकीन मानो कि मैं सोच भी नहीं सकता कि तुम दोनों पराए हो। वनमाला से बातें करना अच्छा लगता है। उससे मिलकर अपनी बेटी को भूल जाता हूँ। उसकी काबिलियत पर भी गर्व है। संयोगवश मुझे आज नंबरदारजी भी याद आए। यह घर उन्हीं द्वारा खरीदी हुई जमीन पर बना था। उनकी पत्नी ने पुलिस में आत्मसमर्पण कर दिया है। जब वह कातिल नहीं है तो अब छिपने का क्या फायदा? मैं इस खबर के मिलने के बाद से चिंता सी महसूस कर रहा हूँ।" अभय देख रहा था कि विजय आनंद अब अशांत से थे, भावपूर्ण भी। उनमें स्वार्थपरता कतई नहीं है।

"अभय, नंबरदारजी असामान्य रूप से शांतचित्त इनसान लगता था। निस्स्वार्थ भी। न जाने क्यों उसका खयाल मन में बोझ सा बनकर आ बैठा। मेरे प्रति उसका मर्यादा पूर्ण आचरण था।"

"मैंने देखा है गुरुजी। कभी-कभी किसी की याद अचानक ही आ जाती है। कई वर्ष पूर्व भी जो मिला था, वह भी कभी ऐसे याद आता है, यानी मन में उसकी कमी महसूस हो रही हो।"

"हाँ अभय, मुझे इसकी वजह मालूम नहीं। पर यह सच है कि उससे मिलना, उससे बातें करना मूल्यवान अनुभव था। मेरी इच्छा है कि मैं पुलिस थाने जाकर पता करूँ कि उस केस की 'इन्वेस्टीगेशन' किस स्टेज पर पहुँची। वह बदमाश जो खुद को राजनायक कहता था कोई फरिश्ता न था। मर गया, दुनिया पर बोझ था।"

"क्या कहूँ गुरुजी, भगवान् भी वैसे राजनीतिज्ञों की ओर ध्यान नहीं देते। उन्हें तो

बस गायक, कलाकार, फिल्मकार ज्यादा प्यारे हैं। जगजीत सिंह चले गए, मेहँदी हसन उनको प्यारे हो गए। देव आनंद गए, राजेश खन्ना और दारा सिंह गए, पर…'' अभय असामान्य मुद्रा में था।

''छोड़ो इस बात को।'' विजय आनंद हँसे।

''कल मैं नंबरदार के बारे में खोज-खबर के लिए रुक जाता हूँ।''

''जाने का मन क्यों बनाया है गुरुजी ?'' उसका सवाल निजत्वपूर्ण था। उन्हें रोकने के लिए इसरार था।

''आज उसकी याद भी आई, जिसे भुलाने की कोशिश में जगह-जगह जाता हूँ, भटकता हूँ, दिल में तूफान छुपाए बैठा हूँ। यह न समझो मुझे प्यार नहीं था।''

''हम समझते हैं। तभी तो चाहते हैं कि आप कुछ दिन और हमारे साथ रहिए। हमें भी अच्छा लगेगा।''

विजय आनंद छत की ओर देखते हुए बोले, ''बहुत खूबसूरत है मेरा सनम। खुदा ऐसे मुखड़े बनाता है कम।''

अब विजय आनंद की आँखों में आँसू थे। उन्हें गुजरा हुआ जमाना याद आ रहा था। पत्नी के चले जाने पर निरंतर आती, सताती याद!

''अच्छा जी अब चलता हूँ। आप सो जाएँगे तो मन हलका हो जाएगा।'' अभय ने उनके पाँव छूए और दरवाजा बंद करके अपने कमरे की ओर चला गया। विजय आनंद बैठे-बैठे गंभीर और उलझी हुई स्थितियों, उलझनों को सोचते सुलझाते-सुलझाते सो गए।

सुबह-सवेरे शीघ्र ही उठ गए। टी.वी. लगाया। बारिश और बर्फ की भविष्यवाणी हुई। एक दूसरी चैनल लगाई। वहाँ 'अस्ट्राएड' की खबर थी, जो 15 फरवरी, 2013 को धरती के बहुत नजदीक से गुजरना है। उसमें सोने और हीरों के होने के अनुमान हैं। और अमरीका इसके खनन की तैयारी में है। उन्होंने टी.वी. बंद किया। उठे। खरामा-खरामा टहलते हुए गैलरी में आए। देखा कि अभय का वर्कशॉप वाला कमरा खुला है। केवल मात्र परदा लगा है। उन्होंने हाथ से परदा हटाया और अंदर झाँककर देखा। सामने तैयार होते चित्र को देखकर पशोपेश में पड़ गए। यह अभय का नया अनुभव है। निस्संदेह चित्र अच्छा बन रहा है। उन्हें याद आया कि दिल्ली की एक गैलरी में चल रही प्रदर्शनी 'द नैकेड ऐंड न्यूड द बॉडी इन इंडियन मॉडर्न आर्ट' से प्रेरणा लेकर अभय इस चित्र को बनाने लगा होगा। वह शायद वहाँ जा नहीं सकेगा, क्योंकि विजय आनंद यहाँ आ गए हैं। हालाँकि यह पहला अवसर है, जब आधुनिक भारतीय कला के इतिहास की ऐसी पेंटिंगों और चित्रकारों को साझा मंच मिला है। उनके मन में आया कि अभय से कहें कि वह उनके साथ उस प्रदर्शनी को देखने दिल्ली चले। ठीक ही तो है। उन्हें पता नहीं चला, जब अभय उनके पीछे खड़ा हो गया था, उसने कहा, ''कला मानव शरीर

की संरचना के ज्ञान के बिना अधूरी है।'' उन्होंने मुड़कर देखा। अभय के चेहरे और आँखों में आशाओं का उमंगों पर नाचता एहसास था।

विजय आनंद प्रसन्न हुए तथा अभय की मुसकान को सराहा। ''हाँ अभय, मानव शरीर अपने आप में सुंदर है। तभी तो देवताओं को इसी रूप और स्वरूप में दिखाया जाता है।''

''मैंने कमरा खुला रखा था। जानता था कि आप आएँगे और इस कमरे में आने का कष्ट करेंगे।'' यह कहते हुए अभय ने उनके पाँव छूए।

''मैं तुम्हें और कुछ नहीं पूछूँगा। परंतु चित्र सुंदर बन रहा है। शायद तुम्हारा दिल्ली में लगी प्रदर्शनी के लिए जाने का विचार हो तो मैं भी चलूँगा।''

''नहीं गुरुजी, आप आए तो घर में रौनक आई। अब माँ सिमरन का इंतजार है। वे आएँगी तो बहार भी आ जाएगी।''

''मैं इस चित्र के विषय में इतना जरूर कहे देता हूँ कि इसका प्रदर्शन करने से पूर्व भारतीयता, मान-मर्यादा और परंपरा का ध्यान रखना होगा।''

''इसे मैंने अपने वर्कशॉप के लिए ही बनाया है। जल्दी पूरा हो जाएगा।''

''तुम्हारा नजरिया सुरुचिपूर्ण है।''

पीछे मुड़कर देखा वनमाला फलीट बूट और सैर के कपड़ों में खड़ी थी। वे कमरे से बाहर आए। वनी ने उनके पाँव छूए और बोली, ''पिताजी लगता है मोबाइल टावर के रेडिएशन से पक्षियों पर बुरा असर पड़ा है। 'रेडिएशन' से सुबह-सवेरे की चहचाहट गुम हो गई है। मैं बाहर लॉन में थोड़ी सैर कर रही थी।''

''हाँ बेटी गौरेया, मैना, तोते, कौए, चील ऊँचे पर्वतों के पंछी पखेरू जब भी विद्युत् चुंबकीय किरणों के दायरे में आते हैं, तो उन पर प्रतिकूल प्रभाव पड़ता है। वे रास्ता तक भूल जाते हैं। भटक जाते हैं।''

''तभी तो कहता हूँ कि तुम भी अकेली न फिरा करो। टावर नजदीक है। रास्ता भटक जाओगी।'' तीनों हँस पड़े।

''चलो डायनिंग रूम में बैठते हैं। वहाँ चाय पीएँगे।''

''नहीं, मेरी इच्छा तो पलंग पर बैठकर चाय पीने की है। मेरी चाय वहीं भेज देना।''

''नहीं पिताजी, हम भी वहीं आते हैं,'' वनमाला ने रामदेयी को आवाज लगाई—

''हम सब की चाय, पिताजी के कमरे में ले आओ।'' और वे मेहमानों वाले कमरे में चले गए। विजय आनंद पलंग पर बैठ गए। रजाई में टाँगें डाल लीं। अभय ने उनकी पीठ के पीछे गोल तकिया रख दिया।''

''गुरुजी! आप बुरा न मानें तो एक निजी प्रश्न करने की इच्छा है।''

''कैसा निजी?''

"यही कि आपके अकेलेपन को दूर करने के लिए कुछ कहूँ—छोटा मुँह, बड़ी बात होने पर बुरा तो न मानेंगे।"

"कहो बेटा, मगर मैं अकेला कहाँ हूँ। आप लोग मेरे साथ हैं ? बाहर घूमता हूँ तो भी किसी-न-किसी से मिलना-जुलना होता रहता है। असुरक्षित नहीं हूँ। जीवन में अभाव या शून्य नहीं है।"

"मैं बोलूँ पिताजी ?" वनी सोफे पर सामने ही बैठी थी।

"हाँ कहो बेटी।"

"मैं समझती हूँ कि आदमी को अच्छे साथी की हरउम्र में तलाश रहती है। अकेलेपन से जूझता इनसान वाकई अकेला है। इन्होंने बताया था कि रात आपने एक ऐसा शेर गुनगुनाया, जिससे कि हम आपके मन का आग्रह जान पाएँ। इन्होंने मुझे यह बात कही थी।"

"कविताएँ, गजलें, शेर ओ शायरी मुझे अच्छे लगते हैं। अकेले में गुनगुनाया। अभय ने सुन लिया होगा।"

"मगर बाद में गुरु माँ की याद में भी कुछ कहा था।...(कुछ-कुछ संकोचवश रुककर) खैर! हम समझते हैं कि आपको किसी और बंधन में बँध जाना चाहिए, ताकि आप अकेलेपन को भुला सकें।"

"माँ सिमरन भी अकेली हैं। हमने उन्हें बच्चों का प्यार दिया। उन्होंने ममता दी। पर फिर भी शिमले गईं। वहाँ से कहीं और चली गईं। इसका कारण एकाकीपन है।"

"मतलब ?"

"हम चाहते हैं कि आप दोनों ज्यादा-से-ज्यादा समय इकट्ठे गुजारें। यहाँ रहें या कभी-कभी कहीं और जाएँ, घूमें-फिरें और खुश रहें।"

विजय आनंद हँस दिए, "न बाबा न, आपकी सिमरन माँ का जवाब नहीं। गुस्सा उसकी नाक पर धरा है।"

"आप उनसे कब मिले ?"

"शिमले गेयटी में। पेंटिंग देखते हुए मुलाकात हुई थी। थोड़ी सी मुलाकात में बड़ा सारा तकरार हो चला था।"

"माँ ऐसी नहीं है, पिताजी!"

"मैं तो अपने एक्सपीरियंस की बात कर रहा हूँ। और जानता हूँ, समझता हूँ कि अब बाकी समय दोस्तों, मित्रों और तीर्थयात्रा में बीतेगा। तुम दोनों के साथ भी मिलता-जुलता रहूँगा। अब यह उम्र ऐसी वैसी 'रेलेशनशिप,' रिश्ते, किसी महिला से दोस्ती की नहीं रही है बेटी। आप दोनों की सहानुभूति का धन्यवाद। सलाह के लिए आभार व्यक्त करता हूँ। अकेलापन भाग्य या नियति नहीं है, बल्कि जिंदगी का ही विकल्प है, वरण

परिस्थिति है। मैं निर्जन एकांत में रहता कहाँ हूँ!'' वे पुनः कहने लगे, ''तुम दोनों के प्यार का प्रमाण है यह सबकुछ।''

विजय आनंद हँस पड़े। रामदेयी चाय ले आई। और सेंटर टेबल पर रखकर वापस हो गई।

''मेरी दिनचर्या इतनी व्यवस्थित है कि अब इसमें यदि कोई और दखल देने या होने का कारण बने तो ठीक नहीं होगा। मुझे लगता नहीं कि अकेलापन मुझे सालता है।''

वनी ने चाय का प्याला बनाकर विजय आनंद को दिया। फिर वनी ने दो प्याले चाय के बनाए। एक अभय को दिया और दूसरा खुद सँभालकर बैठ गई। विजय आनंद ने कभी कल्पना तक नहीं की थी कि वे उन्हें इस कदर जान चुके हैं। वनी की आँखों से आँसुओं की धारा बहने लगी थी। खुद पर संयम करते हुए बोली, ''पिताजी मुझे अपनी माँ याद आई। वे भी अकेली हैं।''

''मुझे गर्व है कि तुम्हें उनसे इतना स्नेह है तुम ममतामयी भी हो। बहुत दूर तक की सोचती हो।'' विजय आनंद भी अपनी सजल आँखों को छिपा न सके।

□

15

इच्छाशक्ति

सुबह होते ही रामदेयी अखबार ले आई। ''तो आज 16 फरवरी है।'' विजय आनंद ने अखबार लिये और पलंग पर बैठ गए। ऐनक लगाई। एक खबर पढ़ने लगे। रामदेयी खड़ी-खड़ी कुछ सोच रही थी। वह भी सुनने लगी।

''रामदेयी पता है कि उल्का पिंड क्या है?''

''जी नहीं। पर सुना जरूर है कि कल ऊपर आसमान में कोई अंतरिक्ष का गोला घूमा है और उसमें खनिज पदार्थ है। कुबेर का खजाना है।''

''मैं उल्का पिंड की बात कर रहा हूँ। उस 'अस्ट्राएड' की नहीं। तो सुनो उल्का पिंड वह है, जो उल्काओं का अंश होता है। वायुमंडल में जो भी अंश जले बगैर पृथ्वी पर पहुँचता है, उसे उल्का पिंड कहते हैं। जमीन पर गिरने वाले उल्का पिंडों की संख्या बड़ी कम होती है। समझ रही हो।''

''जी पिताजी पंडितजी के घर में भी ऐसी बातें होती हैं। आप जानते हैं, वहाँ मेरे पिताजी नौकर हैं।''

''हाँ। तो उल्का पिंड के टुकड़े रूस में गिरे और 950 लोग घायल हो गए।''

''साहब और मेम साहब भी ऐसी बातें कर रहे थे। सोचा था कि आपको अखबार देने जाऊँगी तो पूछ लूँगी। आप खुद ही बताने लगे हैं। धन्यवाद!''

''अखबार में लिखा है कि कल शुक्रवार को रूस में अविश्वसनीय खगोलीय दुर्घटना हुई। दृश्य ऐसा था कि हर कोई हैरान होकर देखता रह गया। उनके बीच यह डर पैदा हो गया कि क्या दुनिया के अंत होने का समय आ गया है।''

''पिताजी ऐसा तो 2012 दिसंबर में होना था। हुआ नहीं।''

''ठीक है, पर दहशत कायम है। पश्चिमी साइबेरिया क्षेत्र में उल्का पिंड के चमकदार दिखाई देने वाले टुकड़े सुबह 9 बजे रूस के शेलयाबिंस्क शहर पर गिरे। घटना

में 950 से ज्यादा लोग घायल हो गए, जिनमें 84 बच्चे थे। इमारतों में भारी नुकसान के अलावा प्रभावित शहर में इंटरनेट और मोबाइल सेवा बाधित होने की खबरें भी हैं। गृह मंत्रालय के एक अधिकारी ने बताया कि उल्का पिंड के तीन टुकड़े, जो बड़े-बड़े भी हैं, मिले हैं। 7 विमान, 20 हजार पुलिसकर्मी अन्य टुकड़ों की तलाश कर रहे हैं। अभी तक की जाँच में किसी तरह के रेडिएशन के संकेत नहीं मिले। शेलयाबिंस्क शहर में दर्जनों फैक्टरियाँ हैं, जिनमें 'थर्मोन्यूक्लियर' हथियारों का उत्पादन किया जाता है। सबसे ज्यादा लोग इमारतों में लगे शीशे टूटने से घायल हुए हैं। इस बीच तेज झटके भी महसूस किए गए और लोगों ने धमाकों की आवाज भी सुनी।'' विजय आनंद ने ऐनक को ऊपर-नीचे करके रामदेयी को देखा और कहा कि डरने की कोई बात नहीं। यह विज्ञान का जमाना है। तुम जैसी लड़कियाँ इस युग की पथ-दर्शक हैं। खोज हो ही रही होगी कि ऐसी स्थिति में बचाव कैसे हो। एटम बम के बचाव के तरीके भी खोज लिये गए हैं। यह भी हो जाएगा।'' तभी वनी की आवाज सुनाई दी।

''रामदेयी नाश्ता लगाने की तैयारी करो।'' इस आवाज में रोबीलापन न था। अपनापन था।

''आई मेम साहब।'' वह तुरंत वापस लौट गई। विजय आनंद इस लड़की में पैदा हुई जिज्ञासा से प्रसन्न हुए। सोचा कि इसकी पढ़ाई-लिखाई का प्रबंध किया जाए, क्योंकि इसमें पढ़ने-लिखने और विद्या ग्रहण करने की इच्छा है।

विजय आनंद को थोड़ा सा सोचने का मौका मिला। इसमें शक नहीं कि सिमरन को साथी की जरूरत होगी। जिंदगी उसकी है। यहाँ तक तो ठीक है। मगर मेरी अपनी मजबूरियाँ हैं।

अब वह रिझाने-मनुहार की बातों का वक्त नहीं रहा। जो बीत चुकी सो बीत चुकी। सिमरन 'मैच्योर' है। प्रौढ़ है। उसने पहले अपने प्यार की कुरबानी दी। फिर पति को छोड़ना पड़ा। फिर प्यार दोबारा उसकी जिंदगी में लौट आया। लोक-लाज के कारण दोबारा इसी से शादी की। उसे पति बनने पर भी खोना पड़ा, जो बलवान होनी के कारण हुआ। अब क्या वही हादसे दोबारा दोहरा पाएगी। मेरा क्या? मैंने भी बुढ़ापे की पतझड़ को देखा है। अब बहार आए या न आए। मेरे लिए वैसे जीवन में लौट आने की संभावना शून्य के बराबर है। ''मगर यह भी वाजिब नहीं कि सिमरन की पूरी जिंदगी अभिशाप हो जाए।'' विजय आनंद ने अपने आप फुसफुसाया। देखा, अभय अंदर आया है। उन्होंने टाँगों पर से रजाई उठाई और नीचे चप्पल देखकर, पाँव पसारे। चप्पल डाले। सीधे खड़े हो गए।

''आपने जो कहा वह मैंने सुना है। पहाड़ और गाँव, कस्बे जहाँ-जहाँ भी आप रहते हैं, बड़े ही निस्संगमी हैं। हमें खुशी है आप हमारे पास आए हैं। हमारा भी कौन

है। आपको कष्ट भी हो, तो भी ठहरिए। हमें अच्छा लग रहा है।''

''नहीं अभी ऐसी बात नहीं है। तुम्हारा यह अतिथि कक्ष बड़ा अच्छा है। तुम दोनों ने मेरे ठहरने की व्यवस्था बड़े सुरुचिपूर्ण ढंग से कर रखी है। कल बारिश थी। मौसम खराब था। लेटा रहा। आराम किया। फिर भी स्मृतियों से मन भारी रहा। तुम दोनों को जो अपनी सिमरन माँ की चिंता है, वह दुरुस्त है। मगर उससे पूछ कर ही कोई निर्णय लेना। मैं तो अपने भावी जीवन को योजनाबद्ध तरीके से बिताऊँगा और बिता रहा हूँ। मेरा जीवन, मेरा है। मेरी फिक्र छोड़ दो।''

''मैंने शिमला फोन पर होटल के मैनेजर से बात की थी। माँ वहाँ से चैक आउट कर चुकी है। उसी दिन चली गई, जब मैं वहाँ उनकी घर वापसी के लिए प्रोग्राम बनाकर गया था।''

विजय आनंद ने आश्चर्य से अभय को देखा, ''मतलब यह कि सिमरन यहाँ नहीं लौटी।''

''कहाँ गई। पता नहीं। होटल के मैनेजर ने कहा है कि वे मेरे लिए कोई मैसेज छोड़ गई हैं। बंद लिफाफा मैनेजर के पास है।''

''डाक में डलवा दिया होता।''

''यही तो आश्चर्य की बात है। फोन भी कर सकती थीं। हो न हो, कोई अनहोनी हो गई लगती है। या फिर हम दोनों में से किसी ने कोई कसूर कर दिया है। और वे नाराज हैं। कल शिमला जाऊँगा। आज आपके साथ रहूँगा।'' जहाँ-जहाँ भी आपको जाना है। थाने में नंबरदार की पत्नी से मिलने या कहीं और; अभय ने चिंता को मन में दबाते हुए कहा।

''ठीक है। मैं अपने दोस्त को फोन करता हूँ। वे प्रशासनिक अधिकारी थे। आई.ए.एस. मेरे मित्र और सहपाठी थे। इन थाने-वाने के मामलों में एहतियात की जरूरत होती है। थाने वाले गलत न समझ लें, इसलिए चाहता हूँ कि उन्हें विश्वास में ले लूँ। सलाह कर लूँ।'' कहते ही विजय आनंद ने अपना मोबाइल फोन उठाया और नंबर मिलाने लगे। इसी बीच अभय कमरे से लौटते हुए कह गया, ''नाश्ता भी तैयार है गुरुजी। हम मेज पर इंतजार करेंगे।'' अभी विजय आनंद की बात हुई भी न थी कि अभय फिर आया। हाथ में अखबार था।

''बात हुई।''

''नहीं अभय। नंबर मिला, पर 'ऐंगेजड' है।''

''मैं आपको यह खबर दिखाने आया था कि जिस 'मीटियोर' का विस्फोट रूस के ऊपर हुआ है उसकी शक्ति 1945 में हिरोशिमा में हुए एटम बम से 30 गुना ज्यादा थी। यानी अब आफत का आसमान से भी हमला हो सकेगा।''

''अच्छा तो मैं पहले तुम लोगों के साथ बैठकर खा-पी लूँ। फिर उससे बात करूँगा। बात लंबी हो गई तो तुम लोग टोक न सकोगे और न ही मैं बात करते लाइन काटूँगा। पुराना दोस्त है। रिटायरमेंट से कुछ ही दिन पहले उसने अपनी प्रेमिका से शादी की है।''

''मतलब!''

''तब तक वह कुँवारा रहा। प्रेमिका की शादी हो गई थी। मगर मेरे इन महाशय दोस्त ने शादी नहीं की थी। वे गोपनीय तौर पर पति-पत्नी वाले संबंध कायम किए हुए थे। पर समाज की निगाहों में अलग-थलग थे।''

''प्रेमिका ने धोखा दिया होगा!''

''नहीं प्रेमिका की 'अरेंजड मैरिज' थी। उसके माँ-बाप ने कर दी थी। इस भले मानस ने दिल की बात दिल में रहने दी। वह समझती रही कि उसका मेल-जोल बातचीत उसकी आदत ही थी। मेरा मित्र फिर प्रशासनिक सेवा में आ गया। ट्रेनिंग पर चला गया। लड़की की नाटकों जैसी शादी हो गई थी। बड़े अमीर घराने के लड़के से।'' बात करते-करते वे दोनों डायनिंग रूम में आ गए। वनी वहाँ बैठी थी। उन्होंने भी अपना-अपना स्थान ग्रहण किया। नाश्ता करने लगे।

''यह पराँठे कुल्थी और अरबी के हैं, है न।'' विजय आनंद ने स्वाद चखते हुए वनमाला से पूछा।

''क्या अच्छे हैं!''

''क्यों नहीं, बहुत अच्छे लगे।''

''आपने सही कहा था पिताजी, घर में और बाहर के खाने में कुछ अंतर तो होना चाहिए। मैंने सोचा ऐसा नाश्ता बनाऊँ, जो अकसर होटलों में नहीं बनता।''

''ठीक!''

''कल आपके लिए गुड़ और खसखस की तली हुई रोटी बनाएँगे।'' अब अभय बोला। सुनती-सुनती रामदेयी रसोई से बाहर आई, ''मैं सिडकू बनाऊँगी पिताजी, बिल्कुल पहाड़ी खाना।''

''जो तीसरे दिन के ब्रेक फास्ट में होना चाहिए,'' वनी बोली।

''मगर मैं तो कल जाना चाहता हूँ। आज का दिन नंबरदार के मामले के लिए छोड़ रहा हूँ। पहले पंडितजी के घर जाकर बात करते हैं। उसका उनसे बड़ा प्रेम था। देखते हैं, वे क्या कहते हैं।'' कुछ देर मौन रहा। नाश्ता होता रहा। फिर अभय ने ही बात शुरू की।

''वनी गुरुजी के एक मित्र ने रिटायरमेंट के कुछ ही दिन पहले शादी की है।''

''ठीक किया। कमाल है! वे इतना अरसा अकेले रहे होंगे।''

''अगर आज्ञा हो, गुरुजी तो एक शेर कह दूँ।''

"इरशाद!"

"बशीर भद्र का शेर है। इन हालात में मौजूँ लगेगा—

"मोहब्बत, अदावत, वफा, बेरुखी
किराए के घर थे, बदलते रहे।"

"ठीक कहा, मगर उसका प्यार स्थायी था। इशिता ने तलाक लिया और कमल कांत ने उससे शादी कर ली।"

"तो आपके दोस्त का नाम कमल कांत है। और उनकी पत्नी का नाम इशिता है।" वनी बोली।

"अब तो पूरी बात सुनने को मन करता है, गुरुजी।"

"सुनाऊँगा, मगर तुम दोनों मेरे बेटा-बेटी हो। कई बातें मात्र समझ लेनी पड़ेंगी। विस्तार से नहीं बताऊँगा। मैंने किसी कारण ही इशिता की शादी को नाटक सी कहा और गुप्त मिलन की बात की। बातचीत के दौरान आप दोनों समझ जाएँगे।"

"हम पीठ मोड़कर बैठ जाएँगे। आप सुनाते रहना। हम सुनते रहेंगे।"

"समझता मैं भी हूँ और जानते तुम दोनों भी हो।"

"आपके एक अन्य मित्र कवि की एक कविता की पंक्ति याद आई है पिताजी—'ओ प्यार! तुम होना इतनी जल्दी, जब जीवन की साँझ हो बहुत दूर, दर्द सहने के लिए समय हो काफी सारा'।" वनी का आत्मीय स्वर बाल सुलभ सा लगा। अभय अन्यमनस्क सा उसे देखता रह गया।

"गुरुजी, प्यार किसी विवशता का नाम है केवल।"

"कवियों की जुबान में कहूँ तो ठीक लगेगा, प्यार एक पौधा है, जो पलता है, विश्वास की धरा पर। तुलसी के से गमले में नहीं। इशिता के पति के पास तब वसुंधरा नहीं थी। अब उसे वह धरती भी मिली। वैसा वातावरण भी मिला। जिसको वह खो बैठी थी—मुझे भी फिराक गोरखपुरी का एक शेर याद आया—'पाप, पुण्य, रंजो-राहत/वस्लो फुर्कत/कौन कहता है/ रहने की जगह दुनिया नहीं'।"

"काश मैं भी कोई कवयित्री होती। माँ सिमरन की तरह मुझमें भी कल्पना-शक्ति होती। अलौकिक सौंदर्य जानने का सद्गुण होता।"

"यह अभ्यासगत गुण होते हैं बेटी। तुममें अति प्रभावी प्रतिभा है। अभय ने मूर्तिकार की भाँति तुम्हें और तुम्हारे विचारों को भी सजाया-सँवारा है।"

"उनमें तो बहुमुखी प्रतिभा है पिताजी।"

"तुम भी जब गाती हो, तो सुननेवाला झूम जाने के लिए विवश हो जाता है।"

"गुरुजी वनी का दरिंदगी के खिलाफ गम, गुस्सा गुबार भी तो किसी विद्या से कम नहीं। यदि अपनी ऐसी भावनाओं को, आधे संस्मरण, कलम बरदार बनकर लिख

डाले तो वे भी काव्य कृति से कम नहीं होंगे।''

''क्या कहा पतिदेव ?'' वनमाला की आँखों में आक्रोश था।

''देखा न गुरुजी। वनमाला माँ सिमरन से बेहतर नहीं। बराबर एक्टिंग करने में माहिर है।''

''तुम्हें माँ सिमरन की याद मुड़-मुड़कर आ रही है।

लब पे दुआ रखना/रस्ते पर नजर रखना/शायद कोई आ जाए/दरवाजा खुला रखना।'' वनमाला चुप थी।

अभय को साथ-साथ उलामा इकबाल का शेर याद आया और सुनाया—

''तेरी बज्म में राज की बात कह दी, बड़ा बे अदब हूँ सजा चाहता हूँ।''

विजय आनंद के मोबाइल फोन की घंटी बजी। उन्होंने फोन उठाया—सुनते हुए हैलो कहा। अभय और वनमाला चुप हो गए। उनकी ओर देखने लगे। ''जनाब के फोन पर मेरा नंबर आ ही गया होगा। आजकल मैं अभय के ग्राम में या कहूँ कस्बे में हूँ। नाम है रंगकर्मी धार, कभी कह बैठता हूँ कला धार। आपको कभी बताया भी होगा।''

''हाँ, रंगकर्मी धार है इस जगह का नाम। लगभग 30 किलोमीटर शिमले से नीचे की ओर है। नेशनल हाईवे से कुछ पश्चिम की ओर हटकर एक किलोमीटर की मोटर सड़क है—एंबुलेंस रोड सी है।''

''......''

''क्यों नहीं। आओ। संकोच की बात नहीं। अभय और वनी मेरे बच्चे हैं। उन्हें आपके आने पर खुशी हासिल होगी। आप दोनों की हॉस्पिटैलिटि में कोई कमी नहीं रहेगी।''

'........'

''बात यह है श्रीमान कमल कांतजी कि एक मेरी जान-पहचान का आदमी, मेरा ग्रामीण दोस्त जीवन सिंह मेहता है। नंबरदार, उसकी पत्नी बिशनी ने किसी नेता को जान से मार डाला, अपनी अस्मत बचाने के लिए। नंबरदार को जब पता चला तो वह वहाँ से भाग गया। रूहपोश हो गया। उस अय्याश नेता की लाश पुलिस को मिल गई थी। उसका नंबरदार के फार्म हाउस में, जिसे यहाँ दोगरी कहते हैं, आना-जाना था। वहाँ का इंतजाम और लोग करते थे, जिनके रुके हुए काम नेता साहब करते थे। दोगरी गुप्त अय्याशगाह भी थी। समझ गए न।'' ''...''

''एक-दो दिन पहले बिशनी नंबरदारनी ने थाने में जाकर इकबाल जुर्म कर लिया है। नंबरदार अंडरग्राउंड ही है। सवाल पैदा होता है कि उसकी जमानत हो जाती, केस तो चला रहता''

''..................''

''हाँ थानेवालों को कहना पड़ेगा। मैं नंबरदारनी से थाने में मिलूँगा। उसकी हौसला अफजाई करूँगा। थानेवाले कहीं कुछ गलत न समझें। यह उस बेचारी ने 'सैल्फ डिफेंस' में किया है।''

'.........'

''वाह यार, खूब। क्या आप भी समझते हैं कि जीवन सिंह मेहता मेरे किसी ठिकाने में छिपा होगा! यानी थानेवाले इस सेवानिवृत्त आदमी की हड्डी-पसली एक करके मुझसे भी ऐसा इकबाल करवा सकते हैं। सच तो यह है कि उस औरत को कुछ-न-कुछ पता होगा। इस नंबरदार से ही मैंने अभय वाली कोठी की जगह खरीद करवाई थी। वह मेरे पास आता-जाता था।''

'......'

''ठीक है। कल-परसों तक आपका फोन आएगा तो जैसा कहोगे वैसा करूँगा।''

अभय और वनी दोनों सुन रहे थे। बातें सुनकर उन्हें तसल्ली हो गई कि कमल कांत और विजय आनंद जिगरी दोस्त हैं।

विजय आनंद ने ही बात शुरू की—

''हम कॉलेज के समय से मित्र हैं। मैंने कॉरपोरेट सेक्टर अपनाया और उधर नौकरी की। एम.बी.ए. था। के.के. ने आई.ए.एस. की परीक्षा पास की। उसकी बहुत बड़ी जिम्मेदारियाँ थीं। इसलिए जल्दी शादी करने के बारे में सोच भी नहीं सकता था। मिलना, जुलना, शेर ओ शायरी, गोष्ठी, लगभग हर किस्म की 'एक्सट्रा मयूरल एक्टीविटी' में हिस्सा लेता था। होशियार था। कॉम्पिटीशन की तैयारी में शुरू से लगा हुआ था। यानी कॉलेज ज्वॉइन करते ही उसमें यह धुन सवार हो गई थी। देखोगे तो पता चलेगा, 'हैंडसम' मैन है। गोरा रंग, लंबा, चुस्त-दुरुस्त, क्लीन शेव नौजवान सा बूढ़ा। उसकी पत्नी भी वैसी ही लगती है। के.के. को देखने के बाद मैं तो बरबस यही कहता था कि उसके समान वही हो सकता था। उसके पिता प्रोफेसर थे। ज्ञान प्रदान करते थे। गरीब गाँव के छात्रों की आर्थिक सहायता भी करते थे। अपने पूर्वजों के गाँव में वे गरिमा और कृतज्ञता के पात्र थे। जब के.के. के पिताजी नहीं रहे। तो इस कड़ी सच्चाई को मानने के लिए मन नहीं हुआ। उन्होंने ढेरों पुस्तकों के बीच समय बिताया और जब गए तो के.के. की विरासत में वही पुस्तकें थीं। एक बार उन्होंने मेरे सामने ही कमल से कहा था, 'कुछ ऐसा वैभव भरा जीवन जीना कि बाहरी लोग तुम्हारी तारीफ करें। फूल में खुशबू, धर्म में प्यार और सहयोग यही गुरु-मंत्र है मेरा तुम्हारे लिए!' मंदिर में रुक-रुककर बजने वाली घंटी की सी यह आवाज मेरे लिए भी गुरु-मंत्र हो गई। कई किस्म की कमियों के बावजूद कमल भी अपने पिता की भाँति स्वाभिमानी रहा है। एक बात और कही थी, उन्होंने कि जिंदगी की नदी में बाढ़ आती जाती है। उस बाढ़ के प्रवाह के विरुद्ध तैर

सकने वाला आदमी ही इनसान कहलाने का हक्क रखता है। आई.ए.एस. बनने से पूर्व कमल कांत को कष्टों पर विजय पाने की क्षमता 'जीनज' से प्राप्त हुई थी। पिताजी की मृत्यु के बाद अपने ऊपर आए उत्तरदायित्वों को पूरी तरह निभाया। दो छोटे भाई थे। एक नौवीं और दूसरा दसवीं में पढ़ रहा था। उनका पालन-पोषण संरक्षण उसकी जिम्मेवारी थी। माँ पहले ही स्वर्ग सिधार गई थी। वह पढ़ता भी रहा, ट्यूशन पढ़ाई। कर्मक्षेत्र में एक योद्धा समान उतरा और कामयाब हुआ। इशिता ने उससे मिलना-जुलना जारी रखा। दोनों एम.बी.ए. में क्लासफैलो थे। वह उसका प्रायः स्थायी सा तनाव दूर करती। जानती थी कि कमल उससे अभी शादी नहीं करेगा। उसने अनुभव किया कि हजारों सालों से चला हुआ चलन बदला ही नहीं जा सकता। लड़का-लड़की मिलते हैं और बिछुड़ जाते हैं। पढ़ाई-लिखाई, विद्या की कमी के कारण व्यस्त होते हैं। हाथ में भिक्षा पात्र लेकर माँगा भी नहीं जा सकता। मजबूरन लैला-मजनूँ की तरह रोते भी हैं, बदनाम होते हैं, पर ये दोनों गंभीर थे। इशिता ने एक बार मेरे सामने ही कह दिया था, 'के.के. क्या हुआ, जो हम पति-पत्नी नहीं बन सकते, रीति-रिवाज के अनुसार एक नहीं हो सकते, फिर भी क्या कमी रही है हमारे संबंधों में, मेरे दोस्त?' हम तीनों हँस दिए थे। यह उदार नीति कायम रही और कमल ने मुझे बताया, 'इशिता किसी और से शादी कर रही है।' मैंने कह दिया जरूर करे। एक उम्र होती है लड़कियों की शादी की। उस दौरान माँ-बाप रिश्ते-नाते वाले सभी लड़की की शादी का इंतजार करते हैं। अन्यथा लोग ताने मारते हैं। मुझसे कहा था कि विजय, मैं खुद वादा करता हूँ कि यदि मैंने शादी की तो इशिता ही मेरी पत्नी होगी। 'मैंने कहा कि कैसे? तलाक के जरिए। अब पुराना जमाना नहीं रहा। परंपरा मान-मर्यादा की सीमाओं में रहते हुए भी तलाक होते हैं। तलाकशुदा लड़की की शादी होती है। तलाकशुदा लड़के को भी नई पत्नी मिलती है, अगर वह बारोजगार हों तो, बदनाम होने का सवाल नहीं उठता।'

"'और औलाद!' मैंने ही पूछा था।

"उसने कहा था कि इशिता समझदार है। औलाद नहीं होगी। यदि होगी भी तो वह मेरा खून ही होगा।" इतना कहकर विजय आनंद ने हाथ खड़े कर दिए और अपने कमरे में चले गए। "कोर्स ऑफ लव नेवर डिड रन समूथ वनी" और अभय उनके पीछे-पीछे आ गए। "प्यार की सतत गति, चलन कभी निर्विघ्न नहीं होते। बताएँ तो गुरुजी, वे रुकावटें क्या थीं?"

"और क्या पूछना है?" विजय आनंद बोले।

"कुछ छूट गया है, जो आपने बताया नहीं। हम जानते हैं कि प्यार पाप नहीं है, विधि संगत हो सकता है।"

"हाँ अभय! वह जिससे इशिता की पहली शादी हुई थी। आदमी नहीं था। यानी

लोगों की नजरों में मर्द नहीं था। इशिता और कमल शायद जानते थे। उसने लोगों में शंका से घिरी अपनी मर्दानगी को दिखाने के लिए इशिता से शादी की थी। फिर एक लड़का भी पैदा हुआ, जो वास्तव में कमल का ही था। वह अभी भी उस पुराने परिवार में है, जहाँ इशिता की पहले शादी हुई थी। उनसे करार हो चुका है कि लड़का अपनी माँ से मिलता-जुलता रहेगा।''

''घरवाले?''

''हाँ अभय, यह बात सही है। उस इनसान ने लोगों में अफवाह फैला दी थी कि उसे एच.आई.वी. है, और इशिता से अलग होना उसकी मजबूरी है। सभी को पता था कि वह नाइट क्लबों में जाता था। अमीरजादा था। उसने कहा था कि इशिता की जिंदगी खराब नहीं करूँगा।'' अभय ने कहा, ''सभी कुछ तय हुआ लगता है। सारा 'रियल लाइफ' ड्रामा लगता है। उसका नाइट क्लबों में जाना उसकी मर्दानगी का प्रमाण भी हो सकता था।''

''हाँ अभय, वह भी तो हमारा क्लासफैलो रहा है। कँवर स्वराज, राजाओं का वंशज था। स्वराज और इशिता भी मिलते-जुलते रहते थे। मगर इशिता का प्यार कमल के साथ स्थायी था। संयोग ने हालात बनाए और कमल और इशिता आज पति-पत्नी हैं।''

''कैसे? बड़ी पेचीदा समस्या है गुरुजी।''

''और वह लड़का?'' वनी ने सवाल कर दिया।

''महाभारत में पढ़ा होगा कि निःसंतान महाराज पांडु की प्रेरणा से जब कुंती देवी ने नियोग धर्म द्वारा, धर्म, वायु और इंद्र देव से युधिष्ठिर, भीम और अर्जुन को जन्म दिया था, तो वे पांडु पुत्र ही कहलाए थे। युधिष्ठिर धर्म का पुत्र नहीं रहा, भीम वायु का बेटा नहीं कहलाए और अर्जुन ने इंद्र देव को अपना पिता नहीं कहा। आप जानते ही होंगे कि पांडु क्यों निःसांतान थे। इसी प्रकार कँवर स्वराज ने भी ऐसा कुछ ही नाटक रचा या किया। बड़े घर का बेटा था। खूब शराब पीता था। खाता-पीता इनसान था। ऐसी-वैसी औरतों के साथ रात काटकर वापस हॉस्टल में लौट आता था। एम.ए. में फेल हो गया। इशिता पास हुई। कमल कांत एम. फाइनल साल में कमो ही हॉस्टल से बाहर आता था। पढ़ाकू था। उच्च श्रेणी में पास हुआ। मैं उसी हॉस्टल में था, मगर मेरा एम.ए. का विषय अलग था—एम.कॉम। इस दौरान इशिता ने कँवर के साथ-साथ घूम-फिरकर लोगों और कॉलेज वालों को विश्वास दिला दिया कि वह कँवर स्वराज से शादी करेगी। उसके घर भी जाती थी। दोनों ने कँवर के घरवालों को मना लिया था। इसी बीच कँवर स्वराज ने मुझे विश्वास में लेकर पहले ही कहा था कि उसे कुछ तकलीफ है और निवेदन किया कि मैं उसके साथ डॉक्टर के पास चलूँ। बाद में एक बार चलते-चलते मैंने उससे कहा था, 'कँवर साहब, आपने ठीक किया, जो इशिता को बदनामी से बचाया।'

''उससे शादी जो करनी है। बाकी मुझे तो तुम जानते ही हो विजय।''

''सचमुच! तुम भी उस लड़की से बहुत प्यार करते हो?''

''लड़की क्यों? तुम तो लड़के हो अभी। तुमसे भी प्यार है।'' हम दोनों हँसे थे। मगर उसकी हँसी में खुशी और उमंग की झलक न थी।

बातें करते-करते हम डॉक्टर के क्लीनिक में पहुँचे थे। शायद यह भी सोचा-समझा नाटक था। बाद में मैं इशिता से भी मिला था। कहा था, 'मुबारिक हो आप कँवर रानी बनने जा रही हैं।'''

''उसने हँसकर उत्तर दिया था, ''कँवर का सा स्नेह व्यवहार और गहरा अपनापन किसी-किसी को ही नसीब होता है।' मगर वह गंभीर हो गई थी। अब क्लीनिक वाली बात बता दूँ। डॉ. गुप्ता से हाथ मिलाकर कँवर स्वराज परदे के पीछे चला गया और मुझे बाहर बैठने को कहा। डॉक्टर ने अंदर जाकर स्वराज को देखा और कहा, 'देखो, टेस्ट हो चुके हैं। मैंने देख भी लिया है। आपने खुद को सुरक्षित रखने में भूल की है। कमजोरी आ चुकी है। असाध्य कहूँ तो डॉक्टर होने का हक नहीं रखता। इलाज करेंगे। ऐसी कमजोरी मानसिक भी हो सकती है। इसके लिए तुम्हारी पत्नी को भी कुछ करना होगा। इलाज मैं करूँगा और प्यार और वासना उसकी जिम्मेवारी होगी। हो सकता है उसके प्यार की ऊर्जा से तुम्हारी शक्ति लौट आए।' और भी कितना कुछ कहा, उससे आप दोनों का वास्ता नहीं उस दिन। मैं हैरान परेशान था। कँवर बाहर आया, डॉक्टर ने कुछ 'प्रैसक्रिपशन' लिखे और अपना ओ.पी.डी. कार्ड कँवर को थमा दिया। मैं चुप था। साथ-साथ वापस हॉस्टल की ओर चले आए थे।

'' 'सुन लिया विजय।' उसने ही चुप्पी तोड़ी।''

'' 'हाँ, फिर इशिता से शादी का कोई मतलब नहीं रहा।' ''

विजय आनंद ने उसकी बात दोहराई—

'' 'मैंने आजमा लिया है, जो भी कोई मुझमें उत्तेजना इच्छा जगाने की कोशिश करती है, वह फेल हो जाती है। मेरा ठंडापन इशिता के इंतजार के दौरान उसके और कमल के काम आएगा। वरना दोनों का अंत 'ट्रेजडी' होगा। मैंने प्रण किया है कि अपने दोस्त कमल के इस प्रकार भी काम आऊँ। घरवालों को औलाद चाहिए। वे दोनों ही पैदा करेंगे और मैं पिता बनूँगा।' उसका उदास स्वर और वह चेहरा आज भी मेरी आँखों और हृदय में समाया है।''

''क्या इशिता यह जानती थी?'' अभय ने पूछा।

''हाँ, मैंने भी पूछा था। उसका कहना था कि मैं इंतजार करूँगी। कमल को आई.ए.एस. भी करना है। तब तक उसके दोनों भाई कहीं-न-कहीं सैटल हो जाएँगे। उसके बाद कँवर साहब का धन्यवाद करते हुए तलाक होगा। फिर कमल से विवाह होगा।

अब कमल और इशिता पति-पत्नी हैं। कँवर उनका घनिष्ठ मित्र है। कोटगढ़ की तरफ रहता है। वहाँ बगीचा है उसका। इस बार शिमला जाऊँगा तो उससे भी मिलूँगा।'' यह सुनकर अभय चुप रहा। वनी का हँसता हुआ चेहरा सलज्ज था। अभय बोला, ''आपकी दोस्ती की दाद देनी पड़ेगी गुरुजी। कँवर तो कोई फरिश्ता ही लगता है। और आप…''

''समझ गया। अरे भले मानस मेरी सगाई हो चुकी थी और नौकरी लगते ही शादी होनेवाली थी। इसलिए उन दोनों के बीच मैं समझदार सीनियर साथी होने का हक रखता था। मेरी पत्नी मेरी पसंद की थी। बाद में मेरा सब्र-ओ-करार थी। मेरे जीवन का आधार थी।''

''मगर जब कमल की जिम्मेदारी इतनी ज्यादा थी कि उसे अपने भाइयों के पढ़ाने-लिखाने और खुद अपने भविष्य को बनाने की चिंताओं के बावजूद, यह सबकुछ। मेरी तो समझ से बाहर है।''

''ठीक आशंका है। कमल के बाप की जमीन-जायदाद जरूर थी। वैसे में पैसा नहीं था। पढ़ते-पढ़ाते कृषि कार्य के लिए गाँव कैसे जाता बेचारा! कमल ट्यूशन पढ़ाता था। कॉम्पिटीशन की तैयारी में खुद अकादमी में पढ़ाता भी था। कँवर के बगीचे में सेब के व्यापार के दिनों में हमेशा संडे-के-संडे, काले चने के सूप की दुकान लगाता था। खुदी पसंद था। कँवर अमीर था, फिर भी कमल अपनी ही कमाई करता था। होशियार इतना था कि आई.ए.एस. या अलाइड में आना कठिन जरूर था, पर असंभव न था। चलो मैं तुम दोनों की कमल और इशिता के बातचीत के कुछ अंश भी सुनाता हूँ।''

''आपने खुद सुने थे गुरुजी?''

''नहीं, मैंने कमल से सुने थे। कँवर ने इशिता और कमल की शादी के बाद इसे माना है।''

''हाँ, तो बताएँ पिताजी।''

''एक बार अचानक इशिता कमल के घर पहुँची। उसके भाई पढ़ने गए हुए थे। वह अकेला था। तो कमल ने उसे कहा था, 'इशिता तुम्हारी शादी होगी, मुझसे नहीं किसी और से या कँवर साहब से। तब तुम्हारा दांपत्य जीवन पवित्र और शांत नहीं रहेगा।' फिर एक बार शाम का समय था, वह दोबारा उससे मिलने उस पार्क में पहुँची, जहाँ कमल सैर करते-करते पढ़ा करता था। बोली, 'मैं तुम्हें ही प्यार करती हूँ कमल।' उसने उत्तर देते हुए कहा था। तुम्हें रिझाने और अपनाने के लिए मैंने क्या नहीं किया। तुमने कह दिया था कि कँवर अमीर है। उसके घर में सभी सुख-साधन मुहैया हैं, जो तुम जैसी नवयौवना, पढ़ी-लिखी स्त्री चाहती है। एक विचित्र सी लहर कमल की रग-रग को उल्लासित करने लगी थी। उसने इशिता को आलिंगन में समेट लिया था। उसने फिर कहा था कि मैं कँवर से शादी करने को तैयार हूँ। हालाँकि यह अनुचित है, अवांछित

है। निंदा-अपमान, समाज संस्कार न तो मुझे सताएँगे और न ही कँवर साहब को। उन्हें अपनी कमजोरी और प्रण का पता है। वे तो यारों के यार हैं।''

''तब कमल ने ही कहा था, 'तलाक को समाज में आदर्श नहीं मानते।'

''कमल हँसने लगा था। उसने यह भी कहा था, ''मेरी प्रिया पर-नारी है, मेरी मित्र की पत्नी है, यह खयाल तो आएगा ही।'

''खैर! बच्चो मैं यह कह देने में कोई संकोच नहीं करता कि नारी हृदय एक अजीब पहेली है। उसमें जंगल भी है, जो मंगल में तब्दील हो जाता है। मैंने उन दोनों के व्यक्तिगत जीवन की जो बातें जानीं, जिनका मुझे पता है, वे कह दी हैं। मुझे गलत मत समझना। मैंने अपने मित्रों के साथ कोई दगा नहीं किया है। वे दोनों मामूली दंपती नहीं हैं। आधुनिक जीवन में नई और आदर्श परंपरा स्थापित करनेवाले हैं। पर कँवर की कुरबानी को स्वार्थता का पर्याय समझना भी गलत है। उनके बीच के गोपनीय सत्य को अनैतिक कहना भी मुझे ठीक नहीं लगता। कँवर आम किस्म का मर्द नहीं था। कुछ भिन्न था। असाधारण व्यक्ति है वह। वे मित्र थे, मित्र हैं और मित्र ही रहेंगे। इशिता आज भी कँवर के गुण गाती है। उसकी इनसानियत, उसके व्यक्तित्व की बड़ाई करते हुए नहीं थकती। कमल और इशिता अपने दांपत्य जीवन की छोटी-बड़ी बातें सुनाकर कँवर की दोस्ती का उदाहरण देते रहते हैं। इसलिए यदि वे कभी तुम्हारे घर आएँ तो उन्हें यह सबकुछ या इसमें से कुछ भी बताने की कोशिश न करना। उनकी बात कह दी, क्योंकि तुम दोनों के सुख-सौरभ भरी जिंदगी के लिए इस कहानी को सुनाना ठीक लगा।''

''धन्यवाद गुरुजी।''

''इस यथार्थ को अब कहानी ही समझना बेटा।''

''जी हाँ। कहानी तो पुरानी है, पर सोच नई है। गुरुजी।''

''वह कैसे ?''

''मैं बताती हूँ पिताजी! कँवर खलनायक नहीं है। नायक लगता है। कमल नायक नहीं, खलनायक भी नहीं, पर कहानी पूरी है। पात्र पूरे हैं। इशिता 'हीरोइन' जरूर है। परंतु कँवर के कारण ही, वरना बेचारी किसी और से शादी करके फँस जाती। तलाक भी होता तो कमल शायद उससे शादी न करता। यह कहानी भरोसे, विश्वास और आस का ताना-बाना है। बदलते परिवेश में जीवन के सत्य पर आधारित नाटक है।''

''लेकिन यह समझ में नहीं आता कि कँवर इस अलग किस्म की बीमारी के साथ कैसे जिएगा ? लोग उससे मिलने-जुलने से कतराएँगे। हमारे समाज में ऐसे आदमी से मिलने-जुलने की रुकावटें, बंधन कायम हैं।''

''तुमने ठीक समझा। बात दस-पंद्रह वर्ष पुरानी हो गई है। हम दोनों दोस्तों ने कँवर को विदेश भेज दिया था। बात फैल गई थी कि उसका इलाज हो रहा है। और

जब वह विदेश यात्रा से लौटा तब तक लोग उसे भी भूल चुके थे। याद्दाशत स्थायी नहीं रहती। वह आया। मिलता-जुलता रहा। जिसने उससे पूछा, उससे उसने कहा कि अब वह ठीक है। हम दोस्त-मित्रों ने समझ ही रखा था कि उसको कोई ऐसी-वैसी बीमारी नहीं थी। लोगों को बताया गया कि उसका विदेश में सही 'डायगनोज' हुआ है। जिस थोड़े-बहुत इलाज की जरूरत थी, वह भी हुआ। अब वह पूर्णतया स्वस्थ है।''

□

16

सहारा सपनों का

अगले दिन विजय आनंद पंडित दीनदयाल ददाहू वाले से मिलने निकल गए। अभय शिमला चला गया। उसे माँ सिमरन की चिंता सताए जा रही थी। जाते ही विजय आनंद ने पंडितजी से पूछा—

"पंडितजी। इससे पहले कि मैं शिष्टाचार निभाऊँ, आपसे कुछ पूछना चाहता हूँ। अलग कमरे में आ जाइए।"

दीनदयाल वौराया सा उठा। लोग जो जन्मपत्रियाँ इत्यादि दिखाने आए थे, उन्हें हाथ के इशारे से बैठे रहने के लिए कहा तथा खुद बाहर 'गलेज्ड' बरामदे में आ गया। विजय आनंद भी पीछे-पीछे उसके साथ आते गए। वहाँ एक पुराना सा सोफा पड़ा था। उस पर बैठ गए। पंडितजी पास आकर बैठे तथा हाथ जोड़कर नमस्कार किया।

"पूछिए क्या पूछना है, जनाब?"

"इन दिनों जीवन सिंह नंबरदार कहाँ हैं या कहाँ हो सकते हैं?"

"कहा नहीं जा सकता। लगता है कि या तो वह आपके दोस्त कँवर के किसी बाग-बागीचे में है या भेस बदलकर घूमता-फिरता होगा। पुराना करालची है ऐसा कर सकता है।"

"आपने उसका पता करने की कोशिश भी नहीं की?"

"जी नहीं। डरता था कि खून का जुर्म उसके सिर पर है। लोग मुझे घेर लेंगे। पुलिस ने जब पूछा था तो मैंने कहा था कि मेरा उससे क्या वास्ता? मैं ठहरा पाधा पंडित और वह जमींदार नंबरदार, रसूखदार!"

"तुमने भेस बदलनेवाली बात कही है, क्या यह हो सकता है? आपकी इसमें क्या 'लॉजिक' है और क्या तर्क है?"

"एक साधु-संत-महात्मा शिमला के किसी होटल में ठहरा हुआ था। कहते हैं

उसने कई लोगों का इलाज किया। नंबरदार हड्डी-पसली के टूटने पर उसे जोड़ा करता था। मोच भी निकालता था। ऐसा ही धंधा करता था वह साधु। दाढ़ी-मूँछ बढ़ाओ, केसरिया बाना पहनो। हाथ में चिमटा लो, कमंडल काँधे से लटकाओ। प्रभु के गुण गाओ। कौन रोकता है ? भेष बदलना इस प्रकार भी होता है।''

''पुलिस तो कहीं भी, कभी भी मुलजिम को पहचान सकती है। इश्तहारों में उसकी भगोड़े के तौर पर तसवीर है।''

''दो-चार दिन पहले की खबर है। आनंद साहब। मुझे शक तब हुआ, जब वह साधु कल के बाद से गुम है। कहाँ गया, किसी को पता नहीं।''

''तुम्हें पता करना चाहिए था, क्योंकि तुम्हें शक हुआ है कि वही जीवन सिंह मेहता होगा।''

''जो इलाज वह साधु करता था, वैसी ही महारत जीवन सिंह रखता था। मुझे इसी कारण शक हुआ था।''

''नंबरदारनी ने जैसे ही पुलिस स्टेशन में आत्मसमर्पण किया। अगले ही दिन साधुजी शिमले के एक होटल में आ पहुँचे। मैंने सुना कि तीन-चार लोगों के जोड़ों के दर्द का और हड्डी-पसली जोड़ने का इलाज किया। सुना यह भी है कि एक औरत को कैंसर था। उसका पति उसे अस्पताल से छुट्टी दिलवाकर ले आया। डॉक्टर ने कहा था कि ऑपरेशन के बाद भी कैंसर फिर पैदा हो सकता है। वही बीमारी दो बार पहले भी हो गई थी। तभी तो डॉक्टर ने शल्यक्रिया करने से इनकार किया। वे साधु-महात्मा, जिन्हें लोग मानव महाराज कहकर पुकारते हैं, और एक होटल में थे, के पास अपनी पत्नी को उनके पास ले गए। उस साधु ने अपने गले की माला इस बीमार स्त्री के पेट पर रख दी। फुस-फुसाकर कोई मंत्र पढ़ा। उसके पेट में रसौली थी। जो दोबारा पैदा हो गई थी। उसे पेट दर्द था, जो असहनीय हो जाया करता था। उलटी होती थी। सिर दर्द की शिकायत भी करती थी। उस साधु के उपचार के बाद से न तो उस स्त्री को सिर दर्द है और न ही पेट में दर्द है। लोग कह रहे थे कि चमत्कार सा हो गया है। मुझे पता चला है कि उस स्त्री के अब डॉक्टरी टेस्ट हो रहे हैं, ताकि पता चले कि साधु का जादू चला या नहीं। मैं उसके पति से मिला था। उन्होंने बताया कि उसकी पत्नी के उपचार के बाद से उन्होंने साधु को नहीं देखा। साधु ने कुछ चूर्ण आदि भी दे रखे हैं, वैसी दवा, जैसी नंबरदार गाँववालों को अकसर नीम-हकीम की तरह देता था। शायद उसे मेरे वहाँ आने का पता भी चल गया था। इसलिए गायब हो गया है। वरना किसी अन्य व्यक्ति को इस प्रकार गुम हो जाने की जरूरत ही न थी। वह समझता होगा कि अब मैं पुलिस का भेजा हुआ हूँ, जासूस-मुखबर हूँ। और वह पकड़ा जाएगा। उसका मुझ पर से विश्वास उठ चुका है, वरना कभी तो कहीं मिलता या कुछ कहता सुनता। समझदार लोग कहते हैं

कि मुसीबत के वक्त साया भी जुदा हो जाता है।''

''बात कुछ-कुछ समझ में आ रही है। मैं जानता हूँ कि उसकी छवि ऐसे आदमी की थी, जो जिस काम को करना चाहता था, उसे करता ही था।''

''अभी तो मैं थाने जाऊँगा। उसकी पत्नी से मिलूँगा, फिर देखता हूँ कि क्या करना है। मगर आप सतर्क रहें। यदि वह आ जाए या उसका कोई अता-पता मिले तो बताना। हम उसे बे-मौत मरने नहीं देंगे।''

''मुझे तो साहब इन पत्री-वत्री वालों ने ही उस साधु का जिक्र किया था। मैं तुरंत शिमला गया। मगर पल्ले कुछ न पड़ा। हालाँकि खुद की बीमारी का बहाना करके उसकी तलाश की।''

''नंबरदार जीवन सिंह मेहता निर्दोष है। लगता ऐसा ही है। अब तक तो मेरे दोस्त कमल कांत ने थाने वालों से बात कर ली होगी।''

''नंबरदारजी हमारे मित्र हैं। बुरे वक्त में उनका सहारा बनना वाजिब है। डर है तो केवल यह कि थाने वालों की शक की निगाह मुझ पर न पड़े।''

''मगर सच्चाई पर परदा डालकर यूँ भी नहीं बैठिए। कानून का सहारा लेकर मदद करनी होगी।''

विजय आनंद पंडितजी के घर से बाहर निकले और थाने की ओर चल पड़े।

थाने पहुँचते ही थानेदार ने उन्हें पहचानने की कोशिश करते हुए पूछा, ''आप विजय आनंद हैं क्या?'' और खड़ा हो गया।

''जी हाँ!''

''कमल कांत साहब का फोन आया था। कहिए आपकी क्या सेवा की जाए?''

''उन्होंने क्या कहा?''

''यही कि आप कुछ पूछने-बताने आएँगे। आप उनके दोस्त हैं।''

''इसके अलावा कुछ नहीं कहा? फोन पर कोई लंबी बात वाजिब भी नहीं?''

''जी नहीं। बात तो आपको करनी है। उन्होंने 'इंट्रोड्यूस' कराया। आपका परिचय ही दिया।''

''सो, तो सुनिए। मैं यह कहने आया हूँ कि अब जबकि जीवन सिंह मेहता नंबरदार की पत्नी ने उस नेता के कत्ल का जुर्म कबूल कर लिया है तो जीवन के खिलाफ क्या कारवाई हो रही है।''

''उसे वापस आना तो चाहिए, वह है कहाँ?''

''हमें नहीं पता। मगर वह बड़े काम का और शरीफ आदमी है। अपनी पत्नी को बचाना चाहता होगा। भाग गया होगा। मैंने किशनी नंबरदारनी के बारे में अखबार में खबर पढ़ी, सुना तो यहाँ आ गया।''

"वह तो हमारी जान को जोखिम में डाल रही है। पहले दिन इतनी जोर-जोर से ऊँची आवाज में गीत गाने लगी कि उसे चुप कराना मुश्किल हो गया। हमने समझा पागल हो गई है।"

"शायद ऐसा ही हो?"

"फिर और करतूत कर बैठी। उसने हमसे आँख चुराकर खुदकशी करने की कोशिश की। दीवार से सिर टकरा दिया। बाहर खड़े सिपाही ने समझा कि नाटक कर रही है। फिर बेहोश होकर गिर पड़ी। लेडी पुलिस बुलाई। डॉक्टरों ने उपचार किया। उसने नियमों का उल्लंघन भी किया है।"

"इज्जत वाले घर की औरत है। यह सबकुछ जेल की जिल्लत के कारण हो सकता है।"

"अस्पताल से आने के बाद कहती थी कि मैं एक कबूतरी की तरह महसूस कर रही हूँ। जिसके पर काट दिए गए हों। मेरी संकल्प-शक्ति हर स्त्री को प्रेरणा देगी। वे नेता न सज्जन थे, न ही महान् विभूति थे। न ही ग्राम-सुधार करते थे। नंबरदारनी को अपने किए का पछतावा नहीं है।"

"हाँ, लगता है कि उसका 'साईकिक' केस हो गया है अब।"

"जी हाँ, आज सुबह कह रही थी कि उसे स्वप्न आया कि वह उड़ रही है। और जमीन पर वह पाखंडी नेता बंदूक लेकर मेरे पीछे दौड़ रहा है। मेरे पर नहीं थे। मैं गिर पड़ी थी। तब वह नेता, मुँह बोला राजनायक भी गुम हो गया था। उसे पकड़ो। वह मुझे भयभीत कर रहा है। बदमाश है। मेरी इज्जत लूट लेगा। उसे पकड़ो। वह मेरा कुछ नहीं है।"

□

17

बातें हैं, बातों का क्या?

अभय शाम होते-होते ही घर लौट आया। सीधा विजय आनंद के कमरे में गया। वे सिर झुकाए अपनी चारपाई पर बैठे हुए थे। कुछ सोच रहे थे। ज्यों ही उसने उनके चरण स्पर्श किए, वे चौंक गए।

"हाँ, तो तुम्हारी माँ मिलीं!"

"नहीं गुरुजी। वे तो अगले ही दिन होटल से 'चैक आउट' भी कर गईं। मेरी पिछली बिजिट के बाद वापस होटल में जरूर लौटी थीं।"

"अब कहाँ होंगी, आप लोगों की सिमरन माँ?"

"पता नहीं चला, पर मैनेजर ने उन्हें बता दिया था कि मैं उनको लेने आया था। उस मैनेजर का कहना है कि माँ सिमरन अकसर अपने मोबाइल को कान लगाकर कुछ सुना करती थीं। शायद गीत या गजल, या फिर कुछ और?"

"ओ, आई.सी.! क्या यहाँ भी ऐसा किया करती थी?"

"अकसर नहीं। उन्हें इस प्रकार मोबाइल को कान से लगाकर बार-बार कुछ सुनते नहीं देखा।"

"तो समझ लो कि वह किसी की जासूसी भी कर रही है।"

"ऐसा कैसे, गुरुजी। माँ को यह करने की जरूरत नहीं। वे तो अपनी कार में ही कहीं गई हैं।"

"मेरे एक जान-पहचान के आदमी ने मुझे बताया था कि एक मियाँ-बीवी की जोड़ी दस साल से बड़े सुख से रह रही थी। पत्नी ने शादी की वर्षगाँठ पर पति से एक खास किस्म के फोन के 'गिफ्ट' की माँग की थी। वह खुश हुआ, क्योंकि पत्नी की इस फरमाइश को पूरा करने में कोई खास दिक्कत नहीं आएगी। वरना हीरे के गहने आदि की माँग भी कर सकती थी। उसने 'हाई-एड फोन' खरीदा अगले ही दिन अपनी बीवी

को दे दिया। वे दोनों खुश थे। खुशी-खुशी किसी पंचतारा होटल में खाना खाने भी गए। इस फोन को देने से पहले वह आदमी इसे लेकर किसी सॉफ्टवेयर स्पेशलिस्ट की दुकान पर गया। उसने 'स्पाई' यानी जासूसी सॉफ्टवेयर भी लगवा दिया। यह उसने पत्नी को हैरान-परेशान करने के लिए नहीं किया था। बल्कि उसे उसकी दिन भर की बातचीत के आधार पर छेड़-छाड़, मजाक करने के लिए किया था। वह अपनी पत्नी से बहुत प्यार करता था। परंतु नतीजा उलटा निकला। जो भी एस.एम.एस. वह करती या बात करती अथवा फोन करती उसका पता उसके पति को भी चल जाता। वह अपने विवाह पूर्व के प्रेमी से जो-जो बातें करती। उसके पति को पता चल जाता। फिर कलह-क्लेश होने लगा। प्रमाण मिले कि उसके अपने प्रेमी से शारीरिक संबंध भी थे, इस बिना पर मियाँ-बीवी का तलाक हो गया।''

''राज खुद मुश्तहर हो तो कोई क्या करे?''

''हाँ अभय, शायद कुछ ऐसा ही चक्कर है। तुमने कहा था कि सिमरन का तलाक हुआ है और वह विदेश से लौट आई थी। फिर तुम लोगों के बीच अपना जीवन बिताने लगी। हो सकता है कि वह उसका तलाकशुदा पति उसे ब्लैकमेल कर रहा हो। या फिर सिमरन ने ही होशियारी की हो और उसे निशानी के तौर पर फोन देते वक्त उसमें जासूसी करने के लिए सॉफ्टवेयर डाल दिया हो।''

''वह तो विदेश में था।''

''अब शायद यहाँ आ गया हो और उसका फोन सिगनल पकड़ रहा हो।''

''तभी तो कहते हैं गुरुजी, 'इगनोरैंस इज ब्लिस'।''

''हाँ, गुप्ता सो मुक्ता। अब जमाना सोच-समझकर, होशियार बनकर जीते रहने का है।'' अभी वे बातें कर ही रहे थे तो वनमाला भी आ गई, उसके हाथों में ट्रे थी, जिसमें तीन प्यालों पर भाप छाई थी। ''लो जी गरम-गरम कॉफी।'' वह 'ट्रे' को सेंटर टेबल पर रखकर बैठ गई। एक-एक करके विजय आनंद और अभय को कॉफी के प्याले पकड़ा दिए। खुद भी कॉफी की चुस्की लेते हुए बोली, ''आज के अखबार में एक तरफ तो खबर छपी है कि चीनी सैनिकों ने भारत की सीमा में घुसपैठ करके लद्दाख के दौलत बंग ओल्डी (डी.वी.ओ.) सेक्टर में अपना एक और टेंट गाड़कर नई चौकी बना ली है। इसी हिंदी के अखबार के 'बैक पेज' पर खबर है कि 'मंगल' पर बसने के लिए चीनियों में होड़ लगी है। चीन के 600 लोगों ने 'लाल ग्रह' पर मानव को भेजने की योजना वाले डच प्रोजेक्ट के लिए आवेदन किया है, इस प्रोजेक्ट ने जहाँ लोगों की अंतरिक्ष से बाहर खोज में दिलचस्पी बढ़ाई है, वहीं कुछ लोग इसे 'सुसाइड मिशन' मान रहे हैं। क्योंकि इस प्रोजेक्ट में 'मंगल' से वापसी की कोई गारंटी नहीं दी गई है।

'मार्स वन' नामक इस प्रोजेक्ट को एक डच कंपनी ने लॉञ्च किया है।'' वह अखबार लाती है। आगे पढ़ती है।

''इसके तहत पहले चार लोगों को 2023 तक 'मंगल' पर बसाने की योजना है। रिपोर्ट के अनुसार, प्रोजेक्ट के लॉञ्च होने के बाद पहले तीन दिनों में दुनिया के 20,000 लोगों ने ऑनलाइन आवेदन किया है।''

''एक बात तो सिद्ध ही होती है कि इन लोगों को वहाँ कोई भी प्राणी नहीं मिलेगा। अभी तक की जानकारी के अनुसार वहाँ छोटे-मोटे प्राणियों के होने के पुराने सबूत तो मिले हैं, पर और कुछ नहीं मिला। लगता है कि वहाँ के सर्वनाश के पीछे भी कोई वहीं के प्राणी हों, जिन्होंने एटम-हाइड्रोजन आदि जैसे बम बनाए हों। हम भी उन्हीं के नक्शे-कदम पर चल रहे हैं। तभी तो अंदाजा था कि दिसंबर 2012 में दुनिया का नाश हो जाएगा, पर हुआ नहीं।''

विजय आनंद ने गौर से सुनते हुए कहा—

''बातें हैं, बातों का क्या?''

''मैं एक निष्कर्ष पर पहुँची हूँ पिताजी कि मंगल पर नई बस्ती इस दुनिया के लोग बसा लें तो अच्छा है। सुना है धरती के असली इनसान से ही उसकी धरा छीन ली गई थी।''

''तुम शायद ठीक कहती हो बेटी, वैज्ञानिकों को शोधों से पता चला था कि बिगफुट, प्राणी संभवतः धरती के असली मानव हैं, जबकि मानव 'एलियंस' की संतानें हैं। तभी तो मैंने अभय को मानवों जैसे परग्रही में रहनेवालों के चित्र बनाने के लिए सलाह दी थी। अपने पूर्वजों के बारे में सोचना पुण्य है, पाप नहीं।''

''पर गुरुजी, यह भी हो सकता है कि परग्रही यहाँ आए और उन्होंने इनसानों तथा चिंपांजियों के जीन को मिलाकर एक नई प्रजाति पैदा की हो, जिसे हम बिगफुट कहते हैं।''

''परंतु बेटा कुछ वैज्ञानिक यह मानते हैं कि दरअसल धरती के असली बाशिंदे 'बिगफुट' ही हैं। जहाँ तक सवाल आज के आधुनिक इनसान का है, वह तो अभी भी रहस्य है कि यह बना कैसे और इसका पूर्वज कौन था। मैं समझ पाया हूँ कि इनसान आकाश से आए और उन लोगों की संतान हैं, जिन्हें हम 'एलियंस' कहते हैं। हालाँकि कुछ शोधकर्ता बिगफुट के बारे में भी ऐसा ही कहते हैं।''

मुझे लगता है 'एलियंस' ने वानर और अपने खुद के जीन को मिलाकर बिगफुट बनाया है।'' यह कहते-कहते वनमाला झेंप सी गई।

''शोधकर्ता कहते हैं कि दुनिया भर में 'बिगफुट' को देखे जाने की घटना, तभी खबरों में आई, जबकि यू.एफ.ओ. आने की खबरें भी अखबारों में छपीं।''

''शायद कुछ लोगों ने उड़नतश्तरी के पास बिगफुट को देखा है। इसी तरह की एक घटना 1980 में वाशिंगटन के पास घटी थी, जब एक महिला ने यू.एफ.ओ. को धरती पर उतरते देखा और वह जहाँ उतरा था वहीं 'गोरिल्ला आदमी' भी दिखाई दिया।''

''हाँ, बेटी, कुछ ऐसा ही गोरखधंधा लगता है, धंधा है।''

''तब तो गुरुजी बिगफुट मानव की तबाही का इंतजार कर रहा है। क्योंकि वही धरती की असली प्राकृतिक प्रजाति है। आज का इनसान तो 'स्टार प्रोडक्ट' है, जबकि बिगफुट से इनसानों ने धरती को छीन लिया। और उन्हें छुपने पर मजबूर कर दिया।'' अभय ने अपनी निर्णायक राय दी और चर्चा जारी रखी।

''वैज्ञानिक यह भी मानते हैं कि संभव है, बिगफुट किसी अन्य ग्रह का प्राणी है, जिसे वहाँ के वासियों ने प्रयोग के तौर पर धरती पर छोड़ दिया हो। जो अब मानव प्रजाति से छुपकर रहता है।''

''मैंने भी पढ़ा है कि अमेरिका के ओरेगॉन शहर के पास बनी हुई कई लंबी सुरंगें हैं। वहाँ 'बिगफुट' देखे जाने के दावे किए गए हैं। वहाँ के आदिवासी मानते हैं कि इन सुरंगों के भीतर नर वानर रहता है।''

''पिताजी, मानव से सब डरते हैं। फिर कौन उतरेगा धरती पर?'' वनमाला अभय और विजय आनंद के बीच खड़ी होकर हँसने लगी।

''बैठो-बैठो बेटी, अभी बहुत बातें बाकी हैं।...भारतीय पौराणिक ग्रंथों के आधार पर कहा गया है कि सात तरह के पाताल हैं। उनमें रहनेवाले विशालकाय लोगों के विषय में भी बताया गया है। शोधकर्ता कहते हैं कि बिगफुट के बारे में लोगों ने जो दावे किए हैं, उनमें सच्चाई है। बिगफुट के बारे में सभी ने समान रूप से कहा है कि वह बड़े-बड़े बालों वाला और वानर की शक्ल का प्राणी है। वह जब भी दिखाई देता है तो हवा में एक खास किस्म की दुर्गंध फैल जाती है। वह इनसानों के सामने आते ही अचानक गायब हो जाता है।

''देखा पिताजी, मैंने भी तो यही कहा है।'' अपने पति के पास बैठते हुए वनमाला ने अपना तर्क दोहराया।

''उसमें गायब होने की कोई अद्भुत शक्ति है। वैज्ञानिक मानते हैं कि या तो बिगफुट धरती का असली इनसान है या फिर यह 'एलियंस' का हाईब्रिड जीव है। हो सकता है कि वह सभी धरती से मानवों की तबाही का इंतजार कर रहा हो। उसके यहाँ रहने में 'एलियंस' का कोई मकसद होगा।''

अचानक ही रामदेयी ने सभी की निगाहें अपनी ओर केंद्रित होते देखीं। हाथ खाली थे। कुछ खाने-पीने के लिए नहीं लाई थी। बोली—

''बाहर पंडित दीनदयाल ददाहू वाले आए हैं।''

"इस वक्त?" अभय को आश्चर्य हुआ। अपने पलंग से खड़े होते हुए विजय आनंद ने हँसते हुए कहा, "एक जाने-माने शायर का शेर याद आया—

यूँ ही रोज मिलने की आरजू,
बड़ी रख-रखाव की गुफ्तगू,
ये शराफतें नहीं बेगरज,
उसे आप से कोई काम है।"

सभी ड्राइंगरूम की ओर चल दिए।

"प्रणाम पंडितजी," अभय ने हाथ जोड़े। विजय आनंद ने भी नमस्कार की मुद्रा में हाथ जोड़कर माथे पर लगाए। "मैं अभी आई," वनमाला ने रामदेयी का बाजू पकड़ा और वहाँ से चली गई। पंडितजी आतुर व्याकुल सा लगा। अटक-अटककर बोला, "आनंद साहब आपने कल का हिंदी अखबार पढ़ा होगा, जो यहाँ भी आता है। उसमें एक खबर छपी थी कि शोघी तारा देवी के बीच कोई तंबू गड़ा था। उसमें नया-नया ढाबा चलाया गया था। केवल कढ़ी चावल का। भ्राड़ीघाट की भाँति। पुलिस ने वहाँ दबिश दी। भारी मात्रा में नशीले पदार्थ बरामद किए। उन्हें तीन किलो भुक्की, आधा किलो चरस और शराब पकड़ने में कामयाबी मिली। पुलिस ने आरोपियों के खिलाफ एस.डी.पी.एस. ऐक्ट के अधीन मामला दर्ज कर छानबीन आरंभ कर दी थी। मौके से एक व्यक्ति फरार था। लगता है कि वह झाड़ियों में छिपा। फिर ऑटो मोबाइल में आगे-ही-आगे आगे निकलता गया। फरार व्यक्ति की तलाश में पुलिस की एक टुकड़ी भी उसे पकड़ने को चली गई थी। मौके पर अन्य तीन आरोपी पकड़ लिये गए थे। चौथा आरोपी भागने में सफल तो हुआ, पर भगवान् के हाथों से नहीं बच सका। वह जिस ऑटो मोबाइल में भागा था, शायद वही गाड़ी दुर्घटनाग्रस्त हो गई है। पता चला कि उसी पिकअप वैन में वह साधु भी सवार था। जिसे मैंने मानव महाराज बताया था। वह भी मारा गया। वहाँ मौजूद लोगों ने बताया कि वह साधु वैन के पीछे रखी हुई कुछ बोरियों में छिपा मिला। जब वह गाड़ी ढाक से गिरी तो जोरदार धमाका भी हुआ। उस ऑटो मोबाइल के परखच्चे उड़ गए। उस प्रत्यक्ष साक्ष्य की मानें तो नजारा दिल दहला देने वाला था। उन्होंने उस गाड़ी को धधकते हुए देखा। तब तक वैन पूरी तरह ध्वस्त हो चुकी थी, जब तक मैं वहाँ पहुँचा, साधु की लाश को पुलिस स्टेशन में ले आए हैं। उन तस्करों में से चौथा आरोपी जल चुका है। उसके जले हुए कपड़ों के कुछ अवशेष बाकी हैं, जिससे कि उसकी पहचान हो गई है। उन तीन आरोपियों ने उसे पहचान लिया है और कबूल किया है कि इसी वाहन के जरिए वे नशीले पदार्थ लाए गए थे। चौथा आरोपी ड्राइवर था। मगर साधु कब और कहाँ से आया उन्हें इल्म नहीं। शायद वह साधु खुद ही बिना

बताए, चुपचाप बैन में सवार हुआ और छिपकर बैठ गया। यह सोचकर कि जिधर गाड़ी जाएगी, वहीं चला जाएगा। साधु के भेस में उसे कहीं-न-कहीं पनाह मिल ही जाती। वे उस साधु की सुविज्ञ सूत्रों द्वारा शिनाख्त कराना चाहते हैं।''

''तो अब हम क्या करें?'' अभय ने पूछा। चेहरे पर दुविधा और आश्चर्य की छाप सी फैली थी।

''आप चलें। उस साधु की शिनाख्त करने में पुलिस की मदद भी करें। और बताएँ कि मैंने जिस साधु को देखा था, शायद वह जीवन सिंह मेहता नंबरदार ही था।''

''आपको क्या लगता है पंडितजी?''

''वह जीवन ही है, पर इस तस्करी के मामले में दोषी नहीं हो सकता।''

''हमें सोचने दीजिए पंडितजी।'' कुछ पल मौन रहा। आश्चर्य ने मौन धारण कर लिया, यही या ऐसा प्रतीत होता था।

''आप चलें, हम आते हैं।'' विजय आनंद ने देखा कि पंडित दीनदयाल अब ज्यादा घबराया हुआ नहीं था। उसकी सहानुभूति नंबरदार के लिए कायम थी। वह उन्हें अवाक् देखता हुआ कमरे से बाहर निकला और गैलरी में आ गया। वह पर्याप्त साक्ष्य की तलाश में यहाँ आया था।

''पंडितज़ी। क्या नंबरदारनी बिशनी को इस दुर्घटना का पता है?'' विजय आनंद ने जोर की आवाज लगाते हुए पूछा। पंडित दीनदयाल फिर वापस आ गया। ''अभी नहीं साहब, अभी नहीं साहब। मगर पुलिस वाले बता ही देंगे। कब कैसे कहेंगे। पता नहीं। अब अगर उसे पता चलता है तो वह स्पष्ट तौर पर नियंत्रण से बाहर हो जाएगी।'' उसके चेहरे पर मायूसी झलक रही थी।

''आशंका के दृष्टिगत, पुलिस उसे इस षड्यंत्र में शामिल समझकर उसकी पत्नी से और भी पूछताछ करेगी। पुलिस ने निरंतर निगरानी रख रखी होगी।''

''हमें उस औरत को बचाने का हरसंभव तरीका अपनाना होगा। उसके पराजित हृदय में उत्साह भरना होगा। वरना वह बेमौत मर जाएगी।'' पंडित दीनदयाल ने उन्हें चलते-चलते कहा। अभय ने फिर बात शुरू की, ''गुरुजी शव परीक्षा से पूर्व ही चलना चाहिए। संभावनाएँ कुछ भी हो सकती हैं। अच्छी बात तो यह है कि पंडित अब और आज निष्क्रिय नहीं लगा। सहनशील सा लगा। उसका हमें समझाने का ढंग भी सही था।''

''हाँ, इससे पहले कि मामला उलझ जाए हमें चलना ही चाहिए। कहीं उसके खिलाफ कोई गलत धारणा पैदा न हो जाए।''

दोनों अपने-अपने कमरे में जाकर तैयार हुए। फिर अभय अपनी पत्नी के पास गया। उसे सारी बात समझाई। रामदेयी के साथ वह अकेली नहीं है।

वहाँ का दृश्य ही कुछ और था। नंबरदार का पुत्र भी वहाँ बैठा था।

''तुम!'' विजय आनंद ने पूछा।

''हाँ जी, मैं नंबरदार जीवन सिंहजी का बेटा हूँ। जब से नेतावाले कांड में पिताजी को संलिप्त पाया गया तो उन्होंने ही फोन करके हमें दूर ही रहने को कहा था। फिर पिताजी कहाँ गए पता नहीं चला।''

''अब कैसे आए?''

''पुलिस ले आई। इस नशीले पदार्थों के केस के सिलसिले में। हमारा इसमें कोई ताल्लुक नहीं है। हमें इस दुःख की घड़ी में संरक्षण चाहिए। व्यथा का निवारण चाहिए। हम तो 'एग्रीव्ड' हैं, दोषी नहीं। हमें सांत्वना की बजाय धमकी या थर्ड डिग्री मैथड का डर है। पुलिस तो पुलिस ही होती है।''

विजय आनंद और अभय आनंद थानेदार से मिलने उसके चैंबर में गए। कुछ देर बातचीत हुई। उन्हें विश्वास दिलाया गया कि कानूनी प्रक्रिया, विधि के पालन के पश्चात् नंबरदार के पुत्र को जमानत पर रिहा किया जाएगा। जीवन सिंह मेहता का शव 'पोस्ट मार्टम' के बाद उसी को सौंप दिया जाएगा। नंबरदार की धर्मपत्नी अस्पताल में बेहोश पड़ी हुई है। उसने जीवन सिंह के मरने की खबर सुनते ही दोबारा दीवार से सिर टकरा दिया था। डॉक्टर का फोन आया था कि वह 'कोमा' में चली गई है। उन्होंने इधर-उधर देखा। पंडित दीनदयाल एक व्यक्ति से बात कर रहा था। उन्हें देखकर वह उस व्यक्ति के साथ विजय आनंद के पास आ गया, ''यह वही आदमी है, जिसकी पत्नी कैंसर की मरीज है और साधु ने उसका इलाज किया था और मंत्र पढ़े थे।''

''अब क्या हाल है आपकी धर्मपत्नी का?''

''वैसी-की-वैसी ही है। शायद उस माला के शरीर पर रखे जाने के बाद उन्हें विश्वास हुआ होगा कि वह स्वस्थ हो रही है। मगर बाद में डॉक्टर ने देखा, हम गलत निकले। फिर से साधु की जगह-जगह तलाश की। इसी बीच पुलिस हमें यहाँ ले आई।''

''क्यों?''

''जिस-जिस का साधु मानव महाराज ने इलाज किया, उन सबको पुलिस इधर ले आई है, ताकि पता लगाए कि उपचार के समय कोई नशीला पदार्थ तो नहीं दिया मरीजों को।''

''क्या वह साधु यही आदमी है, जिसकी दुर्घटना में मौत हुई है।''

''जी हाँ वही है। लोग उसे जीवन सिंह नंबरदार बता रहे हैं।''

''अच्छा तो हम चलते हैं पंडितजी।''

''उसकी लाश तो देखी नहीं आपने।''

''अब जरूरत ही क्या है? हमें जो करना था कर लिया। वहाँ वनमाला अकेली है। रात बहुत हो गई है।'' दोनों चिंतित थे।

बाहर निकलते ही अभय ने सवाल किया—

''गुरुजी दुनिया बड़ी नश्वर है। लोग शायद यहाँ मरने के लिए ही आते हैं।'' वह उदास था।

''नहीं बेटा, काम करने आते हैं। जो काम ईश्वर उनसे लेना चाहता है। वह ही वे करते हैं और चले जाते हैं।''

''राम, कृष्ण भी चले गए।'' वह मानसिक आघात से ग्रसित था। विजय आनंद को आभास नहीं हुआ।

''हाँ बेटा, पौराणिक परंपरा में जिन व्यक्तियों को अजर-अमर माना गया, वे जिंदा हैं। परशुराम, अश्वत्थामा, बलि, व्यास, हनुमान् और कृपाचार्य अमर हैं। लेकिन इनमें से किसी की भी गणना दस अवतारों में नहीं की जाती।''

अब तक वे रंगकर्मी धार, अभय के निवास पर पहुँच चुके थे। अभय कुछ मिथ्या धारणाओं से घिर चुका था। तनाव में दबा हुआ था, मन अशांत था।

□

18

वे क्यों नहीं आते?

सुबह-सवेरे विजय बाहर लॉन में घूमते हुए क्यारी में मुसकराते फूलों को देखते रहे। मीरा का एक भजन गुनगुनाया—"वृंदावन की कुंज गली में तेरी लीला गासो/मन चाकर राखो जी/चाकर राखो बाग लगासो/नित-नित दर्शन पासो। मन चाकर राखो जी।"

उनको पीछे से किसी के आने की आहट सुनाई दी। वनमाला थी।

"जरा जोर से गाइए पिताजी।"

"अरी मेरी बेटी! मैं तो 'बाथरूम सिंगर' हूँ। स्ट्रीट सिंगर बनने की इच्छा हुई तो गले पर बोझ डाल दिया। इस वीणा के तार ढीले पड़ गए हैं। तुम गाओ..." विजय आनंद ने देखा कि वनमाला कुछ-कुछ उदास है।

"क्या बात, तबीयत ठीक नहीं है बेटी?"

"नहीं पिताजी। रात जब वे आए सीधे अपने स्टूडियो में चले गए। आप लोगों के लिए दरवाजा रामदेयी ने खोला था। मेरी आँख लग गई थी। थोड़ी देर बाद देखा कि वे अपने कमरे में नहीं आए। मैं घबराई। इधर-उधर तलाश किया। हैरान थी। स्टूडियो में गई। उन्हें बड़े डरावना चित्र बनाते देखा, उसको वे पूरा यानी 'फाइनल' कर रहे थे। खड़ी रही। उस चित्र को गौर से देखा। अभी अधूरा था। आकार सा कायम हो चुका था। चेहरा विशाल था। आँखें बड़ी विकराल थीं। देखने में बड़ा भयानक लगा। अत्यंत मोटे अधर थे, पैनी तीखी दाढ़ें, मुँह और शरीर पर काले फैले हुए बाल, बड़ी-बड़ी भुजाएँ, बहुत बड़ा शरीर, बड़ी नाक, चौड़ी छाती, बड़े-बड़े पैर और मोटी तनी हुई पिंडलियाँ थीं। उसका सिर बिन बालों का था। बड़ा अमानवीय राक्षस लग रहा था...मैं डर गई। उनसे पूछा कि यह क्या हो रहा है। उन्होंने मेरी ओर देखा। उनकी आँखें लाल थीं। चेहरा उदास था। बाल बिखरे हुए थे। सहमे-सहमे से उस चित्र को देख रहे थे। मेरी बात का जवाब नहीं दिया। मैंने उन्हें कहा कि यह क्या है? यह कौन है? आप

अपने लक्ष्य से विचलित हुए विरक्त से लग रहे हैं। 'डिविएट' न होएँ। सामने वाला चित्र आपकी रची हुई कृति है। तो डरने-घबराने का कोई कारण नहीं लगता। उन्होंने जवाब नहीं दिया। रातभर में बहुत कमजोर, 'ट्रामा' ग्रस्त लग रहे थे। सुन्न से हैं। मुझे वे मानसिक आघात से परेशान लगे। किसी उलझन में हैं। या अनजाने दु:ख के शिकार हो गए हैं। उनके व्यवहार में बदलाव है। स्वभाव अजीब, अपरिचित सा हो गया है। अनौचित्य है। विचित्र, व्यथित लग रहे हैं।'' कहते-कहते मुँह मोड़ लिया। वनमाला रोने लगी। कुछ अस्पष्ट सा भी बोल गई।

''मुझे अफसोस है बेटी।'' विजय आनंद की चेहरे की भावनाएँ भी कुछ ही क्षणों में पहले जैसी न रहीं। क्षीण हो गई थीं। ''मैं चलता हूँ। अभय की भ्रामकता का कारण शायद मैं ही हूँ। हो-न-हो, वह चित्र घटोत्कच का है।'' कहते-कहते वे धीरे-धीरे भवन की ओर बढ़े। सीधे अभय की कार्यशाला में पहुँच गए। वनमाला उनके पीछे-पीछे चल रही थी। वह बीच दरवाजे में ही खड़ी हो गई। आश्चर्यचकित, हताश, निराश और घबराई हुई थी वह।

अभय ने पहले की तरह खड़े होकर विजय आनंद को माथा नहीं टेका। पाँव नहीं छुए। उसे जैसे कि 'किंकर्तव्य-विमूढ़' स्थिति ने घेर रखा हो। मानो किसी विकल्प या सामाधान के बारे में सोच रहा हो। वह अपने बनाए चित्र को देखता रहा। उत्सुक भी लगा।

''वाकई घटोत्कच का चित्र है। महाबली भी लगता है। भीमसेन और हिडिंबा का पुत्र। पूरे-के-पूरे राक्षसों और पिशाचों से ज्यादा ताकतवर और बहादुर। त्रेतायुग में रावण और मेघनाद जैसे वीर हुए थे। उसी प्रकार इस मनुष्यलोक में वह भी शरीर, बल और पराक्रम में उन्हीं जैसा महावीर। उसने पांडवों से कहा था कि समय आने पर वह स्वयं उनकी सेवा में हाजिर हो जाएगा।'' फिर भी अभय ने कोई उत्तर नहीं दिया। भावशून्य वह चित्र के सामने स्टूल पर बैठा रहा। उसकी चिनगारी भरी आँखें गहरी चिंता और दुविधा में थीं। विजय आनंद ने बेहद हलकेपन से कहा, ''बेटा उठो, हमें भी नाश्ता करवाओ।'' इसी दौरान रामदेयी चाय का प्याला ले आई। वनमाला ने चाय की ट्रे खुद ले ली और अभय के पास पहुँची। ट्रे वहीं रखी, चाय बनाई। झुककर बोली—

''चाय पतिदेव!'' उसकी शालीन आवाज में संगीत था। विजय आनंद देख रहे थे कि अभय कुछ आहत सा महसूस कर रहा है। हृदय में सहानुभूति और मोह भर आया—

''लाओ बेटी। मुझे प्याला पकड़ाओ। आज बाप बेटे को चाय खुद पिलाएगा।''

''नहीं गुरुजी, ऐसा मत कीजिए।'' अब वह खड़ा हो गया। विजय आनंद के पाँव छुए और उनकी छाती से लगकर रोने लगा। उसके मन में तिक्तता नहीं थी। ''यह बिगफुट है। बिगफुट।'' ऐसा लगा कि अभय किसी लंबी मूर्च्छित अवस्था से लौटा है। वह अबोध बच्चे की भाँति रो रहा था। उसे पछतावा भी था। फिर थके-हारे पथिक

की भाँति जमीन पर ही बैठ गया। विजय आनंद के हाथ से प्याला छूट गया। जमीन पर गिरा और चूर-चूर हो गया। "रामदेयी और चाय लाओ" कहते-कहते वनमाला ने आगे बढ़कर विजय आनंद के कपड़ों पर से चाय झाड़ दी। "शुक्र है, आप बच गए। चाय बहुत गरम थी।" यह कहते हुए अभय को देखकर हँस दी। विजय आनंद ने अभय को उठाया, गले लगाकर बोले, "बेटा घट का अर्थ सिर है और उत्कच का मतलब है बिना केश के। तुम्हारे चित्र में यह है। मैं तुम्हारे चित्र की सराहना करता हूँ।"

अभय चुप था, उदास जरूर था। रामदेयी एक प्याला चाय और ले आई। तथा वनमाला के हाथ से कपड़ा पकड़कर स्वयं फर्श साफ करने लगी।

"आज बेटा पहली चुस्की चाय की, मेरे हाथ से ही हो जाए।" अभय ने सिर हिलाया और विजय आनंद ने चाय का प्याला उसके होंठों से लगा दिया—

"चाय में बड़ी स्वाद है गुरुजी।"

"तुम विभिन्न रुचियों वाले व्यक्ति हो, अभय। परंतु मेरी मंत्रणा से तुम्हें सौंदर्य की परख और खोज की ओर लगाना था। 'फाइन आर्ट,' सौंदर्य तुम्हारे अंतर में बसा है। कलम और कूची से उसकी आकृति बने, निकले, यह इच्छा थी। तुम चिंतनशील हो। भटकती हुई अशांत मानव जाति को अपनी कृतियों की ज्योति से रोशनी दिखाओ। उनके पराजित दिलों में उत्साह भर दो। दिग्भ्रांत इनसान को पर्वतों की भयानक कंदराओं की बजाय, हरियाली, फूल-बेल-वृक्षों की मनभावन तसवीरों में स्वर्ग जैसे सुंदर ग्रहों के चित्रों से शांति मिलेगी। ऐसा करो। तुम्हारे मन में बोझ है। वैसे ही उनका मन भी दुःख और तकलीफ झेलता है। उस बोझ को हलका करने के लिए सुंदर-सुंदर चित्र बनाओ। स्वर्ग में सौंदर्य का विशाल भंडार है। उन्हें शक्ल, आकृति द्वारा पहचान दो। वहाँ फरिश्ते हैं, सुंदर-सुंदर नर्तकियाँ, अप्सराएँ हैं। तुम्हारा यह चित्र भी दिलचस्प है। परंतु यह वनमाला की बेचैनी का कारण बना है। ऐसे चित्र बनाओ, जिससे कि दर्शकों पर प्रतिकूल प्रभाव न पड़े।" अभय अब 'किंकर्तव्य-विमूढ़' सा नहीं था। सामान्य हो चला था।

"मुझे हमदर्दी है वनमाला से। गुरुजी मैं संगदिल नहीं हूँ। एक डरावने-भयानक सपने ने रात भर डराए रखा, भयभीत था। खौफ को मिटाने के लिए ध्यान बदलना चाहा। यह चित्र बनते बनाते ही बन गया।"

अब सब धीरे-धीरे बाहर आए, अभय के कमरे की ओर चल दिए। वनमाला हँस दी। "पिताजी आज के ड्रामे ने समय बाँध दिया। ऐसा नाटक तो मेरे ससुरजी, अभय के पिताजी और सिमरन माँ ने कभी देखे भी नहीं होंगे, न ही इस कदर 'रियल लाइफ' ड्रामा किया होगा।"

वनमाला के आतुर व्याकुल हृदय की बेचैनी उसकी आँखों से आँसू बनकर बहने लगी। वह धीरे-धीरे चलकर सबसे पीछे हो गई। विजय आनंद अभय के साथ थे। बोले—

''आत्मबल बढ़ाओ!''

विजय आनंद की बात को महत्त्व न देते हुए अभय चलते-चलते किसी विकल्प के बारे में सोचने लगा।

''मुझे इस प्रकार के दु:ख की आस न थी। माँ सिमरन ने मुझे अपनी असली माँ की जुदाई का दु:ख सहने की शक्ति दी। वनमाला ने मुझे मेरे अधिकार से ज्यादा सुख दिया। आपने हमें सहानुभूति दी। मेरे इस आहत मन को प्यार दिया। मगर त्रस्त हूँ। माँ सिमरन ने अपने इस अबोध बेटे को क्यों छोड़ दिया?'' अपना रुआँसा चेहरा लिये वह अपने कमरे के अंदर चला गया। सभी चुप थे।

वनमाला आगे बढ़ी। विनम्रता और प्यार भरे भाव में बोली, ''आपको आराम चाहिए। यह जीवन मूल्यों के बारे में बात करने का समय नहीं है। अभी चलिए स्नान कीजिए। फिर सो जाइए।''

विजय आनंद अपने कमरे में जाते-जाते सोचने लगे कि सुख, प्रसन्नता, सांत्वना, मानव जीवन के लिए जरूरी है। अलौकिक सौंदर्य की परख के लिए नजरिया चाहिए। कल्पना शक्ति की भी जरूरत होती है। तभी मूर्त नजरिया प्राप्त हो सकता है। अभय में सब प्रकार के गुण हैं; ज्ञान है, 'टेलेंट' है। भ्रम शून्य ज्ञान है। जो साकार है, प्रत्यक्ष है और निश्चित है। पर है तो वह इनसान ही। आदमी है। बहुत ही शालीन है। उसकी मौजूदा हालत, उसके भावुक होने के प्रमाण हैं। उसका विभ्रम, दु:स्वप्न की तरह के भय, 'नाइट मैरिश' है। जीवन सिंह मेहता नंबरदार के बेटे का मानसिक आघात, अभय के अतीत की जोखिम भरी यादों को ताजा कर बैठा है। वह दहशत महसूस कर रहा है। विश्वास है कि वनमाला उसे इस कठिन दौर से मुक्त करा देगी। विजय आनंद स्वयं भी तनाव महसूस करने लगे। फुस-फुसाकर प्रभु को याद किया।

हे प्रभु! मेरा दिल बहला दो।
दया दृष्टि से।
मन को शांत कर दो।
अपनी सृष्टि से।
कुछ तो करो जो आँसू निकलें/दिल बहले/
दर्द को धो दो, धो दो
निर्मल भक्ति से।

फिर सोचने लगे कि किस भगवान् को याद करूँ। जिस ईश्वरीय शक्ति ने धरती को अस्तित्व दिया। यहाँ जीवन का संचार किया। उसी अदृश्य प्रभु को याद कर रहा हूँ। हम जिस परिवार में पैदा होते हैं, वहीं से वहाँ के भगवान् को मानने की परंपरा भी पैदा होती है। मेरे लिए वही राम है, कृष्ण है, हनुमान् है। वैसे धार्मिक सहिष्णुता में

विश्वास करके राम–रहीम–कृष्ण–करीम एक है। वही सच्चा बादशाह है, वाहे गुरु है। वह सबल है। मानवीय दुर्बलता और दुःखों को दूर करता है। विजय आनंद खड़े–खड़े थक से गए। फिर पास पड़े सोफे पर बैठ गए। "बूढ़ा हो चला हूँ," बुदबदाते हुए, दाग का शेर बोले—

"रहती है कब बहारे जवानी तमाम उम्र
मारिंदे—बुए–गुल इधर आई, उधर गई।"

कुछ याद आया! उन्होंने जल्दी–जल्दी अपना सामान समेटा। ब्रीफकेस में रखा। फिर पहनने के कपड़े लिये और गुसलखाने में चले गए। उन्हें तसल्ली हो रही थी कि उन्होंने अभय के अशांत हृदय में उत्साह भर दिया गया है। वनमाला उसे सामान्य बनाने का प्रयत्न अवश्य करेगी। पानी के फव्वारे के नीचे बैठ गए। मन का बोझ हलका होने लगा। गरमी आ गई है। पहाड़ भी तपने लगे हैं। फिर से खुले रोशनदान से चहचहाते पक्षियों के संगीतमय स्वर सुनाई दे रहे हैं।

उन्होंने स्नान करके कपड़े बदले। सोचा, सब ठीक है।

जा़ने के लिए तैयार हो गए। सामान बाँध लिया था। सोफे पर बैठकर ही पूजा कर ली जाए। मन अशांत था। खयाल आया कि क्यों न उन विभूतियों की खोज में निकल जाऊँ, जो अजर–अमर हैं! लोक विश्वास पर आधारित और पौराणिक ज्ञान रखनेवाले विद्वानों के मत के अनुसार परशुराम आज भी सशरीर हिमालय के किन्हीं अगम्य क्षेत्रों में निवास करते हैं। हालाँकि उनका कार्य क्षेत्र गोमा तक (गोवा) बताया जाता है। ऋषि धर्म के विपरीत शस्त्र उठाने का प्रायश्चित्त करने के लिए उन्होंने हिमालय की घाटी में फूलों की घाटी बनाई। ऐसे क्षेत्र लाहौल–स्पिति, किन्नौर या कुल्लू की घाटी में बाहरी सिराज हो सकते हैं। राहुल सांकृत्यायन की भाँति किसी लक्ष्य को निर्धारित करके कहीं–न–कहीं निकल ही जाना चाहिए। उन्होंने कहीं पढ़ा था कि सीता स्वयंवर के समय परशुराम को विश्वास हो गया था कि भगवान् ने राम के रूप में स्वयं अवतार लिया है। तब अपने धनुष तथा परसे का त्याग करके वे दोबारा उत्तराखंड की ओर चले गए। फिर निरमंड में 'बड़ौजी' नामक यज्ञ किया। उसके बाद यज्ञ संस्कृति का प्रचार–प्रसार करने के उद्देश्य से परशुराम बुशहर क्षेत्र में भ्रमण पर निकल गए। वहाँ उन्होंने शिगंडा, शमेरी, लालसा और डंसा में अपनी ठरियाँ (यानी स्थान) स्थापित की। उन ठहरियों में उन्होंने अपने अनुयायियों को भूमि दान देकर बसाया तथा उन्हें यज्ञ करने का आदेश दिया। तब से हर बारह वर्ष के बाद इस क्षेत्र में भूँडा का आयोजन होता आ रहा है। आगे चलकर परशुराम शिमला जनपद के नडला, टोहड़ा, रोहड़ू इलाकों में भी गए। सारे हिमालय की यात्रा करके वे पुनः निरमंड पहुँचे और एक गुफा में तपस्या में लीन हो गए। उनके अनुयायियों ने गुफा के गिर्द किलानुमा कोठी बनाई, जो 'लौश कोठी' के

नाम से विख्यात है। उनके भक्तों ने परशुरामजी की अष्ट धातु की त्रिमुखी मूर्ति बनाकर गुफा में रख दी। इस मूर्ति को गुफा से भूँडा के अवसर पर ही बाहर निकाला जाता है। जो कुछ इस विषय में पढ़ा, खूब याद आया।

अब विजय आनंद की अन्यमनस्कता टूटी! खिड़की के बाहर ग्रिल को पकड़े हुए बैठा एक बड़ा बंदर उन्हें देख रहा था। उन्होंने खिड़की बंद कर दी। पानी का लोटा लेकर बाहर फुलवारी में आ गए। सूर्य को अर्घ दिया। तत्पश्चात् धीरे-धीरे अपने कमरे में चले गए। वहाँ रामदेयी ने नाश्ता लगा दिया था। सेंटर टेबल की ओर संकेत करके कहा, ''गरम-गरम पराँठे हैं, दूध है और भी जो लाना हो बता दीजिए।''

''सब ठीक है बच्चे, बैठो। तुम भी एक प्याला ले आओ। बातें भी करो। बूढ़ा बातों का शौकीन होता है।''

''नहीं जी, अभी काफी काम है। मगर पूछ सकती हूँ कि सामान क्यों बाँधा है! क्यों कहीं जाने का विचार है।''

''शाबाश टोका नहीं कि कहाँ जा रहे हैं। मैं कूल्लू की ओर जा रहा हूँ। बाहरी सिराज जाने का विचार है!''

''क्यों जी? अभी क्यों? यहीं रहें। साहब सो रहे हैं। मेम साहब भी अभी उन्हीं के कमरे में हैं। वहीं नाश्ता कर रही हैं। बुलाती हूँ।''

''नहीं बेटी, नहीं, वे स्वयं ही आ जाएँगी।''

''बाहरी सराज में कई मेले-वेले भी लगते होंगे जी।''

''हाँ, वहाँ एक परंपरा है भूँडा। यह मेला त्योहार के तौर पर मनाया जाता है। 12 साल के बाद इसे मनाते हैं। अब तो कई बार इससे ज्यादा वक्त लग जाता है। किसी समय इसमें नर-बलि का अनुष्ठान था। ऊँची चोटी से रस्सा तानकर उस पर काठ की घोड़ी बाँधकर 'बेड़ा' नीचे सरकाया जाता था। 'बेड़ा' एक विशेष जाति से संबंधित व्यक्ति होता है। इस दौरान उसे पवित्र माना जाता है। रस्से में सूरज गाँठ, विशेष प्रकार की गाँठ दी जाती है। यह गाँठ बेड़े के निचले छोर पर पहुँचने पर स्वयं खुल जाती है। उसे मारना जरूरी नहीं था। उसके बचाव के लिए दोनों टाँगों से रेत की बराबर भार की थैलियाँ बाँध देते थे। गिरकर ही वह नर-बलि कहलाता था। बचने पर उसे मुँह माँगे उपहार मिलते थे। निचले सिरे पर ही देवता रहते हैं। इसी सिरे पर 'बेड़े' की पत्नी विधवा के वस्त्र पहनकर बैठी होती है। बेड़े के सकुशल पहुँचने पर उसे उठाकर नचाया जाता है। बेड़े की पत्नी को तब सुहागिन का श्रृंगार करवाया जाता है। जब काठ की घोड़ी पर बाँधा हुआ बेड़ा नीचे की ओर सरकता आता है तो हजारों लोग टकटकी लगाए रहते हैं। नीचे पहुँचने से पहले उसे स्पर्श करने के लिए लालायित रहते हैं। जो बेड़े को पहले स्पर्श करता है, वह पुण्य कमाता है। यह रस्म जात-पात, ऊँच-नीच के

भेदभाव को मिटाने का प्रमाण भी है। यह भूँडा यज्ञ, परशुरामजी के स्थान पर भी होता है। इससे निरमंड प्रसिद्ध है।''

''मैंने सुना भी है। अभी कुछ ही वर्ष पहले ऐसा यज्ञ हुआ भी था। वह नर बच गया था। हमने शुक्र किया। रस्से पर सरकता टी.वी. पर देखा था।''

''हाँ बेटी, हाँ। अच्छा तो मैं चला।''

''साहब, मेम साहब से मिले बगैर।''

''नहीं रामदेयी। साहब को सोने दो। 'डिप्रेशन' में हैं। निराश-उदास हैं। हाँ वनी को बुला लाओ। अभय जागने न पाए। फुसफुसाना। दबे पैर जाना और वैसे ही दबे पैर वनी के साथ आना।''

रामदेयी के जाते ही विजय आनंद ने अपना सामान बाहर लाकर दरवाजे से बाहर, पोर्च की सीढ़ियों पर रख दिया। दो ब्रीफकेस ही तो थे। अब तक वनमाला और रामदेयी आ चुकी थीं।

''यह क्या पिताजी ?''

''सब सही है। मेरे यहाँ रहते हुए, अभय और भी सवाल-जवाब में पड़ जाएगा। उसे अकेलेपन में सिवा तुम्हारे और किसी की जरूरत नहीं है।''

''उठेंगे तो क्या कहूँगी!''

''यही कि मैं कुल्लू गया हूँ। वहाँ कुछ जरूरी काम है। वापस आकर फिर मिलूँगा। रास्ते में शिमला तो जाऊँगा ही।''

''कुल्लू, ओह याद आया पिताजी, वहाँ माँ सिमरन की एक दोस्त रहती हैं, प्रज्ञा सार्थी। दुकान करती हैं। पर्यटकों की पसंद का सामान रखती हैं। जैसे कि दरिया से निकालकर, सजा-सँवारकर रखी गई 'ड्रिफ्ट वुड'। लाहौल स्पीति और कुल्लू के जेवर और परिधान।''

''यह तो जानी-मानी हस्ती है। उसका पति कोई विदेशी था। उसकी एक बेटी है। शोभायुक्त, मनोहर, नवयौवना, पतली, सुंदर।''

''उसकी बेटी पिता की तलाश में निकली थी। फिर लौटकर वापस नहीं आई। वह जवान है। शादी के लायक है।''

''बैठो-बैठो विस्तार से बताओ। मैं प्रज्ञा सार्थी से जरूर मिलूँगा, हो सकता है कि तुम्हारी माँ सिमरन उसे ही मिलने कुल्लू गई हो। उसका गम गलत करने के लिए। घायल की गति घायल जाने।''

वनमाला ने जिद की और उन्हें अंदर लाती हुई बोली, ''हमें पिताजी, यानी परीक्षितजी की वसीयत की तलाश थी। हमें पूजा के कमरे से अंदर जानेवाले कमरे में अलमारी खोलनी पड़ी। चाबी नहीं थी। ताला तोड़ा। उसमें माँ सिमरन का एक पत्र मिला

है। उसका अनुलग्नक है, वह वसीयत। मैं अभी लाई। उसमें कूल्लू की प्रज्ञा का जिक्र है। विजय आनंद मौन जड़वत् से खड़े रहे। छत की ओर देखा। एक मकड़ी चली हुई थी। ''तो गरमी आ गई है।'' वे अपने आपसे कहने लगे। थोड़ी देर बाद वनमाला दो पृष्ठ वाले स्टेपल्ड कागज लाई और विजय आनंद को पकड़ाकर बोली, ''फोटो कॉपी है। आप इसे आराम से पढ़ें।'' विजय आनंद ने दोनों कागज पकड़ा और हँसने लगे। ''इस घर की प्रेम कहानियाँ परत-दर-परत खुलने लगी हैं।''

वनमाला चुप थी, उन्हें देखती रही। विजय आनंद फिर से अपने कमरे से बाहर आ गए और लॉन की ओर बढ़ चले। सीढ़ियों पर उनके ब्रीफकेस नहीं थे। ''यहाँ ब्रीफकेस थे वनी!'' वह उनके पीछे-पीछे ही आ रही थी। ''संभव है रामदेयी नीचे कार की ओर ले गई होगी।'' अब वनमाला ने झुककर विजय आनंद के पाँव छूए ''अरी! नहीं, तुम तो मेरी बेटी हो, बहू नहीं।'' उन्होंने देखा कि वनमाला की आँखों में आँसू थे। पलकें भारी हो चुकी थीं।

''मैं नीचे तक आती पर वे अकेले हैं।'' ''हाँ बेटी जाओ, खुश रहो, आबाद रहो। अभय के अवचेतन और अचेतन मन में गहन पीड़ादायी स्मृतियाँ घर कर गई हैं। मैं समझता हूँ कि जीवन सिंह मेहता के बेटे की त्रासदी और दुःख ही उसे इस हालत में ले आए हैं।''

''हाँ पिताजी! लगता है कि कई प्रकार के भय और आघात उन्हें घेरे हुए हैं। सता रहे हैं।''

''उसे आराम की जरूरत है, ताकि वह इस हालत से बाहर निकल आए। उसे खुश रखना। उसका खयाल करना।'' यह कहते ही विजय आनंद नीचे अपनी कार की ओर चल दिए। रामदेयी ने उन्हें देखा और हँस दी। ''साहबजी, अभी ठहरना था।'' मुसकानी लहजे में इतना ही कहा था कि विजय आनंद, जो अपनी जेबें टटोल रहे थे ने कहा, ''रामदेयी बेटी, मेरे कमरे की अलमारी में कार की चाबी रह गई है। जा ले आ। मैं यहीं बैठता हूँ।'' कहते-कहते गैरेज के बाहर बने हुए चबूतरे पर बैठ गए। रामदेयी भागती हुई चढ़ाई चढ़ गई। उन्होंने सिमरन के पत्र और वसीयत की नकल पढ़नी शुरू की—

''मेरे सर्वस्व, मेरे देवता—

आपकी वसीयत पढ़ी। आप अपरिचित लगे। अभय मेरा बेटा है। मैंने पाल-पोषकर बड़ा किया है। इसलिए यह निर्देश कि वह मुझे माँ समझे, आश्चर्यजनक है। मैं तो कामिनीजी की मृत्यु के पश्चात् आपके जीवन में मात्र क्षतिपूर्ति हूँ। मैं उनका मुकाबला नहीं कर सकती। उन्होंने मेरे चाँद से बेटे अभय को जन्म दिया। मुझे आपके चरण-कमलों में स्थान दिया। वरना मेरी हैसियत ही क्या थी। आपके नाटकों में कोई-

न-कोई नारी के किरदार को करने-निभाने के अलावा और कुछ भी नहीं। वे बहुत ही ज्यादा शालीन थीं। निहायत सीधी-सादी मान-मर्यादा निभानेवाली गृहिणी। इस कारण अपने खाली समय में उनका साथ देना मेरा सौभाग्य बना। उन्होंने हर संभव प्रयास किया कि मैं खुद को आपके परिवार का हिस्सा ही समझूँ। वे मेरी सहेली बनीं। मैंने उनकी बीमारी में जो खिदमत की, वह मेरा फर्ज था। मैंने कोई अहसान नहीं किया। संयोगवश अभय ने मुझे माँ कहा, माँ समझा और मेरा रुतबा बढ़ाया। इसलिए पैसे-रुपए और जमीन-जायदाद में हिस्सा लेकर ही सुख को चरम लक्ष्य समझूँ! यह मेरी भूल होगी। जो आपका और कामिनीजी का है, वह अभय ही का है। जो मेरा मेरे पास बचेगा, वह भी इसी मेरे बेटे अभय का होगा। इस परिवार ने, जिसकी मैं अब सदस्य हूँ, मुझे पर्याप्त मात्रा में स्नेह दिया, मोह दिया, सुख दिया। इन शब्दों में छिपी भावनाओं को आधार मानकर ही मैं इस परिवार में सामान्य सदस्य का जीवन जीना चाहती हूँ। मेरे लिए यह मुमकिन नहीं कि मैं स्वयं इस विषय में आपसे बात करूँ। मैं आपको अपना सर्वस्व मानती हूँ। ये बातें आपके सामने व्यक्त करके मन को और दु:ख देना नहीं चाहती। आपके प्यार का विशाल भंडार मेरे लिए जन्नत है। मैं अभय की माँ हूँ। परंपराओं के अनुरूप उसे मोह-ममता देना मेरा धर्म है। मेरे बुरे समय में आपने मेरा हाथ थाम लिया था। बहन कामिनी के पश्चात्, नैतिक रूप से आपने अर्धांगिनी बनाकर आपने इस घर-गृहस्थी की जिम्मेवारी मुझे सौंप दी थी। इसलिए मेरे लिए इस घर के प्रति कर्तव्य निभाना सर्वोपरि है।

मन ने जो चाहा, वही तो लिखा है। यह हकीकत से परे नहीं है। आप मिल गए। ऐसा लगा था कि जैसे मरुस्थल की धूप दोपहरी में सिर पर घटा बादलों की छाँव छा गई हो। मुँह में ठंडा-ठंडा पानी डालकर मुझे किसी ने होश और हवास का एहसास कराया हो। जैसे कि थोड़ी सी खुशी की तलाश में ढेर सारे सुख, संतोष, उल्लास का सरमाया हाथ लग गया हो। आज वह दिन आ गया है कि आपके लिए याद ही सहारा नहीं है। सीता को राम मिलने पर जैसा अनुभव हुआ होगा, वैसा ही कुछ लगता है। बीते दिनों के पिशाच मेरा पीछा करने से बाज आ चुके हैं। अंबर के घोड़े पर चढ़े हुए बरसात के बादल पर्वत शिखर पर पहुँचने के लिए प्रयत्नशील हैं। वन, उपवन से लग रहे हैं। हवाओं में संगीत है। चिड़ियों में मस्ती है। मौसम खुशगवार है। मैं लहर हूँ। आप सागर हैं। यहाँ हर चीज अपनी है, दहलीज से लेकर आपके शयन कक्ष तक, पूरे-के-पूरे घर में बसी शांति, सुख, ईश्वर के आशीर्वाद तक। सिवाय खुश होने, हँसने के, बाकी कुछ कहने-सुनने के लिए नहीं है। आपने मेरे हाथ को जब सँभालकर अपने हाथ में ले लिया था। तभी से दे दी थी ऊर्जा, प्यार की, स्वर्ग जैसी। इसलिए आप मेरे आदमी, मेरे पति तो हैं ही, मेरी नैया के खिवैया भी हो गए हैं। मेरा सहारा हैं। अब मैं

आपको देखकर पास बैठकर सुन और स्पर्श ही नहीं कर सकती, बल्कि सदैव हासिल कर सकती हूँ आपको।

कुछ ज्यादा लिख बैठी। बिडंबना यह है कि मैं पत्र तो जरूर आपको ही लिख रही हूँ, किंतु बहुत जल्दी आप स्वयं भी घर आ रहे हैं। यह पत्र आपके तकिए के नीचे रख रही हूँ, ताकि आप आएँ। इस तकिए के नीचे वाली पुस्तक को उठाएँ, उसके नीचे यह पत्र और आपकी लिखी हुई वसीयत दोनों आपको मिल जाएँ। इस पत्र को भी उसके साथ जोड़ लें।

आपसे मिलने को मन कर रहा है। इसलिए निस्संकोच कुल्लू आ रही हूँ। आपको बताए बिना। आपके पास। पत्र में जो लिख दिया है, वह यहीं रह जाएगा। वास्तव में मुझे मेरी सहेली प्रज्ञा सार्थी का फोन आया है कि उसे उसकी जवान बेटी के कहीं होने रहने का अता-पता मिल गया है। चाहती हूँ मैं उसके साथ वहाँ जाऊँ। पुरानी मित्र है। उधर कुल्लू में ही रहती है। वहाँ मेरी ही उम्र की वह महिला रहती है। अभी भी सुंदर है। काफी अमीर है। उसके एक जवान लड़की थी। लगभग 16-17 साल की। वह मैंने देखी है। संयोग यूँ हुआ था कि दशहरे वाली कुल्लू की पूर्व संध्या का दिन था। कुल्लू के मशहूर होटल में उत्सव की रात थी। डी.जे. की धुन पर थिरक रहे थे, बहुत सारे लोग। मौज, मस्ती, नशा सबकुछ हावी था जवान जोड़ों पर। सुंदर स्वास्थ्यकर मन मोहक, संतुलित नगर धुंध की सी ओढ़नी में लिपटा हुआ था। पूरा का पूरा वातावरण साकार स्वप्न सा था। विविधताओं के देश भारत का यह स्थल आधुनिकता की झलक भी बिखरा रहा था। उसी समय एक नव-यौवना ने हॉल में प्रवेश किया। उसने नीले रंग का पीले कॉलर वाला लंबा कोट पहन रखा था। ऐसा लग रहा था, मानो कोई अप्सरा उतर आई हो, नीले आकाश के तले। वह सभी से अलग दिख रही थी। चाँद की चाँदनी यदि मानवी बनकर आएँ तो शायद वैसी ही लगेगी। उसके सिर पर स्तूप आकार की, बादलों के रंग वाली फर्रदार टोपी थी। हाथों में सफेद दस्ताने, पाँवों में ऊँची एड़ी के एंब्रॉइडरी वाले सैंडल थे। यानी समय और मौसम के अनुकूल वस्त्र; कंधे पर चमड़े का वैनिटी-कम-शॉपिंग बैग लटका हुआ था। एक और विचित्र बात यह थी कि उसका ऊनी कोट चंबे की गद्दी स्त्रियों के लौंचड़ी से मिलता-जुलता था। उधर चूड़ीदार तो नहीं कह सकती, लगभग पंगवाली स्त्रियों की भाँति सलवार भी मैचिंग थी। प्राय: हिमाचल के भिन्न-भिन्न जनपदों के पहरावे की शौकीन होने के प्रमाण थे, उसके परिधान। लगता है उसी ने अपनी माँ प्रज्ञा सार्थी की दुकान में ऐसे परिधान रख रखे हैं। आपने और हमने वहाँ से कई चीजें कपड़े आदि कुल्लू दशहरे के समय नाटकों के मंचन के लिए किराए पर लिये थे। प्रज्ञा की वहाँ जानी-मानी दुकान है। वहाँ पहाड़ी वस्त्र, गहने और पर्यटकों के लिए 'गिफ्ट' तोहफे

आदि भी मिलते हैं। 'ड्रिफ्ट वुड' का सामान भी है। याद कीजिए। आप प्रज्ञा को जानते हैं। मैं उससे तभी से वाकिफ हूँ।

मैं उस दिन दशहरे की उस पूर्व संध्या पर बतौर निर्णायक बुलाई गई थी। उस दिन आप दिल्ली गए हुए थे। मैं कुल्लू आ गई थी। मुझे ऐसे उत्सव पसंद जो हैं। उसी दिन फिर से देखा कि उसके गले की चंपाकली, सुनहरी और चंबा के फूलों जैसी आकर्षक, वही थी, जो हमने सीताजी के किरदार के लिए किराए पर ली थी। कानों में कलात्मक झुमके उसके चेहरे की शोभा को चार चाँद लगा रहे थे। वह हॉल में किनारे-किनारे से गुजरती हुई आगे-ही-आगे 'रैंप' की ओर बढ़ती जा रही थी। जैसे ही वह 'रैंप' के पास पहुँची, लगभग सभी लोग खुशी से तालियाँ बजाने लगे। पर वह वहीं नीचे खाली पड़ी कुरसी पर हॉल ही में बैठ गई। ऐसा लगा जैसे कि वहाँ उपस्थित जनसमूह बेसब्री से उसी का इंतजार कर रहा हो। वास्तव में वह वहाँ सौंदर्य प्रतियोगिता में भाग लेने ही आई थी। अन्य लड़कियाँ, जो स्वयं प्रतियोगी थीं, वहाँ मौजूद थीं। रैंप पर आगे और पीछे पूर्वाभ्यास के अनुसार खड़ी हो गई थीं। सभी दौलत और शौहरत के लिए कुल्लू 'ब्यूटीक्वीन' का ताज पहनने के लिए आतुर थीं। उसी समय एक 'एंकर' स्टेज पर आया और बोला—

"कन्या महाविद्यालय की 'मिस फ्रेशर' आ तो गई हैं, परंतु इस प्रतियोगिता में हिस्सा नहीं लेंगी। उन्हें इस कॉम्पीटीशन की शर्तें मंजूर नहीं हैं। वे अपने हिमाचली लिबास में ही रैंप पर आना पसंद करेंगी, अन्यथा नहीं।" वे कहती हैं कि हिमाचल में वेश-भूषा हमारी सभ्यता का जरूरी अंग है।"

मैं समझ गई कि यही लड़की प्रज्ञा सार्थी की बेटी है। मैं उस दिन उसी होटल में ठहरी हुई थी। इस बार प्रज्ञा से मिली नहीं थी। पर प्रतियोगियों का बायोडेटा देख लिया था। 'एंकर' फिर कहने लगा, "विलासिलाजी अपनी संस्कृति, अपने संस्कार की दलील दे रही हैं।" मैं देख रही थी कि उसमें प्राकृतिक सुंदरता है। यह सौंदर्य प्रतिस्पर्धा पर्यटकों को रिझाने के लिए हो रही थी। अब भी ऐसा कोई-न-कोई कार्यक्रम होता रहता है। हालाँकि मैं उसे पहचान गई थी। नजदीक कुरसी पर बैठे एक युवक ने अपने साथी से कहा था कि इसका बाप परदेसी है। विदेश का रहनेवाला था। अपनी ऐसी सुंदर बेटी और यहाँ कुल्लू की रहनेवाली मनमोहिनी पत्नी को छोड़कर विदेश चला गया है। उसने प्रज्ञा सार्थी से शादी रचाई थी। बेटी पैदा की। कुछ सालों बाद चला गया। कोई तो कहता है कि किसी और विदेशी महिला ने उसे प्रणय जाल में फँसाया और साथ ले गई। वह अपने देश भी नहीं पहुँचा। विदेशी महिला की लाश तो मिली। वह कौन थी, यह पता नहीं चला। वहाँ कहीं भी प्रज्ञा का पति नहीं मिला। प्रज्ञा का पति अभी तक गायब है।

मैं उन युवकों की बातें सुनती रही। पास ही जो बैठी थी। दूसरे युवक ने कहा कि विलासिला कुल्लवी बोली बोलती है। कॉलेज में दाखिला ले लिया है। मगर ज्यादातर जहाँ ठीक समझे, अपने पिता के बारे में बात करती, अता-पता पूछती रहती है। यानी जहाँ कहीं मौका लगे, उसी की बात करती है। उसकी खोज में रहती है।

जब किसी विदेशी स्त्री की लाश चंद्र वनी दर्रे के पास किसी बरसाती खड्ड में मिली थी। शायद वह पुरुष भी कहीं इधर-उधर ही भटकता रहा होगा। विदेशी लोग अकसर मलाना जाते हैं। इसी दर्रे से गुजरते हैं। वहाँ की चरस और हशीश इस घाटी में उनकी पहली पसंद हैं। उन दोनों नौजवान पुरुषों में से एक ने कहा, ''मैं प्यार और मोहब्बत का जानकार अधिकारी हूँ, सुंदर स्वास्थ हूँ। शिष्ट व्यवहार से वशीभूत हूँ। क्या नहीं है मेरे पास, जो उसे पसंद नहीं होगा।'' मैंने सुनी अनसुनी कर दी थी। क्योंकि ऐसे अवसरों पर तो लोग और भी हर कुछ कह-सुन बैठते हैं। नशे में धुत भी होते हैं।

''वर्तमान बाजारी सभ्यता के इस दौर में सौंदर्य भी बिकता है।'' दूसरा युवक बोला। मैं घुटन सी महसूस कर रही थी। जिस काम के लिए आई थी। उसके शुरू होने में अभी देर थी। अब होटल का मालिक आया, ''कुछ सोच में पड़ी लगती हैं, मैडम।'' उसकी मुसकान में विदेशी ब्रांडी की खुशबू थी। मैं बाहर जाने ही वाली थी। ''आप चाहें तो मेरे कमरे में बैठ जाएँ। आपके लिए आगे सोफे पर स्थान है। आप जल्दी आ गईं और यहाँ जनसाधारण में, दर्शकों में बैठ गईं। आपकी औपचारिक आवभगत तो अभी होनी है। रैंप पर करेंगे। मैं पसोपेश में थी। उन नौजवानों की बातचीत से जाहिर था कि अब सही और दुरुस्त प्यार मानव रुचि से बाहर की चीज हो गया है। मैं उठी और होटल मालिक के साथ उसके कमरे में चली गई। कुछ देर बाद प्रतियोगिता शुरू हुई। मैं निर्णायक थी। विलासिला प्रतियोगी नहीं थी। उस वक्त हॉल में भी नजर नहीं आई।

अगले दिन मैं प्रज्ञा सार्थी से मिलने गई। वह बड़ी परेशान थी। आँखें रो-रोकर लाल हो चुकी थीं। उसने मुझे बताया कि रातभर उसकी बेटी घर नहीं लौटी। कार, जिसमें वह गई थी, उसका भी पता नहीं चला। उसने थक-हारकर पुलिस में रिपोर्ट दर्ज करवा दी थी। उसके तुरंत बाद हम दोनों ने उन दोनों नौजवानों को ढूँढ़ निकाला। वे वहीं कुल्लू में ही रहते थे। उनका मत था कि विलासिला अपने पिता की तलाश में कहीं चली गई होगी। आ भी जाएगी, फिर भी हम मलाना तक गए। कहीं भी, कुछ भी पता नहीं चला। कुल्लू से लौटकर आपके अपने इस घर में वापस गई थी। तब कामिनीजी जिंदा थीं। तब मैं; मैं ही थी। आज मैं, मैं नहीं हूँ। आपमें समाई हूँ। आपकी हूँ। यदि आज्ञा हुई तो फिर प्रज्ञा का उसकी तलाश में साथ दूँगी। वह मेरी घनिष्ठ मित्र है। अपनी बेटी को ढूँढ़ रही है। उसके फोन आते हैं।

अब और लिखने की इच्छा नहीं है। आपके पास पहुँचने की जल्दी है। मैं उपन्यास

बनाना नहीं चाहती। कहानी भी आधी-अधूरी रहे तो काफी है। आप मेरे हैं। वही आगाज है और अनजाम है मेरी कहानी का!

आपकी ही सदैव, सदा-सदा से
सिमरन

विजय आनंद इस पत्र को पढ़ने में इस कदर मसरूफ थे कि उन्हें पता भी नहीं चला कि रामदेयी उनके पास खड़ी है। उसके हाथ में कार की चाबियाँ थीं। चकित थे, बोले, ''धन्यवाद बेटी।'' जेब से दस रुपए का नोट निकाला। उसे देना चाहा। उसने नहीं लिया। उसी क्षण भागते-भागते अभय के घर की ओर बढ़ती चली गई। उन्होंने कार में अपना सामान रखा। दोनों ब्रीफकेस पिछली सीट पर रख दिए और कार स्टार्ट की। फिर तेज रफ्तार से चल दिए। अब वे राजमार्ग पर आ गए थे। चलते-चलते परीक्षित की याद आई। वह एक कलाकार या ऐक्टर ही नहीं था, एक अच्छा इनसान भी था। सिर्फ नाटकों द्वारा ही नहीं। परीक्षित का व्यक्तित्व और स्वभाव लोगों के लिए मिसाल बन गया था। सत्कार योग्य था।'' उसी ने सिमरन को जिंदगी के अति आकर्षक और याद रहने लायक, बेहतरीन अभिनय की सौगात दी। किरदारों में ही उसे ढाल दिया। वह अपनी कला और व्यक्तित्व के जरिए दर्शकों के बीच सदैव मौजूद है। सिमरन के मन में आज भी उसका आदर मान-सम्मान कायम है। उनके दिल ने उसकी प्रशंसा सदा ही की है। सिमरन और परीक्षित का प्यार दर्द के सागर पर तैरती सुख-चैन की नैया है। इस लंबे पत्र में उनके प्रेम-संबंधों का ब्योरा है, भक्ति है। प्यार पहला हो या दूसरा, प्यार सदा ही प्यार है। उन्हें गालिब का शेर याद आया, क्योंकि सिमरन का पत्र काव्यात्मक भी है।

''इश्क को दिल में जगह दे गालिब
इल्म से शायरी नहीं आती।''

उन्हें अनिश्चय की घुटन सी महसूस हो रही थी। याद आने लगा, वही प्यार भरा घर। अभय की दहशत वाली हालत के कारण विजय आनंद उसे और वनमाला को यह बताना भूल गए कि नवंबर 2013 को जो आंध्र प्रदेश के श्री हरिकोटा स्थित सतीश धवन अंतरिक्ष केंद्र से मंगल यान सफलतापूर्वक प्रक्षेपित किया गया था, वह 2014 में 3375 लाख किलोमीटर की दूरी तय कर लेगा। विशेषज्ञों को उम्मीद है कि 24 सितंबर, 2014 को यह मंगल यान लाल ग्रह की कक्षा में प्रवेश कर लेगा। यह सोच ही रहे थे कि आगे एक गाय बीच सड़क में खड़ी थी। उन्होंने ब्रेक दबाई, हॉर्न बजाया। गाय खड़ी रही। सँभलकर अपनी कार आहिस्ता-आहिस्ता किनारे से निकाल ली। शायद बेचारी गऊ माता को मालिक ने निकाल दिया है। दूध देना बंद कर चुकी होगी। आदमी स्वार्थी प्राणी है। वह अपने पालतू पशुओं को भी नहीं बख्शता। अब उनका थोड़ा ही सफर बाकी था।

रैन बसेरा कहाँ होगा। इस बारे में सोचते-सोचते गाड़ी को आगे-से-आगे बढ़ाते चले गए। संकट मोचन मंदिर के पास पहुँचते ही, कार में बैठे-बैठे ही सिर झुकाया। और स्वयं जपने लगे—जय जय हनुमान गोसाईं/कृपा करो गुरु देव की नाईं! सामने उत्तर-पूर्व की ओर फैला हुआ शिमला था। यहाँ भवनों में इतिहास भी बसा हुआ है। किंतु वे जो चले गए, विदा हुए, समय के सोपान से नीचे-ही-नीचे उतरते गए, नया जमाना नहीं जानता उन्हें! भविष्य को संभावनाओं के आँगन में विहार करना है। अब निश्चित दिशा में बढ़ चले थे विजय आनंद।

□

19

ये मंजिलें कुछ कम नहीं!

वनमाला घर से बाहर आई। लॉन में टहलने लगी। अभय अब कुछ स्वस्थ है, इसलिए उसका मन भी शांत है। वह किसी चित्र को बनाने में लगा है। रामदेयी रसोई के काम में व्यस्त है। फिर कुछ तो है, जो वनमाला के दिल और दिमाग पर बोझ बना हुआ है। उसने अभय से बता दिया है कि विजय आनंद यात्रा पर रवाना हो गए हैं। वे जानते हैं कि आजकल श्रीखंड महादेव की यात्रा शुरू होने वाली है। पहले भीमा काली मंदिर सराहन बुशहर से ध्वज को सिंहगढ़ लाया जाएगा। वहाँ हरिद्वार से काँवड़ियों का जत्था पहुँचेगा। तब गंगा-पूजन होगा। और श्रवण संक्रांति से शुरू होनेवाली यात्रा लगभग सात दिन चलेगी। उन्होंने उसे यही बताया था कि वे कुल्लू जा रहे हैं। पौराणिक परशुराम मंदिर निरमंड के बारे में भी बोले थे। अब तक वह इसी ताने-बाने में उलझ रही थी कि आखिर इन दिनों उनकी कहाँ-कहाँ जाने की मंशा है। इस यात्रा में शिव गुफा देव ढाक (निरमंड) आती है। प्राचीन तथा पौराणिक परशुराम मंदिर निरमंड भी आता है। हनुमान बजरंग बली का मंदिर भी है। माँ पार्वती स्थली नैन सरोवर रास्ते में है। महाभारत कालीन विशाल शिला लेख भीम बही की बात भी सुनी है। पंडित दीनदयालजी ने ही सबकुछ बताया था और कहा था कि वे भी इस यात्रा में जानेवाले हैं। मगर आज के अखबार ने तो वनमाला के होश ही उड़ा दिए हैं। उन्हें बुलाना होगा तथा विजय आनंदजी को पूरी-की-पूरी यात्रा करने से रोकना होगा। जरूरी नहीं है कि धर्म के अनुसार सिलसिलेवार मुसलसल यात्रा करके पुण्य कमाया जाए। सैलानी बनकर एक-दो स्थान देख लेना भी तो आनंद का कारण बन सकता है। उसे बुरे-से-बुरे विचार सता रहे थे।

आश्चर्य की बात है कि लोग वर्ष 2012 के प्रलय की बात करते थे। परंतु जो केदारनाथ में हुआ वह क्या था। प्रलय ही था, जो आपदा बनी। भीषण तबाही हुई। दरिया के किनारे हजारों-लाखों टन मलबा फेंका गया, बाँध बनाने का दिलासा

दिया गया, विकास का हवाला देने वालों की कमी नहीं थी, इसलिए विनाशकारी बाढ़ आई। गंगा और उसकी सहायक नदियाँ तबाही बरपा करती रहीं। सैकड़ों लोग मौत के मुँह में समा चुके हैं। रौद्र रूप धारण कर चुकी है गंगा और अन्य उसमें मिलनेवाली नदियाँ। वनमाला ने आज के अखबार में पढ़ा था कि केदारनाथ मंदिर से कुछ ही किलोमीटर दूर पानी, कीचड़ और पत्थरों का एक विशालकाय गोला उठा था, जिसने सुबह-सवेरे पाँच ही मिनट में विनाश का मंजर रच डाला था। इस मंदिर के आसपास की तबाही के साक्षी केदार मंदिर के पुजारी ने जो बयान किया, उससे रोंगटे खड़े हो जाते हैं। उसने यह अखबार अभी अभय को नहीं दिखाया है। अखबार में लिखा है कि पुजारी ने कहा कि इतनी भयानक बरसात हुई कि 16 जून की रात को आठ-साढ़े आठ बजे केदारनाथ में बने मंदाकिनी नदी के दोनों पुल टूट गए। सुबह पता चला कि भारत सेवा आश्रम ध्वस्त हो गया। मंदिर में पूजा का सिलसिला जारी था। सुबह करीब आठ बजे केदारनाथ मंदिर के पीछे मंदाकिनी के उद्‌गम के पास से एक विशाल काला गोला उभरा। कीचड़, मिट्टी और पत्थरों से मिला पानी बहुत तेज बहाव के साथ आगे बढ़ा और उस प्रलयकारी दैत्य आकार बाढ़ ने पूरे क्षेत्र पर हल्ला बोल दिया। पुजारी मंदिर में घुस गया। जल-प्रवाह मंदिर में भी आ गया तथा पानी भर गया। दर्शन पूजा करनेवालों की जानें जाती रहीं। इस बाढ़ के निकल जाने के बाद जब पुजारी बाहर आया तो पहचान ही न सका कि यह वही केदारनाथ है, जिसे वह कुछ पल पहले छोड़कर मंदिर में आया था। उसका अपना अनुमान है कि इस दुर्घटना में सिर्फ केदारनाथ में ही लगभग तीन हजार लोग मारे गए। संभव है कि ऐसा ही कभी कुछ घट चुका होगा मंगल ग्रह पर।

यह सब सोचते-सोचते सहम गई। चौंकी! रामदेयी ने आकर बताया कि पंडित दीनदयाल आए हैं। उन्हें विजय आनंद ने अभय के बीमार होने की सूचना दे दी थी।

वनमाला तुरंत ही अंदर चली गई। पंडितजी बैठक में बैठे थे। अभय से बातें कर रहे थे। वनमाला ने उन्हें देखा और अपने कमरे में चली गई। पीछे-पीछे रामदेयी भी आ गई।

''उनके लिए काफी लंबा-चौड़ा नाश्ता ले जा रामदेयी।''

''लंबा-चौड़ा?'' वह हँसी, ''समझी नहीं!''

''यानी इतना कुछ हो कि वे काफी देर तक बैठ सकें। मिठाई, नमकीन, चाय सबकुछ ढेर सारा।''

अब वह भी उनके पास आकर बैठ गई। पंडितजी बता रहा था कि किन-किन कारणों से महिलाओं ने अमर-अजर होने का वरदान नहीं माँगा। वह चुप-चाप बैठ गई। सुनती रही। पंडित एक बार उठा। वनमाला को प्रणाम किया। फिर बैठ गया। बातों में रुकावट नहीं आई।

"दिनकरजी ने उर्वशी काव्य में लिखा है—

"प्रेम मानवी निधि है, अपनी तो वह क्रीड़ा है, प्रेम हमारा स्वाद, मानवी की आकुल पीड़ा है।"

अभय ने पंडित की बात काट दी और बोला, "उर्वशी का प्रेम शुद्ध ऐंद्रिय भोग का प्रतीक है, वह देवलोक से मानव लोक में केवल ऐंद्रिय सुख के लिए आई थी।"

पंडित हँसने लगा, "परंतु आप यह भी तो जानते हैं कि इसी काव्य में इस सच्चाई को इस प्रकार बयान किया गया है—

अच्छी है यह भूमि। यहाँ बूढ़ी होती है नारी।" इस पर वनमाला ने चुस्की ली—

"मिलन के तन्मय क्षणों में भी पुरुष बेचैन रहता है"

"और अंत में पुरूरवा संन्यास ले लेता है।" अब अभय बोला।

"जब पुरूरवा ने अपने और उर्वशी के पुत्र को देख लिया तो उर्वशी पुरूरवा को छोड़कर स्वर्ग चली गई। मतलब यह कि उसे पुत्र-मोह भी न रोक सका," अब तक वनमाला के सब्र का प्याला लबरेज होता देख दीनदयाल ने प्रश्न किया, "आप कुछ कहना चाह रही हैं वनमालाजी।"

"हाँ जी। आप विजय आनंदजी को ऐसी भयानक बरसात में श्रीखंड की यात्रा से रोक दें। लगता है वे अन्य तीर्थ-यात्रियों को निरमंड में मिल जाएँगे। तभी तो उधर का रुख किया है।"

"हाँ जी। वैसे वे फौलाद के बने लगते हैं। फिर भी मैं प्रयत्न करूँगा कि उन्हें रोका जाए।"

बैठक के खुले दरवाजे पर ठक-ठक की आवाज से वे चौंक गए। सामने ही माँ सिमरन को देखा। इतनी कमजोर, और दुःख-तकलीफ में उदास चेहरा, बिखरे बाल, देखकर अभय और वनमाला दोनों एक साथ बोल उठे, "माँ यह क्या? क्या हुआ आपको?" उन्होंने माँ के पैर छुए। वनमाला आगे और अभय उसके पीछे शरीर से ऐसे सट गए कि सिमरन बीच में छिप सी गईं। तीनों रो रहे थे। पंडित दीनदयाल उठकर खड़े हो गए और बोले, "अब मेरा यहाँ क्या काम है जी। मैं चला।"

वनमाला और अभय अपनी माँ के इस मिलन में भूल ही गए कि पंडित दीनदयाल को शिष्टाचार व्यक्त करके रस्म-रिवाज के अनुसार सदा की तरह विदा किया जाना था। कुछ देर, लगभग आधे घंटे बाद, तीनों अलग-अलग पीछे हटे। निढाल सी सिमरन जमीन पर ही बैठ गईं। जोर-जोर से रोए जा रही थीं।

"मुझे तो गुरु महाराज ने तुम दोनों की मोह-ममता के लिए बचाया है। वरना जो हुआ वह सबकुछ मरने के लिए काफी था।" वनमाला जल्दी-जल्दी बाहर आ गई। पानी ले आई। माँ सिमरन के मुँह को गिलास लगाकर, पिलाया।

अभय उनके पाँव दबाने लगा। खुद भी रोता रहा। ''शुक्र है भगवान्! हमारी माँ आ गईं।''

अभी भी काफी देर तक तीनों नीचे ही फर्श पर बैठे रहे। आपस में इतने पास-पास कि उन्हें अब भी लग रहा था कि कहीं-न-कहीं, कुछ-कुछ दूरी कायम है। रामदेयी चाय ले आई। उन्हें याद आया कि माँ फर्श पर बैठी हैं। अभय और वनमाला ने सिमरन को उठाकर सोफे पर बिठाया। उनके कपड़े झाड़े। प्यार से सँवारे। ''अभी चुप! चाय पीकर बातचीत होगी।'' अभय बोला। अपने आँसू पोंछे। माँ के आँसू पोंछे। फिर सिमरन खड़ी हो गई। वनमाला को गले लगा लिया। अपनी चुनरी से उसका चेहरा पोंछकर चूम लिया। सिमरन को वे उसके अपने वाले कमरे में ले आए। वह वहाँ जाते ही, स्नान-गृह में चली गई।

''फ्रैश हो जाएँ माँ, मैं आपका सामान लाता हूँ।'' वह स्नान-गृह का दरवाजा पकड़े खड़ा था।

''मेरा सामान मैं ही हूँ। सबकुछ बह चुका है। मैं तो बस में ही आई हूँ। केदारनाथ हेमकुट साहब का हादसा सुना है तुमने? वहाँ थी। बच गई मैं।'' अभय विस्फरित आँखों से माँ को देख रहा था। वे आगे कुछ बोल नहीं पाईं। रोती-रोती झुक गईं। लगता था, अब गिरीं, तब गिरीं। ''आप ही हमारा सबकुछ हैं और बातें बाद में होंगी।'' वनमाला ने स्नान-गृह का दरवाजा बंद किया।

अभय ने वनमाला का हाथ पकड़ा, बाहर ले आया। शाम हो चली थी, आज का यह दिन इस गाँव में सुहावना, सौभाग्य पर्व सा नजर आ रहा था। सूरज छिपते-छिपते लाल चंदन की सी मुसकान में कुछ कह रहा था। वे ठीक समझे। हो-न-हो माँ आपदा के दौरान ही उत्तराखंड में थीं। आपदा के दौरान यात्रा पर थीं। अब सिमरन फिर से बाहर आईं। उनसे बोलीं—

''मैं अपनी सहेली की बेटी विलासला की दास्तान क्या सुनाऊँ। वह तो साध्वी बन गई है। बाप की तलाश में जहाँ गई थी, वहाँ से वह विदेश चला गया था। वहाँ उसके पिता ने एक छोटा सा घर बना लिया था। जिसकी चाबी पंचायत प्रधान के पास मिली। वह वहीं रहने लगी है। अनपढ़ औरतों को पढ़ाती है तथा अनाथ बच्चों के लिए एक छोटा सा और कमरा बना लिया है, ताकि जब तक उन्हें किसी सरकारी अनाथालय में न भेजा जा सके, वे वहीं रहें। आवारा न फिरें। अपनी मदद के लिए गाँव की एक अन्य औरत, जो बेवा है, उसको पास रखती है। उसकी माँ प्रज्ञा सार्थी अब वहाँ आती-जाती रहती हैं। उन्हें आशा है कि वह विदेशी फिर कभी यहाँ आएगा। विसा के कारण भी छह-छह महीने बाद विदेश जाता था।'' कुछ क्षण चुप रही। फिर बातें जारी रखी, ''जो मेरी और कहानी है, वह मौत से टक्कर लेने वाली है। हेमकुंट साहब गई। मन्नत माँगी

कि मेरा पोता हो। तुम दोनों खुश रहो। फिर केदारनाथ आ गई। वहाँ जो कुछ हुआ तुम जान ही गए होंगे। तीर्थयात्रियों की स्वर्ग कही जानेवाली वह पवित्र धरती अपवित्र हो चुकी थी। कई यात्री और पर्यटक मरे पड़े हैं। बहुत ही ठंडी हवाएँ चल रही हैं। माहौल ही नापाक हो चुका है। वहाँ की दहशत से घुली हवा, दिल को दहलानेवाली है। ऊपर आसमान पर जैसे ही काली घटा छा जाती है, तो जिंदा यात्रियों को भी मौत नजर आती है। रब करे कोई दुश्मन भी ऐसे विनाश का सामना न कर पाए। केदारनाथ में अब सिर्फ कीचड़, पत्थर, चट्टानें, उखड़े हुए पेड़ नजर आते हैं।

अखबार और टी.वी. की बातें काफी हद तक असली, सच्ची हैं। पर आपदा-प्रबंधन के काम के साथ बेवजह का खिलवाड़, सियासत होने लगी है। मुझे यह ठीक नहीं लगा। इस प्रकार की बेदिली का नुकसान यात्री झेल रहे हैं। मैंने 100 रुपए में केवल एक चाय का प्याला पिया। पाँच सौ रुपए में पराँठा खरीदा। शरीर ने उस वक्त जो माँगा, उसकी जरूरत पूरी की। पैसा, रुपया पानी की तरह बहाया। दो दिन औरों के साथ यमनोत्री में फँसी रही। 40 किलोमीटर या 42 किलोमीटर का पैदल सफर करके उठते-बैठते जान जोखिम में डालती रही। जब बहुत थक गई तो तीन किलो मीटर सफर की जरूरत के लिए 1000 रुपए की टैक्सी भी करनी पड़ी। मेरी कार बाढ़ में बह चुकी थी। पहले मैं 3 जून को कुल्लू से शिमला आई। फिर उत्तराखंड चली गई। 15 जून को यमनोतरी में आई, बाढ़ में मेरी कार बह गई। मैं वहीं फँसी रही। मैंने लोगों को अपने सामने मरते देखा। बचे हुए लोगों के धीरज को देखकर मेरा भी हौसला बढ़ा। 16 और 17 जून को मैं पैदल सयानचट्टी से ऋषिकेश गई। वहाँ की राहत तो नाम मात्र की थी। कुदरत की दी हुई आपदा, जिसे मैं आफत भी कह सकती हूँ, में भी लूट का बाजार गरम था। लोगों को लूटने के लिए घिनौना व्यापार होता देखा। हर घड़ी, हर पल मौत से जूझ रहे भूखे लड़खड़ाते प्यासे लोग विवश थे। ऊँचे दामों पर खाना खरीदना पड़ता था। मैंने नर्क भी देख लिया है। 20 हजार रुपए मैंने कहीं-कहीं टैक्सियों में सफर पर ही खर्चे। यह तो दु:ख की दास्तान थी मेरे सफर की। पर हाँ फिर भी हेमकुंट सहाब और केदारनाथ में माथा टेक आई हूँ। अब वे द्वार कब खुलेंगे, इसका पता नहीं। सरकार ने तकरीबन एक साल की अवधि का विश्वास दिलाया है।'' वह फिर रोने लगी। अभय को आघात लगा। वनमाला को भी रोना आ गया।

''भगवान् तो आपके साथ-साथ रहे। वे यहाँ भी आपके साथ पधारे हैं। देखो यह मिलन उसी की देन है।'' रामदेयी पास खड़ी थी। उसकी आँखों से आँसू बहने ही वाले थे। वह बड़ी डरी हुई थी।

''अभय बेटा, करोड़पतियों को मैंने वहाँ पर भीख माँगते देखा। वे एटीएम कार्ड के भरोसे थे। उस बरसाती आपदा के बाद खाना-पीना रहना और सफर इतना महँगा

हो गया था कि कई लोगों के पैसे दो ही दिन में खत्म हो गए। मैंने भी अपनी सोने की माला और चूड़ियाँ बेच दी थीं। सोना बेचा, जान बचाई। दाम बहुत कम मिले। पर जान बची और लाखों पाए।

''अगर फौजी जवान वहाँ न होते तो और क्या-क्या न होता?'' वनमाला ने आह भरते हुए पूछा, ''तब तो सरकार के प्रबंधों की और भी पोल खुल जाती है।'' अभय ने उत्तर देकर वास्तविकता बयान की।

''जाने दो बेटा। देहरादून में राहत सामग्री किसके हवाले करें, यह भी दानी लोगों को पता नहीं था। राहत सामग्री भेजने वोले लोगों को इस अव्यवस्था से परेशानी हो रही है।'' सिमरन फिर रोने लगी। ''मैंने जो सुना, देखा और अंदाजा लगाया। सब बयान कर दिया। अब इसका जिक्र भी न करना। मुझे तो अब वर्षा भी अच्छी नहीं लगती। उससे डर लगने लगा है।'' फिर आसमान की ओर देखकर कहा, ''लोग अपनी दुनिया खुद उजाड़ रहे हैं। रास्तों की बुनियाद खत्म हो गई है। पहाड़ पोले-खोखले हो गए हैं। नदियों में मलबे के कारण उफान बढ़-चढ़कर ज्यादा आ रहा है। विकास के नाम पर विस्फोट करके सड़कें बनीं, नई आबादियाँ कायम हुईं, बाँधों की नींव रखी गई। अब सोचते हैं कि मंगल तारे पर बस जाएँ। वह भी उजड़ा दयार है बेटा। ऐसा लगता है कि उन ग्रहों को भी वहाँ के प्राणियों ने उजाड़ा होगा। अब वहाँ जीव-जंतुओं की तलाश में कीड़े-मकोड़े या कीटाणु ही मिलने पर खुश होने की जरूरत नहीं। हमें तो अपने ग्रह बचाने की जरूरत है। हम भी तो परग्रही हैं अन्य ग्रहों के लिए।''

अभय ने आश्चर्यचकित होकर माँ को यह सबकुछ कहते सुना। वह यह पढ़ चुका है कि पृथ्वी पर जीवन की उत्पत्ति 'मंगल ग्रह' से आए उल्कापिंड से हुई। बोला—

''माँ इससे बेहतर तो यह होगा कि हम 'पर-ग्रहियों की याद में केवल नाटक ही किया करें। जैसे कि राम की याद में रामलीला है। कोशिश करें कि पृथ्वी हमारी, यह आबाद दुनिया, विनाश से बच जाए। शुक्र है, अभी भी बहुत कुछ बचा है, बचाने के लिए, विस्तार के लिए, विकास के लिए। मुझे माँ! कबीरजी के ये बोल याद आए—

''सुर-नर-मुनि सब ओढ़ी चदरिया ओढ़ के मैली कीनी चदरिया
दास कबीर जतन से ओढ़ी—
ज्यों की त्यों धर दीनी चदरिया।''

इस प्रकार अब यदि अगली पीढ़ी कबीरजी की भाँति दुनिया की दौलत को, जमीन की, आसमान को, जतन से प्रयोग में लाए तो प्राणी बच पाएँगे। वरना यह दुनिया कीट-पतंगों, छोटे-छोटे प्राणियों की ही बनकर रह जाएगी। यह धरती भी वैसी बनेगी, जैसी कि 'मंगल ग्रह' में पुराने अवशेष, जहाँ पानी के बहाव के पुराने सूखे निशान हैं। हवाओं में उड़ते रेतीले टीले हैं। कोई बसी हुई आबादी नहीं मिली।''

पंडित दीनदयाल फिर आ गए। चुप थे। उन्होंने बाहर का दरवाजा भी नहीं खड़खड़ाया। इस बार घंटी भी नहीं बजाई।

अभय ने पंडित दीनदयाल को देखा।

''आइए पंडितजी। शायद कोई अच्छी खबर लाए हैं।'' वनी ने उनका खड़े होकर स्वागत किया।

''पंडितजी, क्या विजय आनंदजी के बारे में कोई सूचना है,'' जैसे ही दीनदयाल सामने आए अभय भी अपनी चिंता जाहिर करते हुए बोला।

वे उत्तर देने को आतुर थे—''मंगलवार 16 जुलाई से शुरू हो रही ऐतिहासिक सात दिन की श्रीखंड यात्रा को लेकर मौसम विभाग ने चेतावनी जारी की है। 19 जुलाई तक भारी बारिश की बात कही गई है। बताया गया है कि 19 तारीख तक श्रीखंड की यात्रा पर जाना नहीं चाहिए। भारत सरकार के पृथ्वी विज्ञान मंत्रालय के मौसम विभाग ने यह मंत्रणा दी है। चेतावनी दी गई है कि श्रीखंड क्षेत्र में 17 और 18 जुलाई को एक या दो स्थानों में भारी बारिश हो सकती है। 19 जुलाई को लगभग सभी क्षेत्रों में भारी बारिश होगी।''

यह बात सुनकर अभय ने अपने मोबाइल फोन पर विजय आनंद से बात करने की कोशिश की। माँ सिमरन उन्हें अवाक् देख रही थी।

''फोन नहीं मिला। जहाँ वे हैं, वहाँ शायद 'सिग्नल' जा ही नहीं रहा है। मैं फिर कोशिश करूँगा। धन्यवाद पंडितजी। पंडितजी अब आप भी अपनी यात्रा स्थगित कर दीजिए।''

''हाँ पंडितजी, भगवान् शिव नाराज हैं। उन्हें मनाना है तो बैठकर सच्चे दिल से भजन-पाठ कीजिए।'' सिमरन ने अपनी ओर से राय दी।

''यह यात्रा 25 किलोमीटर पैदल रास्ते की है।'' पंडित अनमना सा सोच में पड़ गया। उसे कुछ और सूझ ही नहीं रहा था।

''पंडितजी यह स्थान समुद्रतल से 18 हजार फीट ऊँचाई पर है।''

''जी यजमानजी। सवाल यह है कि इस यात्रा में देश भर से कई राज्यों के करीब 1000 श्रद्धालु शामिल होंगे। यात्रा के पथ पर नैसर्गिक सुंदरता के कारण भी लोग आते हैं।''

''मैं तो कहती हूँ कि श्रावण में शिव-पूजा यहाँ के मंदिर में ही कीजिए। भोलेनाथ ने यह जरूरी तो नहीं किया हुआ है कि यात्राओं में जान-बूझकर बिना सोचे-समझे अपनी जान खतरे में डाल दो।'' वनमाला उन्हें सुन रही थी। फिर पास आकर बोली, ''मैंने विश्व कवि गुरु रवींद्रनाथ टैगोर की हिंदी में कविता पढ़ी थी। उसी का एक अंश याद आया है—

मुझको अपनी चरम शांति दो
प्राणों में वह परम कांति दो
आप खड़े हो, मुझे ओट दें
हृदय-कमल के दल में,
देव डुबा दो अहंकार सब
मेरे आँसू-जल में।''

''ठीक कहा बेटी।''

''मैं अब कुछ और उपाय करता हूँ, ताकि मैं विजय आनंदजी को वापस बुला सकूँ।'' यह उसकी ओर से विश्वास था। कहकर उठ खड़ा हुआ। पहले की भाँति उसके चेहरे पर सहजता और हँसी नहीं थी।

''हम भी प्रयत्नशील रहेंगे।''

पंडित दीनदयाल जैसे जल्दी-जल्दी आए थे, वैसे ही वापस हो लिया। साफ लग रहा था कि वे अनिश्चित से हैं। बिना कुछ और कहे-सुने वापस चले गए। जैसे कि कोई और काम याद आया हो।

''सोचता हूँ माँ मैं स्वयं उनकी तलाश में शिमला और कुल्लू हो आऊँ।'' अभय तनाव में था। सिमरन उसे चिंताग्रस्त आँखों से देख रही थीं।

''हम भी साथ चलते हैं।'' सिमरन बोलीं, ''मैं अब अकेले आने-जाने से घबराने लगी हूँ। तो फिर बच्चे क्यों अकेले जाएँ।''

''जी नहीं आप दोनों सास-बहू घर पर ही रहें। खूब गुजरेगी, जब मिल बैठेंगे दीवाने दो। मैं और मेरी कार हम दो तो होंगे ही।'' उसने माहौल को घबराहट से मुक्त करने की कोशिश की।

अब माँ सिमरन के चहेरे पर मुसकान देखकर वनमाला बोली—

''माँ आपका बेटा दीवाना हो गया है। तभी दूसरों को दीवाना कह रहा है।'' उसे भी हँसी आ गई।

□

20

तुम रहे न तुम

अभय ने माँ तारा देवी के मंदिर जाकर प्रार्थना की। यह स्थान उसके घर से मात्र आधा घंटे का 'रन' है, गाड़ी से। उसने न तो माँ को कुछ बताया और न ही वनमाला को। पहले तो वह व्यर्थ में तनाव का बोझ झेलता रहा। घर के बाहर लॉन में 'वीपिंग विलो' के नीचे बैठा खुद को कुंठित प्राणी सा महसूस कर रहा था। मन में उत्पीडन के भाव थे। सिर में भावनाओं की प्रचंड आँधी थी। माथा तमतमा रहा है, उसको ऐसा अभास हुआ था। माँ सिमरन बाहर आई। उसने देखा कि उसके चेहरे पर चिंता झलक रही है। किसी अज्ञात दु:ख का गम खा रहा था है। कोई आक्रोश फूटने को आतुर है।

"क्या बात है बेटा?"

"कुछ नहीं माँ। गुरुजी के चले जाने की आकस्मिक घटना नहीं है। मेरा उनके प्रति दायित्व है कि मैं ही उन्हें खोज निकालूँ। पंडितजी को वे कहीं नहीं मिले। उनके कुछ साथी तीर्थ-यात्रा पर गए हैं। विजय आनंद साहब का मोबाइल फोन भी नहीं लग रहा है। जगह-जगह लोग भेज रखे हैं। कुल्लू में, निरमंड में और शिमला में भी। वे अपने घर भी नहीं गए हैं।" माँ सिमरन देख रही थी कि अभय अधिक चिंतित है। उसका बड़े-बुजुर्गों के प्रति आदर-सत्कार नई पीढ़ी से अलग है। "इससे बेहतर तो यह होगा कि तू कहीं किसी मंदिर या गुरुद्वारे में माथा टेक आ। फिर देखना क्या-क्या चमत्कार होता है।" उसे विश्वास है कि अभय के संस्कार वैसे ही हैं, जैसे उसने उसे दिए हैं। वह फिर भी बैठा रहा था। उसके थोड़ी देर बाद जब माँ सिमरन और उसकी पत्नी वनमाला बातों में लगे हुए थे, तो वह चुप-चाप तारा देवी मंदिर की ओर चला आया। माँ की मूर्ति के आगे खड़ा-खड़ा कहने लगा, "माँ मेरे दिल का सुकून चला गया है। मेरी प्रेरणा का सहारा कहाँ गया? तड़पेगा कोई कब तक, बेआस-बेसहारे। बेबस की गम खवार तुम ही हो माँ," उसने गर्भगृह की दहलीज पर माथा टेका। फिर मंदिर से बाहर आ गया।

एक युवती बाहर एक वृक्ष की ओट में खड़ी चित्र बना रही थी। कई प्रकार के भारतीय रंग—लाल, पीला, हरा, सिंदूरी, भूरा, नीला और सफेद नजर आ रहे थे, उसके कैनवस पर। उसकी कूची का कमाल देखकर वह आश्चर्यचकित था।

"अति सुंदर," उससे रहा नहीं गया। वह बोल ही पड़ा। उस महिला ने आधा सा मुड़कर देखा और बोली—

"शिव ही सुंदर है और कुछ नहीं।" उस महिला का ध्यान अपने कैनवस पर केंद्रित हो गया था।

"ये रंग, भारत की सुंदरता को सजानेवाले सभी रंग देख रहा हूँ।"

"'कैनवस' पर फैले हुए रंग स्वयं ही कलाकृति नहीं बन जाते। चित्रकार में सृजनात्मक योग्यता के बिना यह संभव नहीं होता।"

"आपका परिचय मैडम?" वह स्त्री अभी भी कैनवस की ओर झुकी हुई थी। चित्र बना रही थी। उसे लग रहा था कि शायद किसी प्रदर्शनी में वह उससे मिला है।

"एक कला प्रेमी, जो शहर की मशीनी जीवनशैली से ऊबकर यहाँ के एकांत में आई है।" उसने फिर भी अभय की ओर नहीं देखा। उसे लगा कि वह जान-बूझकर ऐसा कर रही है।

"मगर चित्रलेखाजी आपका नाम-पता तो कुछ होगा ही। क्षमा चाहता हूँ, जिज्ञासा में हूँ। संभव है हम कहीं कभी मिले हैं।"

"अभयजी, मैं आपकी तरह माहिर और जानी-मानी चित्रकार नहीं हूँ। कोशिश कर रही हूँ कि प्रकृति के चमत्कार की खोज करके उसका चित्र बनाऊँ।"

वह आश्चर्यचकित रह गया।

"मैं आपको नाम से जानता ही नहीं। पर आप मुझे कैसे जानती हैं?" वह अभी भी आगे नहीं बढ़ा।

"आपकी कलाकृतियों के जरिए! विजय आनंदजी को मैं भी जानती हूँ। वे मेरे पिता के मित्र रहे हैं। एक उच्च अधिकारी के कई मित्र होते हैं। उनके भी हैं। उनकी और मेरे पिता की बातें हो रही थीं। मैंने सुनी हैं। वे आप की तसवीरें भी दिखा रहे थे।"

"यह कब की बात है?" वह धीरे-धीरे आगे बढ़ने लगा।

"दो दिन पहले की। वे हमारे घर शिमला में ही खाने पर आए थे।"

"अब वे कहाँ होंगे!" अब अभय वहीं-का-वहीं खड़ा रह गया। वह इस महिला की बातों से प्रभावित था। उसे अपनी समस्या का हल मिलने लगा था।

"कुल्लू या मनाली में या फिर शिमला में। श्रीखंड यात्रा में शामिल होने का विचार था उनका।" महिला के चेहरे पर बाल बिखरे हुए थे। हाथ में कूची थी। जींस पहनी थी। एक गरम जैकेट थी। पास ही एक शॉपिंग बैग पड़ा था।

कुछ क्षण दोनों चुप रहे। अभय उसके पीछे खड़ा-खड़ा उसके बनाए हुए चित्र को देखता रहा। जिज्ञासा-वश वह उसके और नजदीक आ चुका था। ''अब तो मैं सदैव अपनी कूची की ही असली पहचान हूँ। कायल हूँ।''

''और आप?'' अभय बोला।

''आपको मैं और मुझे आप जानते हैं। मैं तब तक चित्र बनाऊँगी, जब तक मेरे पति और मेरे दोनों बच्चे मुझे लेने वापस नहीं आते। वे यहीं कहीं पास में घूमते-फिरते होंगे।'' उसने अपने चेहरे को अभी भी छिपाए रखा। अभय जाने को हुआ।

''सुनो अभय। मुझसे यह नहीं पूछोगे कि मैं खुश हूँ या नहीं।'' अब उसने अपने बाल हाथों से सँवारते हुए पीछे किए, बोली, ''मैं जो भी हूँ तुम जानते हो। युक्ति। हाँ युक्ति।''

''तो यह कला प्रेम!'' अभय ने उसे नाम से पुकारना वाजिब नहीं समझा। कहीं पुरानी पुकार वाला लहजा लौट न आए।

''तुम से जुदा होकर तुम्हें याद रखने के लिए यह हॉबी अपना ली है।''

अभय ने हाथ जोड़े। कहा, ''नमस्कार।''

इधर-उधर देखता हुआ जल्दी-जल्दी मंदिर के आँगन और परिसर से बाहर आ गया। सीढ़ियाँ उतरीं। अभय को मर्यादा के उल्लंघन की इच्छा ही नहीं हुई! वर्तमान वाले बदलाव के चक्रवात के बावजूद, सामाजिक कायदे-कानून बेमायने नहीं लगते। वह अपने संस्कारों से गहराई तक प्रभावित है। उसके लिए आधुनिकता का मतलब यह तो है कि जहाँ सामाजिक रूढ़ियाँ कुदरत के उसूलों के खिलाफ लगें, वहाँ वह तर्कसंगत सोच अपना लेता है। जैसे कि वनमाला को अपनाना, उसके अतीत को भुलाना। माँ सिमरन को माँ का दरजा देना तथा युक्ति से पराई स्त्री के तौर पर, दूरी बनाए रखना। वह समझता है कि ऐसा बदलाव जिससे मानवता शर्मसार हो, आधुनिकता नहीं है। सोचते-सोचते वह अपनी कार के पास पहुँच गया। फिर अपनी कार में बैठने से पूर्व नीचे की घाटी को देखने लगा। जिधर से शोधी होकर उसकी कार तारा देवी मंदिर आई थी।

अभय को याद आया कि कभी युक्ति अलौकिक सौंदर्य की मूर्ति थी। अब उसकी आँखों में सांत्वना की झलक नजर आ रही थी। उसे पहले कला से प्रेम नहीं था। महज एक याद, जो अच्छी या बुरी जैसी भी है, हृदय में होते हुए भी, उसको सताती नहीं है। उसका नजरिया बदल सा गया है। उसकी मरजी! खैर! कल्पना शक्ति की पहचान होने लगी है उसको। ये सद्‌गुण तब नहीं थे, जब विच्छेदन तक बात पहुँची थी। अब एक सद्‌गुण और है उसके पास, उसे अपने गृहस्थ जीवन में सुख नजर आने लगा है। निश्चित तौर से उसे अपने माँ होने का भी गर्व है। मात्र एक प्रेमिका से बढ़कर उसकी बहुमुखी प्रतिभा को आज ही पहचान पाया है अभय। जो अब मूर्त है। साकार है। स्पष्ट

है। उसे खुशी है कि उसके जीवन की वह कहानी अब खत्म हो गई है। दूसरी किसी कहानी से उसका सरोकार नहीं। वह गाड़ी में बैठा और घर वापस हो लिया। सोचता रहा कि दुनिया इतनी छोटी है कि पुरानी निर्मम प्रेमिका, जिसने उसे छोड़ा था, वह फिर से आज मिली। उसे प्रोफेसर मदन लाल मधु की कविता की वह पंक्ति याद आई—

"हम मिले किंतु मिलकर भी सखि
कुछ कह न सके, कुछ सुन न सके
जीवन के इस लंबे पथ पर
हम अलग-अलग चलते आए।"

नहीं! ये पंक्तियाँ संदर्भ हीन हो गई हैं। अब बात और है। पर हाँ, वह आज काफी खुश है, क्योंकि अब उसकी आँखों में प्यार की वह झलक नहीं थी।

"लो खत्म कहानी हो गई।" उसने अपने मन-ही-मन में कहा।

उसने तारा माता का आभार व्यक्त करने के लिए सिर झुकाया। गाड़ी चलाता रहा। अब उसे माँ सिमरन से कहकर उनकी सहेली को कुल्लू में फोन कराना है। विजय आनंद को उनसे जरूर मिलना था। यह पहले-पहले प्रोग्राम में भी तय हुआ था। बाद में आई कई आशंकाओं के घेरे में, यह सबकुछ लुप्त सा हो गया था।

आज रंगकर्मी धार, अभय के गाँव में शांत वातावरण था। उसमें प्रवृत्तिहीन शून्य क्यों है? उसे असाधारण विदुषी और बहादुर माँ मिली हैं। जो अपने आंतरिक और बाह्य गुणों के बल पर आदरणीय हैं। उसे जन्म देने वाली माँ कामिनी के देहांत के बाद भी, माँ सिमरन के सौहार्दपूर्ण और प्यार भरे व्यवहार से उसके जीवन में माँ वाली सुख-सुविधा और मोह कायम हैं। वह घर पहुँच चुका था। कोई भ्रामक, अनिश्चित और अस्पष्ट चिंता जरूर है, जो उसे अकारण ही असुरक्षित सा बना रही है। वनमाला ने आकर उसके विचारों को झकझोर दिया।

"अब उदासी कैसी पतिदेव?"

उसने अपने आगे पड़े अखबार को वनमाला की तरफ घुमा दिया।

"पढ़ो कि अब बैजनाथ के शिव मंदिर की हालत भी खराब है। यह शिवजी का मंदिर 1204 ईस्वी में बना था। इस वर्ष की बारिश के दौरान इस की छत-दीवारें और प्रवेश द्वार क्षतिग्रस्त हो गए हैं। छत चू रही है और दीवारों में नमी आ गई है। सचमुच शिवजी नाराज हैं। पहले आषाढ़ की बाढ़, उत्तराखंड में प्राकृतिक आपदा आई। बदले नदियों के नैसर्गिक प्रवाह। केदारनाथ मंदिर से भगवान् शिव की मूर्तियाँ ले जानी पड़ीं। पूजा बंद हुई। यात्रियों की मौज-मस्ती शोक में बदल गई। फिर सावन के महीने में अमरनाथ यात्रा में विघ्न पड़ा। बर्फानी बाबा जल्द ही अंतर्धान हो गए। लुप्त हो गए। उसके बाद श्रीखंड यात्रा के दौरान भी शिवजी ने अपना कोप कायम रखा।"

वनमाला से नहीं रहा गया, ''सबकुछ इनसानी छेड़छाड़ का नतीजा है। माँ बता रही थीं कि चमोली जनपद में स्थिति खासी भयानक रही। तीन दिन में लगातार बारिश व बादल फटने से आई अथाह जल राशि से अलकनंदा में उफान आया। और गोबिंद घाट वाले बेसकैंप को चपेट में ले लिया। अलकनंदा के तट पर बने भवन और एक गुरुद्वारा क्षतिग्रस्त हो गए थे। गोबंद घाट में खड़े श्रद्धालुओं के सैकड़ों वाहन पानी के सैलाब में बह गए। कुछ लोग जान बचाने के लिए पहाड़ियों की ओर भाग गए। कुछ मलबे में दब गए। हेमकुंट साहिब मार्ग पर आनेवाले अधिकांश पुल बह गए। गुरु महाराज की कृपा से केदारनाथ के मुकाबले में यहाँ मानवीय क्षति कम हुई। उन्हीं बचने वालों में तुम्हारी माँ भी थीं।''

''बात शिवजी की हो रही है। वे जरूर नाराज हैं। लोग प्रकृति से सामंजस्य बनाकर ही जी सकते थे। मगर शिवजी को आदमी की जिद पसंद नहीं आई। हमने अखबारों में पढ़ा ही है कि पंद्रह जून को केदारनाथ मंदिर के निकट वाली नदी और जल धाराएँ उफान में आ गईं। डर के मारे श्रद्धालुओं ने मंदिर के निकट वाले होटलों व धर्मशालाओं में शरण ले ली। परंतु मंदिर के पीछे उफनती जल धारा की दिल दहलाने वाली चिंघाड़ सुनी गई। मंदिर परिसर में शरण लिये सैकड़ों श्रद्धालुओं को निगल गई। पलक झपकते ही मंदिर दस फीट ऊँची रेत व मलबे की गाद से भर गया। लोग भी दब गए। केदारनाथ के ऊपरी इलाके में बादल का फटना भगवान् शिव की नाराजगी का प्रमाण है।''

''समझती हूँ, पर सरकार को भी समझना चाहिए। अंधाधुंध पहाड़ों की कटाई, विस्फोट से रास्ते की कटाई! और भवनों के लिए नींव के स्थान बनाने के काम तबाही के कारण बने।''

''अब इधर देखो किन्नर कैलाश की यात्रा रोकने पर किन्नौर में देवता अड़ गए हैं। वहाँ कैलाश यात्रा शुरू होने से ठीक पहले विवाद खड़ा हो गया है। यात्रा का विरोध करते हुए देवता ने कहा कि यात्रा पर जानेवाले लोग पवित्र ब्रह्मकमल को तोड़ रहे हैं और कैलाश पर्वत पर गंदगी फैला रहे हैं, जिससे कि वहाँ प्राकृतिक आपदाएँ हो रही हैं।''

''हाँ पतिदेव। ब्रह्मकमल हिंदू धर्म में पवित्र फूल माना जाता है। इसे भगवान् ब्रह्मा के हाथ में भी कई तसवीरों में दिखाया जाता रहा है। यह फूल 14 हजार फीट से ऊपर की ऊँचाई पर खुद ही उग जाता है। इसकी एक किस्म रात को चमक भी बिखेरती है। उत्तराखंड में इसे राज्य पुष्प का दरजा प्राप्त है।''

''शिवजी क्यों नाराज न हों। किन्नर कैलाश यात्रा किन्नौर की पोवारी पंचायत से अगस्त के दूसरे सप्ताह में शुरू होती है और सितंबर तक चलती है। यानी जहाँ-जहाँ शिव विराजमान हैं, वहाँ-वहाँ उनकी नाराजगी के साक्ष्य मौजूद हो गए हैं।''

माँ सिमरन भी आ गईं, ''सुन रही हूँ। बस भी करो।''

हिमाचल प्रदेश की एक पत्रिका में एक छोटी सी कविता छपी है—

"कटे हाथ विराट् बादल के
रास्ते हो गए पथ दलदल के
कोई तो कहे यह बात सावन से
आषाढ़ में मेघ फटकर बरसे थे।"

"हाँ माँ। कवि ने भी सही कहा।"

"वनमाला कह रही थी कि तुम अपनी पहली पसंद—युक्ति से मिले थे। उसे तुमने फोन पर बताया था!"

"हाँ माँ। आकस्मिक।"

"क्यों जी! क्या वह अभी भी सुंदर है। सौंदर्य हर पुरुष को आकर्षित करता है।"

"बेअसर है उसका रूप, स्वरूप," अभय खिजकर बोला!

"मुझे कतई चिंता नहीं है पतिदेव!"

"बेफिक्र रहो।"

"तुम दोनों के स्वरों में प्रतिरोध नहीं है। मैं खुश हूँ। अभय बेटा, मेरी बहू सुंदरता में देवी सरस्वतीजी से कम नहीं है।"

"मैं जीवन के प्रति सकारात्मक सोच रखता हूँ। वनमाला ने हर हाल में जीने का, खुश रहने का हुनर सीख लिया है। मुझे और क्या लेना-देना है?"

"सुनो बेटा। शारीरिक आकर्षण प्रेम नहीं; वासना है। तुम्हारे पिता परीक्षितजी यही कहा करते थे। उन्होंने जब मुझे स्वीकार करके पत्नी का दरजा दिया, तो एक कहानी सुना डाली थी। उसे सुनो—

भगवान् बुद्ध के शिष्य उपगुप्त परम सदाचारी थे। वे भिक्षुओं से कहते थे कि प्रेम और संयम ही आध्यात्मिक विकास के साधन हैं। एक दिन, एक सुंदरी उपगुप्त के पास पहुँची। उपगुप्त उसके सौंदर्य से आकर्षित हो गए, लेकिन उसी क्षण उन्हें बुद्ध के वचन याद आ गए कि सच्चा आकर्षण शारीरिक सौंदर्य में नहीं; मन के सौंदर्य में होता है। सुंदरी भी उपगुप्त के प्रेम-पाश में बँध गई थी। उसने उपगुप्त से प्रार्थना की कि वे उसके साथ कुछ क्षण बिताकर उसे उपकृत करें। उपगुप्त ने उपयुक्त अवसर पर एक बार फिर मिलने का वचन दिया। वर्षों बीत गए। भोग-विलास से रत रहने के कारण उस युवती को अनेक रोगों ने घेर लिया। उसका रूप लावण्य नष्ट हो गया। लोगों ने उसे कुलटा बताकर नगर से बाहर निकाल दिया। वह जंगल में दयनीय हालत में अंतिम दिन बिताने लगी। उपगुप्त को अचानक उस युवती की दुर्दशा का पता चला। उन्हें अपना वचन भी याद आया। वे उससे मिलने जा पहुँचे। उन्हें देखते ही युवती की आँखों से आँसू बहने लगे। उपगुप्त ने उसके सिर पर हाथ फेरा, तो वह चमत्कृत होकर बोली, "जब मैं प्रेम

करने योग्य थी, तब तो आप आए नहीं। अब क्या लाभ।'' उपगुप्त ने कहा, ''देवी शारीरिक आकर्षण को प्रेम नहीं वासना कहते हैं। मैं आज भी तुम से प्रेम करता हूँ। यह सुनकर युवती आह्लादित हो उठी थी।''

''ठीक है माँ, पर आप पर यह कहानी लागू नहीं होती।'' वनमाला ने प्रतिरोध जताया।

''क्यों नहीं लागू होती! वे दुष्यंत बने, मैं शकुंतला थी। परंतु वे राम के राम, सीता के बने रहे। मैंने शादी की। मेरा तलाक़ हुआ। विदेश से वापस आई। तलाक एक कलंक सा है, 'स्टीगमा' है स्त्री के लिए। इस कलंक के बावजूद उन्होंने मुझे अपनाया। तुम्हारी माँ का दरजा दिया। यह सच है कि कामिनीजी नहीं रही थीं, परंतु उनके हृदय में मेरे लिए आकर्षण कायम था। वे कहा करते थे कि यदि तुम लहर हो तो मैं सागर हूँ। उनके ये विचार मेरे लिए पवित्र धरोहर हैं। इसलिए अभय जहाँ खड़ा है, वहीं वनमाला है। जीने योग्य खुशगवार जीवन का तिलिस्म है तुम दोनों का प्यार!''

''चलो बात बदली जाए।'' अभय ने कुछ सोचकर कहा।

''कहो!'' सिमरन बोलीं।

''मैं आजकल एक कठोर वास्तविकता बनकर गुरुजी के सामने आना चाहता था।''

''वह क्या है?''

''मैं जो परग्रही थीम के चित्र बनाता था। अब नहीं बनते। विकल्प की ओर ध्यान होने लगा है। एक नीरवता, गतिहीनता शून्यता सी छा गई है मेरे जीवन में। प्रकृति बलवान है, सत्य है और शाश्वत है। परग्रही वाला थीम अब एक 'मिथ' ही लगता है। परग्रहियों की मूर्तियाँ, कल्पनाएँ, मात्र मिथक है। पुराणों और धर्म-ग्रंथों के आधार पर सोचते रहने से मैं स्वप्नचर सा हो गया था। यह सारी सोच अस्पष्ट और भ्रमककारी है। अनुमान मात्र है। ईजाद का विषय ही है।'' अभय के चेहरे पर चिंता व्याप्त थी। किंतु वनमाला के मानसिक धरातल पर एक उम्मीद, उमंग की लहर फैल रही थी, जो उसके मुखमंडल को और भी सुंदर बना गई।

''इसमें हर्ज ही क्या है। आप कलाकार हैं। चित्रकार हैं। कला बंधन से मुक्त होकर ही उजागर होती है। आप जो चाहेंगे, वैसा कीजिए। मैं उन्हें समझा दूँगी।''

''परग्रहियों की तलाश मृगतृष्णा लगती है अभय। मैं अखबार में पढ़ रही थी कि कई लोग करोड़ों मील दूर लाल ग्रह पर बसने के सपने को साकार करना चाहते हैं। हमारे वैज्ञानिक मंगल मिशन को कामयाब बनाने में जुटे हैं।''

''हाँ माँ, यहाँ धरा की बरबादी करते-करते अन्य ग्रहों का ध्यान आ गया है उन्हें। उत्तराखंड की मिसाल लीजिए, मनुष्य की फितरत को बयान करती है।''

"हाँ बेटी। संभव है कि लाल ग्रह इसी प्रकार की प्रलय से गुजर चुका है। शायद रही-सही कसर वहाँ जाकर मानव पूरी करेंगे।"

"तो क्या मैंने ठीक सोचा है माँ?"

"हाँ बेटा। सुनोगे तो हैरान रह जाओगे। अब तक एक लाख से ज्यादा लोगों ने मंगल ग्रह पर जाकर वापस कभी नहीं लौटने के लिए आवेदन किया है। यह आवेदन लाल ग्रह पर मानव बस्ती बसाने की करोड़ों डॉलर की महत्त्वाकांक्षी परियोजना का हिस्सा है। 'द मार्स वन' नाम की सह परियोजना वर्ष 2022 में शुरू होगी। हालाँकि कोई गारंटी नहीं है कि लोग वहाँ जीवित भी रह पाएँगे या नहीं। इसलिए इसे 'सुसाइड मिशन' नाम भी दिया गया है। फिर भी लोगों पर अपनी जान जोखिम में डालकर इस परियोजना का हिस्सा बनने का जुनून सवार है। 'द मार्स वन' के सी.ई.ओ. और 'कोफाउंडर' बैस लैंसडोर्प ने बताया कि अब भी बड़ी संख्या में लोग इस परियोजना से जुड़ने की तैयारी में हैं। सभी आवेदन करने की प्रक्रिया में हैं।"

"मान ली बात। कम-से-कम आदमी अब समझ चुका है कि वह बनाने से ज्यादा मिटने-मिटाने में माहिर है।"

"वह आत्महत्या जैसी हरकत से भी गुरेज नहीं करेगा।" वनमाला की इस प्रतिक्रिया को अभय ने सिर हिलाकर स्वीकार किया।

"सवाल तो अभी भी यह है कि गुरुजी कहाँ हैं? माँ क्या आपने अपनी सहेली को कुल्लू में फोन किया?"

"अभी पूरी तरह नहीं!" वह असहाय और व्याकुल सी लगी।

"क्या बात है?" वह निराशावश चुप हो गया। उसकी विजय आनंद के प्रति याचना भरी निगाहें अपनी माँ को देख रही थीं।

"वे वहाँ गए ही नहीं। वे अकेले हैं। ऐसा आदमी सबसे ज्यादा खुद को चाहने लगता है। तुम्हारे 'डिप्रेशन' वाला 'इनसीडेंट,' प्रसंग, उन्हें अपने अतीत के दुःखों की याद दिला सकता है।" माँ सिमरन विचार मग्न सी उसे देखने लगीं। अभय अपनी माँ को अवाक् नजरों से देख रहा था। उसने अपनी पत्नी की आँखों में अभी भी छलछलाता हुआ लावण्य देखा। वह उन्हें गौर से सुनती रही।

"गहराई से सोचिए मियाँजी। माँ शायद ठीक कह रही हैं।" उसके मन को तृप्ति सी महसूस हो रही थी। वह माँ-बेटे की बातें सुनकर भाव-विह्वल थी।

"यह सही है कि विजय आनंदजी की निष्पाप सरलता सराहनीय है। आप दोनों की बातों से ऐसा ही लगता है। वैसा स्नेह, व्यवहार, गहरा अपनापन किसी-किसी को मिलता है।" माँ सिमरन खड़ी हो गईं। "चलो अब कुछ आराम किया जाए।"

"माँ, विजय आनंद मेरे लिए आदर्श हैं। उनके आदर्श, उनकी तारीफ से प्रेरित

होकर ही मैं चित्रकार बना, जिससे कि मुझे चरम सुख भी मिला। सम्मान मिला।'' वह भावुक हो गया।

''इन सारी संवेदनशील बातों को सुनकर और इनके अनुक्रम, 'सीक्वेंस' के कारण मैं जानती हूँ अभयजी को आनंद साहब की तलाश जारी रखनी चाहिए। आखिर मैं भी तो उन्हें पिताजी कहती हूँ।'' वनमाला का चेहरा शांत था। प्रीतिकर भी था।

''हाँ बेटा। बहूरानी ठीक कहती है।''

''मैं यह भी कहे देती हूँ कि यात्राएँ स्थगित होकर चालू हो गई हैं। किन्नर कैलाश यात्रा चल पड़ी है। अमरनाथ यात्रा की बाधा भी दूर हुई लगती है। श्रीखंड की ओर भी कोई जत्था जा रहा है। लगता है कि वे किसी-न-किसी यात्रा में शरीक भी हो गए हैं। कुल्लू जिले में ही हो सकते हैं। तुम दोनों की बातें सुनकर लगता है कि विजय आनंद स्थायी तीर्थयात्री बने रहकर खुश रहते हैं।''

''माँ उन्हें घूमने का और अध्ययन का शौक है। वे मेरा ध्यान सृजनात्मकता की ओर केंद्रित करनेवाले हैं। गुरुजी हैं। मेरे सच्चे गुरु हैं।''

''ठीक है, ठीक है। मैं चली।'' माँ सिमरन ने दोनों हाथ सिर से ऊपर उठा लिये और चलने लगीं।

''माँ, अभी बातों का सिलसिला खत्म कहाँ हुआ है। आप सोफे पर बैठ जाएँ। मुझे अपने पैर दबाने का अवसर दें।'' माँ सिमरन का बाजू पकड़कर वनमाला ने उन्हें सोफे पर बैठा दिया।

''कोई शरारत सूझी है क्या?''

सिमरन हँसने लगीं।

''नहीं माँ। आपके और पिताजी परीक्षितजी के बीच पूरी-पूरी सहस्वरता लग रही है। मुझे उन बातों ने मुग्ध किया है। उनकी सौम्यता, सौजन्यता और आपका व्यक्तित्व एक पूरी प्रेम कहानी बन गए हैं।''

''मैं चला माँ। आप सास-बहू की बातों में क्या-क्या होनेवाला है। मुझे नहीं सुनना है। मैं बेटा हूँ, बेटा था। मुझे ममता से ही वास्ता है। बाकी कुछ नहीं चाहिए।''

''नहीं मुझे एक ही सवाल करना है। वह यह है कि आपको इन महाशय अभय की माँ बनने का न्योता कैसे मिला। कहानी लंबी न हो तो बता दीजिए।''

''जरूर! अभय की जननी माँ की मृत्यु के पश्चात् मैं इस घर में लगातार आने लगी थी। कभी-कभी तो अभय के साथ ही सो जाती थी।

एक दिन जब उनका जन्म दिन आया तो मैंने एक सुंदर सा 'बर्थ डे' कार्ड उन्हें भेजा। उसके साथ फूलों का एक गुलदस्ता भी दिया। वे कुछ ही क्षणों के पश्चात् मेरे पास आए। मैं अभय के साथ खेल रही थी। उन्हें देखकर स्तब्ध रह गई। अभय और मैं

छुपन–छिपाई खेला करते थे। अभय छिपने के लिए बाहर भाग गया। उन्होंने मुझे अकेला देखकर कहा कि ऐसे ही सुंदर गुलाब के फूलों की जयमाला बनवाना मेरे लिए।'' माँ सिमरन अब जमीन की ओर देख रही थीं।

''और बात आगे बढ़ी।''

''यही समझ लो बेटी। फूल, हजारों–लाखों शब्दों और बातों से ज्यादा बड़ी बात कह सकते हैं अपनी मुसकान से।''

वनमाला ने ताली बजाई। अभय भी ताली बजाने लगा। माँ सिमरन को हँसी आ गई। उन्होंने वनमाला को अपनी बाँहों में समेट लिया। ''यूँ नई कहानी भी शुरू हुई।'' वे बोलीं!

□

21

दर्द के मारों को हमदर्द चाहिए

अभय को विजय आनंद की चिंता सता रही थी। वह सुबह-सवेरे तैयार हुआ। छोटा सा ब्रीफकेस उठाया। वनमाला भी आ गई। बोली कि माँ कहती है कि पंडित दीनदयाल को साथ ले जाएँ। आपको कुल्लू के सिराज क्षेत्र का दौरा अकेले नहीं करना है। हमें फिक्र रहेगा। वे कुल्लू में तो हैं नहीं। माँ की सहेली प्रज्ञा भी वहाँ नहीं हैं। अपनी बेटी के पास चली गई हैं। वहाँ जहाँ उनके पति ने नया ठिकाना बनाया था। इस लिए हो न हो विजय आनंदजी किसी-न-किसी यात्रा पर निकले होंगे या कहीं और जगह ठहरे होंगे।

''इससे पहले मैं उनके मित्र कँवर स्वराज से मिलने जाऊँगा। मेरा खयाल है कि कँवर उन्हें शिमला में जरूर मिला होगा, क्योंकि सेब का 'सीजन' है। कँवर साहब सेब के व्यापारी भी हैं।''

''आपको शिमला में अपने होटल का नाम, फोन नंबर और उसका स्थान बताना होगा। यह आज ही होना चाहिए।'' उसने सिर हिला दिया।

वह अपने मकान से नीचे की ओर चल दिया, जहाँ उसकी मोटर गाड़ी खड़ी थी। चलने से पूर्व वनमाला ने हाथ हिलाकर उसे 'बाय' कहा। हवाई 'किस' उसकी ओर फेंककर भी हाथ हिलाया। वह गाड़ी में बैठा। धीरे-धीरे शिमला की ओर चल पड़ा। घड़ी देखी, अभी सुबह के सात बजे थे। वह आधे-पौने घंटे में शिमला होगा। विजय आनंद, यदि वहाँ होंगे तो 'रिज' पर मिल जाएँगे। वे वहाँ 'जौगिंग' जो करते हैं। मौसम साफ था। बरसात विदा होने को थी। पर ऐसा कहते-सुनते हुए बरसात अभी भी है। बादल कल भी बरसे थे। आज वे आसमान पर टुकड़ियों में बँटे हैं। पता नहीं कौन सा बरसे, कौन सा मेघ लौट जाए हवा की बैसाखियों के सहारे।

उसने शिमला पहुँचते ही लिफ्ट के पास गाड़ी को पार्किंग में लगाया। सबूत के

तौर पर वहाँ के प्रबंधन से चिट पकड़ी। फिर लिफ्ट का टिकट लिया। कुछ ही मिनट बाद वह कॉम्बरमेयर ब्रिज पर पहुँच गया। आगे बढ़कर क्राइस्ट चर्च की ओर जाती हुई सड़क से सीधा 'रिज' पर पहुँचा। विजय आनंद वहाँ नहीं मिले। कुछ देर घूमा। इधर-उधर देखा। घड़ी में आठ ही बजे थे। सोचा, ध्यान किया शिमला का 'रिज' मैदान एक हास्यास्पद से कलात्मक समय से गुजर रहा है। उसके देखते-ही-देखते हिमाचल के निर्माता डॉ. यशवंत सिंह परमार की मूर्ति वहाँ स्थापित हुई। महात्मा गांधी की मूर्ति भी ठीक उत्तर-पूर्व की ओर है। पश्चिम दिशा की ओर इंदिरा गांधी की मूर्ति है। काफी समय बाद पानी पिलाने को आतुर मूर्तिकार श्री सक्सेना की तैयार की हुई मूर्ति दौलत सिंह पार्क में फिर से स्थापित हो गई है। खैर, देर आयद दुरुस्त आयद। उसके अपने जीवनकाल में पहली मूर्ति लाला लाजपतराय की देखी है, जो स्कैंडल प्वॉइंट पर पहले से है। पास ही खड़ा पुराना देवदार का पेड़ प्रहरी है इसका। साथ-साथ मूर्ति के पीछे नए सरू के दो वृक्ष भी हैं। मॉल पर घूमते- फिरते शहर निवासियों के और सैलानियों के स्थायी दर्शक भी हैं वे। वह घूमते-फिरते यहाँ तक आ गया था। फिर लौटकर क्राइस्ट चर्च की ओर गया। दौलत सिंह पार्क में चिनार के पेड़ जतला रहे हैं कि वे श्रीनगर से नहीं आए। यहीं पैदा हुए हैं। यहाँ ही परवरिश पाई है इन्होंने। शुक्र है स्वर्गीय श्री राजीव गांधी की मूर्ति छोटा शिमला चौक में लगाई गई है। श्री बी.आर. अंबेडकरजी की मूर्ति 'सेसिल' होटल के पास है। चौड़ा मैदान में है, वरना रिज पर मूर्तियाँ और कलाकृतियों की अधिकता से रिज की पहचान ही खत्म हो जाती। वैसे भी यह मैदान अब बेरुखी पर उतारू है। इसे मनाने के प्रयास जारी हैं। कई सालों से यह प्रसिद्ध रिज अपनी जिद पर अड़ा है, धँस चला है। जैसे कि धरती में समाने की ठान रखी हो। अरे जनाब, और न सही, ईसा मसीह का तो ध्यान किया होता, जो सामने के गिरजा घर में विद्यमान हैं। जो तुम्हारी पहचान के साक्षी हैं।

चौंका! किसी ने पीछे से आकर अभय के कंधे पर हाथ रख दिया। उसने पीछे मुड़कर देखा। पंडित दीनदयाल थे। "वाह! पंडितजी। खूब रही। आप आए, बहार आई।" वह खुश हो गया। अभय ने उन्हें देखकर आश्चर्य व्यक्त नहीं किया। यह तो होना ही था। माँ और वनमाला तो उसको अकेला आने नहीं दे रही थीं।

"हाँ जी कोई खोज खबर।"

"अभी तो कुछ नहीं। खबर यह है कि विजय आनंदजी की कोई खबर नहीं।" पंडित ने बात बदली, "पता चला है, मेरी खुद की 'रिसर्च' से नहीं, पर अखबार में पढ़ा है कि धरती से करोड़ों मील दूर मंगल पर जीवन की संभावना की तलाश अभी भी जारी है। लोगों में भी इस ग्रह पर हमेशा के लिए बसने की होड़ मची। खबर यह है कि लाल ग्रह से ही पृथ्वी पर जीवन आया है। लंबे समय से यह चर्चा का विषय बन रहा

है। नए तथ्य सामने आए हैं, जो इस धारणा के सच होने के संकेत हैं। इटली के फ्लोरेंस में आयोजित गोल्डशीमट सम्मेलन में पेश किए गए एक शोध में इसका खुलासा किया गया है। पता चला है कि पृथ्वी पर जीवन की उत्पत्ति 'मंगल ग्रह' से आए उल्का पिंड से हुई थी।'' पंडित दीनदयाल ने अन्य प्रश्नों से बचने के लिए बातों का नया सिलसिला छोड़ दिया था। ''इस शोध से जुड़े अमेरिका के गैसविले स्थित वेस्टहीमर इस्टीट्यूट ऑफ साइंस ऐंड टेक्नोलॉजी के प्रोफेसर स्टीवन बेनर ने बताया है कि इस बात के पुख्ता प्रमाण मिले हैं कि जीवन के लिए आवश्यक अणुओं का विकास लाल ग्रह पर हुआ था। उन्होंने कहा था कि पृथ्वी पर उल्का पिंड के टकराने से पहले 'मंगल ग्रह' पर जीवन की शुरुआत हो चुकी थी। वहाँ से आए उल्का पिंड में जीवन के लिए जरूरी बोरान और मालीब्डेनम जैसे खनिज तत्त्वों के प्रमाण मिले थे।'' अन्य बातें शुरू करने से पहले अखबार में पढ़ी हुई खबर दोहरा दी, ताकि तनाव पर विराम लगे।

चहल कदमी करते-करते वे गिरजाघर के पास पहुँच चुके थे। आगे-आगे अभय था और पीछे-पीछे पंडित दीनदयाल थे। उनके हाथ में एक अखबार था। अभय ने उसे देखा। फिर हँस दिया।

''तो श्रीमान आप अखबार में पढ़कर मुझे खबर सुना रहे थे।''

पंडित दीनदयाल को तसल्ली हुई कि वे अभय के तनाव को कम करने में सफल रहे हैं। उन्हें वनमाला ने बताया था कि अभय शिमला की ओर निकलने से पहले बहुत बेचैन था। इसलिए बातों के हेर-फेर के जरिए वे अभय की व्यग्रता को दूर कर लेने के बाद ही विजय आनंद की खोज खबर की बात करनेवाले थे। उन्होंने अपनी बातचीत जारी रखी, ताकि अभय की इसमें अभिरुचि व्यक्त हो। उसकी इस विषय में रुचि से वे वाकिफ थे।

''क्या करता! इतना कुछ याद तो रहता नहीं है। आप बाल की खाल निकालते हैं। इसलिए भी सूचना का अनुक्रम सही बताने के लिए अखबार लाया था।''

अभय उनकी पांडित्यपूर्ण वाग्मिता से प्रसन्न होकर, उनकी दिल-ही-दिल में तारीफ कर रहा था। पंडित की आँखों में शांत प्रीतिकार भाव थे।''

''क्या सोच रहे हैं पंडितजी?''

''परम आनंद, चरम सुख।''

''हमें कँवर साहब से मिलना है। उनके होटल का पता है मेरे पास।''

''क्यों?''

''क्योंकि विजय आनंदजी जब भी शिमला आते हैं तो उनके होटल वाले कमरे में ही ठहरते हैं।''

''होटल-तो-होटल है। कोई कमरा कभी खाली होता है! कभी नहीं होता।

आजकल सेब सीजन है। उसे कोई भी ले सकता है।''

''कँवर साहब ने उस कमरे को स्थायी तौर पर अपने पास रख छोड़ा है। पूरा किराया देते हैं। होटल मालिक को और क्या चाहिए?''

''अमीर आदमी हैं। हम जैसा आम आदमी इतना खर्चा बरदाश्त नहीं करेगा।''

''जी हाँ, वे विजय आनंदजी के आई.ए.एस. रिटायर्ड मित्र कमल कांत के दोस्त भी हैं। बागीचे वाले हैं, लाखों का सेब बेचते हैं। 'स्टेटस' वाले हैं। पता चला है कि वे आजकल यहाँ आए हुए हैं, होटल से पूछकर आया था। उस वक्त वे किसी के घर नाश्ता करने गए थे। होटल के मैनेजर ने बताया था।''

अभय ने घड़ी देखी, ''चलिए शायद अब आ जाएँ। दस बजे तक वहाँ भी सही।''

थोड़ी देर बाद वे होटल में पहुँच गए। स्वागत काउंटर पर होटल के मैनेजर ने पंडित दीनदयाल की ओर मुसकराकर देखा। उसका इशारा अनुकूल था। पंडित दीनदयाल ने दरवाजा बाहर से खटखटाया। अंदर से गंभीर और स्वागत पूर्ण सी आवाज आई—''आ जाइए।''

कमरे में प्रवेश करते ही अभय की दृष्टि पलंग के साथ लगी तिपाई पर एक फ्रेम शुदा तसवीर पर पड़ी। वहीं दीवार पर गुरु गोविंद सिंहजी की तसवीर भी थी। गुरुजी बैठे थे। सिर पर पीली पगड़ी और कलंगी, रेशमी नीला शॉल-शाही वस्त्र पहने हुए बराबर वाली ऊँची दीवार पर शांत एवं आँखों से सतर्क लगता बैठा हुआ बाज, उनकी ओर देख रहा था। उधर फ्रेम वाली तसवीर में विजय आनंद और अन्य दो व्यक्ति थे। जिनमें एक यही सज्जन थे, जो पलंग पर बैठे हुए अखबार पढ़ रहे थे। पीठ पीछे एक गोल तकिया था। लिहाफ के कुछ भाग में उनकी टाँगों वाला हिस्सा भी था।

''अभय चित्रकार!'' पंडित दीनदयाल ने परिचय करवाया।

''मैं कँवर स्वराज हूँ। वैसे कँवर ही कहो, पूरा नाम लेने की न विजय आनंदजी को कभी जरूरत हुई और न ही कमलजी को, जिनके साथ हम दोनों इस तसवीर में खड़े हैं। फोटो की ओर तो आप दोनों का ध्यान गया ही होगा।'' उसने अपना हाथ अभय की ओर बढ़ा दिया। अभय ने हाथ मिलाने की बजाय उसके पाँव छूए।

''आओ बैठो।'' पास रखे सोफे की ओर इशारा करते हुए कँवर ने अपना अखबार एक ओर रख दिया।

अभय बैठ गया।

''विजय आनंदजी के बारे में चिंता हो रही थी। उन्हीं की तलाश में आया था।''

''अरे भई चिंता की कोई बात नहीं है।'' दरवाजे पर फिर खटखटाहट हुई। साथ-ही-साथ 'कॉल बैल' घंटी भी बजी!

''लो वह भी आ गई,'' कँवर बोला। दरवाजा खुलते ही एक लगभग 45 से 50

वर्ष के बीच की स्मार्ट और स्वस्थ स्त्री ने प्रवेश किया। पूर्णतया पंजाबी लिबास, सलवार कमीज, सिर पर चुन्नी, पाँव में जूती कसूरी, माथे पर बिंदिया और बालों में सिंदूर। अभय ने उसके आकर्षक चेहरे की ओर देखा। सुंदर आनन, सजीले नयन, चाँद सा आकर्षण, लाल-लाल चकोतरे की फाड़ियों जैसे अधर, लगता था कि नारीत्व की संपूर्ण खूबियाँ सँजो रखी हैं, उसने अपने शरीर में। अभी भी उसका अंग-अंग किसी भी पुरुष को आकर्षित कर सकता था। अभय ने कँवर की ओर देखा। उसने कहा, ''पूछो, पूछो।'' वह चुप रहा, खड़ा हो गया, हाथ जोड़े। उस स्त्री ने जवाब दिया, ''सत्य श्रीअकाल।'' अब तक कँवर उसकी ओर सरक आया था। यह चरणी है, चरणी मेरी धर्म पत्नी। ''आप, आप कहते-कहते उसका टूटता हुआ स्वर उसे संयत रहने पर मजूबर कर गया।''

''तुमने—माफ करना आपने, आप दोनों ने सुना होगा कि मैं अविवाहित रहा। कमल कांत की पत्नी के लिए। किंतु जो भी सुना है, वह उस नाटक के लिए वाजिब कड़ियाँ हैं। उसकी सत्यता कायम रखने के लिए वह दो दोस्तों का रचा हुआ संसार था। पर सही बात यह है कि मैं चरणी के साथ रहता रहा था। यहाँ शिमला में। कभी-कभी यह मेरे बागीचे में आ जाया करती थी। वहाँ माली हट में रहती थी। लोग इसे मेरी नौकरानी, नर्स समझते थे।''

अब अभय ने उठकर उसके पाँव छूए। चरणी के चेहरे पर लज्जा और झेंप उभरी। वह कँवर के पलंग के एक किनारे पर बैठ गई थी। अभय इस जोड़ी को देखकर खुश हुआ। मन में जिज्ञासा तो थी ही। इनकी कहानी में दया का रहस्य है। मानवता की महानता है।

''मैंने कई दुकानों में तलाश की, पर आप जैसी जर्सी और जींस चाहते हैं, नहीं मिली। शाम को आपके साथ चक्कर मारूँगी, तब जो जर्सी आपको पसंद आएगी ले लूँगी।'' वह कँवर की ओर देख रही थी।

''ये अभय हैं चरणी। अभय चित्रकार, विजय आनंदजी के बेटे समान, उनके दरशाए हुए मार्ग पर चलते थे। उन्हीं के बनाए 'थीम' पर चित्र बनाते हैं।''

''इनके बारे में पता है। पिछले सप्ताह जब हमारी शादी हुई तो विजय आनंदजी आए तो थे। बातों-बातों में सब पता चल गया है।''

कँवर ने वाजिब समझा कि अभय को चरणी के अतीत से भी वाकिफ कर दे। उसने संक्षेप में अपने अतीत की एक झलक सी दिखला दी। उसे पता था कि उसकी आधी-अधूरी कहानी अभय को विजय आनंद ने बता दी थी।

''अभय, चरणी के धर्म पिता का हमारे पड़ोस में ही बगीचा है। असली पिता को तीस-बत्तीस वर्ष पूर्व पंजाब में आतंकवादियों ने मार दिया था। तब यह दसवीं में पढ़ती थी। ये लोग पंजाब में रहते थे। आतंकियों ने इसके पिता को इसलिए मार दिया

था, क्योंकि वे समझते थे कि वे पुलिस के मुखबिर हैं, उन पर जासूसी करते रहे हैं। वे इसके पूरे परिवार को मार देते, पर शुक्र की बात यह है कि पंकज चौहान उसी दिन वहीं पास ही एक रस्म में शरीक थे। उनकी बहन की सास मर गई थी। उस दिन वे उसकी क्रिया में गए हुए थे। जान बचाकर भागती-भागती चरणी उनकी बहन के घर में घुस गई। वहाँ बाहर शामियाना लगा था। क्रिया की रस्म चली हुई थी। चरणी पंकज चौहान के पास उस जमावड़े में बैठ गई। काँप रही थी। हाथ जोड़कर रोते-रोते उनके कान में कहा कि आतंकियों ने मेरे सब परिवार को मार दिया। मुझे बचा लो अंकलजी। मैं बचकर भाग आई हूँ।'' अभय ने देखा कि चरणी अब रोने लगी थी। सिर पर ओढ़े हुए दुपट्टे से आँसू पोंछ रही थी। उसके बाद यह हमारे गाँव में पंकज चौहान के साथ आ गई। इसका हमारे घर भी आना-जाना होता रहा। पंकज का परिवार हमारे पड़ोसी ही नहीं थे, हमारा उनसे बंधुत्व का सा रिश्ता था। मनुष्य में स्वामित्व और पुरुषत्व कायम रहते हैं। इसलिए जब मैंने इशिता से शादी का स्वाँग भरा, उससे पहले मैंने, एक दिन पूर्व ही चरणी को अपनी पत्नी बना लिया था। आदमी का दिल पत्थर का भी हो तो भी इशिता जैसी स्त्री उसको मोम की तरह पिघला सकती है। इसलिए मेरे और चरणी के नित्तांत दांपत्य और व्यक्तिगत जीवन में इशिता को कोई आपत्ति नहीं रही। कमल कांत को भी इसका पता था। हमने वे सारी रस्में तो पूरी नहीं की थीं, जो चरणी चाहती थी। हमने मंदिर में जाकर जय मालाएँ ही डाली थीं। आनंद कारज तो जो चरणी चाहती थी अब दो दिन पहले ही हुआ है। तब तक चरणी ने शादी का चूड़ा तक नहीं पहना था। वह मात्र 'लिव इन रिलेशनशिप' सी थी। इसलिए इशिता कमल कांत के लिए ही बनी रही। हम दोनों की घनिष्ठता को पंकजजी को पता था।'' अभय अन्यमनस्क भाव से कह बैठा, ''धन्य है आपकी दोस्ती, आपकी उदारता, आपका और चरणीजी का प्यार।''

इस बातचीत के बाद चरणी ने कँवर स्वराज के कान में कुछ कहा, ''जो कहा गया वह इसलिए ठीक था; क्योंकि अभय को विजय आनंदजी से इस बारे में सवाल पूछने न पड़ें।'' बात यहीं खत्म हुई।

''अच्छा चलो अब लंच लेते हैं। थोड़ी जल्दी है।'' चरणी ने दीवार पर लगी घड़ी की ओर देखा। अब पंडित दीनदयाल भी बात करने की मुद्रा में थे। कँवर अपने बिस्तर से उठा और वॉशरूम की ओर चला गया। चरणी ने अलमारी में से उसे कपड़े, तौलिया पकड़ाकर कहा कि सोचती थी इनके लिए अभी चाय-वाय मँगवा लें। पर इतना ही काफी नहीं लगता।''

''हाँ जी, जी जी! नई शादी के घर में लँगड़ी चाय की बात ठीक नहीं लगती।'' पंडित दीनदयाल ने कहा। कँवर अभी 'वॉशरूम' में ही था। चरणी बाहर गैलरी में गई। ''मैं अभी आई, देखती हूँ नीचे खाने में कोई देरी तो नहीं।'' अभय और पंडित दीनदयाल

दोनों ही इस कमरे में आमने-सामने बैठे थे। ''सबकुछ ठीक ही लगता है। मगर गुरुजी कहाँ हैं? इसका पता तो लगाना ही चाहिए।''

''सबकुछ ही ठीक-ठाक है, जजमानजी। आपने देखा कि कँवरजी में स्वार्थ परायणता नहीं है। उन्होंने अपने जीवन की पूर्णता का खयाल भी रखा और दोस्ती भी निभाई।''

''यह सुखी दंपती लगती है।'' अभय की यह पूर्णतया अनुभवी धारणा थी। वह खुद-ही-खुद से बोला।

''यह हुआ कैसे होगा?''

''जजमानजी श्रद्धा! उनका संपर्क काफी रहा होगा। प्रेम ने खुद रूप या आकार ले लिया होगा। उधर कोटगढ़, नारकंडा, थानेदार के लोग काफी उदार विचारों के हैं। पुराने वक्तों के राजे-राणे भी तो आदमी ही हैं। कँवर साहब ने अपने उस गोपनीय अभिनय के बावजूद जीवन की उस स्थिति का भी खयाल रखा, ताकि वे भटक न जाएँ। उन्होंने अपना जीवन बनावटी आदर्शवाद की भेंट नहीं चढ़ाया। चरणीजी के साथ विश्वासघात भी नहीं होने दिया। आज उनके अलावा किसी और का उन्हें खयाल ही नहीं है। इशिताजी और कमल कांतजी जानते ही होंगे कि उस वक्त कँवरजी का चरणीजी से क्या रिश्ता था।''

''आतंकवाद का ध्यान आते ही मेरे प्राण काँप जाते हैं पंडितजी। सोचिए कि तब चरणीजी लगभग 14 वर्ष की ही होंगी। आतंकियों ने ऐसी कई लड़कियाँ खराब की हैं। छिपाकर गुलामों की तरह भी रखी थीं। मगर आपने यह सब पहले नहीं बताया।''

''मैंने 'वेरीफाई' थोड़े ही किया था। मैंने इनकी कहानी तो सारी-की-सारी सुनी थी। अभी भी याद है। एक बार थानेदार गया था तो कुछ-कुछ भनक कान में पड़ी थी। वहाँ मैं भागवत कथा के सिलसिले में गया था।'' उसने अभय की शंकाओं का समाधान करने के लिए आगे कहा, ''उस वक्त की वह लड़की चरणी आतंकियों की बातें सुन रही थी कि इसे भी गोली मार दी जाए या फिर अपनी हरम में ले लिया जाए। वह भाग जाएगी इसकी उन्हें उम्मीद नहीं थी। तभी गोली खाकर बेहोश पड़ा उसका पिता होश में आया। उसने आतंकियों की बातचीत सुन ली थी। ढीले हाथ में पकड़ी हुई एक आतंकी से बंदूक छीन ली। फिर ढेर सारी गोलियाँ दाग दीं। बंदूक नहीं, वह मशीन गन थी। चरणीजी का पिता कभी फौज में भी नौकरी करता था। चरणी इन आतंकियों की घिनौनी बातों को खामोश रहकर अंदर के कमरे से सुन रही थी। उसने तुरंत सोचा कि मैं इन लोगों के हाथों से नहीं मरूँगी। भागूँगी, दौड़ूँगी, लड़ूँगी, खुद को बचाऊँगी या वीरांगना की मौत ही मरूँगी। वे बड़ी मूर्खतापूर्ण बातें करते-करते उसके पिता की उस हरकत से हैरान रह गए। उससे मशीन गन वापस छीनकर उसे मार डाला। उसकी माँ और उसका भाई पहले ही मार दिए गए थे। वे बाप को बचाते-बचाते जान गँवा बैठे

थे। उस वक्त चरणी अंदर के कमरे में पढ़ रही थी। काफी देर से पढ़ रही थी। उसे इस पूरी दुर्घटना का पता तब तक न चला, जब तक उसके जख्मी पिता की ओर से गोलियाँ दागने का दिल दहला देने वाला दृश्य उसने नहीं देखा था। यह उसके सामने ही हुआ। दरवाजे खुले थे। वह अंदर छिपकर खड़ी थी। उसने देखा कि परिवार के तीन सदस्य खून में लथपथ मरे पड़े थे। सहम गई। उसके मन-मस्तिष्क ने उसे भाग जाने की समझ दे दी। उन आतंकियों की संख्या चार थी। उनमें से एक मर गया था। फिर एक आतंकी को कुछ देर बाद पता चला कि वह भाग गई है। वह शक्ल से ही असुर लग रहा था। वही बेचारी चरणी के पीछे भागा। कई गलियाँ पार करते हुए, इधर-उधर रास्ते के मोड़ों में छिपते-छिपते वह वहाँ पहुँच गई, जहाँ पंकज चौहान साहब की बहन की सास की क्रिया हो रही थी। शामियाने में काफी लोग जमा थे। पंडितजी अपनी पोथी खोले मंत्रों का उच्चारण कर रहे थे। चरणी ने अकल लगाई कि अपने प्रवेश को तमाशा नहीं बनाया। ऐसा लगा कि वह यहाँ जमा शोकातुर लोगों में से एक है। झुक-दुबककर चौहान की बगल में छिपकर बैठ गई। वैसे भी वह इतनी सहमी हुई थी कि खुलकर रो भी नहीं सकती थी। ऐसी हालत थी कि सदमे के कारण इस त्रासदी से वह मर भी सकती थी।

"पर ऐसे मौके पर कोई-न-कोई तो रो देता ही है। आँखें नम होंगी तो हों। शक की गुंजाइश नहीं थी। कर्मकांड, क्रिया की रस्म समाप्त होते-होते वह मासूम लड़की चरणी मूर्च्छित हो गई थी। उसे अस्पताल ले जाया गया। वह बहुत डरी हुई थी। जब होश आया तो उसने अपनी आपबीती सुनाई। पंकज साहब ने सबकुछ सुना। 'वेरीफाई' करवाया। उसका सारा परिवार खत्म था। फिर उसे पंकजजी पंजाब से अपने साथ हिमाचल ले आए। पढ़ाया-लिखाया, बेटी बनाकर रखा। चरणी दृढनिश्चयी महिला है। उसने अकेली होकर भी अपनी लाज बचाई। बहादुर है।"

"जी पंडितजी, कहा जाता है कि 'नॅन बट दि ब्रेव डिजर्व दि फेयर! फेयर,' सुंदरी तो वह स्वयं है और बहादुर भी है।"

"इसलिए आदर्श पति मिला, दोस्तों के दोस्त कँवर साहब की पत्नी बनी है।" पंडित के बात करने के लहजे में चरणी की तारीफ थी।

"काफी पढ़-लिख गई हैं। पंकजजी ने उनकी सही ढंग से परवरिश की है। बेटी जो ठहरी। हिमाचल में मुँह बोली बहन के लिए भी लोग परंपरा का पालन करते हैं।"

"एम.ए. हिस्टरी है। यहाँ इसी शहर में प्राध्यापक हैं चरणीजी। इसका भी मुझे पता चल गया था। मगर इनकी शादी भी कँवर साहब से हो गई है, यह आज पता चला। पहले इनके साथ 'लिव इन रिलेशनशिप' का ही पता चला था।"

"आपने मुझे तो इसका पता तक नहीं दिया।"

"कोई संदर्भ ही नहीं बना था। आज से पहले इस बारे में बताने का सवाल ही

पैदा नहीं हुआ। अब आज इस पूरे 'एपीसोड' की कड़ियाँ जुड़ी हैं। सही पूछो तो मुझे इस प्रकार के कई संबंधों का पता है। लोग साथ रहते हैं। पति-पत्नी की भाँति, पर शादी नहीं करते। मुझे यह कायरता से कम नहीं लगता। मगर अपनी-अपनी जिंदगी के सभी मालिक हैं। ऐसी रिलेशनशिप यदि आगे न चली हो तो स्त्री-पुरुष के खिलाफ 'रेप' की एफ.आई.आर. दर्ज करवा देते हैं।'' अब पंडित दीनदयाल हँसने लगे थे। ''मैंने अखबार में ऐसा केस पढ़ा था।''

कँवर 'वॉशरूम' से तैयार होकर बाहर आया।

''सो, पंडितजी आपने अभय को हमारी बकाया दास्तान सुना ही दी।''

''मैंने जैसा सुना, वैसा बताया। आपने सुन लिया है, जो गलत कहा हो तो आप क्षमा करेंगे।''

''जी हाँ, बाथरूम बड़ी दूर तो था नहीं। मैं भी कुछ-कुछ सुनता रहा, पर काफी कुछ सही लगा। छोड़ो इस बात को।''

''मैं तो 'अंकल' इस कथा को आपके और चरणी आंटी के मुँह से भी सुनना-जानना चाहूँगा। आजकल दानवी दलीलों के साथ बेवफाई बाँटी जाती है। आप तो पूजा योग्य हैं।'' कँवर ने कहा, ''छोड़ो भी इस बात को। मगर जान लो कि यह प्रेम-विवाह है। हम दोनों ने प्यार को आजमा रखा है। यह कायम रहेगा। बाकी तो सबकुछ 'हिस्टरी' है। ऐसा इतिहास जिसे भूल जाना ही वाजिब है। चरणी को अब, आज और आगे की बातों से ही सरोकार रहना चाहिए। अतीत में दर्द था, दया थी और हम-दर्दी का वरदान मिला। श्री पंकज चौहान ने चरणी को बाकायदा 'अडॉप्ट' किया हुआ है।''

''मैं, आप दोनों को अपने घर ले जाना चाहूँगा। वहीं हनीमून मनाइए।'' वह सोच रहा था कि इन्हें कुछ शगुन के तौर पर भी देना है। कँवर ने बड़ी जोर से ठहाका लगाया।

''ठीक है, ठीक है बरखुरदार। अब तक क्या था! हनीमून ही तो था! अच्छा लगता है कि अब रस्म-रिवाज, मान-मर्यादा हमारे समाज में सहारा से भी बन गए हैं।'' वह फिर से 'वॉशरूम' में गया और दरवाजा बंद कर लिया।

अभय को कँवर के पावन पूजनीय व्यक्तित्व को निहारने का मौका पहले क्यों नहीं मिला! वह मन-ही-मन सोच रहा था। कँवर की दमदार और मीठी बातें सुनकर अभय को निश्चित रूप से विश्वास हो गया था कि यह मन में बस जानेवाला इनसान क्यों न, और कैसे नहीं, विजय आनंद और कमल कांत का मित्र होता। उधर चरणी कितनी सुशील और सभ्य महिला है। यह स्त्री जवानी में कैसी होगी? शायद तब कँवर उसके प्यार में बेचैन हो गया होगा। नियंत्रण नहीं रख सका होगा। प्यार का इजहार करना ही पड़ा होगा।

उसे अपना प्यार याद आया। युक्ति से ज्यादा मन मोहनेवाली वनमाला है। उसके प्यार को पाते ही अभय की नस-नस में सावन-भादो की बिजली की तड़प सी पैदा हो

गई थी। सावन मधुमास है। इसमें भीगना, भिगा देना अच्छा लगता है। उसने अपने और वनमाला के एकांत क्षणों का फायदा भी उठाया। प्यार का पंछी परवाज किया। ऊँची उड़ान भरी। मन मोह लिया। वह अब प्रेम-प्रणय-स्नेह-वासना का अर्थ समझने लगा था। युक्ति के विच्छेदन के समय का मन का दर्द, इसका संघर्ष याद आया। उचित-अनुचित, भला-बुरा, कामना-विवेक, आदर्श और यथार्थ के अर्थ तब ही से जानने लगा था अभय। इधर कँवर साहब की दोस्ती पवित्रता की दास्तान रही है। यह कमल कांत की पत्नी इशिता भी जानती है। मानती भी होगी। पंडित दीनदयाल ने उसे तेज नजरों से देखा है।

"क्यों जजमानजी कहाँ खो गए।"

अभय ने उन्हें श्रद्धा भरी दृष्टि से देखा। फिर कहा, "सच तो यह है पंडितजी कि मैं कँवरजी के दांपत्य जीवन के पाकीजा अतीत का ध्यान कर रहा था। कितने पाक और साफ हैं इनके विचार और ये दोनों!" कँवर पूर्णतया तैयार होकर 'वॉशरूम' से बाहर आया। शीशे के आगे खड़ा होकर खुद को थोड़ी देर देखता रहा!

उसने अभय के चित्रों के थीम के बारे में सुना था। उसने विजय आनंद को सलाह दी थी कि अभय चित्र बनाते-बनाते अपने अंतर की 'इनट्यूशन' को न खो दे। सहज बोध और अंत: प्रज्ञावाद एक कृतिकार को भगवान् का दिया हुआ गुण होता है। वह जो खुद भी सोचे, उसके आधार पर सृजनात्मकता वरदान है। एक ही थीम—विषय-वस्तु से सृजन मौलिकता के लिए सीमित क्षेत्र हैं। कँवर की उत्कट इच्छा थी कि कोई कलाकार चित्रकार गोसाईं तुलसी दासजी की जीवनी पर चित्र बनाकर जनसाधारण को उनकी कथा से अवगत करवाए। टी.वी. के इस युग में पढ़ने-लिखने के शौक वाले लोग थोड़े-बहुत ही रह गए हैं। तुलसी दास, मीरा बाई आदि हमारी संस्कृति के स्तंभ हैं। वर्तमान पीढ़ी के लिए यह 'विजुवल आर्ट' एक वरदान साबित होगा।

कँवर ने पंडित दीनदयाल की ओर देखते हुए कहा, "पंडितजी गोस्वामी तुलसी दासजी वाल्मीकि के इस कलियुग के अवतार हैं। सूरदासजी ने भगवान् के जन्म-कर्म गुण और रूप का वर्णन इस प्रकार किया, जैसा कि निश्चित तौर पर उन्होंने भगवान् को प्राप्त किया हो। इसी प्रकार मीरा ने भगवान् और भक्ति के अंतर को प्यार और पीड़ा के सेतु से जोड़ा है।" फिर सोचा और कहा, "अभय को और मुझे तुलसी दासजी की कथा की सजीव प्रस्तुति के दर्शनों की जरूरत है। मैंने आपके बारे में सुना है कि आपकी सुस्पष्टता सराहने योग्य है। कोटगढ़ के एक गाँव में आपने इनकी कथा सुनाई थी। वहाँ रामचरित मानस का पाठ हुआ था।"

"टाइम ज्यादा लगेगा। कँवरानीजी, चरणी साहिबा के आने के बाद इस कथा में 'ब्रेक' लग जाएगा। इसलिए कुछ-कुछ अंश सुनाता हूँ, जो इस वातावरण में ठीक लगे।" पंडित दीनदयाल ने घड़ी देखते हुए कहा।

"कुछ अर्ध विराम या पूर्ण विराम नहीं चाहिए। मुझे अपना चित्र बनाने के लिए आव-भाव, कारण-अकारण, संदर्भ सभी दरकार हैं। मन में आएगा तो चित्र बनाऊँगा। वरना रामनाम और उनके भक्त की महिमा गाने से कल्याण तो होगा ही।" अभय ने पंडित दीनदयाल को हँसकर निहारा। मानो चुटकी ली हो।

पंडित दीनदयाल ने सोफे पर आलती-पालती मारकर पद्म आसन सा बनाकर अपने अंदाज में कथा शुरू की—

जब गोसाईं तुलसी दास ने चौपाई बंद रामायण रच ली, तब काशी के समस्त पंडितों ने सभा बुलाई। उन्होंने चित्र लगाकर आद्योपांत पढ़ा। सारे आशय वेद जैसे—गीता आदि शास्त्रों की भाँति थे। सभी ने इसे सही और दुरुस्त पाया। कई पंडितों ने द्वेष के कारण झगड़ा किया। फैसला हुआ कि जो विश्वेश्वर नाथजी, जो कि पूरी काशी पुरी के स्वामी हैं, उनकी रुचि होगी तो वे सभी स्वीकार कर लेंगे। निदान विश्वेश्वर नाथजी के मंदिर पर एक सिंहासन के ऊपर सारे पुराण आदि रखकर उन सभी में सबसे नीचे रामायण को रख दिया। फिर पंडित ने आकर मंदिर खोला तो रामायण को सब पुस्तकों से ऊपर रखकर देखा और स्वीकार किया कि यह सही है। अत: यह रामचरित अमृत, बिना परिश्रम के द्रव्य लगाने से सबको प्राप्त हो सकता है। गोसाईंजी कान्यकुब्ज ब्राह्मण थे, गृहस्थ चारे के दिनों में अपनी स्त्री से बहुत प्रीति रखते थे। उसके वियोग को एक क्षण भी नहीं सहन कर पाते थे। एक दिन गोसाईंजी की पत्नी अपनी माँ से मिलने चली गई। वे उसके वियोग में व्याकुल होने के कारण ससुराल पहुँच गए। उनकी स्त्री को लज्जा आई तथा क्रोध में कहा कि यह हड्डियों और खटल मांस की देह ठहरने वाली नहीं है। इससे तो इतना प्यार व्यर्थ कर रहे हो। जितनी प्रीति आप मुझसे करते हो, उतनी सच्चिदानंद पूर्ण ब्रह्मा से क्यों नहीं करते? इससे आपको दोनों लोक की प्राप्ति होगी। उनका ज्ञान और वैराग्य उसी समय उत्पन्न हो गया। वे तत्काल काशीजी में आकर श्रीरामचंद्रजी के भजन और कीर्तन में लग गए। सेवा, पूजा करने के लिए भगवान् की मूर्ति स्थापित की। और हमेशा यही इच्छा रही कि किसी समय भगवान् के साक्षात् दर्शन हों। शंका-निवृत करने के लिए जब जंगल जाते तो जो पानी बाकी रहता उसे एक जगह गिरा दिया करते थे। वहाँ पर एक भूत रहा करता था। उस पानी से उसकी प्यास बुझ जाती थी। एक दिन भूत ने प्रसन्न होकर गोसाईंजी से पूछा, "कुछ तुम्हारी इच्छा हो तो मुझे बताओ।" गोसाईंजी ने कहा कि तुम अपवित्र योनि से छूट जाओ। भूत ने कहा कि मुझमें तो इतनी शक्ति नहीं है, परंतु मैं तुम्हें हनुमानजी के दर्शन का उपाय बता सकता हूँ। गोसाईंजी ने कहा कि रामचंद्रजी के दर्शन करा दो। भूत ने कहा कि मुझमें इतना भी पराक्रम नहीं है, परंतु हनुमानजी के दर्शन का उपाय बता सकता हूँ। वह यह है कि अमुक स्थान पर रामायण की कथा हुआ करती है। हनुमानजी कठोर और भयंकर रूप में उस कथा में

आया करते हैं। जब कथा समाप्त होती है तो वे सबसे पीछे जाते हैं। गोसाईंजी उसी पते पर कथा में शरीक हुए। हनुमानजी को पहचान गए। और जब कथा खत्म हुई और उसके बाद, हनुमानजी जाने लगे तो गोसाईंजी उनके पीछे-पीछे चले। जंगल में जाकर चरणों में लिपट गए। हनुमानजी ने बहुत छिपाया। पर गोसाईंजी ने चरण नहीं छोड़े। हाथ जोड़कर विनती कर कहा कि आप जैसे कृपालु को क्या मैं छोड़ सकता हूँ! तब हनुमानजी प्रसन्न हुए। अपने दर्शन दिए तथा उनसे उनकी इच्छा पूछी। गोसाईंजी ने कहा कि मुझे श्रीरामचंद्रजी के परम मनोहर स्वरूप के दर्शन करने की अत्यंत अभिलाषा है। हनुमानजी ने कहा कि तुमको चित्रकूट पर्वत पर दर्शन होंगे। वे हनुमानजी के वचन के अनुसार वाट जोहते रहे। एक दिन इस स्वरूप से गोसाईंजी को दर्शन हुए। श्रीरामचंद्रजी श्याम सुंदर राज कुमार के स्वरूप में उत्तम रेशमी वस्त्र धारण किए हुए, धनुष-बाण कसे हुए, चमक-दमक के साथ घोड़े पर सवार हुए और लक्ष्मणजी भी गौर मूर्ति, वैसी ही शोभा से एक हिरन के पीछे घोड़ा जाते दिखे। रामचंद्रजी की मूर्ति गोसाईंजी के अंत:करण और आँखों में समा गई। पर वे यह न जान सके कि ये रामचंद्र ही हैं। फिर हनुमानजी आए और गोसाईंजी से पूछा कि कहो आज तो दर्शन हुए। उन्होंने कहा, "दो राजकुमार अत्यंत सुंदर शोभायमान घोड़ों पर चढ़े जा रहे थे। हनुमानजी ने कहा कि वे ही राम और लक्ष्मण थे। गोसाईंजी का मनोरथ सिद्ध हुआ।

रामनाम की महिमा में एक और किस्सा भी जोड़ता हूँ। पंडित बोला तथा कथा जारी रखी।

उन्होंने देखा कि एक हत्यारे ने रामनाम लेकर कहा कि हत्यारे को भिक्षा दो। गोसाईंजी को आश्चर्य हुआ और सोचा कि यह कैसा इनसान है। पहले तो रामनाम लेता है। फिर अपने आपको हत्यारा कहता है। उन्होंने उसे अपने पास बुलाया। उसको परम शुद्ध जानकर अपने हाथ भगवान् का प्रसाद दिया। फिर काशी के समस्त पंडितों ने एक सभा की और गोसाईं को बुलाया। उनसे पूछा कि बिना प्रायश्चित्त किए, इसका पाप कैसे निवृत हुआ? तब गोसाईंजी ने उत्तर दिया कि शास्त्रों को देखो कि एक बार रामनाम लेने का क्या महात्मय है। इस पुरुष की जुबान से तो सैकड़ों बार रामनाम निकला है। उन्होंने राम के नाम को और शास्त्रों को मान लिया। परंतु इस पर भी उनको विश्वास न हुआ और विचार करने लगे कि यदि शिवजी के नादिया इसके हाथ का भोजन कर ले तो हमको पूरा विश्वास हो जाएगा। गोसाईंजी ने पूरा प्रसाद का थाल नादिए के आगे रखकर कहा कि यदि रामनाम के कहने से इस पुरुष के पाप नष्ट हो गए हैं तो शिवजी के वाहन! इस प्रसाद का भोग लगाओ। नादिए ने तत्काल ही उस महा प्रसाद का भोग लगा लिया और उन्होंने रामनाम की महिमा पर और गोसाईंजी की भक्ति पर विश्वास किया। अब पंडित बोले कि देखिए अपनी पत्नी का कहा मानकर गोसाईंजी क्या-से-क्या हो गए।

कँवर साहब ने हैरान होते हुए कहा, ''वाह पंडितजी, वाह!'' अभय ने मजाक करते हुए कहा, ''पंडितजी मैंने तो चित्र बनाए हैं। इस कथा में चित्रकार के लिए क्या है!''

''प्रेरणा जजमानजी।''

''आप पढ़े-लिखे हैं। मनीषी हैं पंडितजी। आप यजमान को जजमान कह रहे हैं।'' कँवर ने चुटकी ली।

''सवाल प्यार का है। इस संबोधन की आदत जो पड़ गई है कँवरजी।'' पंडितजी ने जवाब दिया।

''और भी कुछ कथा जारी रहने दें।'' कँवर ने कहा। ''अभी चरणी आई नहीं है।''

पंडितजी ने पास पड़ी बोतल से पानी पिया, फिर कथा सुनाने लगे—

''एक बार एक ब्राह्मण की स्त्री अपने पति की अर्थी के साथ सती होने के लिए जा रही थी। उसने गोसाईंजी को प्रणाम किया। गोसाईंजी ने आशीर्वाद दिया कि सौभाग्यवती हो। स्त्री ने कहा कि महाराज मेरे पति का तो देहांत हो गया है। अब सौभाग्यवती होने का अवसर कहाँ रहा। गोसाईंजी ने उत्तर दिया कि भगवान् की भक्ति में शक्ति है। वह तुरंत ही भगवान् की भक्ति करने लगी। तो वह ब्राह्मण जीवित हो गया। जब यह वृत्तांत इस तरह प्रचलित हुआ, तब बादशाह को खबर मिली। उन्होंने अपने एक सरदार को भेजा और अत्यंत आदर-सत्कार के साथ गोसाईं को बुलवाया। फिर बड़ा शिष्टाचार किया। सिंहासन पर बिठाया। बोला कि महाराज! आपकी सिद्धता सारे संसार में प्रकट हो रही है। कुछ मैं भी देखने का अभिलाषी हूँ। गोसाईंजी बोले कि श्रीरामचंद्रजी के सिवाय कुछ भी सिद्धता नहीं जानता और न कुछ मुझको ऐसी बातों से प्रयोजन है। तब बादशाह बोला कि अपने स्वामी के ही मुझको दर्शन कराइए। यह कहकर गोसाईंजी को कैद कर दिया। गोसाईंजी ने उस समय श्रीरामचंद्रजी के दूत हनुमानजी का स्मरण किया। तत्काल, हनुमानजी की अपार सेना आ गई। उस समय गढक प्रत्येक कुगूरे पर और समस्त मकानों पर बंदर-ही-बंदर नजर आने लगे। तब सिपाही और बादशाह के सारे दास-दासी भयभीत होकर हाहाकार करते हुए भागने लगे। बादशाह की बेगमात की दशा तो यह थी कि कोई घर के भीतर जा छिपी और किवाड़ बंद कर लिये और कोई मारे भय के बेसुध हो गई। किसी ने आँखें मूँद लीं। किसी के वस्त्र बंदर ने फाड़ डाले। वह नग्न होने के कारण रो रही थी। यानी किसी को भी शरणागत स्थान दृष्टि गोचर न हुआ। जब बंदरों ने बादशाह को ही पलंग पर से नीचे गिरा दिया तो उनकी आँखें खुलीं। विध्वंसता को देखकर आश्चर्य युक्त हो गए। रोते हुए गोसाईंजी की शरण में गए। उनके चरणों में अपना मस्तक रगड़ा। हाथ जोड़कर प्रार्थना की कि अब आप ही रक्षा कीजिए। हे महाराज! अब आप कृपा कर इन सारे जीवों को बचाइए। गोसाईंजी को दया आई। उन्होंने हनुमानजी से प्रार्थना की। तब हुनमानजी की सारी सेना गुप्त हो

गई। और बादशाह से कहा कि अब यह तुम्हारा गृह रघुनाथजी का हो गया है। तुम अब अपने लिए कोई और घर देखो। बादशाह ने उसी समय वह गृह त्याग दिया। आज तक वहाँ कोई नहीं रहता, फिर गोसाईंजी काशी-पूरी चले गए। कँवर ने अपने मोबाइल फोन पर कोई नंबर मिलाया। बात किए बिना बंद किया। फिर बोला—

''वाह पंडितजी, वाह! आपने तो कमाल कर दिया। आपने वे किस्से सुनाए, जो आम तौर पर जनसाधारण ने सुने ही नहीं।'' कँवर ने इस लहजे में कहा मानो वह कथा का अंत चाह रहा हो। उसने घड़ी देखी, ''चरणी आती ही होगी। फोन नहीं उठा रही है इसलिए।''

अभय ने उसकी ओर देखते हुए सलाह दी, ''अब तो संकट मोचन मंदिर जाने को मन करता है।''

''कोई आपत्ति नहीं। मैं तो आप दोनों को जाखू मंदिर में भी ले जाना चाहूँगा।''

''सब जानते हैं कि हनुमानजी अमर-अजर हैं।'' पंडित दीनदयाल ने कहा।

''आपकी क्या प्रतिक्रिया है अभय।''

''वही जो आपकी है कँवर अंकल।''

''नहीं, सवाल यह उठता है कि क्या आपको अपनी पेंटिंग के लिए कुछ मिला।''

''यानी कि आप इस सारी कथा में से कोई पेंटिंग बना पाएँगे!''

''हाँ। क्यों नहीं। खास तौर पर गोसाईं तुलसी दास ने जब राम लक्ष्मण के दर्शन किए। वह बड़ा सुंदर दृश्य लगता है। मगर मैं तो माँ सिमरन से प्रार्थना करूँगा कि इस कथा का नाटक के लिए रूपांतर तैयार करें। हम इसके तीन-चार दृश्य स्टेज पर करने में सफल हो सकते हैं।'' अभय ने अपना समर्थन और स्वीकृति प्रकट कर दी! पंडित दीनदयाल खुश हुए, इस कथा से अभय को प्रेरणा मिली।

''अब आप इस सारी कथा को लिख डालिए पंडितजी, ताकि इसका रूपांतर तैयार हो सके।''

''यह कठिन काम है। मुझे पढ़कर या जबानी कथा सुनाने का अभ्यास है।'' उन्होंने हतोत्साहित लहजे में कहा। अभय हँस दिया। कँवर भी खिलखिलाकर हँस दिया और बोला, ''अभय और इनकी माँ सिमरन से विचार-विमर्श करके आप दोनों के घर लिखा-पढ़ी हो जाएगी।'' कुछ क्षण तीनों विचार शून्य से बैठे रहे।

अब अभय पंडित दीनदयाल के पास आकर बैठ गया। उनका हाथ पकड़कर कहा, ''पंडितजी कुछ और बोलिए। विद्वान् आदमी के पास बैठकर कुछ पूछा, सुना न जाए तो मूर्खता सी लगती है।'' उसके स्वर में गंभीरता थी। सामने पलंग के एक किनारे पर कँवर बैठा हुआ हँस रहा था। वह सहज भाव से बोला, ''पंडितजी अभी हनुमानजी की बात हो रही थी कि वे अमर-अजर हैं। कोई प्रमाण?''

"गीता शास्त्र! जो महाभारत में भगवान् ने अर्जुन को उपदेश दिया था। उस समय हनुमानजी भी अर्जुन के रथ पर विराजमान थे। अर्जुन तो उस उपदेश को भूल गया। परंतु इनको एक-एक अक्षर याद रहा। भगवान् ने टीका के निमित आज्ञा दी। तब हनुमानजी ने शास्त्र और मर्यादा के अनुसार टीका बनाया। सो आज तक हनुमान् भाष्य प्रकट है। जैसा कि महाभारत के समय स्वयं भगवान् ने अर्जुन की सहायता की थी। परंतु हनुमानजी का भी वह प्रताप हुआ कि भगवान् ने आप ही उनकी प्रशंसा की। जो कि महाभारत में उत्तम रीति से प्रकट है।"

"मैं एक दोहा भी सुनाता हूँ, जो इसी के बारे में है।" पंडित दीनदयाल ने बात जारी रखी।

"पवन तनय के दृढ चरित को कवि पावे पार।
जिनके सुमिरण ध्यान से, सहज छुटै संसार।"

"कँवर साहब, समस्त ब्रह्मांड हनुमानजी की सेवा और कृपा को धन्य-धन्य कहता है। सीता महारानी जगज्जननी को तो भगवान् का संदेश और रावण के मारने का समाचार सुनाकर तथा रामचंद्रजी की सेवा में, उनको प्राप्त कर, बड़ाई पाई। श्री लक्ष्मणजी के निमित संजीवनी लाए और उनको मृत्यु के हाथ से छुड़ाया। फिर भरत और शत्रुघ्न तथा समस्त अयोध्यावासियों को भगवान् के आने का समाचार सुनाया। संक्षेप में हनुमानजी की महिमा अपरंपार है।" देवलोक में यदि अमर-अजर देवी-देवता, अप्सराएँ आदि हैं, तो पृथ्वी, जिसे मृत्युलोक कहते हैं, वहाँ हनुमानजी भी अमर और मृत्यु रहित हैं। इस कथा को उस संदर्भ में भी सुनाया है।"

"धन्यवाद पंडितजी। अब अभयजी, आपसे निवेदन है कि आप दूसरे ग्रहों के लिए सोच-विचारकर चित्र बनाना जारी रखते हुए इस संसार में मौजूद इन देवों और अमर-अजर देवताओं के बारे में भी खोज-बीन के लिए चित्रों द्वारा संदेश दीजिए। संसार में बहुत कुछ है, जो अभी अछूता है।" उसी समय कँवर के मोबाइल की घंटी बजी और यह कहता हुआ बाहर गया कि यहाँ सिग्नल नहीं रहता, बाहर सुनकर आता हूँ।

□

22

पुरानी दास्तान नए अंजाम

कँवर काफी देर बाद कमरे में आया। बोला, ''सॉरी आप दोनों बोर हो रहे होंगे।'' अब कँवर ने अभय से पूछा कि क्या उसने पिकासो की तर्ज पर कोई चित्र बनाया! इस प्रकार नया विषय छेड़कर उनको बातचीत में लगाए रखा।

''जी नहीं।'' अभय ने उसे सादर देखकर कहा।

''क्यों ?'' खाल खींचता सा सवाल उभरा।

''उसकी जीवनी की एक दुःखदायक घटना के कारण वहम सा है। मुझे उसके नक्शे कदम पर चलना नहीं चाहिए।'' उसके चेहरे पर लालटेन के मद्धिम प्रकाश की सी सोच फैली हुई थी।

''कौन सी बात है वह अभय साहब ?'' उसने अनचाहे मन से बात आगे बढ़ा दी।

''पिकासो ने जैक्योलीन से शादी की थी। 1961 की बात है। पर उसने 1986 में 59 वर्ष की आयु में ही आत्महत्या कर ली, क्यों? शादी के 25 वर्ष बाद ही।'' उसने इस उत्तर की वस्तु-स्थिति से उभरते हुए कहा।

''तुम भी तो मेनका और उर्वशी आदि के चित्र बनाते रहे हो। उन्होंने भी विश्वामित्र और पुरूरवा के गृहस्थ जीवन को पूर्णता नहीं दी।'' कंवर ने अभय की कल्पनाओं को जगाने की कोशिश की।

''अभय 'जैक्योलीन' को पति-विच्छेदन सता रहा होगा, क्योंकि उसकी मृत्यु 1975 में हुई थी। उसकी पत्नी उसके देहांत के 11 वर्ष बाद मरी।'' कँवर ने जिंदगी के अनुभवों के आधार पर मनोवैज्ञानिक प्रश्न कर डाला।

''फिर भी मुझे कुछ अशुभ सा लगता है।'' उसने अपने मन में से झाँकती सच्चाई बता दी।

''चलो ठीक है। मैंने तो बात इसलिए आरंभ की थी, क्योंकि जैक्योलीन का

हाथ जोड़े हुए बना हुआ चित्र इसलिए यादगार है; क्योंकि पिकासो की बेटी कैथरीन ने ही इसे हस्तांतरित किया। हालाँकि पिकासो ने मौत के समय 250 मिलियन डॉलर की एस्टेट में से आधा हिस्सा अपने बच्चों को दिया था और आधा अपनी पत्नी के लिए छोड़ दिया था। उसकी 'वाइफ' ने अपने हिस्से को सुरक्षित रखा। उसने 11 साल में इस में से कुछ भी नहीं बेचा। इसका मतलब है कि अपने पति की यादगार को ताहयात किसी को नहीं दिया, अपनाए रखा।'' उसने स्वाभाविक नारी संवेदना की सराहना करते हुए कहा।

''यही कारण है। दुःख तो होता ही है, यदि पत्नी इस कदर वफादार हो तो।'' उसकी बात में किसी अतृप्त वेदना की पीड़ा का मुखर स्वर भी था।

''यही तो एक सिफ्त है उस महिला की। उसकी ऐसी धारणा में उस नारी की आत्मा की पाकीजगी भी निहित थी।''

''जी हाँ, पर उस 'ट्रेजडी' को उसने अपने अंतिम दिनों तक याद रखा। मैं पिकासो जैसा तो बन ही नहीं सकता। उसके जीवन से जुड़े किस्सों से भी मुझे कोई सरोकार नहीं।'' अभय को अपनी भोगी हुई अनुभूतियाँ ही सुखद लगती हैं। वह यह भी बता गया।

''जजमानजी शायद इनकी इच्छा चरणीजी के ऐसे ही चित्र बनवाने की है।'' पंडित दीनदयाल के इस विचार ने बातचीत का रुख बदल डाला। ''इस प्रकार आपकी निपुणता और क्षमता में विविधता उत्पन्न होने लगेगी, जैसा कि कँवर साहब भी चाहते हैं।''

''यह बात इन्हीं के मुँह से सुनने दीजिए पंडितजी।'' अभय अब मुसकराया!

''हाँ बना डालिए।''

''मगर मेरी उस प्रेरणा का क्या होगा, जो मेरे गुरुजी, विजय आनंद ने मुझे दी। यह सही है, उस थीम पर काम करते-करते मैं ऊब भी गया हूँ। मगर अभी मैं इस प्रकार की पेंटिंग, ड्राइंग या स्कैच बनाने में रुचि नहीं रखता।''

''ओह सॉरी! मैंने आप दोनों के यहाँ आने का कारण नहीं पूछा। शादी का निमंत्रण भी आप दोनों को नहीं दिया।'' कँवर ने सूझ-बूझ से काम लिया। अभी तक इधर-उधर की बातों में वक्त बीत चला था।

''कँवर साहब! बस इतना बता दीजिए कि गुरुजी कहाँ गए होंगे।''

''आपके घर! वे मेरी शादी में शरीक हुए थे। मैंने उन्हें तीर्थ यात्रा पर जाने से रोक लिया था। मौसम भी खराब था। उधर कमल कांतजी और इशिता, उनकी पत्नी भी आए हुए थे। बस वे रुक ही गए। फिर आज सुबह-सवेरे तुम्हारे घर की ओर कूच कर गए। रंगकर्मी धार, तुम्हारे गाँव गए होंगे।''

''तो क्या कमल कांतजी भी अपनी पत्नी के साथ हमारे घर गए होंगे?''

''शायद! यहाँ से सभी एक ही कार में निकले थे। विजय आनंदजी की कार खराब

है। गैरेज में भेजी है। मेरे पास ही छोड़ गए हैं। अगले 'ट्रिप' में ले जाएँगे।''

''तो हम चलें पंडितजी!'' अभय ने निर्णय लिया।

''यह कैसे हो सकता है अभय साहब? चरणी को आ जाने दो। खाना खाओ। मैं तो चाहूँगा कि आज यहीं रुको। तुम्हारे घर में विजय आनंद कोई अजनबी या मेहमान बनकर तो नहीं रहते। आज उन्हें वहाँ अकेले ही रहने दो। कमलजी और इशिता 'एडजस्ट' हो ही जाएँगे। बड़े 'डाउन टू अर्थ' लोग हैं, वे सभी। 'डॉन्ट वरी फॉर देम।' वे औपचारिकता को दिखावा समझते हैं। सभी घर के से लोग हैं।''

''ताज्जुब है, उन्होंने मुझे फोन तक नहीं किया।''

''उन्होंने कहा था कि तुम लोगों को 'सरप्राइज' देना ठीक रहेगा।''

अब चरणी भी आ गई। ''यहाँ इस होटल के डाइनिंग रूम में नहीं। मैंने पास में कहीं और खाना बनवाया है। तभी देर हुई। चलिए खाना तैयार है। कुछ मैंने अपनी पसंद का अपने आप बनवाया, अपने सामने।''

वे सब उठे। रिज पर आ गए। कँवर और चरणी साथ-साथ बाँह-में-बाँह डाल कर चल रहे थे। कँवर पुरुषत्व की पहचान का सुंदर प्रतीक दिख पड़ता था। चरणी स्नेह और सभ्यता के गुणों से युक्त भारतीयता लिये हुए आधुनिक नारी का जीता-जागता स्वरूप। शिमला के इस वक्त वाले उन्मुक्त प्राकृतिक सौंदर्य जैसा। उसकी बाँहों में शादी वाला चूड़ा अच्छा लग रहा था।

''आदमी और औरत जब विवाह के सूत्र में बँध चुके होते हैं तो उनकी शक्ति अविनश्वर हो जाती है, कँवरजी।''

पंडितजी ने अत्यंत मुनासिब बात कह दी। चुप्पी टूटी तो अभय बोला, ''अब 'मॉनसून' विदा होने को है। धूप निकली है। जैसे आज है, ऐसे में रिज की रौनक और शोभा विशेष कर दर्शनीय हो जाती है।''

''नारी यदि किसी पुरुष का प्यार से स्पर्श करे, वह उसे प्रकाशमान बना सकती है जैसे कि मैं।'' कँवर ने चुटकी ली। सभी बेपरवाह अंदाज में स्कैंडल प्वॉइंट शिमला की ओर बढ़ते गए। कँवर हँस भी पड़ा। सभी उसकी हँसी में ताल-से-ताल मिलाकर हँस दिए। चरणी की देह और कपड़ों में लगे कीमती 'परफ्यूम' ने हवा में खुशबू फैला दी थी।

''आप भी कुछ बोलो डार्लिंग।'' कँवर ने चरणी की ओर झुककर कहा। उसके चेहरे पर शालीनता के भाव स्पष्ट थे। सुहाने समय को और मधुर बनाने के लिए क्या कहे, क्या न कहे। हँसकर बोली, ''मैंने इतिहास पढ़ा है। इतिहास ही पढ़ाती हूँ।'' तो सुनिए।

हजारों वर्ष पूर्व भारत वर्ष में ज्ञान, प्रेम, दया, ईमानदारी, गौरव, सदाचार समृद्ध अवस्था में थे।'' अब वे रेस्तराँ में प्रवेश कर रहे थे। बात यहीं खत्म हुई। अंदर जाकर बैठ गए। खाना लग गया था। सभी ने खाना खाया। ''मैंने खाना यहाँ इसलिए बनवाया,

क्योंकि होटल में मेरी पसंद का खाना नहीं था। आप दोनों हमारे मेहमान हैं। इसलिए यहाँ लाई हूँ।''

खाना खाते-खाते कँवर ने सलाह दी, ''क्यों न राज्य संग्रहालय में चला जाए, वहाँ आज अखिल भारतीय कला प्रदर्शनी लगी हुई है। अभय की पसंद का सबकुछ होगा वहाँ।''

''सोचना पड़ेगा,'' अभय सोच मग्न हो गया।

''चरणीजी मैं एक सवाल आपसे पूछ रहा हूँ, पर्सनल है।''

''बोलिए जी।''

''जब दो औरतें अकेली बैठी हों तो एक स्त्री, दूसरी स्त्री से क्या-क्या बात कर सकती है।''

''यह अंदर की बात है। इनका मतलब कहीं अभयजी के घर की सास-बहू से तो नहीं?''

''बहू तो सास के पाँव दबाती है, जब बहू थक जाती है तो सास बहू का सिर दबाती है, पर बहू प्यारी होनी चाहिए। जैसे मैंने अभय की पत्नी के बारे में सुना है।'' कँवर ने बात का रुख अपनी ओर मोड़ा और अभय की तारीफ करने का मौका नहीं छोड़ा।

''जी नहीं, सास बहू से गरम-गरम चाय का प्याला लाने को कहती है, एक अपने लिए दूसरा बहू रानी के लिए।'' चरणी ने अपना विचार व्यक्त किया।

अभय ने जोर से ठहाका लगाया। कुछ देर सभी का ध्यान अपनी-अपनी प्लेट पर पड़े खाने की ओर गया।

''खाना अच्छा है।'' अभय ने खाने की तारीफ की।

''मेरी इस उम्र में शादी का क्या मतलब? बोलो अभय साहब।'' कँवर ने एक विचित्र सा सवाल उगल दिया।

''आपकी शादी अब तो पति-पत्नी के रिश्ते की औपचारिकता पूरी करनेवाली रस्म मात्र थी।''

''विवाह किसी खास उम्र के व्यक्ति की बपौती नहीं है। मुझ जैसे सठियाए आदमी का हक है। आपके गुरुजी विजय आनंदजी को भी अधिकार है कि वे भी प्यार करें। संगी, साथी को साथ रखने के लिए रीति-रिवाज का सहारा लें। मैंने यही किया है। शुरू-शुरू में मेरी माँ ने ही मेरे इस रिश्ते की बात की थी। चरणी पढ़ी-लिखी सभ्य नवयौवना थी तब।'' कँवर ने चरणी को बात करने के लिए उत्साहित किया। वह चुप रही।

''लोग, आम तौर पर गुरुजी के बुढ़ापे की बात कई बार या रोज-रोज कर बैठते हैं।'' अभय हँसा, ''टी.वी. के सीरियल की तरह यह विषय मनोरंजन का साधन सा लग रहा है। वे खुद भी कई हमउम्र महिलाओं के संपर्क में आते रहते हैं।'' अभय की

इच्छा हुई कि माहौल को हास्यकर बनाए।

"अरे भई शादी करा दो उनकी भी। बड़ी देर से 'विडोअर' हैं। वे अब अकेलेपन से उकता गए होंगे। कुछ समझे! गुरु के लिए बिचौलिए बनने में कोई हर्ज नहीं है। किसी परंपरा का उल्लंघन नहीं है।" कँवर नैपकिन से हाथ पोंछने लगा था। चरणी ने 'बैरे' को इशारा करके हाथ धोने के लिए 'बाउल' मँगवाया। पंडित दीनदयाल उठकर बाथरूम की ओर चले गए थे।

"आपका अभिप्राय समझने में देर लगेगी। जिक्र आया भी था तो विजय आनंदजी ने बेपरवाह लहजे में कहा था कि कौन कम्बख्त अकेला है! तुम सब, जो मेरे अपने हो।"

"पता है तुम्हारे गुरुदेव, विजय आनंदजी ने मेरी शादी के बाद अपनी पत्नी को बहुत याद किया था। किसी कविता की पंक्तियाँ सुनाई थीं—

"शाम-सवेरे दिन और रात में,
मैंने कैसे समय बिताया।
तुम बिन प्रतिपल मेरे साथ था—
तन्हाई का निष्फल साया।"

"छोड़िए भी पतिदेव। वे ऐसी बातें अपने शिष्य से क्यों करेंगे।" चरणी ने बात को आगे बढ़ने से रोका।

"रोशनी गर खुदा को हो मंजूर,
तो आँधियों में भी चिराग जलते हैं।" अब अभय ने अपने दिल की बात कह दी।

खाना खत्म करके वे चारों 'रेस्तराँ' से बाहर आए। बीच में चरणी ने काउंटर पर जाकर बिल के पैसे दे दिए। सभी खुश थे।"

"1945 में, जब बापू गांधी शिमला आए थे, तो मेरे पिताजी उन्हें देखने कोटगढ़ से शिमला आए थे। वे मुझे बताया करते थे।"

"आज राधा अष्टमी है जजमानजी," पंडित अभय की ओर देखकर बोला और हँस दिया। उसने कँवर की बात सुनी-अनसुनी कर दी।

"राधा का प्रेम निष्काम और निस्स्वार्थ है। राधा कृष्ण का प्राण है। उनकी आत्मा भी कही गई है।" अब वे सभी वापस होटल की ओर जा रहे थे। कँवर ने अपनी बात पूरी करने की इच्छा छोड़ दी तथा उनकी ओर ध्यान केंद्रित किया।

"बेहतर होगा हम वापस अपने गाँव चले जाएँ।" अभय ने अपनी इच्छा फिर से व्यक्त कर दी।

"मैं कहूँगा कि वाजिब होगा कि हम कुछ देर आराम करें, फिर संग्रहालय जाएँ।" कँवर बोला।

अभय ने चलते-चलते बात बदली।

''मैं कमल साहब को ज्यादा नहीं जानता, बल्कि मिला भी नहीं। इसलिए मेहमान नवाजी का खयाल आया है। माँ और वनी कहीं कोई कमी न छोड़ दें।''

''वे बड़े सीधे-सादे इनसान हैं। हर तरह से अनुकरणीय हैं, ज्ञानी भी हैं। पूरी तरह गरीब नवाज भी।''

अभय ने कँवर की बात सुनी और मान लिया, ''चलो आपकी मरजी सर तसलीमखम है साहब।''

''...जो मिजाजे यार में आए।'' कँवर ने शेर को पूरा किया। उसके चेहरे पर हलकी मुसकान थी। वे वापस होटल आ गए थे। कँवर ने मैनेजर को फोन करके दो और कमरे 'बुक' कराए। तभी पंडित दीनदयाल बोला, ''कँवर साहब मुझे जरूर घर लौटना है। आज हमारे घर के सहन में पुरानी परंपरा वाली महाभारत कथा गाकर सुनाई जानेवाली है। इतना अच्छा कथावाचक आ रहा है, जो कि गाँव-गाँव में जाता है, रामजी के और कृष्ण भगवान्‌जी के गुणगान से गाँव के लोगों को अपने वश में कर लेता है। आज उसे मैंने खास तौर पर भर्तृहरि की प्रेमकथा सुनाने को कहा है। मैं कथा तो खुद भी जानता हूँ। परंतु उस कथाकार का अंदाजे बयान बड़ा ही अच्छा है। मन मोह लेता है।

''कुछ सर्दी सी लग रही है। हीटर मँगवा लेती हूँ।'' चरणी ने घंटी का स्विच दबा दिया। ''हमें भी उस कहानी को सुना दीजिए पंडितजी।'' वह घड़ी देखता है। ''अभी समय है।'' उसने फिर चरणी की ओर देखा। वह सोफे पर बैठी हुई थी। विस्फारित आँखों से दीनदयाल की ओर देख रही थी। कँवर भी उसके पास बैठ गया। अभय ने छोटी तिपाई के साथ वाली कुरसी सँभाल ली और पंडित भी आराम कुरसी के किनारे पर झुककर बैठ गए।

''क्षमा करें, कमरा छोटा है। इससे ज्यादा फर्निश नहीं हो सकता। डबल बेड भी है। चलो मैं बेड पर बैठती हूँ। आप कँवर साहब के साथ बैठ जाइए।''

''आपका वह होटल वाला हीटर नहीं लाया। गरम कमरे में कथा-कहानी सुनने में और भी आनंद आता है।''

हाथ का इशारा करते हुए कंवर बोला—

''फायर प्लेस तो है। मगर प्रदूषण के डर से इसमें आग जलाना मना है। अंग्रेजों के जमाने में अलग ही मजा था शिमला में रहने का। फायर प्लेस इस्तेमाल होते थे। लकड़ी जलती थी। आँच रोम-रोम को सेंक देती थी। सर्दी के मौसम में यहाँ 10 से 15 फीट तक बर्फ पड़ा करती थी। आजादी से पहले का जमाना था। अंग्रेजों ने 7200 फीट की ऊँचाई पर शिमला बसाया था। फायर प्लेस में दहकती आग कमरे के साथ-साथ पूरी इमारत को मिलती थी। कारें, मोटरें कम-शम ही थीं। अंग्रेज हुक्मरान घोड़ों-खच्चरों पर भी सफर करते थे। अब तो कंक्रीट के पक्के पहाड़ों जैसे भवन बनते हैं। पहले वाली

इमारतें ज्यादातर लकड़ी की होती थीं। जो स्वयं भी गरम रहती थीं।''

''ऐसे मकान आजकल भी कायम हैं। मेरे हिसाब से कुछ तो हैं।'' वेटर 'ब्लोयर' ले आया। प्लग सॉकिट में लगाया। स्विच ऑन करके चला गया। ''अब आपकी बारी है पंडितजी।''

''यह कहानी अकसर सतलुज घाटी में सुनाई जाती है। लोक मान्यता है कि 15 पौष को मकर संक्रांति तक सतलुज घाटी में नाथ समुदाय के लोग घर-घर जाकर राजा भर्तृहरि और रानी पिंगला की प्रेम कहानी सुनाया करते हैं। मगर हम नेशनल हाईवे पर रहते हैं। सितंबर का महीना जरा सुहाना है। शिमला और साथ लगते हमारे कस्बों में बहुत ठंड हो जाती थी। इसलिए मैंने आज नई शुरुआत की है। भर्तृहरि एक अच्छे कवि थे, किंतु कालचक्र के प्रभाव में वे स्वयं ही एक कविता बन गए। उनके संन्यासी बनने के वियोग में रानी पिंगला ने अपने प्राण त्याग दिए थे। इसके बारे में जब भर्तृहरि को पता चलता है तो वे बहुत दुःखी हो जाते हैं। इसके बाद भर्तृहरि अपने गुरु गोरखनाथ के पास जाते हैं। गोरखनाथ अपनी योग माया से पिंगला को कुछ पल के लिए जीवित कर देते हैं। पिंगला कहती है, ''हे भर्तृहरि मैंने राजा महीपाल के घर में बिरमा के रूप में जन्म लिया है।'' इतना कहकर वह विलुप्त हो जाती है। तत्पश्चात् भर्तृहरि भटकते हुए साधु वेश में बिरमा के महल के सामने कुटिया बनाकर रहते हैं। बिरमा जब बारह साल की हुई तो उन्हें पता चला कि भर्तृहरि बाहर बैठे हैं। एक दिन बिरमा महल के चौबारे में उन्हें देखने निकलती है। बिरमा कहती है—

''हे भर्तृहरि, मुझे तेरे साथ आना है।'' फिर दोनों साथ चल पड़ते हैं। गृहस्थ जीवन शुरू कर देते हैं। एक दशक पहले तक सतलुज घाटी में राजा भर्तृहरि और रानी पिंगला की प्रेमगाथा खूब सुनने को मिलती थी। मैं कई बार उधर गया, मैंने भी सुनी। 15 पौष से मकर संक्रांति तक रात दस बजे से सूर्योदय तक नाथ समुदाय के लोग घर-घर जाकर भर्तृहरि और पिंगला की प्रेम कहानी सुनाया करते थे। पिछले 10 साल से यह गाथा कम ही सुनने को मिल रही है। अब पंडितजी चुप हो गए।

''प्यार हो तो ऐसा हो।'' कँवर ने चरणी की ओर देखकर चुटकी ली।

''मैं तो अखंड सौभाग्यवती हूँ कँवरजी। हमें जन्म-जन्म का साथ निभाते रहना है। अलग होकर फिर से मिलना नहीं है। मिले हैं तो मिले रहेंगे।'' चरणी की आँखों में खुशी थी। चेहरे पर उल्लास की चमक, तभी पंडित दीनदयाल उठ खड़े हुए। ''चलता हूँ जजमानजी।''

''मेरे घर तो जाना होगा ही पंडितजी। बतला दीजिएगा कि कल 'लंच टाइम' तक पहुँच जाऊँगा।''

''अब फिर माल रोड की तरफ चला जाए।'' पंडितजी के जाने के बाद कँवर

साहब बोले। रास्ते में चाय पी जाएगी। उसके बाद कदम-से-कदम मिलाते हुए म्यूजियम की तरफ चलेंगे। चौड़ा मैदान!'' चरणी खड़ी हो गई। ड्रेसिंग टेबल के सामने खड़ी होकर कंघी से बाल सँवारे। वातावरण में रूमानियत पैदा करने के लिए खुले बालों को आगे-पीछे किया।

वे कमरे से बाहर आए, बैरे से कहा कि अभी घंटे भर में आते हैं। कमरे को सँवारकर ठीक कर लीजिए। अभय नीची आँखें किए पहले से ही कमरे से बाहर आ गया था।

''कभी यह सड़क शीशे की तरह साफ-सुथरी, चमकी हुई होती थी। सड़क धुला करती थी।'' कँवर ने फिर पुरानी याद ताजा करने का प्रयत्न किया। ''पिताजी कहते थे।''

''अभी भी शुक्र है भगवान् का कि शिमला की सड़कें कुछ-कुछ ठीक हैं। ऊपर वाले क्षेत्र में कई जगह सड़कें, जो पक्की थीं, अब कच्ची सी हो गई हैं। फिर कटंका-कीर्ण रास्ता बनने वाला है।''

''आपकी पत्नी बेहद शालीन हैं। विजय आनंदजी कहते थे।'' वह अभय की ओर मुखातिब थी।

''जी हाँ, क्योंकि जीवन में सुख है। मृग मारीचिका सा भ्रम नहीं है।'' वे अब 'स्कैंडल पॉइंट' तक पहुँच चुके थे।

''मैं सोच रहा था कि इलेक्शन नजदीक है। सेब की फसल अच्छी हो गई है। क्यों न इलेक्शन पर 'इनवेस्ट' करूँ।'' कँवर ने चरणी की ओर कनखी से देखा।

''कोई हरज नहीं कँवर साहब। सम्मान-अधिकार के लिए राजनीति के गलियारे में कदम रखना वाजिब है। मगर राजनीति को किसी से रंजिश निकालने का साधन नहीं बनाना चाहिए।''

''इलेक्शन वही लड़े, जो लोगों के जीवन को आमूल परिवर्तित कर सके। वैसी शक्ति, वैसा गुण मुझ में नहीं है अभय।'' यह कहते हुए वह एक रेस्तराँ में प्रवेश कर गया। अभय और चरणी उसके पीछे-पीछे अंदर आ गए थे। 'रेस्तराँ' में चहल-पहल थी। पर मैनेजर ने कँवर को देखते ही अलग से मेज लगवा दी। कुरसी पर बैठते ही चरणी ने कहा, ''देखिए, आजकल महिलाएँ अच्छी लगने के लिए बढ़िया डिजाइन के कपड़े समय के अनुरूप ही पहनती हैं। यहाँ पास में बैठे इन नए जोड़ों की ओर देखिए। परंपरागत लिवास में हैं। इनकी डायमंड ज्वैलरी भी चमचमा रही है।''

''मगर तुम तो गहने पसंद नहीं करती। यह मंगलसूत्र और चूड़ा भी शादी-शुदा होने के प्रमाण-पत्र की भाँति ही हैं।'' कँवर ने एक जोड़े की ओर देखते हुए कहा, जिनकी नई-नई शादी हुई लगती थी।

''हाँ पतिदेव, मैं काम-काजी महिला हूँ। उन जैसी नई-नवेली दुलहन नहीं हूँ और न ही 'मॉडल' हूँ।'' वे बैठे-बैठे इधर-उधर भी देख रहे थे। बैरे ने कँवर से 'ऑर्डर'

पूछा, जो कि उसने फुसफुसाकर उसके कान में हिदायत देते हुए बताया। चाय पीने के बाद वे पैदल ही म्यूजियम पहुँचे। अभय, कँवर और चरणी ने वहाँ के चित्र आदि देखकर खूब आनंद लिया। फिर वापस लौटते समय अभय बोला, ''कँवर साहब यहाँ कला विचार, चिंतन और अभिव्यजंना का भव्य मिश्रण है, मानते हैं।''

''सादगी कला है। सर्जन में जादू भी है।'' कँवर की बात में बात मिलाते हुए चरणी ने कहा, ''कई चित्रों और मूर्तियों में सर्जन का जादू है। कहीं-कहीं रहस्य भी।''

''कुछ चित्रकारों की कृतियों में संवेदनशीलता की चरम सीमा लगी।'' अभय कुछ सोच रहा था।

अभी वे होटल में पहुँचने ही वाले थे कि अभय ने कहा, ''क्या आप मुझे घर जाने की आज्ञा दे देंगे?'' उसकी दबी-दबी बात को सुनने की बजाय, उसे ऐसा लगा कि कँवर और चरणी उसे मात्र देख रहे हैं। चौंक से गए हैं। कँवर ने जरा जोर देकर कहा—

''हमें सोचने दीजिए।'' अब तक वे कँवर के अपने कमरे में थे। चरणी ने अन-औपचारिकता से किवाड़ बंद किए। वे बैठ गए। अभय उनकी बेतकल्लुफी की मन-ही-मन में सराहना कर रहा था। पत्नी का ध्यान आया। एक हूक सी मन में उठी। उम्मीदों के समंदर में उठी लहर की भाँति, जो फिर सागर में ही समा जाती है। उसको लगा कि यह दृश्य उसके मन में भी लुप्त हो गया है। हृदय सहमत होकर धड़का।

चरणी ने सोफे पर बैठते ही एक पत्रिका उठा ली। पृष्ठ बदल-बदलकर किसी दिलचस्प लेख की तलाश करने लगी। कँवर साथ के वॉशरूम में चला गया। अभय को भी अखबार उठाना पड़ा। क्योंकि कँवर ही उसे जाने की आज्ञा देने का अधिकार रखता है। आना स्वयं बन पाया। जाने के लिए आज्ञा लेनी ही होगी। उसका मन किसी खबर पर नहीं टिका। कुछ अनजान सी सोच में पड़ गया। चरणी ने इसे तिरछी नजर से देखा।

''क्या आप बता सकते हैं कि अच्छा लेखक कौन हो सकता है,'' उसने सवाल किया।

''मैं चित्रकार के बारे में बता सकता हूँ। मगर मैं इतना जरूर कह सकता हूँ कि आजकल के युवा साहित्यकार परंपरा में कुछ नया-नया जोड़ रहे हैं। आजकल जीवनशैली जिस तेजी से बदल रही है, उसका असर न सिर्फ लेखकों पर पड़ रहा है, बल्कि चित्रकार भी उससे खुद को अलग नहीं रख पा रहे।''

''ठीक कहा अभयजी। मेरा मानना है कि साहित्यकार का जीवन खुली किताब होना चाहिए। उसकी कथनी और करनी में अंतर न हो तो ही वह दिल और दिमाग पर असर करनेवाली रचना पेश कर सकता है।''

''आप भी लिखती होंगी। कुछ-न-कुछ, कविता या कहानी या फिर उपन्यास ही लिख रही होंगी। आपका प्रेम-विवाह हुआ है।''

''जरूर। पर मुझे आत्मसंघर्ष से जूझती सामाजिक दशा साफ-साफ नजर आती है। शुरू-शुरू की जिंदगी जिस मानसिक विचलन से त्रस्त रही, वह वक्त मुझ पर हावी रहता है। कँवर साहब ने, मेरे उनके प्रति आदर को, प्रेम कहकर अपनी स्वीकृति दी थी। पर एक बात स्पष्ट है कि जीवन में अंतर्विरोध के लिए अब कोई जगह नहीं रही है। जब भी कुछ छपने भेजूँगी तो लोकप्रियता को ध्यान में रखकर ही कृति को 'फाइनल' करके भेजूँगी।''

''आपको पता ही है कि मेरे पिता इतने बड़े नाटककार और एक्टर थे, माँ सिमरन अपनी काव्य रचनाओं में भी जान डाल देती हैं। किंतु मैं पढ़ तो लेता हूँ, लिख नहीं सकता। ऐक्टर भी नहीं बन पाया। इसलिए कह सकता हूँ कि इनसान को विरासत में कला और साहित्य के गुण प्राप्त नहीं होते। करत-करत अभ्यास के जड़मति होत सुजान। इसलिए विजय आनंदजी ने जो रास्ता दिखाया, वही मुझे लक्ष्य की ओर ले जाएगा।''

''अभयजी, आप से बातें करके अच्छा लग रहा है। इसलिए एक समस्या हल कीजिए, वह यह कि क्या मैं कँवरजी को चुनाव लड़ने दूँ?''

''यह उन पर और उनकी रुचि पर निर्भर है। कँवरजी ने दो-एक बार शिमला के इतिहास की ओर ध्यान आकर्षित करने की कोशिश की। पर्यावरण प्रदूषण का जिक्र किया। सड़कों की हालत पर भी बोले। इसलिए जनसाधारण की समस्याओं का उन्हें पता है। वे समस्याओं का समाधान चाहते हैं। समाजसेवक होने का प्रमाण हैं आप, इशिताजी और कमल कांतजी। यानी''

''आप 'हाँ' कहने के लिए 'ग्राउंड' बना रहे हैं, अभयजी।'' चरणी हँसी। ''मगर यह क्यों भूल रहे हैं कि उनकी इच्छा के पीछे सेब की कमाई भी है।''

''मतभेद सिर्फ उनकी क्षमता पर ही है। कमाई और फिर उनके विचार दोनों का आकलन करने की जरूरत है।''

''यदि गठबंधन की सरकार बनती है तो कई अहम् फैसले टालने तक की नौबत आ जाएगी। तब इनके मनसूबों का क्या होगा?''

''सरकार के मनमाने फैसले लेने पर अंकुश तो लगेगा, यदि गठबंधन सरकार बनेगी तो। सन् 1996 के बाद से देश में पूरी तरह से गठबंधन सरकारें बनी हैं। डेढ़ दशक पहले तक क्षेत्रीय दलों को हिकारत से देखनेवाले सत्ताधारी दल को भी इस हकीकत को स्वीकार करना पड़ा। दरअसल, गठबंधन सरकार की सबसे बड़ी चुनौती, सहयोगी दलों के साथ समन्वय बनाकर चलने की होती है। जिसके कारण कई फैसले टालने पड़ते हैं। भावी सरकार के लिए दो सबक हो सकते हैं। पहला यह कि अटल बिहारी वाजपेयी ने शिद्दत से गठबंधन धर्म निभाया। दूसरा सबक, मनमोहन सिंह के कार्यकाल से कि वे खुद तो ईमानदार बने रहे मगर…''

''सुन लिया, सुन लिया,'' वॉशरूम से कँवर ने कहा। ''मुझे जो फैसला लेना है, सोच-समझकर लूँगा।''

''मतभेद वाली सरकार अब नहीं चाहिए और न ही बनेगी। हिस्टरी 'रिपीट' करती है। नेहरू 'इरा' जैसी स्थायी सरकार आएगी।'' चरणी ने ऊँची आवाज में कहा।

बाहर से किसी ने घंटी का बटन दबाया।

''कोई आया है।'' चरणी ने उठकर किवाड़ खोले। एक युवक और एक युवती बाहर खड़े थे। ''हम अपने कॉलेज की ओर से आए हैं। आप और कँवर साहब के साथ अभय साहब को देखकर इच्छा हुई कि इन्हें आज अपने कॉलेज के नाटक के उद्घाटन समारोह का मुख्य अतिथि बनाया जाए।'' अभय खड़ा हो गया। वह युवक एक साथ इतना कुछ कह गया।

''क्या मुझ में इसके लिए पात्रता या योग्यता भी है?'' अभय ने पूछा। ''जरूर है, आपके नाटककार पिता ऊँचे आदर्शों से युक्त थे। आकाश की तरह विस्तृत विचार थे उनके। आपकी माताजी सिमरन सागर की तरह गहन गंभीर होते हुए भी नारी रूप में सौंदर्य और कला की चलती-फिरती कविता हैं,'' यह नव-यौवना ने कहा। ''हम चाहते हैं कि उनका पुत्र मंच पर आकर हमारा हौंसला बँधाए।'' वह देख रहा था कि यह युवती चुलबुली ही नहीं है, बल्कि विदुषी भी है। उसकी माँ सिमरन की प्रशंसा मात्र औपचारिकता नहीं है। ''बाहर और लोग भी हैं, हमारे साथी। हम हाँ लेने आए हैं।''

अभय अवाक्, विस्फारित आँखों से उन्हें देखता रह गया। दरवाजे की ओर चलते हुए बोला, ''जैसी आज्ञा।'' मुड़कर चरणी को देखा और बोला, ''जल्दी ही लौट जाऊँगा। कँवरजी से बताने का कष्ट करें। सच तो यह है कि जब भी, जहाँ भी मेरे माँ-बाप का जिक्र होता है। उनका आदर-सत्कार होता है। मुझे अच्छा लगता है कि मैं वहाँ जाऊँ और उनके बारे में सुनूँ।''

''नाटक कौन सा है?'' चरणी ने पूछा।

''रानी जंवाली। उसे कुल्लू के रायसन के समीप रामगढ़ नामक स्थान पर दीवार में जिंदा चिनवा दिया गया था।'' युवक ने उत्तर दिया।

''कितने बजे से प्रोग्राम है।'' अभय ने पूछा।

''आधे घंटे बाद से। कँवर साहब को लेकर आप भी आ जाना मैम। हम आपका स्वागत करना चाहेंगे, क्योंकि जिस कारण आप छुट्टी पर चल रही हैं, वह छुपा हुआ नहीं है।''

''सोचने दो, आ सकेंगे तो आएँगे; क्योंकि अभयजी वहाँ मुख्य अतिथि होंगे।'' चरणी आश्चर्यचकित हो गई। ''हमें अपने बारे में तो पता ही नहीं है। कोई निमंत्रण नहीं।''

''आप हमारे कॉलेज की सीनियर प्रोफेसर हैं। आपका तो यह अपना प्रोग्राम है। आप अपनी डाक देख लीजिए। हमने पहले ही कार्ड और पत्र भेजकर फ़ॉरमल निमंत्रण वक्त से भेज रखा है। यह तो अभयजी को आज ही मॉल रोड पर देखा और यहाँ उन्हें लेने पहुँच गए हैं। आप क्षमा करेंगी, यदि आपके किसी कार्यक्रम में हमारी वजह से बदलाव सा आ रहा हो या अचानक रुकावट आती हो।'' युवक ने झुककर कृतज्ञता से चरणी की ओर देखा। वह अभय का बाजू पकड़कर कमरे से बाहर आ गया। साथ वाली युवती हँसती-हँसती चरणी की ओर झुकी। फिर उनके पीछे-पीछे हो ली। वह खिलखिलाकर हँस रही थी। इस प्रकार के व्यवहार को चरणी ने सांकेतिक भाषा के रूप में समझने की कोशिश की, तो इनको उसके आनंद कारज का पता चल गया है। उसने मेज पर पड़ी डाक खोली। वह पत्र और कार्डवाला निमंत्रण उसके सामने थे। कँवर भी वॉश आदि से फारिग होकर उसके पीछे खड़ा हो चुका था। चरणी ने मुड़कर बिंदास अदा में कहा, ''लो कॉलेज में पता चल गया है कि हमने शादी भी कर ली है। हमारा मिलन नाटक नहीं रहा। हकीकत सामने आ चुकी है।'' वह ब्यूटीशियन द्वारा हाथों में लगी मेहँदी को देख रही थी।

''यानी प्यार फरेब नहीं रहा।'' कँवर ने समर्पण भावना से चरणी की ओर देखा। ''तुम्हें कहना ही पड़ेगा कि शादी करके हमने मैत्री या प्यार को, जो भी कहना चाहोगी, कानूनी और सामाजिक मान्यता दी।''

''क्यों न यह 'सैलीब्रेट' हो जाए। ये लम्हें गँवाने के लिए नहीं हैं।''

''क्यों?'' कहते हुए चरणी ने अपना सिर कँवर की छाती पर रखकर उसे थोड़ा सा प्यार भरा धक्का दिया। ''मुझे लंबा इंतजार करना पड़ा। मुझे अपना अधिकार, अपना स्थान मिला।''

''यदि हम आनंद कारज न करते तो इसका मलाल मुझे जिंदगी भर रहता। हमारा प्यार विवादों में उलझा हुआ नजर आता। कम-से-कम जमाना तो यही कहता।'' अब वे दोनों आलिंगन में बँधे पलंग पर लेट चुके थे।

हमारी मुहब्बत सिद्धांतों और मूल्यों को ताक पर कैसे रखती। क्योंकि सदाकत 'ड्रामा' नहीं होती। खैर! न नीरस जीवन पहले था और न अब है।'' ...

''जो करना है, जल्दी करो। फिर इस निमंत्रण पर जाना ही होगा।'' उन दोनों ने हृदय में इस समय पैदा हुए उद्देश्य की पूर्ति की। उनके प्यार में सर्वथा नया ही करने की कला रही है। न उन्हें सामाजिक क्रूरता का सामना करना पड़ा और न ही अपने इस आनंद कारज से पहले वाले जीवन में विसंगतियाँ झेलनी पड़ीं। वे सदैव पति-पत्नी थे और अब भी पति-पत्नी हैं। जानते थे कि जमाना ऐसा आ चुका है कि आजकल पढ़े-लिखे लोग रूढ़ियों को तोड़कर युक्ति युक्त सच्चाई का पक्ष लेते हैं। उद्देश्यों को पूरा

करने में किसी प्रकार की अरुचिकर या विवेकहीन रुकावट आने ही नहीं देते। समाज का रवैया इस विषय में अभिशप्त नहीं रहा। दोनों कुछ देर बाद उठे। तैयार होने लगे। चरणी की आँखों में नशीली रूमानियत सी झलक रही थी। उसकी पति के प्रति संकल्प शक्ति ऊर्जा थी, उष्मा थी। कँवर भी उसे संतुष्ट तथा गंभीर लगा। मुसकान थी उसके होंठों पर।

''हाथों में जिसके हाथ दिया है रजा के साथ। हम बाद-ए-मर्ग होंगे उस रहनुमा के साथ,'' कँवर अपनी पत्नी को प्यार से निहारते हुए बोला।

चरणी बोली। ''मैं कैसी लग रही हूँ''

''निष्पक्ष विश्लेषण करते-करते मुझे देख-देखकर, मदमाते-इतराते हुए चलते रहना। वे लोग इंतजार में होंगे। स्वागत में खड़े मिलेंगे।'' कहते हुए पति का हाथ थामकर बाहर आ गई। कुछ ही देर बाद वे थिएटर के बाहरी गेट के आगे पहुँचे। वहाँ मौजूद विद्यार्थियों ने फूलों के गुच्छे देकर दोनों के गलों में हार पहनाए। उनका स्वागत किया। हॉल में उनके लिए अलग वी.आई.पी. बॉक्स रिजर्व था। वे बैठ गए। उसके तुरंत बाद वही नवयौवना जो इन्हें होटल में निमंत्रित करके आई थी। स्टेज पर खड़ी हो गई, फिर माइक के आगे खड़ी होकर बोली, ''सभी लोग, जो हॉल में मौजूद हैं और प्रोफेसर चरणीजी के सहकर्मी साथी तथा हमारे कॉलेज के विद्यार्थी इनका और इनके पति कँवर साहब का स्वागत करते हैं।'' तालियों से हाल गूँज उठा। ''अब हम अपने मुख्य अतिथि अभयजी चित्रकार को स्टेज पर बुलाने का गर्व प्राप्त कर रहे हैं। वे इस रंगशाला में कई बार नाटकों का मंचन करनेवाली प्रसिद्ध दंपती, स्वर्गवासी परीक्षितजी और यशोदा जैसी माँ सिमरन, जिन्हें ज्यादातर लोग शकुंतला के तौर पर, उनके संजीव किरदार के कारण जानते हैं, के पुत्र हैं। ये कलाकार हैं। उनसे निवेदन है कि वे यहाँ पधारकर चरणीजी और कँवरजी को स्मृति चिह्न दें। जो आज के उपलक्ष्य के अनुसार है।''

मुसकराता हुआ अभय स्टेज पर आ गया। बॉक्स से उठकर चरणी और कँवर भी स्टेज पर पहुँच गए। अभय ने दोनों को अलग-अलग चित्र दिए, जो रंग-बिरंगे कागजों में लिपटे थे। उन्होंने अपने-अपने उपहार खोले और दर्शकों को दिखलाए। एक चित्र में महात्मा गांधी हाथ जोड़े खड़े थे। मुसकरा रहे थे। दूसरे चित्र में शकुंतला दुष्यंत को फूल माला पहना रही थी। फिर अभय बोला, ''इन्होंने पिकासो द्वारा बनाए गए चित्र जैसा, अपनी पत्नी का चित्र बनवाने की इच्छा व्यक्त की थी। मगर मुझे इसके लिए समय लगेगा। हमारे देश के महात्माजी के हाथ जोड़ते हुए चित्र से सत्य, अहिंसा, आजादी और सौहार्द की झलक भी आती है। पत्नी के तौर पर शकुंतला की इसी मंच पर खींची हुई तसवीर, मेरे माता-पिता की आदर्श दंपती का उदहारण है। अनुग्रह प्राप्त जोड़ी है। जो इन दोनों को अपने प्यार की शिद्दत की याद दिलाती रहेगी।'' यह कहते हुए अभय ने स्टेज पर ही कँवर और चरणी के पाँव छुए। तालियाँ फिर बजीं। और देर तक बजती रहीं।

अब चरणी माइक के आगे आकर खड़ी हो गई। "धन्यवाद, मैं इस कॉलेज के छात्रों, ड्रामैटिक क्लब की तथा सम्मान योग्य अपने सहकर्मियों की बहुत-बहुत आभारी हूँ। आज यहाँ, इस अवसर पर मेरे पति भी गर्वित और सम्मानित महसूस कर रहे हैं। अभयजी के गुरु, हमारे मित्र पूज्य विजय आनंदजी ने अभयजी को चित्रकार के तौर पर एक थीम देकर, परग्रही यानी, 'एलियन' विषय-वस्तु पर चित्र बनवाए, जिनमें उर्वशी, मेनका और सूर्य भगवान् भी हैं। मगर हम दोनों यह चाहते हैं कि अभयजी अपने माता-पिता की उत्कृष्ट याद को भी ताजा रखें। बचपन में इन्होंने खुद भी कुछ किरदार निभाए हैं। उनमें भरत पुत्र दुष्यंत, शकुंतला नाटक वाला अभिनय है। जिन लोगों ने शिमला में गेयटी थियेटर और कालीबाड़ी हॉल बनवाए थे और उम्मीद की कि यहाँ नाटकों का हमेशा मंचन होता रहेगा, उन्होंने स्वप्न देखा होगा कि कुछ भावी कुशल और कुशाग्र-बुद्धि नौजवान नाट्य रचना करेंगे और कई कलाकार नाटकों के यथार्थवादी किरदार, निभाएँगे। यहाँ मूर्तिकार भी हैं, जिनकी कृतियाँ रिज पर हैं। टूरिस्टों की पसंद खासकर पानी पिलाने वाली बाला की मूर्ति लगती है। और कई बड़े जाने-माने चित्रकार भी शिमला के ही निवासी हैं, जिनमें अभयजी भी शामिल हैं। परंतु नाटककारों की कमी महसूस हो रही है। इनके पिताजी प्रतिभाशाली 'ड्रैमॅटिस्ट' रहे हैं। उनके नक्शे-कदम पर चलने के लिए अभयजी में काबिलियत की कमी नहीं है।" तालियाँ बजती हैं। "रही बात इनकी चित्रकारिता में दिलचस्पी की, उसे ये साथ-साथ कायम रख सकते हैं। उसमें हम हस्तक्षेप नहीं करना चाहते। उस अभिरुचि को मैं इनका गुरुदक्षिणा स्वरूप समझती हूँ। मुझे आशा है, ये क्षमा करेंगे यदि यह मेरी गलत धारणा हो। फिर भी मैं शिमलावासी होते हुए निवेदन तो कर ही सकती हूँ। मैं आप साहिबान-दर्शकों के बीच खड़ी होकर बेझिझक, निर्भीकता से बहुत कुछ बोल गई। इजाजत दीजिए। पुनः धन्यवाद।" अब तक अभय पीछे ग्रीन रूम की ओर प्रस्थान कर चुका था। कुछ ही क्षण बाद चरणी ने अपने पति का बाजू थाम लिया, स्टेज से नीचे उतरी। दर्शक तालियाँ बजा रहे थे। आगे-आगे वही नव-यौवना थी। पीछे-पीछे वे दोनों चलते हुए अपना स्थान ग्रहण करने के लिए बॉक्स तक पहुँच गए। अभी भी तालियाँ बज रही थीं। फिर परदा गिरा। कुछ देर बाद पीछे से एक आवाज आई, "इस नाटक की संक्षेप में कहानी यह है—कुल्लू की रानी न्यूली जम्मू की थीं। उन्हें कुल्लू के रायसन के पास रामगढ़ नामक स्थान पर दीवार में जिंदा चिनवा दिया गया था। इस बारे में प्रमाण तलाशे गए और जुटाए गए। राजा प्रीतम सिंह, जिनका कार्यकाल 1767 ईस्वी के दौरान रहा था, द्वारा पश्चात्ताप स्वरूप लिखे गए ताम्र पत्र पर संवत् 73 फाल्गुन प्रविष्टे 25 अंकित है। जानकारों का मानना है कि कुल्लू में टाँकरी पर चल रहे शोधकार्य से हिमाचल के अनसुलझे इतिहास की कई और परतें भी उधेड़ेंगी। कुल्लू जिले के एक बुज़ुर्ग ठाकुर खूब राम खुशदिल ने 18वीं शताब्दी के

इस ताम्रपत्र का पूर्णतया हिंदी अनुवाद किया है। यह थोड़ी सी जानकारी तर्कसंगत लगी तो कह दी गई है। कहानी यह है कि राजा प्रीतम सिंह की बड़ी रानी ने राजा को गुमराह करते हुए उनकी छोटी रानी पर चरित्रहीन होने का आरोप लगाया था। जिस पर राजा ने जंवाली रानी को रामगढ़ में दीवार में जिंदा चिनवा दिया था। बेकसूर रानी के साथ हुई इस ज्यादती का फल भी राजा को झेलना पड़ा। विद्वानों की सलाह पर राजा को बारह सालों बाद जंवाली के शव को बाहर निकालना पड़ा। उस वक्त रानी की सिर्फ कनिष्ठिका उँगली ही खराब थी, शेष शरीर सलामत पाया गया था। तब से लेकर आज तक राज परिवार रानी को देवी मानकर पूजा करता है। रानी जंवाली को रामगढ़, जो अब बड़ागढ़ नाम से जाना जाता है, में जिंदा चिनवाने वाली बात का उल्लेख करते हुए ताम्र पत्र पर राजा प्रीतम सिंह ने लिखवाया है कि 'रामगढ़ के आसपास की पूरी जमीन रानी के नाम पर दान की जाएगी। इस जमीन पर यदि कोई अधिकार जमाता है तो दंडस्वरूप उसके हाथ काट दिए जाएँगे। उसे गोहत्या के समान पाप लगेगा। रानी न्यूली की पूजा-अर्चना के लिए कठोर नियम अपनाए जाते हैं। जैसे कि राजवंश, राजपुरोहित और मियाँ परिवार से जुड़े व्यक्ति ही रानी न्यूली के रथ को उठाने के अधिकारी हैं। इस नाटक के कई 'सीनों' को 'सिम्बा लिकलि,' सांकेतिकतापूर्वक दिखाया जाएगा। इस नाटक में प्रतीक प्रयोग और नेपथ्य का सहारा भी लिया गया है। नारी की यंत्रणा, मजबूरी, पश्चात्ताप तथा उस समय के पुरुष की अति संदिग्ध प्रकृति को दरशाने, मंचन करने के इस प्रयत्न के लिए हमने बड़ी मेहनत की है। आशा है, हम चाहते भी हैं कि हमारी पेशकश की आप तहेदिल से सराहना करेंगे। गलतियों के लिए क्षमा करेंगे। 'वी.आर. ओपन टू कनविजन। हम भूल-सुधार के लिए सदैव तैयार रहेंगे।''

परदा उठता है। सामने रानी न्यूली के भेष में एक अति सुंदर लड़की खड़ी है। मुसकरा रही है। स्टेज पर चकाचौंध चमक होती है।

फिर धीमी रोशनी में पीछे से चरणी और कँवर वाले 'एनक्लोजर' बॉक्स 'एनक्लोजर' में अभय ने भी प्रवेश किया। चुपचाप उनके पीछे वाली कुरसी पर बैठ गया। चरणी ने पीछे मुड़कर देखा। उसने अपने होंठों पर उँगली रखकर चुप रहने के लिए प्रार्थना की। कँवर का ध्यान स्टेज पर केंद्रित था। अभय कुछ देर सोचता रहा—हम चाहते रहते हैं कि शरीर पर कोई भी चोट न आए। यहाँ तो रानी न्यूली की हत्या हुई है। इससे पहले भी उसकी सौत ने उसकी किसी-न-किसी तरह यंत्रणा की होगी। गोपनीय तौर पर, राजा के पास उसकी निंदा करके उसके मन और भावनाओं को चोट पहुँचाई होगी। अभय की आँखें बोझिल होकर नींद से झुकने लगीं। कुछ ही देर बाद अकस्मात् ही स्टेज पर फैली रंगीन रोशनी की चटकीली चमक ने उसकी पलकों पर जगमगाहट का इतना आक्रमक सा प्रभाव किया कि उसकी नींद खुल गई। सामने देखा। मंच पर

शानदार शाही के वेश-भूषा में राजा एक दीवार, जिसे बीच से गिरा रखा था, के सामने झुका खड़ा था। दीवार के इस भाग में एक मूर्ति सी खड़ी रानी न्यूली की समरूपता स्त्री का शव था। आँखें खुली थीं। उसमें जान-प्राण की कोई हरकत न थी। गौर से पहचानने पर समझ आ गई कि यह वही रानी थी, जिसे जिंदा दीवार में चिनवाकर, राजा ने मार डाला था। इस राजा के राज्य में चुगली का बोल-बाला था। जो प्रायश्चित्त करने पर मजबूर है। वह किंकर्तव्य-विमूढ़ है। नेपथ्य से महिला की गुंबद में गूँजती सी आवाज थी, जो सुनते हुए सदा या पुकार लगी—अनिवार्य है चुप्पी जरूरी है मेरे लिए। पुनीत स्मृतियों का रोमांच अभी भी कायम है मेरे हृदय में। प्यार की सुरभि की पतिव्रत वफादारी, सदैव अडिग रहती है, किंतु मैं अब तुम्हारी स्त्री नहीं हूँ और तुम भी मेरे पुरुष नहीं हो। वह मिलन, मुहब्बत, प्यार का समय हत्या की बलि-बेदी पर चढ़ा हुआ हमारे हाथों से निकल गया।...

इतनी कायर/ खामोश है/ तुम्हारी अपराध स्वीकृति/ अन्याय प्रवृत्ति!

जो अभी भी गुनाहों जैसी स्याह है/ तुम्हारा संकल्प बेअसर/ विलाप, सरासर, पाप है। तुम्हारे सामने खड़ी पत्थर की शिला तभी तो उदास है।

इसका पुनर्जीवित होना असंभव है/ मेरी यंत्रणाओं, यातनाओं का बस यही तो अनुभव है/ अहं को गिरवी रखकर न्याय निर्णय नहीं रहता/ कमसिन असहाय की हत्या नित्तांत अशुभ वृत्तांत है/ यह मूर्ति पत्थर होकर भी अशांत है। परदा गिरता है।

वही विद्यार्थी, जो अभय को इस थियेटर में निमंत्रित करके लाया था, स्टेज पर आया। माइक के आगे खड़ा होकर बोला, ''आशा है कि आप सभी उपस्थित दर्शकों को, और खास तौर पर हमारे मुख्य अतिथि अभयजी को एवं हमारे सम्मानित मेहमानों प्रोफेसर चरणीजी और उनके पति कँवर साहब को, हमारी यह प्रस्तुति, नाटक 'रानी जम्वाली' पसंद आया होगा। आप सभी ने तालियाँ बजाईं। पात्रों और प्रबंधकों को अच्छा लगा। हमारा मान बढ़ा। हमें एक और नाटक का शीघ्र मंचन करना है। उसके लिए हमारे दिल में हौसला पैदा हुआ है। मौजूदा नाटक लिखनेवाला हमारा साथी कह रहा था, ''माया के आवरण मोह में फँसा हुआ प्राणी कभी भी अपनी चितवृत्ति को दृढ नहीं रख सकता।''

आज के युग में भी शस्त्रों का यह कथन सार्थक है। जिस ज्ञान में—ज्ञानप्राप्ति के साथ पूर्णानंद प्राप्ति का अति उत्तम, सर्वोत्तम हेतु समाया हुआ नहीं है, वह ज्ञान नहीं है। इसी उद्‌देश्य की पूर्ति है हमारा दूसरा नाटक भी। उस नाटक का नाम है—'अश्वत्थामा का अग्न्यस्त्र।' हमने पुराणों की कथाओं को लेकर नाटकों के रूपांतर लिखने और उन्हें रंगमंच पर प्रस्तुत करने का बेड़ा उठाया है, ताकि नई पीढ़ी और जनसाधारण को अपनी परंपरा और संस्कृति से अवगत कराते हुए, ज्ञान का प्रसार भी हो। इस नए नाटक में एक दृश्य इस प्रकार है—जब महाभारत युद्ध बंद हुआ, तब श्रीहरि ने रथ को अपने स्थान

की ओर हाँका। अज्ञानी अर्जुन ने पूछा, ''यादवेश्वर' नित्यप्रति रथ में से आप पहले उतरते हैं। आज मुझको पहले उतरने को कहते हैं। यह क्यों ? श्रीकृष्ण ने अर्जुन से कहा, ''एक बार तू नीचे उतर, उसके बाद मैं कारण बताऊँगा।'' उनकी आज्ञानुसार वह रथ पर से पहले उतरा। फिर परमात्माजी उतरे। श्रीकृष्ण के उतरते ही एक कौतुक हुआ। देखते-ही-देखते अर्जुन का सारा रथ तथा घोड़े भस्म का ढेर हो गए। अर्जुन को आश्चर्य हुआ। किंकर्तव्य-विमूढ खड़ा ही रहा। उसकी यह हालत देखकर श्रीकृष्ण भगवान् ने कहा, ''अर्जुन! अश्वत्थामा के अग्न्यस्त्र का प्रभाव देखो। यदि मैं पहले उतरता तो रथ और घोड़ों के साथ-साथ तेरा भी होम हो जाता। उसके अग्न्यस्त्र का जब प्रहार हुआ, तब ही ये सब जल चुके थे। परंतु केवल मेरी योगशक्ति के प्रभाव से जले हुए होने पर भी चलते रहे और कार्य करते रहे। मैंने तेरे संरक्षण के लिए ही ऐसा किया था।''

यह सबकुछ मंचन करने का अभिप्राय यह है कि योग की शक्ति के लिए खोज के लिए वैज्ञानिकों को प्रेरणा मिले, तथा भगवान् में लोगों की आस्था बढ़े। अन्यथा अनर्थ तो होता ही रहता है। मतलब यह है कि अन्य ग्रहों की तलाश के साथ-साथ, बल्कि उससे भी ज्यादा वरीयता के साथ योग के विषय में रिसर्च होनी चाहिए। इन शब्दों के साथ हम आपका बार-बार अभिनंदन करते हुए आपका धन्यवाद करते हैं। जय हिंद!

हॉल तालियों से गूँज उठा!

□

23

दुविधा के स्वर

सूर्यास्त होते-होते पंडित दीनदयाल अभय के घर पहुँच गए। जल्दी में थे, ताकि कथा वाला कार्यक्रम शुरू होने से पहले अभय को पत्नी और माँ सिमरन को शिमला में कँवर और चरणी की अभय से हुई बातचीत से उन्हें अवगत करा दें। उस समय दोनों सास-बहू बाहर लॉन में घूम रही थीं। वनमाला ने ही पंडित दीनदयाल को गैरेज से ऊपर की ओर बने रास्ते में आते देखा। आज पंडितजी ने खादी का बंद गले का ऊनी पट्टी का कोट पहन रखा था। मफलर में लपेटे गले और कानों के ऊपर सिर पर बुशहरी टोपी थी। बगल में कई महीनों का मैला-कुचैला, जाना-पहचाना शांति निकेतन थैला था, जो कंधे से लटका हुआ था। आज वे सफारी सूट वाले पंडित नहीं थे। उन पर ठंडी हवा का असर विद्यमान था।

''पंडितजी आ रहे हैं माँ। मैं कह रही थी कि ठंडी हवा चल रही है। पंडितजी की वेश-भूषा ने मेरी इस बात की ताईद कर दी है।'' माँ सिमरन ने भी नीचे की ओर पगडंडीनुमा पक्के रास्ते की ओर देखा। अभय कहीं नजर नहीं आया। अभी उनकी बातों का सिलसिला आगे नहीं बढ़ा था कि दीनदयाल उनके पास पहुँच गया। ''मैं आ गया, अभयजी को कँवर साहब ने रोक लिया। उन्होंने अपनी पत्नी से आनंद कारज कर लिया है।'' उसने झुककर हाथ भी जोड़े, सारी बातें एक ही साँस में कह दीं।

वनमाला ने आश्चर्यचकित होकर पंडित की ओर देखा और कहा। हाँ, जी हाँ।

''पहले वे अपनी-अपनी मरजी से, रजामंदी से पति-पत्नी की रस्में पूरी किए बिना रहते थे। हालाँकि उनके दांपत्य जीवन का यौवन काल में जन्म हो गया था। मगर अब अधेड़ उम्र में उन्होंने रीति-रिवाज के अनुसार शादी कर ली है। आनंद कारज गुरुद्वारे में हुए हैं। कँवरानीजी का नाम चरणी है।'' साफ लग रहा था कि वह जल्दी में है।

''मैं समझ गई हूँ। कमल कांतजी की ईमानत इशिता की खातिर, उन्हें चरणी के साथ ऐसे रहना पड़ा होगा।''

''हाँ बेटी, समाज की बनाई परंपरा और नीति के आचरण को कायम रखना अच्छे शहरी का फर्ज है। मैं उन्हें यहाँ बुलाऊँगी। दोस्त हो तो ऐसा हो।'' माँ सिमरन उनकी सराहना में सिर भी हिला रही थीं।

''मेरे पास थोड़ा ही समय है। कथावाचक आए हुए हैं। खुले मैदान में जुबानी गाकर कथा सुनाते हैं। उनकी मदद के लिए जाना है। अभयजी कल आएँगे, क्योंकि नवदंपती ने उन्हें रोक लिया है। वे लोग आपकी और परीक्षितजी की बहुत तारीफ कर रहे थे।''

''चलो यह तो हुआ पंडितजी। मगर विजय आनंदजी कहाँ हैं!'' वनी असमंजस में थी।

''पहुँचे नहीं ? उनके साथ इशिता और उनके पति कमल कांत सेवानिवृत्त आई.ए.एस. भी हैं। वे कँवरजी की शादी में शरीक हुए थे। यहाँ आने के बाद अपने-अपने घर लौट जाएँगे।''

''अच्छा हुआ आपने बता दिया। चलो माँ उनके स्वागत की तैयारी करें।...चाय पीकर जाइएगा पंडितजी।'' उसने देखा कि वे वापस जाने की सी मुद्रा में हैं, बार-बार नीचे सड़क की ओर देख रहे थे।

''मुझे जल्दी है।'' उनकी बात अधूरी छोड़कर वनमाला ने कहा, ''चाय चुटकी बजाते ही बन जाएगी।'' वनी ने आवाज दी, ''रामदेयी चाय बनाओ पंडितजी भी आए हैं।'' वे ड्राइंग रूम में बैठ गए। पंडित चुप बैठनेवालों में तो थे नहीं। बोले, ''वनमालाजी क्या आपने पढ़ा है कि एक समय ऐसा आएगा, जब धरती हमारे रहने योग्य नहीं रह पाएगी। सूरज की गरमी इतनी बढ़ जाएगी कि हमारा रहना मुश्किल हो जाएगा। जल का होना इतिहास बन जाएगा। पानी तरल स्वरूप छोड़कर भाप बन जाएगा।'' कुछ याद करने की मुद्रा में आए, ''यह अनहोनी कम-से-कम 1.75 अरब साल बाद होगी। विज्ञान पत्रिका 'एस्ट्रोबायोलॉजी' में एक रिसर्च के हवाले से यह दावा किया गया है। यह शोध, ब्रिटेन की यूनिवर्सिटी ऑफ एंजिला से 'एस्ट्रोबायोलोजिस्ट' ने किया है। तब सूरज के 'हॉट जोन' में पृथ्वी घिरी होगी। शोध का नेतृत्व करनेवाले एंड्र्यू रुश्बी ने बताया है कि उन्होंने तारों के विकास मॉडलों का प्रयोग करके इस ग्रह को रहने योग्य जीवनकाल के खत्म होने का अनुमान लगाया है। यह धरती अब से 1.75 से 3.25 अरब साल के बीच रहने योग्य नहीं रहेगी। तापमान इतना बढ़ जाएगा कि समुद्र का पानी भी भाप बनकर उड़ने लगेगा। भयावह और विनाशकारी घटनाक्रम का सामना करना होगा।'' माँ सिमरन कुछ-कुछ गंभीर हो गईं।

वे मुड़-फिरकर उसी बात पर आ गईं, ''जब धरती रहने योग्य नहीं होगी तो मंगल

ग्रह दुनिया के लिए उचित विकल्प रह जाएगा। ऐसी तैयारी शुरू हो गई है। कहते हैं कि यही ऐसी जगह है, जहाँ मानव अपने वजूद को बचा सकता है। यानी पृथ्वी का जीवनकाल समाप्त होने तक यही 'हैबिटेबल जोन' में रहेगा।'' वनमाला, माँ की याद्दाश्त पर हैरान थी।

''हाँ माँ, मैं खुश हूँ कि आप जो सुनती हैं। उसे याद रखती हैं।''

''मैं तो डायलॉग भी याद रखती थी। अभी भी कई डायलॉग याद हैं। अभी कौन सी बड़ी-बूढ़ी हो गई हूँ। पूरी तरह सठियाई भी नहीं।''

चाय आ गई। रामदेयी ने इधर-उधर देखा, ''साहब कहाँ हैं माँजी?''

''कल आएँगे।'' वह चुपचाप वापस लौट गई। पंडित ने घड़ी देखी और खड़े-खड़े चाय पी। दो बिस्कुट उठाए। एक मुँह में डाला। चबाते-चबाते बाहर चले गए। मुड़कर फिर आ गए।

''नमस्कार करना भूल गया था माँजी।''

''नमस्कार पंडितजी।'' सिमरन को हँसी आ गई। ''कुछ और सोच लें पंडितजी, क्योंकि हमारे गैरेज से ऊपर आते-आते और देर होगी। चढ़ाई जो है। साँस भी चढ़ जाएगी।''

''हाँ माँजी, जजमान से कहिएगा कि अब परग्रही की तलाश में वक्त बरबाद न करें। अपनी धरा की ओर ध्यान दें। मंगल 'हैबिटेबल' पहले भी था। वहाँ की सभ्यता कहाँ गई। कोई विनाश हुआ होगा। अब दुनिया वाले वहाँ बस्ती बसाना चाहते हैं। फिर वहाँ हम भी विनाशकारी काम करेंगे। प्रलय बरपा करके वापस वीरान धरा पर आ जाएँगे। इसे फिर से बसाएँगे। तब तक पृथ्वी हॉट जोन से बाहर आ चुकी होगी···। वगैरह-वगैरह।'' अब पंडित दीनदयाल ने तेजी से वापसी में कदम बढ़ाए।

वनमाला अपने और माँ सिमरन के कमरे में गई। उसके बाद विजय आनंद वाले कक्ष से होती हुई पूजा के कमरे के पीछे वाले कमरे में गई। बिस्तरों के बल निकाले। परदे खींचे, खिड़कियों के आगे किए। कमरों में रोशनी की, अगरबत्तियाँ जलाईं। इसके बाद रसोईघर में चली गई। माँ सिमरन ने उसके पीछे-पीछे अपनी मस्त चाल कायम रखी। फिर दोबारा ड्राइंगरूम में जाकर बैठ गई।

कुछ ही देर बाद घंटी बजी। सिमरन ने बाहर का दरवाजा खोला। विजय आनंद उसके सामने खड़े थे। वे हँस दिए, बोली, ''आइए-आइए।'' उनके पीछे-पीछे, उन्हीं की उम्र का एक प्रौढ़ आयु पुरुष, सुंदर चेहरे पर आकर्षण भरी चमक लिये, कोट-पतलून-टाई पहने हुए चला आया। कंधे से कमर तक झूलता बैग था। सचमुच, सभ्य पुरुष लगता था। साथ-साथ एक सजी-सँवरी, सुंदर नशीली सी आँखोंवाली स्त्री, अंदर आ गई। उन्होंने हाथ जोड़े और इस स्त्री ने कहा, ''मैं इशिता हूँ और ये मेरे पति कमल कांत हैं। विजय आनंदजी से तो आप सब मिल ही चुके हैं।'' भागती-भागती वनमाला भी गैलरी के दरवाजे की ओर आ रही थी। वे अब उसके सामने गैलरी में थे। उसने तीनों के पाँव छुए

और हँसकर बोली, ''स्वागत! कीड़ी के घर भगवान् आए हैं।''

''हनुमान मंदिर संकट मोचन में समय लग गया बेटी। अखंड सौभाग्यवती भव बेटा।'' इशिता ने वनमाला के सिर पर हाथ रख दिया। उसी प्रकार कमल कांत ने भी उसकी तरफ देखकर कहा, ''जीती रहो।'' उनकी वाणी में मिठास थी।

''यही मेरी बेटी है, कमल कांतजी।'' विजय आनंद ड्राइंगरूम की ओर बढ़े। सोफे पर बैठ गए। कमल कांत और इशिता भी पास में बैठ गए। 'फैंटास्टिक,' आप लोगों का घर इस कस्बे में गौरव चिह्न सा लगता है। चोटी! और इर्द-गिर्द हरियाली, रास्ते और पहाड़ियों पर शाम को सुंदर बनाती जगमग-जगमग जलती बत्तियाँ। खूब सजा-सँवारकर रखा है घर को भी।''

''देखते-ही-देखते सास-बहू चाय और नाश्ता लेकर पहुँच गईं। सेंटर टेबल पर रखकर दोनों ने चाय के पाँच प्याले बनाए, वनमाला ने विजय आनंद, कमल कांत, इशिता को एक-एक प्याला पकड़ाकर, एक प्याला सास को दिया तथा अपना प्याला उठाकर खाने के लिए लाई गई नमकीन और मिठाई उनके आगे सरका दी। बोली, ''इस घर में चाय तो 'सर्व' होती ही है। पानी उसको देते हैं, जो माँगे। अन्यथा लोग एक-दो घूँट पानी पीकर बाकी छोड़ देते हैं, जिसे गिराना पड़ता है। पानी 'वेस्ट' नहीं करना चाहिए।''

इशिता ने वनमाला की ओर देखते हुए कहा, ''अपने पतिदेव से कहें कि अभी इस संसार की ही पूरी-पूरी खोज बाकी है। अन्य ग्रहों का विचार छोड़कर, अपने इस संसार की खूबसूरती की ओर ध्यान दें। खोज ही करनी है तो उस 'इन्सटिंक्ट' की करें, जिस मूल प्रवृत्ति के कारण प्यार परवाज करता है।''

सिमरन यह सुनकर हँस पड़ी। ''या फिर अपनी माँ और पत्नी के दिलों में झाँककर अपनी ही तलाश कर लो।''

''संसार में क्या नहीं है! सृष्टि कथा, यहाँ की रूढ़ियुक्त जनता, उनकी दक्षता, उनका कौशल, योग, तप-तपस्या और कई प्रकार के चमत्कार। पर-ग्रहियों का रहस्यमय कौशल और वहाँ का सौंदर्य संसार से ज्यादा मोह देने वाला नहीं लगता।'' कमल कांत के स्वभाव में स्नेह लगा। वे अपने गंभीर चिंतन से जाग से गए थे।

''जी हाँ कमलजी, अब मैं अभय से कहूँगा कि मेरे गुरुमंत्र, गुरु ज्ञान के अलावा वह अपनी काबिलियत से भी काम करे। उसके मन-मस्तक में चरमसीमा तक संवेदनशीलता है। अर्जुन भी तो द्रोणाचार्य से आगे निकल गया था।

''आइए, आपको आपका कमरा दिखा दूँ।'' वनमाला उन्हें वहाँ ले गई, जहाँ-जहाँ उन्हें रात बितानी थी। सिमरन और वनमाला पूजा के कमरे के पीछे वाले कमरे में चली गईं।

''अगर अभय आ गया तो मैं ड्राइंगरूम में चली जाऊँगी।'' वनमाला को अभी भी

पति का इंतजार था। फिर वे दोनों बाहर आ गईं।

"अभय ने विजय आनंद को जरूर फोन कर दिया होगा।" सिमरन ने उसे दिलासा सा दिया!

"विचित्र सी खुशबू है यहाँ, जो इस 'धार कलाकार' यानी रंगकर्मी धार की नित्तांत विशिष्टता है, सिमरनजी।" विजय आनंद सिमरन से बात करने के इच्छुक थे। अब वे फिर से ड्राइंगरूम में थे।

विजय आनंद ने हाथ का इशारा करके वनमाला को पास बुलाया, बोले, "बेटी, पहले जब इनकी बातें मैंने तुम दोनों, यानी अभय और तुम से की थीं, तो कुछ भूल 'ओमीशन' हो गई थी, जिसका पता मुझे भी हाल ही में कँवर और चरणी की आनंद कारज शादी के दौरान चला। एक पत्र की नकल, जो मुझे कमल कांत ने दी थी। वह मैं तुम्हें दे रहा हूँ। इसे पढ़कर फाड़ दो। इसकी अब और कोई जरूरत नहीं रही।"

उसने यह तय किया हुआ कागज जेब से निकाला, खोला, फिर वनमाला को पकड़ा दिया। वनमाला खड़ी-खड़ी उसे पढ़ने लगी।

दिनांक : आज आपसे मिलने के तुरंत बाद

चन्नजी,

आप इशिता से भी शादी रचाएँगे। यह सुनकर पहले तो स्वाभाविक तौर पर ही मुझे आघात महसूस हुआ, किंतु आपने आज अचानक ही जब मुझसे शादी का प्रस्ताव रखा, तो मैं घबरा गई थी। पहले आपकी निगाहों में झाँक लेती थी। गली-मोहल्ला, एक ही इकाई जो हैं। मेरी दुविधा हकीकत में बदल गई। आगाज और अंजाम दोनों का संगम स्वागत योग्य लगा। आपने मेरे चौहान पिताजी की सहमति भी हासिल कर ली थी। आश्चर्य हुआ, धन्यवाद! आपने मेरे अतीत के हादसे का जो 'स्टिगमा' था, को कलंक नहीं समझा। पंजाब के उन दिनों के आतंकवाद के बारे में सोचकर आज भी मेरे प्राण काँप जाते हैं। पिता श्री चौहानजी ने मुझे दत्तक पुत्री ही नहीं समझा, बल्कि अपने खून की बेटी का दरजा दिया। श्लाघा, ममता और प्रशंसा के फूल बरसाए। मैंने उनकी कृपा से एम.ए. की। पी-एच.डी. भी करूँगी। उस वक्त मेरे अच्छे नंबरों की वजह से नौकरी मिलनेवाली थी, मैंने कहा कि नौकरी करके आत्मनिर्भर होकर ही शादी करूँगी। आपकी मेहरबानी हुई। आप अपने आंतरिक और बाह्य गुणों के बल पर मेरे लिए आदरणीय रहे हैं। मैं समझती थी कि मेरे माँ-बाप को आतंकवादियों ने मार डाला था, इसलिए 'अडॉप्शन' के बावजूद मैं दुनिया की नजरों में असुरक्षित हूँ। 'डिस-कार्डिड' हूँ। हालाँकि चौहान पिताजी और उनकी, अब तो दिवंगत पत्नी के सौहार्दपूर्ण व्यवहार ने ममता, लाड़, प्यार दिया। पालन-पोषण किया, मुझे अपने खुद के माँ-बाप को भूलने की शक्ति प्रदान कर दी थी। मुझे हीन-भावना महसूस ही नहीं हुई। पंजाब में तब मैट्रिक की तैयारी कर रही

थी। आज एम.फिल. हूँ। अब बेरोजगार हूँ। यतीम नहीं हूँ। चौहान पिताजी खुलेआम कहा करते थे कि मैं अपनी बेटी चरणी की शादी किसी राजे-महाराजे के टिक्के या नवाब जादे से करूँगा। वही हुआ। आप मिले राजाओं की प्रथा में महारानी, रानी, ख्वास आदि भी होती हैं। आप दूसरी लाएँगे, तो आसमान टूट नहीं पड़ेगा। मैं खुद कमा रही हूँ, लेक्चरर हूँ। मेरी यही पहचान ठीक है। आपने मुझसे मंदिर में शादी की। आपको जल्दी भी थी। मेरे पिताजी और अपनी माताजी को मनाया। इसमें मुझे कोई बुराई नहीं लगी, क्योंकि आपने मुझे कमल कांत और इशिता की प्रेम-कहानी सुना दी थी। मैं आनंद कारज के अनुसार शादी करना चाहती थी, जिससे मेरे जन्म के माँ-बाप की आत्मा को भी खुशी होती। आपने माना था कि कमल और इशिता के औपचारिक विवाह के बाद वह भी होगा। खुशी इस सद्भावना प्रदर्शन की थी, जब मंदिर में विवाह के बाद आपने गुरु गोविंदजी की तसवीर उपहार स्वरूप मुझे दी थी। मैंने होटलवाले, हमारे पलंग के सिराहने वाली दीवार पर लगाकर गुरुजी का धन्यवाद किया। उनकी कृपा से आप जैसा वर मुझे मिला। आपने तब कहा था, इशिता के साथ औपचारिक और 'टेक्नीकली' तौर पर शादी 'दोस्ती' का प्रमाण मात्र है। गुप्त नाटक है। मैं इस अधूरे वाक्य को पूरा करती हूँ। शायद हमारे, इस अंतराल की अवधि के लिए यह मेरे घर में ही लंकापुरी है। आशंका छोड़िए, मैं आपके साथ हूँ। पटरानी जो ठहरी। एक नई परंपरा रच दी है आपने। इशिता और कमल कांत को, आजकल के प्रचलित 'लिव इन रिलेशनशिप' की विकृति से बचा लिया है। अब वे दोनों रहेंगे तो उसी प्रकार, पर दुनिया की नजरों में आप इशिता के पति होंगे। वह बेचारी बदनाम नहीं होगी, पर हाँ शास्त्रीय दृष्टि से इशिता आपकी दूसरी पत्नी जरूर कहलाएगी। पर मेरी तरह अधिकार प्राप्त पहली स्त्री नहीं होगी। आप द्विविवाही होंगे। राजाओं के वंश की यह आदत ही है। मुझे इस रूढ़ियुक्त रिश्ते से कोई एतराज नहीं। मेरे लिए आप वही चन्नजी हैं, जिस संबोधन से मंदिर में विवाह के बाद मैंने आपको पुकारा था। मैं 'पंजाब की शेर बच्ची' ही बनी रहूँगी। आपने ही मुझे यह पहचान दी थी, शेरनी हूँ, शेरनी रहूँगी। आपको मैं किसी प्रकार की चिंता होने नहीं दूँगी। खुद भी किसी प्रकार की हीनता, मनोग्रंथी से ग्रस्त नहीं रहूँगी। नौकरी के बाद से अब मैं शिमला में ही रहा करूँगी, ताकि इशिता को आपके गाँव में रहते हुए, बाग, जमीन, खेत-खलियान में घूमते हुए देखकर लोगबाग, आपकी पत्नी समझें। उसका और आपका किरदार हकीकत लगे। किसी को किसी प्रकार का संदेह या अविश्वास न हो। चौहान पिताजी आजकल तीर्थ यात्रा पर गए हुए हैं। आपको उनके घर-गृहस्थ का भी ध्यान रखना है जी। वहाँ उनका छोटा भाई रहता है। होटल वाला शिमला का कमरा आपके अपने लिए ही है। अब वहाँ मेरा सामान नहीं है। मैं उस फ्लैट में शिफ्ट कर रही हूँ, जो हमने किराए पर लिया है। आपको यह पत्र कोटगढ़ के पते पर भेज रही हूँ। क्योंकि कमल कांत और इशिता को

मिलने के पश्चात् आप वहाँ ही जाएँगे। नई दुलहन जो साथ होगी। उसका असली पति तो छिप-छिपकर मिलने आता रहेगा। आपने निर्देश दिए थे कि यदि मैं इशिता या कमल कांत से मिलूँ तो आपके और उनके रिश्तों में आए नाटकीय मोड़ के बारे में स्वीकृति व्यक्त करूँ। सो तो है। मगर मैं नहीं चाहती कि उन दोनों की शादी से पूर्व मेरी उनसे मुलाकात हो। मैं उन्हें तभी मिलना चाहूँगी, जब वे स्वयं पति-पत्नी होंगे। आप मेरे इस निवेदन को स्वीकार करने की भी कृपा करें। यह पत्र आपको मिलेगा। इसकी तीन नकलें 'फोटो स्टेट' करवा लें, ताकि आप इशिता और कमल कांत को भी इसकी एक-एक प्रति दे दें। तीसरी नकल अपने मित्र, क्लास फैलो को दे दें, जो आपके साथ डॉक्टर के पास गए थे। उन्हें कहें कि मेरे और आपके आनंद कारज के बाद इसे नष्ट कर दें। तब तक इशिता और कमल कांत भी पति-पत्नी हो चुके होंगे।

सत् श्री अकाल, आदाब, नमस्कार!

आपकी अपनी शेरनी
चरणी।

वनमाला कुछ देर चुपचाप सोचती रही। फिर संतुष्ट होकर अपने काम में व्यस्त हो गई। कमल कांत और इशिता अपने कमरे में ही रहे। इसके बाद विजय आनंद सिमरन के पास बैठ गए थे।

"आप बड़े दौरे मारते हैं। हर समय तीर्थयात्री बने रहते हैं।" सिमरन ने बात शुरू की।

"जी हाँ, यह तो है!"

"कहीं किसी साधु-संत महात्मा के चक्कर में तो नहीं पड़े हैं।"

"सवाल ही पैदा नहीं होता, पर हाँ एक साधु ने मुझसे मेरी उम्र पूछी थी। उनको पता चल गया था कि मैं विधुर हूँ। मैं उनके आश्रम में ठहरा करता था। एक दिन जब बारिश का मौसम था। आगे जानेवाले रास्ते में नदी में बाढ़ आई हुई थी। तब की बात है।"

"उन्होंने क्या-क्या सलाह दी या उपदेश दिया।"

"कहने लगे, भोग में रोग का भय होता है। कुल में भ्रष्ट होने का डर होता है। धन में राजा की तरफ से भय लगा रहता है। मान में दीनता का भय, बल में शत्रु का भय, शास्त्र में वाद का भय, गुण में खल का भय और काया में काल का भय। इस प्रकार दुनिया में सभी वस्तुएँ मनुष्यों के लिए भययुक्त हैं, पर एक मात्र वैराग्य ही अभय यानी भय के बिना है। मेरे पूछने पर उन्होंने वैराग्य की परिभाषा भी की। बताया कि यह दुनिया माया की उपाधि रूप है। इसकी अच्छी या बुरी वस्तुओं को मिथ्या मानकर, उन पर से प्रीति हटा देने का अर्थात् उनमें मोह न रखना ही वैराग्य है। तो मैंने कहा, न बाबा न, यह मुझसे नहीं होगा। पूरा जीवन जी कर जीना चाहता हूँ।"

‘‘आपका इस बारे में अपना मत क्या है ?’’

‘‘यदि अपने लिए नहीं तो दूसरों के लिए जियो। अब इसी घर-परिवार की बात करता हूँ। इन्हें आप जैसे और मुझ जैसे बुजुर्गों की जरूरत जरूर है। मैं यह कहा करता हूँ कि वह, सभा नहीं जिसमें बूढ़े न हों। वह वृद्ध नहीं, जो अधर्म को न जानता हो। वह धर्म नहीं, जो सत्य से युक्त न हो। और जो सत्य हो। वह निष्कपट हो। फल ही से युक्त न हो।’’

‘‘आप तो बड़ी-बड़ी बातें जानते हैं। विजय आनंदजी।’’

‘‘मतलब ?’’

‘‘आप मेरी तरह मोह-माया में पड़े हैं और पड़े रहेंगे।’’

‘‘जीवन विरोधाभासों का मेल है। मुझे इसे पूरी तरह जीने का रास्ता आता है।’’ विजय आनंद यह कहते हुए खड़े हो गए। दीवार पर लगी एक तसवीर को देखकर बोले।

‘‘यह तसवीर पहले यहाँ नहीं थी। मैंने इसे पहली बार देखा है।’’

‘‘अब बताइए, कैसी बीत रही है सिमरनजी ?’’ वे अब फिर से सिमरन के पास सोफे पर बैठ गए थे।

सिमरन धीर-गंभीर रहीं। पूछा कि आप तो धर्मात्माओं के बीच भी रहते हैं। गौर से देखकर बताइए कि यह तसवीर कैसी है और क्या है ? विजय आनंद ने तसवीर को देखते हुए कहा।

‘‘यह तसवीर त्रिशंकु की है। ऊपर आकाश में राजा इंद्र है और नीचे विश्वामित्र हैं। और बीच में है त्रिशंकु। राजा इंद्र नीचे देख रहे हैं और विश्वामित्र ऊपर की ओर। त्रिशंकु घबराया हुआ हवा में लटका है। यह सूयवंशी राजा, सशरीर स्वर्गलोक जाना चाहता था। विश्वामित्र उसे सशरीर भेजने लगे। पर इंद्र ने रोक दिया। तब ऋषि ने सप्तऋषिमंडल की रचना की। बाकी कहानी आप जान चुकी होंगी।’’

‘‘जी हाँ। यह तसवीर इस घर के मंदिर के कमरे के पीछेवाले कमरे में थी। उस कमरे में हम अपने नाटकों का पूर्व अभ्यास, रिहर्सल किया करते थे। वहाँ यह कागजों में लिपटी पड़ी थी। मेरी बहू वनी, बड़ी सयानी है। उसने इसे यहाँ लगाया है। कल जब अभय आते ही इसे देखेगा तो उसे प्रत्यक्ष प्रेरणा और संदेश मिलेगा कि ऋषि-मुनियों में वह कौन सी शक्ति थी, जो विश्वामित्रजी ने अपनी तपस्या के बल से त्रिशंकु को पृथ्वी पर गिरने से बचाया। और वह कौन सी योग माया थी, जिसके बल पर इस अयोध्या के राजा को देह सहित स्वर्ग में भेजा गया था। वनी का तर्क है कि हो-न-हो, अंतरिक्ष पृथ्वी, और स्वर्ग आपस में किसी-न-किसी शक्ति या मार्ग से मिलते-जुलते रहे थे। उसी ने मुझे बताया था कि विश्वामित्रजी ने ही अपनी तपस्या के बल से दूसरा ब्रह्मांड पैदा करने का संकल्प भी किया था। अनेक जाति की सृष्टि पैदा की थी, तो ब्रह्माजी ने देवताओं के साथ आकर उनका द्वेष दूर किया था।’’

''मतलब यह कि मेरे अभय को आप लोग चित्रकार की बजाय पढ़ने के लिए प्रेरित करेंगे। मैं तो अब उसे बताना चाहूँगा कि मुझ द्वारा दी गई प्रेरणा, मेरी ताकीद को यदि दिल चाहे, तभी जारी रखे। जो खुशी-खुशी जी चाहे उसी का अनुयायी बने।''

''अब बताइए कैसी बीत रही है, सिमरनजी,'' वे अब फिर से सिमरन के पास सोफे पर बैठ गए थे।

''जब से अभय के पिताजी चले गए। मैंने लोगों की प्रवृत्तियाँ देखीं। बड़ी तुच्छ लगीं। जीवन बाढ़ के प्रवाह के विरुद्ध तैरकर जीना चाहता था। मुझमें अब दुःखों का आह्वान करके उन पर विजय पाने की क्षमता आ गई है।'' उसने पहेली सी बुझाने के लिए अपनी बात को ऐसे रुख दिया, जैसे कि इस जवाब में वह सबकुछ है, जो उसे कहना है। सिमरन की पलकें झुकी थीं। फिर काफी देर चुप रही। 'सेंटर' टेबल पर पड़ी एक पत्रिका उठा ली। विजय आनंद छत की ओर देख रहे थे बोले—

''अकेले आदमी के दिल में बहुत तीव्र द्वंद्व हो सकता है। उचित-अनुचित, यथार्थ, आदर्श, संघर्ष, क्या, क्या, बिना वजह सि˘ नहीं उठाता, सागर की लहरों की तरह। मगर मन की कुशलता, उसके अनुभव का सागर, उन लहरों को वापस घसीट लेता है, अपने अंतर में।''

''तो आपकी कैसी बीत रही है? यह बताने को जी चाहता है क्या?''

''हाँ, कभी-कभी किसी को पा लेने की तीव्र इच्छा होती है। पर उम्र जवाब दे देती है। कहती है चुप रहो।''

''समझी! इनसान उसी चीज के पीछे भागता है, जो उसके पास नहीं होती।''

''मतलब?'' विजय आनंद ने प्रश्न किया।

''दया!'' उसने चुटकी ली। अब तक वे दोनों कुछ-कुछ खुलने लगे थे। बोरियत झेलने की बजाय उन्हें ऐसे सवाल-जवाब अच्छे लगे। ''आप खुश हैं न! सिमरनजी?''

''क्यों नहीं। परीक्षितजी मेरे एकमात्र पुरुष मित्र थे। पुरुषों में वही एक पुरुष थे, जिन्हें मैं शादी से पहले और शादी के बाद तलाक लेकर आने पर भी अच्छी तरह जानती थी। उनकी अनुमति से ही उनकी पत्नी बनी। उनके पुत्र की माँ हूँ। परिस्थितियाँ ऐसी हैं कि मैं, इन्हें, अभय और वनमाला को अपने अलावा किसी और का होने देना नहीं चाहती। ये दोनों मेरे हैं। मैं इनके बिना रह ही नहीं सकती।''

''मैं तो अब खुद को अकेला समझने लगा हूँ। जिसे अब चाहने लगा हूँ, वह हाँ करें तो उसे मैं जरूर स्वीकार करूँगा।'' अकस्मात् ही विजय आनंद की नस-नस में बिजली की सी तड़प कौंध गई। ''क्या तुम भी कभी ऐसा सोचती हो, सिमरन?''

''मेरे नितांत व्यक्तिगत जीवन में अवरोध पैदा न कीजिए। ऐसा प्रश्न निषेध है। इस उम्र में आपको भी सावधानी बरतनी चाहिए।'' हालाँकि वे गंभीर थीं तो भी उनके

मुँह से निकलता हुआ हर शब्द काँप रहा था।

"मेरे इन सुख-सौरभ भरे जीवन में ऐसे विचारों के लिए कोई जगह होनी ही नहीं चाहिए।"

विजय आनंद अब भावुक हो चले थे। "मगर यह भी जानता हूँ कि बढ़ती उम्र में स्त्री-पुरुष के रिश्ते में शारीरिक सौंदर्य का अभाव होता है। यहाँ साथी की भावना ही महत्त्व रखती है।"

"देख रही हूँ। आपकी इच्छा शायद बेलगाम है। सुनिए, आपकी पत्नी के मरने के बाद का आपका त्याग, उनकी याद सरासर बेकार हो जाएँगे।" विजय आनंद का मन, खिन्न हो गया। एक हूक सी मन में उठी। फिर दर्द बनी और दबकर रह गई। वे मन-ही-मन में सोच रहे थे कि सिमरन यदि उनकी हो सकी होती तो वह उसकी छाती पर सिर रखकर परम आनंद का अनुभव किया करती। वे एक निषिद्ध और दुर्लभ इच्छा की पूर्ति में लगे हैं। सिमरन को अपना बनाने के लिए विचलित हैं। इस बातचीत में न वे पूर्णतया अपनत्व दिखा पाए और न ही उन्हें विश्वास का सहारा मिला। निरोपाय विजय आनंद का मन-मस्तिष्क मौन के घेरे में घिर-फँस गए। शिष्य के घर में ऐसी कामना की पूर्ति भारतीय परंपराओं के विरुद्ध है।

तुरंत बाद सिमरन उठकर चली गईं। विजय आनंद अभी भी सौंदर्य से भरपूर इस महिला के बारे में सोचते रहे। उसके बाद क्या-क्या होता रहा, वे मन को शांत रखने के प्रयत्न करने लगे।

रात के खाने के लिए बैठे। थोड़ी देर बाद उन्होंने इशिता को सिमरन से कुछ कहते सुना, "सरुचिपूर्ण, ज्ञानवान और भला आदमी ऐसी हिम्मत नहीं कर सकता।"

"क्यों? क्या बात है?" विजय आनंद कुछ घबराए से थे। अधिक दुविधा में थे। वनमाला को स्नेहपूर्ण दृष्टि से देखा। "कुछ नहीं। आप कहीं खोए हुए थे। बात हमारी अपनी है।" सिमरन ने कहा।

"विजय, मैंने इन्हें कहा था कि जीवनसाथी का पकी हुई उम्र में चले जाना अपूर्णता नहीं, नियति है। एक चलन है संसार का।" विजय आनंद ने लुभाई-लुभाई आँखों से सिमरन को देखा। इशिता खिलखिलाकर हँस दी।

"सिमरन सचमुच ममतामयी माँ है। बच्चों के भविष्य को लेकर उसके मन में बहुत उत्साह है। नारी और पुरुष का संबंध दैहिक जरूर होता है, पर बच्चे होने के बाद वे अकसर दोनों आवेगहीन होकर रह जाते हैं।"

खाना खाते ही विजय आनंद बाहर लॉन में आ गए। आसमान साफ था। आकाश में चाँद भी था। डाइनिंग टेबल पर उपजी बातों की तपिश ने उसके मन को फिर विचलित कर दिया था। यह विडंबना ही है कि विजय आनंद जैसे इनसान के जागृत हुए दिल की

प्रत्येक नस में अनजान अवसाद भर गया। पास ही आहट हुई। उन्हें आश्चर्य हुआ, सामने अभय खड़ा था। उसके ओजस्वी चेहरे की महिमा उसके अपने पिता से ज्यादा थी। उसकी निष्पाप सरलता देखकर, विजय आनंद को खुशी हुई। वे संतुष्ट महसूस करने लगे। अभय ने उनके चरण स्पर्श किए और विजय आनंद के गले लग गया। आशा के अनुरूप अब तक वनमाला भी बाहर आ गई थी। उसे देखता रहा। निराकार शिल्पकार की बड़ी एहतियात और दक्षता से तराशी हुई वह मूर्ति सी अपने पति को निहार रही थी। सहमी-सहमी सी, लाज़ के अंतर्मन में छिपी बोली, ''चलिए खाना खा लीजिए। सभी अपने-अपने कमरे में 'सैटल' हो गए हैं। माँ का भी ड्राइंगरूम में बिस्तर लगा दिया है।''

''यह गुरुजी का अपना घर है। खाना खाकर बाहर आता हूँ।''

''जाओ-जाओ, फिर आराम करो।'' विजय आनंद अभी भी अपने खयालों में डूबे हुए थे। अभय ने गर्वीली नजर से वनमाला की ओर देखा। फिर घर में प्रवेश किया।

विजय आनंद ने जो सोचा था, वह हो न सका। वे अनजाने दुःख से अधीर, अभी भी इधर-उधर, धीरे-धीरे बाहर लॉन में घूम रहे थे। ''दिल जब भी दिमाग की दलील को समझने लगे, उस उम्र को बुढ़ापा समझना चाहिए।'' विजय आनंद ने यह सुन रखा है, आज परखकर भी देख लिया।

''मैंने क्या खोया है, जो बेचैन हूँ, व्याकुल हूँ।'' वे अपने आप पर हैरान हो रहे थे। रात की निर्जनता में चाँद की चाँदनी, ठंडी-ठंडी हवा, आकाश, पूरा नील गगन, तथा फुलवारी से आती हुई फूलों की महक के बावजूद उनकी चकनाचूर हुई साधना,… 'उफ…। सिमरन, उसकी क्या लगती है?'' विजय आनंद गरम नाइट-गाउन पहने हुए होकर भी सर्दी महसूस करने लगे। अब कंधे पर लटकी हुई पश्मीने की शॉल काम आई। इसे शरीर के इर्द-गिर्द लपेटा। सामने खड़े उदास से 'वीपिंग विलो' पेड़ के नीचे बैठ गए। वहाँ सीमेंट के चबूतरे पर बैठे-बैठे उनका नित-नित से कायम संकल्प उन पर हावी हुआ। 'वह परंपराओं के उल्लंघन का दोषी है।' मानसिक यातनाएँ विपरीत परिस्थितियाँ, विक्षिप्त से बेदाग दामन पर रक्षा-कवच सी बनकर बैठ गईं। सिमरन यदि मर्यादा और मातृत्व की प्रतीक बनकर रहना चाहती है तो विजय आनंद को क्या आपत्ति हो सकती है? उसके मैत्रीपूर्ण, विनम्र शिष्टाचार युक्त अंदाज का वे कायल हो गए हैं। क्या वे जानते नहीं कि वह पेशेवर रंगकर्मी भी है! अभय के परिवार के लिए समर्पित है। वह अपने इस उद्देश्य के लिए जीना चाहती है।

अपनी दिवगंत पत्नी की याद आई। हृदय के किसी कोमल कोने में अतीत का एक संवाद याद आया, ''तुम मेरे मर्द ही नहीं हो, मेरी आत्मा हो। जो तुम ही में समाई है। सदा-सदा साथ ही रहूँगी, इस दुनिया से जाने के बाद भी।''

□□□